Elmar Theveßen
Die Zerstörung Amerikas

Elmar Theveßen
Die Zerstörung Amerikas

ELMAR THEVESSEN

DIE ZERSTÖRUNG AMERIKAS

**Wie DONALD TRUMP sein Land und
die Welt für immer verändert**

PIPER

Mehr über unsere Autoren und Bücher:
www.piper.de

Von Elmar Theveßen liegt im Piper Verlag vor:
Terror in Deutschland

MIX
Papier aus verantwor-
tungsvollen Quellen
FSC® C014496

ISBN 978-3-492-07058-4
3. Auflage 2020
© Piper Verlag GmbH, München 2020
Satz: Kösel Media GmbH, Krugzell
Gesetzt aus der Minion Pro
Litho: Lorenz & Zeller, Inning am Ammersee
Druck und Bindung: GGP Media GmbH, Pößneck
Printed in Germany

Ich bedanke mich von Herzen bei meiner wunderbaren und geduldigen deutsch-amerikanischen Familie, meinem besten Freund Volker Wilhelmi, dem großartigen Team des ZDF-Studios Washington und den Menschen, die aus Liebe zu diesem schönen Land für ein besseres Amerika kämpfen. Ihnen allen ist dieses Buch gewidmet.

Inhalt

Prolog: Der bösartige Narzisst

Am 1. Juni 2020 starb ein weiteres Stück Demokratie in Amerika. Szenen, passend zu autoritären Systemen wie Russland oder China. Kurz zuvor haben die Demonstranten noch lautstark, aber friedlich demonstriert, so wie am Nachmittag, als ich durch ihre Reihen ging. Jetzt, kurz nach 18 Uhr, steht innerhalb des Sicherheitsbereichs der Justizminister wie ein Feldherr vor der Schlacht. William Barr schaut vom Lafayette-Park gleich vor dem Weißen Haus auf die Protestierenden. Dann geht er. Die Linien von Polizei und Militär rücken an die Absperrungen direkt vor den Menschen – Männer, Frauen, Jugendliche, die noch einmal ihr Recht auf Meinungsfreiheit wahrnehmen.

Dann beginnt das Schießen: Reizgas, Gummigeschosse, Lichtböller. Berittene Polizei rückt vor. Menschen fliehen, ihr Demonstrationsrecht wird niedergetrampelt – und warum? Weil der Präsident einen Fototermin haben will. Gerade hat er den Einsatz von US-Streitkräften gegen amerikanische Staatsbürger angekündigt, unter Berufung auf ein Gesetz von 1807, den »Insurrection Act«. In Paragraf 252 heißt es: »Wann immer der Präsident denkt, dass illegale Justizbehinderung, Zusammenschlüsse, Versammlungen oder Rebellion gegen die Autorität der Vereinigten Staaten eine Durchsetzung der Gesetze der Vereinigten Staaten durch den normalen rechtlichen Prozess in einem Staat erschwert, kann er Milizen eines Staates in den Bundesdienst stellen und solche bewaffneten Kräfte einsetzen, wie er sie für die Durchsetzung und die Unterdrückung der Rebellion für notwendig erachtet.«

Die Hunderttausenden von friedlichen Demonstranten im Land als »Rebellion« zu bezeichnen, sie gleichzusetzen mit Gewalttätern, ist der Stoff, aus dem Diktaturen gemacht sind. Donald

Trump hat die Menschen in Washington wegschaffen lassen, um zu Fuß zur St.-Johns-Kirche hinüberzugehen – im Tross seine Tochter Ivanka und sein Schwiegersohn Jared Kushner –, eine Bibel hochzuhalten und sich zum »Präsidenten von Recht und Ordnung« zu ernennen. Soll die Bibel signalisieren, dass er sich auf göttliches Recht beruft? Dann ruft er seine Erfüllungsgehilfen an seine rechte und linke Seite, seinen Nationalen Sicherheitsberater Robert O'Brien, seinen Justizminister William Barr, seinen Verteidigungsminister Mark Esper, seinen Stabschef Mark Meadows und seine Pressesprecherin Kayleigh McEnany. Nachdem Trump ein paar Tage zuvor wegen heftiger Handgemenge zwischen Secret Service und Demonstranten vor seiner Haustür eine Stunde im Bunker des Weißen Hauses ausgeharrt hat, will er nun ein Bild der Stärke vermitteln. Inszenierter und erbärmlicher könnte es kaum sein: mit Bibel und verbarrikadierter Kirche als Kulisse, mit friedlichen Demonstranten als Prügelkomparsen. Wie unendlich klein ist dieser Mann, der sich selbst für den Größten hält.

Sagen wir's gleich vorweg: Wenn Donald Trump dieses Buch lesen würde, dann hätte er gleich ein passendes Schimpfwort parat, um es mir per Twitter entgegenzuschleudern: »Volksfeind«. Gut, es ist recht unwahrscheinlich, dass der amerikanische Präsident diesen Text zu Gesicht bekommt, weil er die Sprache seiner Vorfahren nicht beherrscht und weil er ohnehin selten bis nie Bücher liest. Aber er könnte davon erfahren, denn Donald Trump hat seine Leute, die ihm in rückgratloser Ergebenheit zur Hand gehen bei der Einschüchterung der freien Presse, der politisch Andersdenkenden, ja aller, die aus Sicht des Präsidenten der Vereinigten Staaten in die Kategorie »anders« oder »abweichend« fallen. Und die nennt er eben »Volksfeind«.

Man könnte fast sagen, ich nehme das persönlich. Man muss es sogar so sagen. Denn in einem Land, in dem der Präsident Journalisten zu Volksfeinden erklärt, führende republikanische Abgeordnete dazu jubeln oder schweigen, manche Anhänger von ihm T-Shirts mit der Aufschrift »Seil, Baum, Journalist, leicht zusammenzubauen« tragen und in dem Reporter in ihren Redaktionsbüros schon erschossen wurden[1], da geht einen das alles persönlich an.

Jeden anderen übrigens auch, denn jeder könnte zur Zielscheibe werden, sogar Mitarbeiter und Parteifreunde des Präsidenten, die den Mut hatten, die Wahrheit offen auszusprechen. Da ist Oberstleutnant Alexander Vindman, hochdekorierter Kriegsveteran und Osteuropa-Experte im Nationalen Sicherheitsrat, der streng nach Vorschrift und gemäß den Verpflichtungen seines Amtseids seine Bedenken über den Erpressungsversuch Trumps gegenüber der Ukraine an seine Vorgesetzten gemeldet und darüber dann dem amerikanischen Kongress im Amtsenthebungsverfahren öffentlich Auskunft gegeben hatte. Nach dem Freispruch für den Präsidenten wurden er und sein Zwillingsbruder – gewissermaßen nach dem Prinzip der Sippenhaft – von ihren Posten im Weißen Haus entfernt. Trump und seine rechte Propagandamaschinerie stempelten Vindman zum Verräter und Volksfeind. Dem republikanischen Senator Mitt Romney, der als einziger Abgeordneter seiner Partei für die Amtsenthebung des Präsidenten gestimmt hatte, erging es genauso.

»Volksfeind«, das ist ein ideologischer Kampfbegriff, der aus der Antike stammt. Wer im alten Rom zum »hostis publicus« erklärt wurde, war fortan »vogelfrei«, konnte also von jedermann straflos getötet werden. Im Kommunismus und im Nationalsozialismus war diese Bezeichnung ein wichtiges Werkzeug des totalitären Unterdrückungsregimes, diente als Rechtfertigung für Verhaftung, Folter und Mord. Nun mag man einwenden, dass dieser amerikanische Präsident nun wirklich nicht mit einem Stalin oder Hitler verglichen werden darf, nur weil er in seinen Reden und Tweets gern mal mit dem Wort »Volksfeind« um sich wirft. So ist er nun mal, könnte man mit einem Achselzucken sagen. Außerdem haben ihn die Amerikaner gewählt – sollen sie doch mit ihm klarkommen. Aber so einfach ist das nicht.

Donald Trump ist der Präsident der mächtigsten Nation der Welt. Er kommandiert nicht nur die schlagkräftigsten Streitkräfte auf dem Globus, sondern führt auch die nach wie vor stärkste Wirtschaftsmacht. Die Entscheidungen, die er fällt, haben Einfluss auf Hunderte Millionen Menschen in aller Welt, Fragen von Krieg und Frieden sind gleichzeitig Fragen von Leben und Tod. Das gilt auch für nicht wenige der knapp 330 Millionen Amerikaner, deren Existenz auf dem Spiel steht, wenn die Kluft zwischen Arm und Reich aufgrund einer ungerechten Politik immer größer wird. Wenn 30 Millionen Menschen ihre Krankenversicherung verlieren, wenn Zehntausende aufgrund der Handelskriege um ihren Job, ihren Betrieb und ihre Zukunft fürchten müssen, wenn bestimmte religiöse oder politische Überzeugungen, ethnische Hintergründe oder sexuelle Orientierungen das Risiko erhöhen, Opfer verbaler und physischer Gewalt zu werden, dann darf man Trumps Äußerungen über die »Volksfeinde« nicht als unbedacht und gedankenlos abtun.

Der Titel dieses Buches *Die Zerstörung Amerikas* klingt hart, aber er ist genau so gemeint. Denn es geht dabei natürlich nicht nur um das politische Gebilde namens USA, seine Rechts-, Wirtschafts- und Gesellschaftsordnung, sondern auch und vor allem um Amerika als Idee, geboren aus dem Widerstand gegen ein Regime, das für Unfreiheit, Ungerechtigkeit und Unterdrückung, ja sogar Menschenverachtung stand. Genau das Gegenteil postulierten im Jahr 1776 die Väter der Amerikanischen Revolution, als sie die Unabhängigkeit von der englischen Monarchie erklärten: »Wir halten diese Wahrheiten für selbstverständlich: Dass alle Menschen gleich sind, dass sie von ihrem Schöpfer mit gewissen unveräußerlichen Rechten ausgestattet sind, darunter Leben, Freiheit und die Suche nach Glück.«

Dies ist der Ausgangspunkt der Idee Amerika. US-Präsident Ronald Reagan hat das einmal pathetisch, aber dennoch sehr genau mit seinen Worten von Amerika als der »leuchtenden Stadt« wiedergegeben: »Es ist eine große, stolze Stadt, gebaut auf Felsen, stärker als die Ozeane, den Winden ausgesetzt, von Gott gesegnet, gefüllt mit Menschen aller Art, die in Harmonie und Frieden leben; eine Stadt mit offenen Häfen, in denen Handel und Kreativität blühen. Und wenn diese Stadt Mauern haben müsste, dann hätten diese Mauern Tore – Tore, die offen sind für jeden mit dem Willen und dem Herzen, es dorthin zu schaffen.« So formulierte es Reagan in seiner Abschiedsrede an die Nation am 11. Januar 1989 in Anlehnung an das Bibelzitat aus dem Matthäusevangelium 5,14: »Ihr seid das Licht der Welt. Eine Stadt, die auf einem Berg liegt, kann nicht verborgen bleiben.« Immer wieder haben amerikanische Politiker – von John Winthrop, im 17. Jahrhundert Gouverneur von Massachusetts, bis zu Präsident John F. Kennedy 200 Jahre später – dieses Bild benutzt, um die Besonderheit Amerikas als Idee und Vorbild in der Welt zu betonen.

Aber Amerika, die leuchtende Stadt auf dem Berg, Vorbild und Ansporn für Menschen in aller Welt, leuchtet nicht mehr, weil Donald Trump Stück für Stück den Felsen aushöhlt, auf dem sie den Wellen und Stürmen getrotzt hat, und weil die Republikaner, die Partei Ronald Reagans, sich dem gegenwärtigen US-Präsidenten willenlos ergeben, ja sogar mitschaufeln am Grab für die Gewaltenteilung in der amerikanischen Demokratie.

Eine Amtsenthebung wäre eine dringende und verfassungsmäßig vorgeschriebene Notbremse gewesen für einen Präsidenten, der die amerikanische Verfassung mit Füßen tritt und Menschenverachtung zum politischen Prinzip erklärt. Der eigentliche Anlass des Amtsenthebungsverfahrens mag zwar auf den ersten Blick unbedeutend erscheinen: der Versuch Trumps, mit der Macht seines Amtes vom ukrainischen Präsidenten Unterstützung im Kampf gegen seinen politischen Gegner im Präsidentschaftswahlkampf 2020 zu erhalten. Darauf hatten die Demokraten im Kongress das Verfahren aufgebaut. Aber die Liste politischer Vorwürfe gegen Donald Trump könnte viel länger sein: Verbrüderung mit Diktatoren, Spaltung alter Bündnisse, Polarisierung anderer Staaten, Verrat von Staatsgeheimnissen, Zerstörung funktionierender Abkommen, Befeuerung von bewaffneten Konflikten, Entwertung amerikanischer Militärmacht, orientierungslose Sicherheitspolitik, Untergraben des Föderalismus, Verschwendung von Steuergeldern, Beschädigung der Wirtschaft, Zersetzung des Justizsystems, Angriff auf die Presse- und Meinungsfreiheit, Bereitung eines fruchtbaren Bodens für Gewaltverbrechen und Terrorismus, Verbrechen gegen die Menschlichkeit, Zerstörung der Umwelt, Herabwürdigung und Entmenschlichung von Minderheiten, persönliche Bereicherung.

Das alles strahlt aus in den Rest der Welt, wo die Idee Amerika trotz ihrer Schwächen und manchmal auch Verfehlungen über fast 250 Jahre Menschen inspiriert hat in ihrem Kampf für Menschenwürde, Religions-, Meinungs- und Pressefreiheit, Demokratie, Rechtsstaatlichkeit, Sicherheit, Gerechtigkeit und Wohlstand. Ausgerechnet jetzt, wo Amerikas Vorbild notwendiger wäre denn je, um das Anschwellen extremistischer Strömungen und den Rückfall in fast steinzeitliche Stammeskonflikte zu stoppen, befeuert sein Anführer die Angst der Menschen vor Flüchtlingsströmen, Wirtschafts- und Finanzkrisen, Kriegen und Revolutionen, die teilweise von seiner Politik mit erschaffen werden. Andere politische Anführer fühlen sich durch Donald Trumps Reden und Handeln ermutigt.

Wie er sprechen Rechtspopulisten denen, die anders denken, ja anders sind, die Legitimation ab. Politische Gegner werden als Feinde gesehen, Kritiker als Volksverräter gebrandmarkt, Journalisten als Lügner geschmäht, obwohl die eigentlichen Lügen doch von den Populisten verbreitet werden.

Vor diesem Hintergrund war das Amtsenthebungsverfahren, auch wenn es am Ende scheiterte, ein wichtiges Signal für die Rettung der amerikanischen Demokratie. Denn es wurde für genau den Fall angewendet, für den die Gründungsväter der amerikanischen Republik das »Impeachment« in Artikel 2 der Verfassung vorgesehen hatten: Sie wollten verhindern, dass sich einer aufschwingt zum Alleinherrscher, zum König, und dass ausländische Mächte – in diesem Fall sogar auf Einladung des Angeklagten – in irgendeiner Form Einfluss nehmen auf den demokratischen Prozess, die Wahlen in den Vereinigten Staaten von Amerika. Donald Trump ist fest davon überzeugt, dass ein US-Präsident alles darf, dass er über dem Gesetz steht. Dies war das Hauptargument seiner Verteidiger im Amtsenthebungsverfahren, das er selbst von Beginn an nicht nur als Majestätsbeleidigung, sondern offenbar auch als Hochverrat ansah. Im Impeachment-Prozess im Senat ließen die Republikaner, anders als in früheren Verfahren, keinen einzigen Zeugenauftritt zu und gaben dem Präsidenten einen Blankoscheck, weiter sein Amt als Werkzeug im Kampf gegen politisch Andersdenkende zu missbrauchen. Donald Trump ist damit wohl der mächtigste Präsident der Vereinigten Staaten in der jüngeren Geschichte. Gleichzeitig aber könnte die Angst vor einer zweiten Amtszeit dieses Mannes so viele Wähler für das demokratische Lager mobilisieren wie nie zuvor.

Und dann kam auch noch Corona. Der Ausbruch des SARS-CoV-2-Virus im chinesischen Wuhan und die nachfolgende Pandemie rund um den Erdball haben noch einmal alles verändert. Es ist eine historische Herausforderung, in der ein Präsident zeigen kann, ob er den Verpflichtungen seines Amtes gewachsen ist oder nicht. Donald Trump ist dabei sich selbst so treu geblieben, dass er kläglich scheitert, das Leben von Hunderttausenden Amerikanern gefährdet, den Keil der Spaltung noch tiefer ins Land treibt, Amerikas Führungsanspruch und Vorbildfunktion in der Welt verspielt. Bilder von gestapelten Leichensäcken und Massengräbern für Besitzlose, unwürdig einer Supermacht, sind bedrückende Beweisstücke für die Ignoranz, Arroganz und Unfähigkeit eines Mannes, der sein Ego über das Wohl aller anderen stellt. Genau jene Eigenschaften, die ihm zum Präsidentenamt verhalfen, die ihm das politische Überleben trotz Russland-Affäre und Amtsenthebungsverfahren ermöglichten, könnten angesichts der schweren Wirtschaftskrise mit zeitweise über 40 Millionen Arbeitslosen dazu führen, dass Trump – wie einst Herbert Hoover in der Weltwirtschaftskrise – abgewählt wird. Auch seine Reaktion auf die Proteste in den USA im Mai und Juni 2020 hat Spuren hinterlassen bei den Amerikanern.

Unabhängig vom Ausgang der Präsidentschaftswahl 2020 ist dieses Buch nicht nur ein detailliertes Protokoll des gescheiterten Impeachment-Prozesses, seiner Hintergründe und ideologischen Gefechte, sondern auch eine scharfe Analyse des trumpschen Versagens in der Coronakrise und der Folgen seiner Amtszeit für den Erhalt der amerikanischen Demokratie und der transatlantischen Freundschaft. Gleichzeitig ist es auch ein Leitfaden für den Umgang mit einem Amerika, das nie wieder so sein wird, wie es früher einmal war. Wie hat die Präsidentschaft von Donald Trump Amerika, die Amerikaner und die Position ihres Landes in der Welt verändert? Welche dramatischen, vielleicht auch unumkehrbaren Auswirkungen hat die Amtszeit eines Mannes, der in allem immer nur auf den besten Deal für sich selbst aus ist? Wie nachhaltig sind Grundprinzipien der liberalen Demokratie beschädigt, wie sehr bricht sich der Autoritarismus in der Welt weiter Bahn, wenn Amerika nicht mehr – wie Ronald Reagan es einst sagte – die »leuchtende Stadt auf dem Berg« ist, die allen Orientierung und Halt gibt?

Aber zu einer ehrlichen Analyse gehört auch die Frage, welche Taten des ungewöhnlichsten Präsidenten der modernen Geschichte mittel- und langfristig eine positive Wirkung entfalten könnten. Wo hat Donald Trump den Finger in die Wunde gelegt, den Blick auf Probleme gelenkt, an denen eine zurückhaltende Politik immer gescheitert ist? Welche diplomatischen Floskeln hat er als solche entlarvt und Dinge in Bewegung gebracht? Räumt er nicht auf? Auch mit den Ungerechtigkeiten im Welthandel?

Dieses Buch basiert auf umfangreichen Recherchen und intensiven Gesprächen mit führenden Politikern, hochrangigen Militärs, einflussreichen Wirtschaftsmanagern und herausragenden amerikanischen Journalisten. Stellvertretend für viele Gesprächspartner nenne ich den leider mittlerweile verstorbenen US-Senator John McCain, den ehemaligen Kommandeur der US-Armee in Europa, Generalleutnant Ben Hodges, den ehemaligen NSA- und CIA-Direktor Michael Hayden, die ehemalige Außenministerin Madeleine Albright, die ehemaligen Ministerinnen für Gesundheit und für Heimatschutz in der Obama-Administration, Kathleen Sebelius und Janet Napolitano, sowie die journalistischen Kollegen von NBC, Andrea Mitchell und Tom Brokaw, von CNN, Wolf Blitzer und Jake Tapper, und von der *Washington Post*, Martin Baron. Bei zahlreichen Sachverhalten müssen die Namen der Informanten jedoch ungenannt bleiben, weil sie um den Schutz ihrer Identität gebeten haben. Natürlich stammt auch vieles in diesem Buch aus offenen Quellen, die jedermann zugänglich sind, zum Beispiel aus amerikanischen und internationalen Zeitungen, Zeitschriften, Büchern und wissenschaftlichen Publikationen. Einen Großteil der Informationen habe ich mithilfe der oben genannten Quellen verifizieren können. An manchen Stellen bleibt ein Restrisiko: Informationen, die zwar zu den übrigen Rechercheergebnissen passen, aber nicht unabhängig bestätigt werden konnten. Das betrifft insbesondere Informationen aus Regierungs- und Sicherheitskreisen, die wiederum auf Quellen zurückgreifen, die entweder nicht namentlich genannt wurden oder deren Zuverlässigkeit sich nicht unabhängig bestätigen ließ. Natürlich sind manche Angaben, auf die ich mich stütze, auch interessengesteuert. Gerade bei behördlichen und politischen Quellen kann es vorkommen, dass das eigene Wirken in einem möglichst günstigen Licht erscheinen soll, während das der anderen kritisiert wird. Angesichts der Polarisierung in den USA ist es nur allzu verständlich, dass niemand sich gern dem Vorwurf der Mitverantwortung oder Mitschuld am Versagen einer politischen Ideologie aussetzen will.

Wenn in diesem Buch von den unterschiedlichsten Politikfeldern die Rede ist, von der Wirtschafts-, Handels-, Sozial-, Gesundheits-, Außen- und Sicherheitspolitik Amerikas, dann wäre die Analyse unvollständig ohne den Blick auf die Persönlichkeit des Mannes, der diese Politik gestaltet. Deshalb wird sich ein Kapitel intensiv mit der Psychologie seiner Macht beschäftigen. Dabei steht ein Krankheitsbild im Mittelpunkt, das angesehene Psychologen in den USA beim Präsidenten diagnostiziert haben, ohne ihn unmittelbar selbst untersuchen zu können: »malignant narcissism« – demnach ist Donald Trump ein bösartiger Narzisst mit einem übersteigerten Streben nach Anerkennung, der Überhöhung der eigenen Person aus großer Machtgier und tiefem Unsicherheitsgefühl, mit schamlosem Lügen als Teil einer alternativen Wahrnehmung der Wirklichkeit, mit Ungeduld und Aggressivität, dem rücksichtslosen Verfolgen des eigenen Vorteils, der unstillbaren Eifersucht auf den Erfolg anderer. Er erniedrigt und entwertet Menschen, insbesondere jene, die sein Selbstbild infrage stellen. Sie werden von ihm als bösartig und hinterhältig bezeichnet. Ein bösartiger Narzisst stellt seine eigenen Regeln über Recht, Gesetz und gesellschaftliche Normen.

Manche mögen solch eine gesundheitliche Ferndiagnose und die Berichterstattung darüber für gewagt halten, manche sogar für moralisch verwerflich. Doch die Analyse des Geisteszustands politischer Anführer in der Welt fließt seit Jahrzehnten auch in die amerikanische Außenpolitik mit ein, seit die CIA Ende der Siebzigerjahre eine eigene Abteilung für solche psychologischen Bewertungen eingerichtet hat. Darüber hinaus müssen US-Präsidenten regelmäßig die Ergebnisse ihrer medizinischen Untersuchung öffentlich machen, wenn auch ohne Details. Die Beschäftigung mit diesem Thema ist nicht nur ein wichtiger Aspekt in der Bewertung der Amtszeit von Donald Trump, sie wurde sogar einst von einem künftigen Präsidenten empfohlen, der sich Sorgen um den Bestand der amerikanischen Republik und Demokratie machte: »Ist es unvernünftig zu erwarten, dass ein Mann, der besessen ist von seinem unschlagbaren Genie, verbunden mit einem Verlangen, das bis zum Äußersten geht, irgendwann einmal aus unserer Mitte aufsteigt? Wenn ein solcher Mann kommt, dann sind Menschen nötig, die sich untereinander einig sind, die an Regierung und Gesetzen hängen und die klug sind, um seine Pläne erfolgreich zu stoppen.« So die Worte von Abraham Lincoln am 27. Januar 1838. Lincoln befürchtete das, was er Jahre später abwenden konnte, aber was heute wieder einmal möglich erscheint: die Zerstörung Amerikas, der leuchtenden Stadt auf dem Berg.

Eine Reise durch Trumpland

Man mag sich fragen, warum auch Menschen Donald Trump wiederwählen würden, die wenig bis nichts von seiner Steuersenkung hatten; die in den vergangenen zehn Jahren fast keine Lohnerhöhungen bekamen; die keine Verbesserung in den Lebensbedingungen erfahren haben; die vielleicht sogar ihren Job verloren. Auf der Suche nach Antworten mache ich mich im Oktober 2018 kurz vor den Zwischenwahlen im Kongress auf den Weg durchs Land, »God's Country«, »Gottes Land«, wie der französische Filmemacher Louis Malle Amerika im Titel einer Dokumentation nannte. Malle war 1979 in den kleinen Ort Glencoe, Minnesota, gefahren, hatte nach dem Zufallsprinzip Menschen angesprochen, nach ihrem Leben und ihren Überzeugungen gefragt und war sechs Jahre später noch einmal zurückgekehrt, um zu dokumentieren, ob sich ihre Hoffnungen und Ängste erfüllt hatten. Er zeigte das echte Amerika, das Amerika fernab von der Hauptstadt Washington und den Politikern, von denen die Menschen schon damals so tief enttäuscht waren, dass sie von ihnen nichts mehr erwarteten. Ähnlich erfuhr es William Least Heat-Moon, ein amerikanischer Autor aus dem Stamm der Sioux-Indianer, der Anfang der Achtzigerjahre mit Stift, Papier und Fotokamera kreuz und quer durchs Land fuhr, um mit Menschen zu reden. Seine Route führte ihn immer über die »Blue Highways«, die kleinen Landstraßen, die auf alten Karten blau eingezeichnet waren, abseits der rot markierten Interstate-Autobahnen – heute ist das umgekehrt. Ich habe mir Heat-Moons Buch *Blue Highways*[2] als Inspiration auf mein Handy geladen, mit dem ich versuchen werde, kleine Storys für Instagram anzubieten – in ihrer literarischen Qualität sicher Lichtjahre entfernt von *God's Country* und *Blue Highways*. Angesichts der viel zu knapp bemessenen Zeit für die viel zu lange Strecke werde ich wohl bestenfalls Momentaufnahmen aus Trumps Amerika erleben: Washington, D.C. – Oklahoma City, mehr als 2300 Kilometer, eine Reise durch sechs Bundesstaaten in fünf Tagen.

Zunächst einmal fahre ich knapp zwei Stunden von Washington nach Washington, das den Spitznamen Little Washington trägt. Es ist ein winziger Ort mit gerade mal 135 Einwohnern am Fuße der Blue Ridge Mountains im Westen des Bundesstaates Virginia. Ich bin spät weggekommen aus der amerikanischen Hauptstadt und komme erst nach Einbruch der Dunkelheit an, aber willkommener kann ich mich gar nicht fühlen als im Gay Street Inn an diesem Abend. Ein munteres Feuer prasselt im Kamin der Lobby, um das sich neben mir dann noch andere Neuankömmlinge versammeln, eine junge Frau mit ihrem Mann und ihren Eltern. Die beiden älteren Herrschaften kommen aus Texas, das junge Paar lebt in San Francisco und hat hier in Klein-Washington ein Jahr zuvor geheiratet. Nun wollen sie gemeinsam den Hochzeitstag feiern und ein paar Tage gemeinsam durch den nahe gelegenen Shenandoah-Nationalpark wandern. Natürlich kommen wir ins Gespräch über die Politik, als der Vater sich gleich bei mir, dem Deutschen, für das Verhalten des amerikanischen Präsidenten entschuldigt. Kein Zweifel, alle vier sind überzeugte Demokraten. Dennoch glauben sie, dass Donald Trump im Jahr 2020 wiedergewählt wird. In erster Linie aus Mangel an Alternativen, weil die demokratische Partei zu sehr nach links abdrifte. Tatsächlich gilt es zu diesem Zeitpunkt als sehr wahrscheinlich, dass vor allem die Senatoren Bernie Sanders und Elizabeth Warren antreten würden. Ihre formelle Kandidatur geben die beiden deutlich später, im Februar 2019, bekannt. Joe Biden, da sind sich meine Gesprächspartner am Kaminfeuer einig, wäre zwar moralisch und politisch eine gute Wahl, aber er würde gegen Trump kaum bestehen können.

Am nächsten Morgen beim Frühstück bin ich fasziniert von einem Zeitungsartikel, den eine Kollegin für das Regionalblatt geschrieben hat. Unter der Überschrift »Ein Sommer voller Geschichten, Lehrstunden und der Macht des Zuhörens« berichtet Sara Schonhardt über ihre Erfahrungen mit den Menschen im Landkreis Rappahannock, dessen Zentrum Little Washington ist und in dem Donald Trump 2016 mit 57 Prozent der Stimmen weit vor Hillary Clinton lag. »Viele Menschen, die ich traf«, so schreibt Schonhardt, »haben es schwer, in Rappahannock zu leben, weil es an passender Arbeit fehlt und die Lebenshaltungskosten hoch sind. Also nehmen sie mehrere Jobs an oder müssen viele Stunden pendeln. Aber wenn ich mit ihnen redete, bekam ich eines mehr als alles andere zu hören: ihren Wunsch, dass andere Leute verstehen, was sie durchmachen.« Der Satz bleibt hängen, denn er ist wohl der Schlüssel des Erfolges von Donald Trump, weil er über die Lebenssituation der Menschen redet, die Hillary Clinton als »deplorables«, als »Bedauernswerte« abgetan hat. Aber wäre es nicht auch der Schlüssel zur Abkehr von diesem Präsidenten, der in Wahrheit wenig tut für die Menschen? Und der Schlüssel, um die Polarisierung im Land zu überwinden, wie Sara Schonhardt schreibt: »Die Geschichten der Menschen zu teilen, die dieses Land ausmachen, ist, so glaube ich, ein Weg, um die Herausforderung, die Spaltung und die Missverständnisse anzugehen.« Tatsächlich hat die Kollegin bei ihrer Arbeit in der Region immer wieder eines erlebt: »Ich lernte, dass die Einwohner hier die gleichen Probleme, Sorgen und die gleiche Liebe für dieses Land teilen. Ich lernte, dass viele ihrer Urteile entstehen, weil sie nicht miteinander reden. Und ich lernte, dass viele Leute behaupten, sie würden die Probleme kennen, während sie nicht wirklich die Menschen kennen, die mit diesen Problemen zu kämpfen haben.«

Das gilt besonders in dieser Gegend, in der viele der Besserverdienenden aus dem nahe gelegenen Washington ein Wochenendhaus haben, während die angestammten Einwohner erleben müssen, dass die Preise steigen und das Leben immer teurer wird. Obendrein, so erzählen mir kurz nach dem Frühstück Drew und Deb, die Besitzer des Gay Street Inn, stoßen unterschiedliche Ideologien aufeinander: Die Zugezogenen wollen neue Regeln aufstellen, genau vorschreiben, wie die Straßen, die Grundstücke, ja auch die Häuser netter aussehen sollen, wie die Obstplantagen, Weiden und Ackerflächen umweltfreundlich zu bewirtschaften sind. Die Menschen, die seit Jahrzehnten hier leben, wollen nicht, dass ihnen jemand vorschreibt, was sie mit oder auf ihrem Grund und Boden tun oder lassen dürfen. »Es gibt hier viele Sorgen, dass zu viel Veränderung zu schnell eine Zukunft schafft, die für sie und ihre Familien eher unsicher ist«, meint Drew. »Wegen des politischen Klimas sind viele in unterschiedlichen Lagern. Es gibt zu viel von dieser Wir-gegen-die-Mentalität. Das ist unsere größte Sorge hier. Stattdessen sollten wir lieber darüber reden, wie man die Probleme der Zukunft löst.« Deb pflichtet ihm bei: »Wir brauchen eine Gemeinschaft, die zusammenfindet, die für das Gemeinwohl eintritt.« Aber die junge Frau hat den Optimismus noch nicht verloren. Sie sieht die größte Chance für eine Verbesserung darin, sich auf das Lokale zu konzentrieren und den politischen Streit in Washington dabei auszublenden: »Da sind diese vielen nationalen Wellen, die das Land polarisieren, aber es tut sich auch viel auf der lokalen Ebene, um Menschen zusammenzubringen. Hier hatten wir beispielsweise vor Kurzem einen sehr aktiven Republikaner und einen sehr aktiven Demokraten, die ein neues Gesprächsforum gegründet haben, um in kollegialer und wirklich angenehmer Atmosphäre miteinander Ideen zu teilen«, meint Deb und bringt ihre Hoffnung auf den Punkt: »Es gibt einen Wunsch der Menschen im Land, nicht so einen polarisierten Blick zu haben wie die auf der nationalen Ebene.«

Auch dieser Satz hallt nach, als ich weiterfahre und die wohlgepflegten, bunten Holzhäuser des Touristenörtchens Little Washington hinter mir lasse. Es geht gen Westen, wo die Landstraße den Höhenzug des Shenandoah Nationalparks durchschneidet. Franklin Delano Roosevelt eröffnete den Park 1935 mit den Worten, er sei zur »Erholung und zur Erneuerung« gedacht. Damals steckten die USA mitten in der »Great Depression«, der Weltwirtschaftskrise. 25 Millionen Amerikaner waren arbeitslos, Opfer eines ungezügelten Kapitalismus und hemmungsloser Spekulationen an den Börsen. Wie sich die Zeiten gleichen, denke ich in Erinnerung an den Crash von 2008, ohne die geringste Ahnung, dass es 2020 noch schlimmer kommen würde. Damals versuchte Roosevelt mit einer neuen Sozial- und Wirtschaftspolitik, dem »New Deal«, Amerika etwas gerechter zu machen. Donald Trump dagegen ist mehr auf der Suche nach jedem »New Deal«, der die Börsen zu neuen Höhen treibt. Auf der anderen Seite der Blue Ridge Mountains hinter dem Tal des Shenandoah-Flusses werde ich wohl erleben, wo eigentlich die Prioritäten liegen müssten. Aber erst einmal werde ich abgelenkt.

»Fake Drive« steht auf dem Straßenschild. Habe ich das richtig gesehen? Ich wende den Wagen. Tatsächlich, »Fake Drive« steht da, und ich kann nicht widerstehen, muss herausfinden, was es damit auf sich hat. Ein paar Meter vor der Abzweigung steckt in oder besser an einem Baum ein riesiges Schwert aus Pappe. An dem hängt ein alter Ritterschild mit der Aufschrift »Gee-Pee's«. Ich fahre den Weg entlang und lande an einer Motorradwerkstatt gleich neben einem Wohnhaus, aus dem zwei Riesenhunde auf meinen Wagen zustürmen. Soll ich lieber schnell wieder verschwinden? In diesem Moment kommt ein Mann mit grauem Bart und langen Haaren, die er zum Pferdeschwanz gebunden hat. Es ist ein kurzes, aber sehr nettes Gespräch, in dem er mir zwar nicht verrät, wofür die Buchstaben G und P stehen, aber er erzählt mir, dass es für ihn ganz gut läuft, dank der vielen Rasenmäher, die er für die Zugezogenen aus den größeren Städten repariert. Ansonsten gebe es im Tal eher Zukunftsängste, weil gerade wieder eine große Firma dichtgemacht habe. Der Name »Fake Drive« komme übrigens von einem Geschäftsmann mit dem Nachnamen Fake, der in der Gegend mal viele Jobs geschaffen habe, das sei nichts Politisches. Über Politik, auf die hier viele wütend seien, wolle er aber nicht reden, schon gar nicht vor meiner Handykamera. Also verabschieden wir uns, und Gee-Pees Riesenhunde lassen mich ziehen.

Wenige Minuten danach an einem Aussichtspunkt genieße ich den Blick über das Shenandoah Valley – einfach wunderschön. Der Ausblick für die Menschen hier aber, das zeigt sich ein paar Kilometer weiter, ist eher düster. Kurz hinter der Grenze zu West Virginia entlang der Route 48 sehe ich viele Trailerparks, heruntergekommene Wohnanhänger, halb kaputte Häuser, manche völlig unbewohnbar. Bei einem fehlt das Dach, die Front ist eingedrückt, vermutlich das Werk eines Sturms. Es ist eine der ärmsten Gegenden Amerikas, nur der Bundesstaat Mississippi liegt, was das durchschnittliche Einkommen seiner Bewohner angeht, noch unterhalb von West Virginia. Meine Fahrt führt vorbei an zahlreichen Windrädern. Selbst in diesem republikanisch dominierten Teil des Landes setzen sie immer mehr auf erneuerbare Energien und machen damit ihren eigenen Kohlebergwerken Konkurrenz. Am späten Nachmittag, ich habe inzwischen auf die Route 50 gewechselt, traue ich meinen Augen nicht: Links der Straße, auf einem großen Gelände, stehen Dutzende von Dampfmaschinen, Lokomotiven, landwirtschaftlichen Geräten und wunderbaren alten Autos, wie manche sie vielleicht noch aus »Die Waltons« kennen, der Fernsehserie, die das harte Leben einer Farmerfamilie in Zeiten der Weltwirtschaftskrise erzählte. 1929 war sie ausgebrochen, nun parke ich vor dem »Cool Springs Park«, gegründet 1929, steht auf dem Schild – so ein Zufall. Es ist ein Laden mit angeschlossener Tankstelle oder umgekehrt. Auf dem Dach steht eine schwarz-weiß gescheckte Kunststoffkuh, im Geschäft gibt es so ziemlich alles, was man in der dünn besiedelten Gegend nahe dem Örtchen Rowlesburg so braucht, von Lebensmitteln über Kleidung und Kinderspielzeug bis zu Kochtöpfen und Kosmetika. Ein kleines Restaurant gibt es auch. Natürlich erkunde ich erst einmal das Feld der Erinnerungen an ein Amerika, das es geschafft hatte, sich aus der schlimmsten Wirtschaftskrise herauszuarbeiten. Gleich neben einem völlig verrosteten Lastwagen, mit dem Papa Walton in der Serie John-Boy, Mary Ellen, Jim-Bob und die anderen vier Kinder durch die Gegend gefahren haben könnte, lese ich auf einem Schild: »Willkommen in diesem Park. Kostenlos. Wir freuen uns über Spenden.« Darunter am Pfahl ein kleines Holzkästchen mit Geldschlitz. Man könnte stundenlang nur schauen und staunen, Traktoren, Heuwender, eine dampfgetriebene Erntemaschine, Pferdekarren, Kutschen, Bahnwaggons, Dampfloks, unter ihnen ein wahres Prachtstück: rotes Lokführerhäuschen, ein gelbes Vorderlicht, schwarzer Heizkessel und ganz vorn auf dem grünen Wasserkessel eine alte Glocke. Wer um Himmels willen hat das alles gesammelt und warum?

»Mein Großvater hat all das immer geliebt«, erzählt mir Derek, »er hat die ganzen Sachen von überallher mit dem Truck angeschleppt. Und alles funktionierte.« Harlan Castle, so heiße sein Opa, ein leidenschaftlicher Sammler, der sogar ein eigenes Bahngleis für die alten Loks verlegt habe. »Es war eine Touristenattraktion, wir hatten viele Leute, die von auswärts kamen, aus anderen Bundesstaaten.« Aber das war früher. Dann bauten sie den großen Highway, und an der Tankstelle mit eigenem Freilichtmuseum kamen kaum noch Reisende vorbei. »Die Geschäfte könnten besser sein, damals gab es hier viel Betrieb an der Route 50, sogar die Greyhound-Busse hielten hier, aber jetzt nicht mehr«, meint

Derek, dessen Großvater, wie er mir erzählt, gerade im Krankenhaus liegt. Derek übernimmt offenbar viele kleine Arbeiten in dem Familienbetrieb, Reparaturen, Saubermachen, Rasenmähen. Ich frage ihn nach seiner Hoffnung für die Zukunft. Er zögert ein paar Sekunden und sagt: »Solange wir offen bleiben, werden wir hier sein.« So ist es wohl immer auch für seinen 92-jährigen Großvater Harlan gewesen, der, wie ich ein paar Monate später erfahre, an genau diesem Tag, dem 18. Oktober 2018, gestorben ist. Träume, Pläne, Hoffnungen? In dieser Gegend haben es die nachfolgenden Generationen wieder genauso schwer wie vor Jahrzehnten. Ich fahre weiter in die Dunkelheit hinein, im wahrsten Sinne des Wortes.

Denn nach der Übernachtung in Athens, Ohio, nehme ich ein Stück weiter auf der Route 50 einfach mal die Ausfahrt nach Jackson. Spontanentscheidung. An der Hauptstraße halte ich an und hole mir ein paar Infos aus dem Internet: Der Ort hat rund 6000 Einwohner, der gleichnamige Landkreis rund 32 000, und die größte Sehenswürdigkeit ist wohl der knallrote Wasserspeicher, der mit einem Stängel obendrauf und einem aufgemalten grünen Blatt an das alljährliche Apfelfest erinnern soll. Ich fahre den Schildern zum Sheriff-Büro nach. Vielleicht, so denke ich, kann man ja dort ganz gut erfahren, welche Probleme es in Jackson so gibt. Der Eingangsbereich des Amtsgebäudes ist gut gesichert, im Warteraum hängt das Siegel mit den Worten »Rechtschaffenheit, Ehrlichkeit, Mut« und dem Stern von Sheriff Tedd E. Frazier. Ob er denn für einen Journalisten aus Deutschland zu sprechen wäre, frage ich die Frau hinter der Panzerglasscheibe. Es dauert etwa 20 Minuten, dann holt mich der Deputy ab, er habe auf einen Kaffee Zeit für mich. Rob Chalfont erzählt mir von der Kriminalitätsrate und vor allem von den Drogenproblemen in Jackson County. Perspektivlosigkeit und Sucht, das sehe er ständig bei seiner Arbeit. 20 Prozent der Bevölkerung im Landkreis lebten unter der Armutsgrenze. Viele Menschen seien abhängig von extrem starken Schmerzmitteln, die Ärzte viel zu schnell gegen alles verschrieben: Rückenleiden, Kopfschmerzen, kleine Verletzungen. Die Opioid-Epidemie, so Deputy Chalfont, töte fast täglich, vor allem, weil die Abhängigen überdosierten. Ganz besonders gefährlich sei ein synthetisches Opioid, dass man sich per Internet bestellen könne: Fentanyl. Chalfont, der als verdeckter Ermittler arbeitet, zeigt mir ein Foto mit einem Vergleich der tödlichen Dosen für Fentanyl und Heroin – 75 Milligramm Heroin gegenüber 2 Milligramm Fentanyl.

Als ich weiterfahre, denke ich an meine Zeit im Amerika der Neunzigerjahre zurück. Damals konzentrierte sich das Drogenproblem stärker auf die Großstädte, auf die ärmsten Viertel, in denen Gangs ihr Unwesen trieben, so hatte ich es in New Orleans, Philadelphia, Los Angeles und Washington erlebt. Jetzt sind die Opioide im wahrsten Sinn des Wortes zu einer Landplage geworden, wie ein Krebsgeschwür wuchert die Epidemie überall dahin, wo Menschen ihre Jobs, ihre Perspektiven und ihre Hoffnung verlieren. Ein amerikanischer Präsident hat einmal gesagt, »hunger breeds madness« – »Hunger erzeugt Wahnsinn«. Irgendwann war der Satz in meinem Gedächtnis hängen geblieben, weil er stimmt, auch wenn der Sprung zwischen Jackson, Ohio, und dem Ende des Ersten Weltkriegs ein wenig gewagt erscheint. Die Worte stammen aus der Erklärung des Demokraten Woodrow Wilson vom 11. November 1918, mit der er den Kongress über die Unterzeichnung des Waffenstillstands durch das Deutsche Reich informierte. 116 000 amerikanische Soldaten waren in diesem Krieg getötet worden, 200 000 verletzt, und doch plädierte Wilson dafür, die Deutschen vor der Hungersnot zu bewahren: »Hunger erzeugt keine Reform. Er erzeugt Wahnsinn und all die hässliche Wut, die ein geordnetes Leben unmöglich macht.« Der Präsident spielte auf die Idee Amerikas als leuchtende Stadt auf dem Berg an: »Wir müssen fest das Licht halten, bis sie sich selbst finden.« Es ist ein weiter Gedankensprung von damals in die Gegenwart, aber wo ist das Licht geblieben für die Menschen hier, die hungern nach Aufmerksamkeit für ihre Probleme, nach Perspektiven für ihre Zukunft und die ihrer Kinder? Auch dieser Hunger hat Wahnsinn erzeugt, und der sitzt derzeit im Weißen Haus, auch wenn ich das zum Zeitpunkt meiner Reise auf den »Blue Highways« noch nicht so deutlich gesehen habe.

Ich brauche dringend ein positives Erlebnis und biege ein ganzes Stück hinter Jackson einfach von der Route 50 ab. Hier leben offenbar viele Amish, Anhänger einer Religionsgemeinschaft, die im 18. Jahrhundert aus Europa in die USA kam. Im kleinen Ort Dunkinsville sehe ich ein Schild mit der Aufschrift »Antiquitäten« und fahre ihm nach, vorbei an einer Amish-Bäckerei, vor der die typischen Kutschen stehen, bis ich mein Ziel erreiche. In sattem Orange, Gelb und Grün liegen da Hunderte von Kürbissen verschiedener Sorten und Größen auf alten Holzkutschen, Paletten, einem knallroten Lastwagen-Oldtimer. Mitten drin ein riesiger Pappkamerad mit blauer Latzhose und Sonnenhut. Es ist Kürbissaison, und offenbar gibt es auf dieser Farm nicht nur Antiquitäten. Die finde ich in einem großen Schuppen, einem Kramladen, wie er im Buche steht, mit allem, was an früher erinnert, Werkzeuge, Möbelstücke, Lampen, Küchengeräte, Bücher und vor allem alte Schilder. »Meadow Gold Icecream« steht da, »MICA Achsenfett«, »Rauh's Fertilizer« oder »Star Tobacco«. Mittendrin treffe ich Kim Erwin, die mir erzählt, dass sie hinter alldem steckt, sie habe halt einen Sammelfimmel. Aber sie und ihr Mann verkaufen nicht nur alte Sachen und Kürbisse, sondern vor allem Mastkälber. Die bringen nur immer weniger Geld ein, sagt sie, »zu viel Konkurrenz aus Asien«. Der lange Arm der Globalisierung reicht bis in diesen winzigen Ort Tiffin Township in Ohio. Nein, über Politik will auch Kim nicht reden, aber sie erzählt mir gern, dass der große, schwere und angerostete Schlüssel, den ich kaufe, zu der Tür einer echten Gefängniszelle gehörte. Ich bin ganz sicher, dass das stimmt. Ich ziehe weiter und sehe auf dem Weg zurück zur Landstraße noch viele Farmen, die in diesen Tagen wohl auf Hilfe aus Washington angewiesen sind. Denn Donald Trump führt Handelskriege und gleicht die Verluste der Farmer mit vielen Milliarden Dollar aus. Mit anderen Worten, der Präsident bezahlt die Menschen hier für einen Schaden, den er selbst anrichtet. Ich fahre noch ein paar Stunden, über den Ohio-River nach Kentucky, und übernachte an einem gruseligen Ort. Das liegt nicht nur an manchen Häusern hier, die mit Skeletten, Geistern, Spinnweben und Grabsteinen schon für Halloween geschmückt sind. Bowling Green ist der Ort eines Massakers, das es eigentlich nie gegeben hat.

Bei Tageslicht schaue ich mir den Brunnen im Ortskern an, wo sich Demonstranten mit Schildern wie »Bowling Green Massacre #Never Remember« einst über Kellyanne Conway lustig machten. Die enge Beraterin von Präsident Donald Trump hatte am 29. Januar 2017 in einem Interview mit der Zeitschrift *Cosmo-*

politan Trumps Einreisestopp gegen vornehmlich muslimische Länder, darunter den Irak, mit folgenden Worten gerechtfertigt: »Zwei Iraker kamen in dieses Land, schlossen sich dem IS an, reisten in den Mittleren Osten, um dort zu trainieren und ihre Terrorfertigkeiten zu verfeinern. Dann kamen sie zurück und waren die Drahtzieher hinter dem Bowling-Green-Massaker, bei dem sie unschuldigen Soldaten das Leben nahmen.« Hm. Tatsächlich waren in dem Städtchen in Kentucky zwei irakische Flüchtlinge unter Terrorverdacht festgenommen worden, für Terrorpläne gab es jedoch keine Beweise, und ein Massaker hatte auch nicht stattgefunden. Conway hatte Fake News verbreitet. Immerhin hat es dem Ruf von Bowling Green nicht wirklich geschadet. Hier wird die berühmte Corvette von Chevrolet hergestellt; kein Vergleich zu meinem unscheinbaren grauen Mietwagen, mit dem ich weiter Richtung Westen fahre. Nach einer knappen Stunde lege ich einen Frühstücksstopp ein und befinde mich auf einmal mitten in einer Rebellenhochburg.

»Rebel Nation« steht in Riesenbuchstaben auf einem Schaufenster, auf einem anderen, ein paar Häuser weiter: »We love our Rebels! Beat the Bears!«, gleich daneben ein gemalter Bärenkopf, der dick durchgestrichen ist. Kein Zweifel, die Rebellen meinen es ernst. Ich stehe auf dem Hauptplatz von Elkton, mitten drin das alte Gerichtsgebäude, rote Ziegelsteine, weiße Fenster und obendrauf ein Uhrenturm. Im Quadrat um den Ortskern stehen Häuser aus dem vorletzten Jahrhundert, wie die Jahreszahlen verraten, die einige von ihnen tragen. Vor einem hält gerade ein knallgelber Ford Mustang. Die gestreifte Markise an der Fassade und der schnörkelige Schriftzug »Soda Fountain« sehen einladend aus, und hier erfahre ich dann auch, was es mit den »Rebels« auf sich hat. Es ist das Footballteam der Highschool von Elkton, das am Vorabend die »Bears« mit 29 zu 14 geschlagen hat. Beim besten und sicher ungesündesten Ice Cream Soda meines Lebens – Erdbeer-Vanille-Schokolade mit Sahne und Kirsche obendrauf für 2,99 Dollar – unterhalte ich mich mit Pam Alder, der Kellnerin. Sie ist 55 Jahre alt und offenbar ein großer Fan von Ziegen, fast 100 hat sie auf ihrer Farm. Auf ihrer Farm? Ja, sie müsse halt auch noch kellnern, weil sie sonst nicht genug hätte, auch fürs Alter. »Meine größte Sorge ist, dass sie die Rente kürzen, für die wir alle unser ganzes Leben gearbeitet haben«, sagt Pam, »und dass dann nichts mehr im Topf ist, wenn wir das Rentenalter erreicht haben.« Mit »sie« meint sie die Politiker. Ihre Angst sei größer geworden, weil sich nichts verändert habe, keine Verbesserungen, jedenfalls nicht für sie und viele andere in Elkton. Ich frage Pam nach ihrem größten Wunsch. »Dass ich mich zur Ruhe setzen kann, auf einer großen Farm mit allen möglichen Tieren, und einfach nicht mehr arbeiten muss.« Da lacht sie, die Augen strahlen unter der hellgrünen Baseballmütze mit Ananas-Emblem. Pam ist ein fröhlicher Mensch, auch wenn sie sicher noch lange ein fester Teil dieser Soda-Bar sein muss. Es ist ein uriges Lokal mit Spiegeln an den Wänden, Fotos aus früheren Zeiten, einer Marmortheke mit Barhockern und alten Holznischen.

Tray ist gewissermaßen die nächste Generation. Der 20-Jährige arbeitet in der Küche, verdient Geld für sein Geschichtsstudium. Der junge Mann mit den wilden, offenbar hochgeföhnten Haaren weiß genau, was in den letzten Jahren schiefgelaufen ist. »Obama hat das Land gespalten«, erzählt er, »nicht Trump.« Tray glaubt, dass sich Obama um die Menschen in den Großstädten an den Küsten gekümmert hat, aber nicht um die kleinen Leute, besonders hier im Herzen des Landes. Jetzt macht er sich Sorgen, »dass der Wirbel und Konflikt zwischen den politischen Parteien Amerikas Stärke zerstört«. Tray hat eine klare Forderung an die Politiker: »Sie sollten die Differenzen überwinden und vor allem zusammenkommen und Lösungen finden, um Amerika besser zu machen, statt es zu zerreißen.« Aber der Student gibt nicht nur den Parteien und den Parlamentariern die Schuld, sondern auch den Medien: »Die Sozialen Medien und die Nachrichtensender machen die Leute und ihre Überzeugungen nieder. Sie beeinflussen ihr Denken. Statt alles schlechtzumachen, sollten sie auch mal das Gute zeigen, weniger Negatives. Zeigt auch Dinge, die gut laufen!« Er sagt das in meine Handykamera und meint auch wirklich uns Journalisten.

Bei der Weiterfahrt kann ich ein wenig darüber nachdenken. In Elkton habe ich erfahren, dass im Landkreis Todd über 75 Prozent der Wähler für Donald Trump gestimmt haben. Trays Behauptung, Obama habe die Menschen hier im Stich gelassen, scheinen viele zu teilen. Aber warum? Der erste schwarze Präsident Amerikas hatte das Land doch aus der Wirtschaftskrise von 2008 wieder herausgeführt, die Arbeitslosenrate von über 10 Prozent wieder auf unter 5 Prozent gesenkt. Aber Arbeit haben reicht nicht zum Leben. Die Chance weiterzukommen, genug zu verdienen fürs Leben, ohne Angst vor Armut im Alter, daran bemisst sich die Zufriedenheit der Menschen. Pam fällt, das weiß ich heute, genau in die Gruppe jener Amerikaner zwischen 25 und 54 Jahren, deren Lohn von 2009 bis 2018 um nicht einmal 4 Prozent gestiegen ist. Da können sich viele eine Pflichtkrankenversicherung, so hilfreich, sinnvoll und vergleichsweise günstig sie sein mag, einfach nicht leisten. Die gute Absicht von Obamacare wurde überschattet vom Zwang, den viele nicht als Kümmern, sondern als Gängelung empfanden. Studenten wie Tray müssen meist einen Kredit aufnehmen, um ihre akademische Ausbildung zu finanzieren. Die durchschnittlichen Studiengebühren ohne Unterkunft und Verpflegung liegen für vier Jahre an einer öffentlichen Universität des eigenen Bundesstaates bei über 26 000 Dollar.

Obama hatte trotz des Erbes einer schweren Finanz- und Wirtschaftskrise so viel mehr vorangebracht im Land als viele seiner Vorgänger. Ohne sein Eingreifen wäre zum Beispiel ein Großteil der amerikanischen Autoindustrie untergegangen. Nachfolger Trump, das werde ich später zeigen, hat wenig getan, um die Perspektiven für Amerikas Arbeiterklasse zu verbessern. Das müsste ein Geschichtsstudent eigentlich wissen. Aber Tray hat den Finger in die Wunde gelegt: Das Dauerfeuer der Medien, das ständige Fällen von kühnen, scharfen und vorschnellen Urteilen in der Berichterstattung vertieft die Gräben, auch darauf werde ich zurückkommen.

Jetzt fahre ich erst einmal durch eine wunderschöne Gegend zwischen zwei Seen, dem Lake Barkley und dem Kentucky Lake, passender Name des Landstrichs: »Land between the Lakes«. Aurora, also Morgenröte, das klingt vielversprechend, also halte ich in der Siedlung mal an, zugegebenermaßen auch deshalb, weil hier gerade zufällig gefeiert wird. Ein buntes Treiben auf dem alljährlichen Country-Festival, eine Mischung aus Flohmarkt, Handwerksvorführungen, Ess- und Trinkbuden. Der Geruch von gebratenem Schwein passt hervorragend zu den Klängen der Bluegrass-Band. Die Schlachtflagge der Südstaaten im amerikanischen

Bürgerkrieg weht an einigen Ständen. Auf einer Bühne führen Kinder und Jugendliche gerade ihre Kunstfertigkeit in Karate vor. Mittendrin zwischen den Teens ein kleiner Junge, der allen die Schau stiehlt. Er ist vielleicht sechs Jahre alt und beherrscht jeden Griff, jede Bewegung besser als die meisten der Großen. Und dann entdecke ich ihn. Ein knallroter, beleibter Mann am Stand mit dem Apfelwein, der sich beim Näherkommen als Weihnachtsmann entpuppt. Sein rotes Gewand und seine Mütze sind mit dickem Fell gesäumt, bei rund 20 Grad Celsius, wohlgemerkt, Ende Oktober, sicher ein harter Job. David macht ihn gern, mit kullerndem Lachen zwischen seinem schneeweißen, echten Vollbart, blitzenden Augen hinter einer goldgeränderten Nickelbrille. Der Gürtel mit der silbernen Schnalle spannt ein wenig, vielleicht hat er deshalb eine Diet Coke in der Hand. Ich frage den Weihnachtsmann, wie das Leben hier ist. »Sehr freundlich, wie bei Norman Rockwell«, sagt er und meint damit einen der großen amerikanischen Maler des 20. Jahrhunderts, der vor allem Alltagsszenen abgebildet hat. David erzählt mir, wie sein Tag gelaufen ist. Seine Rentiere seien über die Baumwipfel davongesaust, der Feuerwehrwagen sei kaputt, also habe er bei der Parade zu Fuß gehen müssen. Ob seine Rentiere denn rechtzeitig zu Weihnachten zurück sein würden? »Es ist Jagdsaison hier«, meint er trocken, »falls sie nicht abgeknallt werden, kommen sie wieder.«

Der derbe Humor passt nicht so ganz zu Davids Kostüm, aber zur Lebenseinstellung der Menschen hier schon, und Donald Trump scheint da ganz gut hineinzupassen. Hier in Marshall County hat er über 73 Prozent der Stimmen geholt. Während ich dies gerade schreibe, fällt mir im Nachhinein etwas auf, und ich schaue mir die Fotos und Videos von diesem 20. Oktober 2018 noch mal genau an. Auf dem ganzen Festival ist mir niemand mit schwarzer Hautfarbe begegnet, auch in der Karategruppe kein schwarzes Kind. Eigentlich kein Wunder, da im Landkreis Marshall Weiße über 98 Prozent der Bevölkerung stellen. Nur zwei Kilometer vom Festplatz entfernt liegt der Cherokee State Park, der von 1951 an ein Erholungsgebiet ausschließlich für Schwarze war. Mit anderen Worten: Nichtweiße durften nicht an anderen Stellen der riesigen Seen baden, angeln oder paddeln, sondern nur in diesem einen Park. Die Weißen wollten unter sich bleiben. Ist das heute genauso? Die Flagge der Südstaaten, die hier weht, gilt als Symbol für Rassismus und Sklaverei. Am Gerichtshaus von Marshall County ließ der Richter im April 2020 die offizielle Fahne der Konföderation hissen. Erst nach Protesten holte er sie wieder ein.

Dass David, der Weihnachtsmann, ausgerechnet Norman Rockwell erwähnt hat, ist interessant. Rockwell kritisierte in seinen Bildern die Rassentrennung. Sein wohl berühmtestes Gemälde zeigt die sechsjährige Ruby Bridges, ein schwarzes Mädchen, das im November 1960 auf seinem Schulweg in New Orleans von Marshalls begleitet wird, damit dem Kind nichts geschieht. An der Hauswand ist das KKK des Ku-Klux-Klans zu sehen und das Wort NIGGER. Rockwell nannte das Bild »The Problem We All Live With« – »Das Problem, mit dem wir alle leben« – es passt heute wie damals, denn der Rassismus wächst wieder in den USA, nicht zuletzt dank eines Präsidenten, der den Rechtsextremismus öffentlich verharmlost.

Ich muss weiter, richtig Strecke machen, sonst schaffe ich es nicht, denn bis zur Übernachtung in Springfield, Missouri, sind es noch über 500 Kilometer. Nach viereinhalb Stunden muss ich dennoch unbedingt anhalten. Der Sonnenuntergang, kombiniert mit dem Namen des Ortes, ist einfach zu gut. Also filme ich einen Clip für Instagram mit den Worten: »Die Sonne geht unter über Kabul – kein Witz.« Die Kamera schwenkt nach rechts auf das Straßenschild, auf dem steht: »Cabool, population 2.146«.

Den Sonntag beginne ich, wie es sich gehört, mit einem Kirchenbesuch. Ich muss nicht lange auf der Route 60 fahren, denn Kirchen liegen hier am Wegesrand, im sogenannten Bibelgürtel der USA. Bei der Community Church füllt sich schon vor 9 Uhr der Parkplatz. In Billings wirbt ein Plakat für sieben Gemeinden, von der Assembly of God bis zur United Methodist Church. Der Ort hat nur 1000 Einwohner. Kurz hinter dem alten Minenstädtchen Granby steht ein Schild an der Landstraße: »Toy Run«. Da sammeln Motorradfahrer Spielzeug für Waisenkinder, eine prima Gelegenheit, um ins Gespräch zu kommen. Also biege ich ab und stehe Sekunden später vor einigen Dutzend Bikern in ihren Lederkutten. Fast alle sind große Kerle mit langen Bärten, ein paar Frauen sind auch dabei. Erst wird gegrillt, dann wollen sie den armen Kindern die gesammelten Spielsachen bringen. »Big Tiny« –

zu Deutsch »der große Kleine« – ist stolze 1,98 Meter lang, schwarzer Hut, Sonnenbrille, angegrauter Bart. Der 43-Jährige ist Trucker von Beruf und verbringt jedes Jahr Monate seines Lebens auf Fahrten kreuz und quer durch Amerika. Tiny erzählt mir von seiner Arbeit, von seinen Rückenschmerzen und von seiner Angst vor dem Altwerden, denn mit seinem kärglichen Jahresverdienst, gerade mal 25 000 Dollar, kann er kaum Geld zurücklegen für den Ruhestand. Und die immer strengeren Vorschriften, die zwar der Sicherheit der Trucker und der anderen Verkehrsteilnehmer dienten, machten alles noch viel schlimmer: »Das geht von meinem Profit ab, und für manche wird's wirklich eng.« Darüber müssten die Medien viel mehr berichten, meint Tiny, aber die interessierten sich ja nicht für jemanden wie ihn.

Ein paar Meter weiter steht »CHZBRGR«, so ist auf dem Aufnäher an seiner Kutte zu lesen. Ich frage Cheeseburger, der mit bürgerlichem Namen Trent heißt, was sich die Menschen hier am meisten wünschen. »Frieden und Wohlstand«, antwortet er und erzählt mir dann von den »Defenders of Liberty«, einer Bikergruppe, deren Mission es sei, »die Verfassung der Vereinigten Staaten zu verteidigen und zu schützen.« – »Und wie?«, frage ich. »Durch friedlichen Protest.« Protest gegen die Ungerechtigkeit im Land und gegen eine Politik, von der viele hier enttäuscht sind. »Die Medien sollten sich nicht von den Reichen, den Politikern und den Regierungen steuern lassen, die Politik ist korrupt«, sagt Michael. Der Veranstalter des Toy Run brät Steaks und Würstchen auf einem großen Barbecue-Grill. »Knochensammler« steht auf seinem T-Shirt direkt über der Abbildung eines Hirschschädels mit Geweih. Michael ist richtig sauer, er glaubt nicht, dass Journalisten wirklich unabhängig berichten. »Sie sollten lernen, wie das Land und seine Menschen wirklich sind. Sie sollten sich schämen, weil ihnen eigentlich das Wohlergehen der Menschen am Herzen liegen sollte, aber das tut es nicht.«

Der Journalismus als verlängerter Arm korrupter Politiker und Konzernbosse, unfähig, sich für die Probleme der Menschen mehr zu interessieren als für das politische Drama in Washington. So sehen viele Amerikaner die Medien in ihrem Land. Tatsächlich ist mir schon in diesen wenigen Tagen meiner Reise im Herbst 2018 eine Menge Verachtung begegnet, nicht fürs deutsche Fernsehen, weil wir uns ja offensichtlich für die Anliegen der Menschen interessieren. Aber bei fast allen Reisen seitdem verfinstern sich die Mienen, wenn man auf die nationalen Medien zu sprechen kommt, besonders die Kabelnachrichtensender CNN, MSNBC und Fox News. Natürlich schauen viele doch immer mal rein, die politisch Rechten eher bei Fox News, die politisch Linken eher bei den anderen, aber das Vertrauen in den Journalismus ist in den USA seit Jahren extrem niedrig. Nach einer Umfrage des Forschungsinstituts Gallup im Jahr 2019 trauen den Massenmedien nur 41 Prozent der Befragten. Bei Anhängern der republikanischen Partei liegt der Wert mit 15 Prozent noch viel tiefer, bei den Demokraten trauen immerhin 69 Prozent den Medien, bei den Unabhängigen 36 Prozent. Dass der Gesamtwert im Jahr 2016 noch viel niedriger lag, beim historischen Tiefpunkt von 32 Prozent, tröstet wenig. Amerikas Presse hat ein Glaubwürdigkeitsproblem, und das ist zu einem guten Teil selbst verschuldet.

Höchste Glaubwürdigkeit genießt in den USA eigentlich nur eine Institution oder besser ein Konzept – die Religion. Seit 1956 ist das sogar symbolisch in einem Gesetz verankert. Damals machten der Kongress und Präsident Dwight D. Eisenhower die Worte »In God we trust« zum offiziellen Motto der Vereinigten Staaten von Amerika. Die Wendung lehnt sich an eine Stelle aus dem Alten Testament der Bibel an, Psalm 91, Vers 2: »Ich sage zum Herrn: Du meine Zuflucht und meine Burg, mein Gott, auf den ich vertraue.« Die Formulierung ersetzte das alte Motto der USA, »e pluribus unum« – »aus vielen eins«, das daran erinnerte, wie sich aus unterschiedlichen Regionen und ihren Bewohnern – anfangs waren es 13 Staaten – eine Union formierte, weil die Partikularinteressen zum Wohl des Ganzen zurücktraten. Eine Philosophie, die heute mehr denn je vonnöten wäre. Stattdessen wird Amerika dominiert von widerstreitenden Konzepten. Zum einen von einer Religiosität, die mit ihrer menschenfreundlichen Seite ein Segen, mit ihrem Hang zum Absolutheitsanspruch aber auch ein Fluch für das politische und gesellschaftliche System der Vereinigten Staaten ist. Zum anderen von der Verehrung des Gottes Mammon, des Strebens nach Geld und Reichtum. Diese unheilige Spannung macht der Blick auf jeden Geldschein deutlich, auf dem die Worte »In God we trust« ebenfalls zu lesen sind. Knapp die Hälfte der Amerikaner sind Protestanten, rund 23 Prozent Katholiken. Nur 18 Prozent der Menschen geben an, keiner Religion anzugehören.

Im Bundesstaat Oklahoma, in den ich gerade hineinfahre, ist das Christentum mit 80 Prozent der Menschen die dominierende Religion. Unter den knapp vier Millionen Einwohnern sind knapp 11 Prozent Latinos, rund 9 Prozent Indianer und etwas über 8 Prozent Schwarze, aber den größten Anteil stellen Weiße mit 65,3 Prozent. Das ist zufällig genau der Anteil der Stimmen, die Donald Trump bei der Wahl 2016 hier erringen konnte. Auf der linken Straßenseite der Route 60 fällt mir ein großes Schild auf: »AC Alivechurch« steht da, und vor dem Gebäude parken zahlreiche Autos, einige Menschen unterhalten sich vor dem Eingang. Ich denke, dass der Gottesdienst gerade zu Ende ist, eine gute Gelegenheit, ins Gespräch zu kommen. Ich bin kaum ausgestiegen, da kommt ein Mann in Bluejeans und schwarzer Lederjacke strahlend auf mich zu. »Willkommen bei Alivechurch, sind Sie neu hier?« Auf der Website der Gemeinde, das werde ich am Abend sehen, steht der Satz: »Mit weit offenen Armen laden wir Euch ein, an einer unserer energiespendenden Wochenenderfahrungen teilzunehmen.« Pastor Robert Sanders nimmt das wörtlich und führt mich in das Gebäude, in dem immer noch der Gottesdienst läuft. Heute predigt nämlich nicht Sanders, sondern per Übertragung auf einem riesigen Bildschirm eine Pastorin namens Christine aus Neuseeland, die gerade bei einer Alivechurch-Gemeinde in Kalifornien zu Gast ist. Im Gebetssaal sitzt noch nicht einmal ein Dutzend Menschen, aber, so flüstert mir Sanders zu, das sei ja auch schon der dritte Gottesdienst an diesem Tag. Es ist noch nicht mal Mittagszeit.

Zum Ende der Feier spricht der Pastor dann selbst noch ein paar Worte. Vor allem kündigt er an, dass sich der dringend erforderliche Neubau der Kirche wohl doch noch ein paar Jahre verzögern wird. Man habe zwar das notwendige Geld durch Spenden zusammenbekommen, aber dann seien ja Strafzölle auf Stahl verhängt worden. Die Preise seien gestiegen, nun brauche man halt weitere Spenden und ein Gebet für die baldige Umsetzung der Baupläne. Der Neubau sei wichtig, erzählt mir Sanders im Interview: »Es gibt auch im Bibelgürtel immer noch viele Leute, die Gott nicht kennen, deswegen müssen wir ihnen von Jesus erzählen.« Ich frage, inwieweit Politik in Religion hineinspielt und umgekehrt. »Ein wenig schon«, meint er, »auch wenn die Leute versuchen, die zwei Dinge nicht zu vermischen, sie getrennt zu halten.« Natürlich will ich wissen, was es mit dem Neubau auf sich hat. Das jetzige Gebäude sei halt nur gemietet, meint Sanders, man wolle jetzt eigentlich in ein neues umziehen, das gezielt auf die Bedürfnisse der Gemeinde zugeschnitten sei. Vier Jahre lang habe man dafür Spenden gesammelt. Nun seien die Kosten für Stahl wegen des Handelskriegs um 35 Prozent in die Höhe geschnellt. »Wir wollen ja gute Verwalter von Gottes Geld sein, deshalb müssen wir die Kalkulation überarbeiten und uns eben strecken, um hinzukommen.« Aber wie finden das denn die Menschen, wenn sich Politik so auf Religion auswirkt, weil der Präsident die Strafzölle erhöht? »Das passiert halt mal«, meint Pastor Sanders, »ich glaube, dass ihm unser Wohlergehen am Herzen liegt. Er versucht, sich um die USA zu kümmern und Arbeitsplätze zu sichern. Ich verstehe, warum er das gemacht hat.«

Mit einem Segenswunsch werde ich verabschiedet und verlasse Craig County, in dem Donald Trump bei der Wahl über 74 Prozent der Wählerstimmen bekommen hat. Die Evangelikalen, eine teils fundamentalistische Strömung innerhalb des Protestantismus, sind seine glühendsten Verehrer. Ihre Anführer sehen Amerika in einem großen Kampf mit den Anhängern des Bösen. Manche glauben sogar, dass die Endzeit gekommen ist und dass die letzte Schlacht von Armageddon, wie sie in der Offenbarung des Johannes beschrieben ist, unmittelbar bevorsteht.

Aber wie kann es sein, dass ausgerechnet Christen einem Mann folgen, dessen Lebenswandel, dessen Einstellungen und dessen alltägliches Verhalten der Botschaft Jesu so diametral widersprechen? Sein Umgang mit Frauen, seine andauernden Lügen, seine Ablehnung, manchmal sogar Verachtung gegenüber Menschen anderer Ethnien, anderen Glaubens, anderer politischer Überzeugung und seine fehlende Empathie gegenüber den Schwächsten in der Gesellschaft könnten unchristlicher gar nicht sein. Und doch jubeln ihm seine Anhänger zu, wenn er beispielsweise bei einer Wahlkampfkundgebung in Fayetteville, North Carolina, im September 2019 den Demokraten unterstellt, sie wollten die Religion zerstören: »Sie werden es versuchen und sie wegnehmen. (…) Unsere

Evangelikalen sind heute hier, und sie sind überall. Und was wir für sie und für die Religion getan haben, ist so wichtig. Wissen Sie, die andere Seite, ich glaube nicht, dass sie überzeugte Gläubige sind. Sie sind keine großen Anhänger von Religion, das kann ich Ihnen sagen.« Nach einer Studie des Pew-Research-Instituts glauben 90 Prozent der Anhänger der republikanischen Partei an Gott, 84 Prozent geben an, dass Religion in ihrem Leben eine sehr wichtige oder wichtige Rolle spielt. Bei den Demokraten sind die Zahlen zwar deutlich niedriger, aber immer noch recht hoch: 76 Prozent glauben an Gott, 72 Prozent halten Religion in ihrem Leben für sehr wichtig oder wichtig. Der Präsident nutzt Religion als Waffe.

Als ich an Tulsa, der zweitgrößten Stadt in Oklahoma, vorbeifahre, sehe ich riesige Baugebiete, in denen gerade Dutzende von neuen, frei stehenden Häusern entstehen. Eigentlich sind es mehr kleine Paläste mit Balkonen, Terrassen und Säulen im altrömischen Stil. Wohlstand im Überfluss und sichtbares Zeichen, dass es den Besserverdienenden in der Trump-Ära tatsächlich noch besser geht, während Big Tiny, Pam, Kim und andere nur weiter auf Besserung hoffen können. Dabei setzen sie offenbar immer noch auf Donald Trump. Auch ich habe ja zu hören bekommen, was Sara Schonhardt in der Regionalzeitung in Little Washington beschrieb: den Wunsch der Menschen, »dass andere Leute verstehen, was sie durchmachen«. Zumindest gibt Donald Trump vor, es zu verstehen, aber handelt er wirklich danach? Während ich das denke, fällt mir auf, dass auch ich auf meiner Reise nur mit Weißen gesprochen habe. Das liegt sicher zum einen daran, dass sie die große Mehrheit der Bevölkerung in den sechs Bundesstaaten stellen, durch die ich gekommen bin. Zum anderen aber liegt es wohl auch an mir, weil ich nicht gezielt dahin gefahren bin, wo die trumpsche Politik die Minderheiten in der amerikanischen Gesellschaft trifft. Ein klein wenig kann ich das in den Tagen nach meiner Ankunft in Oklahoma City am 21. Oktober 2018 noch nachholen.

Da ist zum Beispiel Jacob Rosecrants, Kongressabgeordneter im Repräsentantenhaus von Oklahoma, der mit drastischen Worten eines der größten Probleme in seinem Bundesstaat beschreibt: »Wir haben eine Bildungskrise mit dramatischer Unterfinanzierung der Schulen.« Vielerorts liege die durchschnittliche Größe der Klassen bei 40 Schülern, es fehle an Unterrichtsmaterial, nicht selten würden Lehrer von ihren schmalen Gehältern Papier und Stifte für die Kinder mitbringen, deren Eltern sich nicht einmal das leisten könnten. Rosecrants weiß das aus eigener Erfahrung, denn er war Lehrer, bevor er beschloss, politisch aktiv zu werden, um die Missstände effektiver zu bekämpfen. Aber das ist in einem Staat schwierig, in dem jeder Ort und jeder Kreis Entscheidungshoheit über die Schulpolitik hat. Obendrein hängen die Finanzmittel für die Ausstattung der öffentlichen Schulen von der Grundsteuer ab. In »besseren«, wohlhabenderen Gegenden sind die Bildungseinrichtungen gut ausgestattet, extrem schlecht dagegen in den ärmeren Gegenden mit niedrigeren Grundsteuern. Auch deshalb, so erzählt Rosecrants, quittierten 2018 jeden Monat 400 Lehrer ihre Jobs. Die Lücken werden mit Notlehrern gefüllt, die keinerlei Fachausbildung haben.

Im April 2018 hatten viele Lehrer die Nase voll, Tausende belagerten für neun Tage das Capitol in Oklahoma City, wo ein republikanischer Kongress über Jahre die staatlichen Gelder für das Bildungswesen gekürzt und den Lehrkräften jede Gehaltserhöhung verweigert hatte. Am Ende des kleinen Aufstands gab es ein wenig mehr Geld für die Lehrer. Mit dabei war damals Jacobi Crowley, der sich nun, im Oktober 2018, so wie 70 weitere Kollegen in anderen Teilen Oklahomas zur Wahl stellt. Der 26-Jährige bewirbt sich in Lawton um einen Sitz im Parlament in der 100 Kilometer entfernten Landeshauptstadt. »Du musst dich richtig reinknien in den Dreck, auch mit dem Jackett, um die Dinge anzupacken und unsere Themen voranzutreiben«, erzählt er begeistert. Vor allem Bildung ist sein Thema, weil er etwas für die Kinder in Oklahoma tun will. Crowley weiß, was Benachteiligung bedeutet, denn er gehört zur schwarzen Minderheit. Er kommt aus ärmlichen Verhältnissen, hat sich hochgekämpft, als Lehrer an einer Schule für lernbehinderte Kinder gearbeitet. Aber der junge Kandidat macht sich auch keine Illusionen. In einem Bundesstaat, in dem Republikaner seit Jahrzehnten das Gouverneursamt besetzen und riesige Mehrheiten in beiden Häusern des Kongresses halten, wird es schwer. Außerdem, so erzählt er, hätten die Republikaner die Wahlkreise so zugeschnitten, dass selbst bei demografischen Veränderungen durch Zuzug keine Mehrheiten für die demokratische Partei möglich seien. Unmittelbar vor dem Wahllokal in Lawton mitten auf der Straße verläuft die Grenze eines solchen Stimmbezirks. »Völlig sinnlos«, meint Crowley, »außer zum Erhalt der republikanischen Macht.« Zwei Wochen später wird er die Wahl verlieren, aber nicht aufgeben. Er arbeitet jetzt für eine Stiftung, die gegen den Bildungsnotstand kämpft.

Aber warum gibt es diesen Bildungsnotstand überhaupt in einem Bundesstaat, in dem die Wirtschaft zu diesem Zeitpunkt floriert, die Arbeitslosenrate bei 3,9 Prozent liegt? Landwirtschaft, Luftfahrt und der Energiesektor sind die Triebkräfte. Ein Drittel des Stromverbrauchs von Oklahoma kommt aus erneuerbaren Energien, Wind-, Wasser- und Solarkraft – wer hätte das von einem komplett republikanisch dominierten Staat erwartet? All das, so behauptet die damalige Gouverneurin Mary Falin, sei aus eigener Kraft gelungen. Nun sollte man denken, dass vieles, was der Präsident in Washington so macht, ihrem Bundesstaat auch schadet – die Strafzölle auf Stahl, der Einbruch des Exports von landwirtschaftlichen Produkten aufgrund der Handelskonflikte. »Wir brauchen freien Handel«, sagt Mary Falin, »das haben wir auch dem Präsidenten gesagt, aber es muss eben auch fair sein.« Mit anderen Worten, Oklahoma steht weiter an der Seite Donald Trumps.

Genauso wie wohl auch die Mehrheit der Menschen in Missouri, Kentucky, Ohio und West Virginia, durch die ich in diesen wenigen Tagen gereist bin. Die Ausnahme ist sicher Virginia, weil die Demografie sich dort so verändert, dass die Demokraten langfristig bessere Chancen haben – das wird sich bei den Kongresswahlen im Jahr 2019 auch zeigen. Am Ende meiner 2300 Kilometer langen Fahrt über die »Blue Highways« habe ich ein Fazit für unsere Zuschauer auf Instagram gezogen, das ich hier noch einmal wiederholen will: »Die Menschen, mit denen ich sprechen konnte, sind vor allem genervt von einer Politik, die sich nicht um die Sachthemen kümmert, und von den Medien, die Partei ergreifen im Streit der Politiker. Sie sehnen ein Ende der Polarisierung im Land herbei. Es gibt ja genug gemeinsame Interessen zwischen Anhängern beider Parteien – eine gute Erziehung für die Kinder, Jobs, Sicherheit und Schutz vor der Altersarmut.

Und jetzt kommt der Clou: Die meisten glauben, Donald Trump sollte eine Chance haben, als gewählter Präsident zu zeigen, ob er es kann. Erst danach sollte man ein Urteil über ihn fällen. Wie wäre es denn, so denken viele, wenn Demokraten und Republikaner gemeinsam mit Präsident Trump versuchten, die wichtigsten Probleme des Landes zu lösen? Stattdessen scheint das Urteil aber schon längst gefällt. Die meisten, die mit mir geredet haben, finden Trumps Art abstoßend – die Beleidigungen, die Herabwürdigungen und die Lügen; aber sie fordern, dass er nicht an seinen Worten, sondern an seinen Taten gemessen wird. Und noch eins ist nicht unwichtig: Wir mögen Donald Trump, nicht zu Unrecht, für einen Rassisten, einen Frauenfeind, einen bösartigen Narzissten halten, aber deshalb sind doch nicht gleich ›die Republikaner‹ schlecht oder ›die Amerikaner‹. Darum lohnt es sich, Trumps Tweets für den Moment hinter uns zu lassen, mal genauer hinzuschauen, zuzuhören, wie zum Beispiel hier in Oklahoma, da ist das Bild viel differenzierter, als manche vielleicht glauben.«

Ich ließ mich damals auch zu einer Prognose hinreißen. Wer fest mit einem Sieg der Demokraten bei der Zwischenwahl im November rechne, könnte total falschliegen (da lag ich falsch, die Demokraten eroberten das Repräsentantenhaus in Washington), genauso wie derjenige, der fest davon überzeugt sei, dass mit Trump am Ende alles gut ausgehe. Mal sehen.

Make America Great Again?

Wie Trump Versprechen hält oder auch nicht

Anfangs hatte ich die idealistische, im Rückblick wohl naive Hoffnung, dass dieser Mann die Bedeutung, Ernsthaftigkeit und Würde seines Amtes achten würde. Das war genau um 2.49 Uhr am frühen Morgen des 9. November 2016. Nach einer erbitterten Schlacht im Wahlkampf und einem wohl historischen Wahlabend, der vielen in Deutschland ein böses Erwachen bescherte, steht der Sieger am Mikrofon, flankiert von seinem zehnjährigen Sohn Barron und seinem künftigen Vizepräsidenten Mike Pence: »Ich bekam gerade einen Anruf von Secretary Clinton«, sagt Donald Trump. »Sie gratulierte uns. Es ging um uns alle, um unseren Sieg. Ich gratulierte ihr und ihrer Familie zu ihrem sehr, sehr hart gefochtenen Wahlkampf. Ich meine, sie kämpfte sehr hart. Hillary hat sehr hart und über eine sehr lange Zeit gearbeitet, und wir schulden ihr große Dankbarkeit für ihren Dienst an unserem Land. Ich meine das sehr ernst.«

Wow, denke ich, so kennt man ihn gar nicht. Im Wahlkampf hat er seine politische Gegnerin wüst beleidigt, als Verbrecherin beschimpft und die Massen weiter angestachelt, wenn sie »Lock her up« – »Sperrt sie ein« – skandierten. Und jetzt bedankt sich das »Enfant terrible« der amerikanischen Politik bei der ehemaligen Außenministerin Hillary Clinton für ihren Dienst an Amerika? Wie so viele in Deutschland, die nach diesem Wahlergebnis wie vom Donner gerührt vor dem Fernseher sitzen, traue ich meinen Ohren nicht. Seine Anhänger im trumpschen Hauptquartier in New York vermutlich auch nicht, auch wenn sie die Worte ihres Idols bejubeln. Es wird noch besser, denn Donald Trump fährt fort: »Jetzt ist es Zeit für Amerika, die Wunden der Teilung zu verbinden und zusammenzukommen. Allen Republikanern, Demokraten und Parteilosen im ganzen Land sage ich: Es ist Zeit für uns, als ein vereintes Volk zusammenzukommen.« Jubel, großer Beifall, Trump bekräftigt: »Es ist Zeit.«

Und dann macht er das, was eigentlich immer von einem frisch gewählten Präsidenten erwartet wird: »Ich verspreche jedem Bürger unseres Landes, dass ich der Präsident für alle Amerikaner sein werde. Das ist so wichtig für mich. An all jene, die mich in der Vergangenheit nicht unterstützt haben – und da gab es ein paar: Ich bitte Sie um Ihren Rat und Ihre Hilfe, damit wir zusammenarbeiten und unser großartiges Land einen können.« In dieser einen Rede formuliert Donald Trump den Anspruch an sich selbst und seine Administration. Er will Anführer einer Bewegung sein, mit Amerikanern aller Rassen, Religionen, ethnischen Hintergründe und politischen Überzeugungen. Er will dem Volk dienen, um »den amerikanischen Traum zu erneuern«.

Recht hat er ja, denke ich bei diesen Worten, denn das klingt nicht nur gut, es ist sogar dringend notwendig. Der amerikanische Traum, dass jeder sein Glück machen kann in diesem Land, ist zerbrochen, abgestürzt in die tiefe Kluft zwischen Arm und Reich. Da ist einer als Präsident nicht schlecht, der in dieser Nacht verspricht, in allem das Potenzial zu suchen. Das wird eine »schöne Sache«, sagt er, »jeder einzelne Amerikaner bekommt die Chance, sein volles Potenzial auszuschöpfen«. Die vergessenen Männer und Frauen sollen nicht mehr vergessen sein. Die Innenstädte und die Infrastruktur sollen erneuert werden, Millionen neuer Arbeitsplätze entstehen. Das Wachstum will er verdoppeln, die stärkste Wirtschaftsmacht der Erde schaffen, mit allen Nationen gut auskommen, wenn diese das auch wollen: »Kein Traum und keine Herausforderung sind zu groß. Nichts, was wir wollen für unsere Zukunft, ist unerreichbar.« Dabei, ja, das verkündet er der Welt auch, stünden Amerikas Interessen immer an erster Stelle, aber man wolle »fair umgehen mit jedermann und allen Nationen«, auf der Suche nach »Gemeinsamkeit statt Feindseligkeit, Partnerschaft statt Konflikt«.

Da hat sich einer viel vorgenommen. Und in vielen Hauptstädten dieser Welt mag so manche Regierung wieder Hoffnung schöpfen, dass der Neue sich mäßigen könnte. In einem Kommentar für die ZDF-Website heute.de habe ich Donald Trump am Tag zuvor noch als »klare und unmittelbare Bedrohung für die Vereinigten Staaten von Amerika und die ganze Welt« bezeichnet. Sollte ich mich wirklich so sehr getäuscht haben? Aber wer genau hinhört am Ende seiner Rede, der kann einen wertvollen Hinweis auf das wahre Motiv bekommen, aus dem sich alles Handeln dieses Mannes ableitet: »Wir werden uns sofort ans Werk machen für das amerikanische Volk, und wir werden diese Arbeit so machen, dass Sie, hoffentlich, so stolz auf Ihren Präsidenten sein werden. Sie werden so stolz sein auf Ihren Präsidenten. Noch einmal: Es ist mir eine Ehre.«

Ein Anführer, der seine Anhänger mit Stolz erfüllen will, daran ist nichts Falsches. Aber einer, der voller Selbstgewissheit schon weiß, dass er die Erwartungen erfüllen wird, der geradezu krankhaft nach Anerkennung lechzt, dem geht es nur um eins: sich selbst mit Stolz zu erfüllen über sich selbst. Donald Trump hat da etwas grandios missverstanden. Das mächtigste Amt der Welt ist kein Egotrip. Für Trump aber schon. Ich gebe zu, dass ich mein Urteil über ihn früh gefällt habe. Aber durch seine Worte und Taten liefert Donald Trump selbst ständig neue, gute Gründe, warum es das richtige Urteil ist. In seinen Tweets, seinen Interviews, seinen Pressekonferenzen in den Wochen nach seiner Wahl beleidigte und entwürdigte er Menschen, redete Frauenfeindlichkeit, Rassismus und Interessenkonflikte klein, schürte weiter Ängste vor »den ANDEREN« – vor den Zuwanderern, den Muslimen, den Homosexuellen, dem Establishment.

Am 20. Januar 2017 setzte er dann den Ton für seine ersten vier Jahre im Amt. Nein, die Sonne begann nicht zu strahlen, als Donald Trump auf den Stufen des Kapitols seinen Amtseid leistete. Es nieselte, auch wenn er bis heute das Gegenteil behauptet. Und es war auch nicht die größte Menschenmenge der Geschichte zu seiner Amtseinführung gekommen, ein Gutteil der Mall war leer. Ich weiß es, weil ich selbst vor Ort war und über den breiten Grünstreifen zwischen Kongress und Washington Monument ging. Die versammelten Menschen waren glühende Trump-Fans, viele von weither angereist.

Wir hatten unsere Liveposition für das ZDF heute journal an diesem Tag auf dem Dach des Newseums an der Pennsylvania Avenue. Unter uns würde später der neue Präsident mit seinem Tross vom Kapitol zum Weißen Haus fahren. In unserem Arbeitsbereich, den wir mit Journalisten aus aller Welt teilten, standen riesige Monitore, auf denen wir die Zeremonie verfolgen konnten. Donald Trumps Worte lösten ungläubige Blicke und Kopfschütteln aus. Er zeichnete ein düsteres Bild von einem Amerika am Abgrund, vergewaltigt vom Rest der Welt. Kein Respekt vor denen, die vor ihm kamen und die während seiner Rede neben ihm saßen. Bill Clinton, George Bush, Barack Obama, die gewählten Mitglieder des amerikanischen Kongresses, sie alle hätten Amerika abgewrackt und ausgenommen. Keine Demut vor der Aufgabe. Nur »America First«, keine Kompromisse, als bräuchten die USA Europa gar nicht.

Diese Welt ist kompliziert, deshalb feiern manche Trumps simple Antworten als »geradlinig«. Es wäre auch großartig, wenn entschlossene Worte und Taten ohne Zaudern die Krisen und Kriege beenden könnten. Aber die Welt ist zu komplex für ein simples »Machen wir, BANG, großes Kino, großartige Deals, wirklich, groß«. Die schlimmsten Konflikte der Geschichte wurden von Anführern verursacht, die zu selbstgewiss waren, sich zu schnell gekränkt fühlten, zu impulsiv handelten, ohne Folgen für andere und das große Ganze zu bedenken. Damals wiederholte ich in einem Kommentar meine Einschätzung, dass Donald Trump eine Bedrohung für sein Land und die Welt sei, und fügte hinzu: »Ich mag mich irren – nicht die Worte, die Taten werden es zeigen. Wir, Mr. President, werden alles, was Sie sagen *und* tun, kritisch begleiten, auch wenn es Ihnen nicht gefällt. Sie haben ein Recht darauf, dass wir respektvoll, fair und unparteiisch berichten. Aber wir werden, wie unsere amerikanischen Kollegen, Unwahrheit, Lüge, Unanständigkeit und Herabwürdigung nicht als ›kontrovers‹ oder ›authentisch‹ verharmlosen, sondern zeigen, wie Sie Amerika und sich selbst damit klein machen.«

Ein Herz für kleine Leute?

»Trump wird eh wiedergewählt«, sagt der Mann mit dem langen Bart und dem Heavy-Metal-T-Shirt, den ich Anfang Juli 2019 zufällig in Washington treffe. Wir stehen mit der Kamera an der Constitution Avenue hinter dem Weißen Haus und warten auf die

Parade zum Unabhängigkeitstag. Bob Kiger ist neugierig, will wissen, was wir da gleich für unsere Nachrichtensendung nach Deutschland berichten. Ich erkläre ihm, dass es um die 2,5 Millionen Dollar geht, die der Präsident aus dem Haushalt der Nationalparks abzieht, um damit die Militärausstellung bei seiner Festrede am Lincoln Memorial zu finanzieren. Trump hat eigens Panzer hertransportieren lassen und Überflüge von Bombern und Kampfjets bestellt. Bob findet die Umwidmung der Gelder in Ordnung, schließlich sei es ja eine Veranstaltung zu Ehren der Streitkräfte. Dann erzählt er ein wenig von sich selbst. Er lebe in Detroit, da, wo die demokratische Partei in der Folgewoche ihre Kandidaten in die zweite Runde der Präsidentschaftsdebatten schicken wird. »Sollen sie doch!«, meint Bob, der sich selbst nicht zu den glühendsten Anhängern von Trump zählt, er mag seine Art nicht. Trotzdem wird er ihn wohl noch einmal wählen, weil der Präsident aus seiner Sicht liefert. 20 000 neue Jobs in der Auto- und Zuliefererbranche um Detroit seien in den zwei Jahren zuvor entstanden. »Die Menschen schreiben das ihm zu«, sagt Bob.

Genau das müssten die Demokraten wohl widerlegen, um Trump zu schlagen, denke ich da. Oder zumindest nachweisen, dass nur an einigen Orten Menschen von Trumps Politik profitieren, während er langfristig für Millionen von Menschen die Zukunftsperspektiven zerstört – durch das gigantische Haushaltsdefizit, durch seine Untätigkeit in Sachen Klimawandel, durch eine hochriskante Außenpolitik und das Verächtlichmachen ganzer Bevölkerungsgruppen in den USA. Oder ist das ungerecht? Bob ist ein Realist, wie gesagt, kein eingefleischter Trump-Fan, aber er erzählt uns von einem persönlichen Erlebnis mit dem jetzigen Präsidenten. 2008 arbeitete der Mann aus Detroit als Zimmermann auf der Baustelle des Trump-Tower-Hotels in Las Vegas. Bei der Feier zur Fertigstellung des höchsten, also des 189. Stockwerks tauchte der Bauherr persönlich auf, bedankte sich bei den rund 250 Arbeitern für die Einhaltung von Zeit- und Kostenrahmen. Per Handschlag drückte Trump jedem 1000 Dollar in die Hand. Das hinterließ bei den Bauarbeitern Eindruck, trotz der miserablen Bedingungen, unter denen sie jahrelang schuften mussten. Selbst wenn einem einiges missfällt an Trumps Verhalten, so sieht es Bob, zahlt es sich doch am Ende aus.

Hier liegt wohl das Geheimnis seines Erfolges. Donald Trump erweckt in seinen Worten das Gefühl, er wolle sich um die »kleinen Leute« kümmern. Im Herbst 2017 sagte der Präsident bei einer Kundgebung: »Unser Fokus ist es, den Leuten zu helfen, die in den Poststellen und Werkshallen Amerikas arbeiten, den Klempnern, Zimmerleuten, Polizisten, Lehrern, Truckern, den Rohrverlegern, den Menschen, die mich am liebsten haben.« Aber ließ der Mann, der für seine unzähligen Lügen und Angebereien bekannt ist, den Worten auch wirklich Taten folgen? Eines seiner wichtigsten Wahlkampfversprechen war eine große Steuersenkung, die vor allem dem Mittelstand, aber insgesamt auch allen Amerikanern zugutekommen sollte. Erklärtes Ziel dabei: Mehr Geld in den Taschen der Verbraucher und in den Kassen der Unternehmen werde die Konjunktur ankurbeln und zu einem jährlichen Wachstum von deutlich über 3 Prozent, vielleicht gar bis zu 6 Prozent führen.

Am 22. Dezember 2017 unterzeichnete Donald Trump im Oval Office eine Steuersenkung, wie sie Amerika seit Jahrzehnten nicht erlebt hatte. Der sogenannte »Tax Cuts and Jobs Act« sah Erleichterungen bei der individuellen Einkommenssteuer vor, indem er vor allem die Einkommensgrenzen der einzelnen Steuerstufen veränderte und für jede Stufe eine etwas niedrigere Steuerrate ansetzte. Darüber hinaus verdoppelte die republikanische Regierung die Abzugspauschale von 6350 auf 12 000 Dollar für Einzelpersonen, von 12 700 auf 24 000 Dollar für Ehepaare. Die Steuergutschriften für Kinder wurden von 1000 auf 2000 Dollar erhöht. Die Einkommensgrenze für eine Inanspruchnahme der Gutschrift wurde von 110 000 Dollar Jahreseinkommen auf 400 000 Dollar hochgesetzt, sodass auch gut verdienende Eltern ihre Kinder geltend machen konnten. Was viele Menschen nicht wissen: Die Steuererleichterungen laufen im Jahr 2025 aus, während die Senkungen für Unternehmen weiterhin gültig bleiben. Und die sind gewaltig: Die Steuerrate wurde von 35 auf 21 Prozent abgesenkt, den niedrigsten Stand seit den Dreißigerjahren des letzten Jahrhunderts. Gleichzeitig schuf die Regierung steuerliche Anreize, damit Unternehmen ihre Hauptquartiere und ihre Produktionsstätten in den USA beibehielten oder sie gar dorthin zurückverlagerten. Die Umsetzung der massiven Steuersenkungen würde die Staatsverschuldung im Verlauf von zehn Jahren um rund 2,3 Billionen Dollar erhöhen.

Der Präsident und seine Verbündeten im Kongress beteuerten immer wieder, dass diese Summe einfach durch das Wirtschaftswachstum ausgeglichen würde. Genau das geschah nicht, wie der genauere Blick auf die Folgen des Steuerpakets zeigt.

Schon im Jahr 2018 fielen die Einnahmen aus den Unternehmenssteuern um 31 Prozent. Die Staatsverschuldung lag bei 984 Milliarden Dollar. Das Wirtschaftswachstum blieb mit knapp unter 3 Prozent pro Jahr etwa auf dem gleichen Niveau wie in der zweiten Amtszeit von Barack Obama. Immerhin lief die amerikanische Wirtschaft weiter, trotz der Handelskriege, die Donald Trump entfesselt hatte. Um deren Folgen abzufedern, musste die Regierung allerdings riesige Subventionen an die betroffenen Branchen, vor allem die Landwirtschaft, austeilen – wieder zulasten der Staatsverschuldung. Noch dazu hielten viele Konzerne wegen der anhaltenden Unsicherheit über den Ausgang der Handelskonflikte wichtige und längst geplante Investitionen zurück. Zum Jahresende 2019 war zwar ein Großteil der Amerikaner mit der wirtschaftlichen Entwicklung zufrieden, aber eine Mehrheit von 49 gegenüber 40 Prozent tat bei einer Umfrage des Gallup-Instituts im Jahresverlauf ihre Unzufriedenheit mit der Steuersenkung kund. Nur 14 Prozent der Befragten gaben an, dass sich ihre persönlichen Steuern verringert hätten. Das ist auch kein Wunder, denn für die meisten Amerikaner war die monatliche Steuerersparnis so marginal, dass sie bei einem Familienessen im nahen Schnellrestaurant schon wieder aufgebraucht war. Trump hatte versprochen, dass die massiven Senkungen für die Unternehmen zu einem Anstieg der Löhne führen würden, durchschnittlich 4000 Dollar mehr im Jahr für jede Familie, einer der Präsidentenberater sprach von mehr als dem Doppelten. Tatsächlich aber, das zeigen amtliche Daten aus dem Jahr 2018, wuchs das Familieneinkommen im Schnitt um 500 Dollar und damit weniger als in den fünf Jahren zuvor. Die Wachstumsrate lag mit gerade einmal 0,4 Prozent deutlich unter den 0,7 Prozent in den Vorjahren.

Die Profiteure des trumpschen Steuergesetzes waren vor allem die Wohlhabenden und großen Unternehmen. Diejenigen, die zum reichsten Prozent der Bevölkerung zählten, durften sich über eine durchschnittliche Steuerersparnis von rund 50 000 Dollar pro Jahr freuen. Für 80 Prozent der Bevölkerung lag die Einsparung im

Schnitt bei knapp 700 Dollar, so hat es das Institut für Steuer- und Wirtschaftspolitik errechnet. Wer den Bericht des ITEP[3] liest, wird sehr schnell wütend, denn die 375 profitabelsten Unternehmen der USA zahlten im Jahr 2018 nicht die nach dem neuen Gesetz vorgesehenen 21 Prozent, die durchschnittliche effektive Steuerrate für sie lag nur bei 11,3 Prozent. Die Unternehmen machten in diesem Jahr Bruttogewinne in Höhe von 765 Milliarden Dollar. Insgesamt 91 Großkonzerne unter den genannten Unternehmen, zum Beispiel Amazon, IBM, General Motors und Netflix, zahlten überhaupt keine Bundessteuern in den USA oder bekamen sogar noch Erstattungen von der amerikanischen Steuerbehörde zurück. Grund dafür waren die vielen Schlupflöcher. Trumps Steuergesetz hatte viele Lücken vergangener Jahre nicht nur nicht geschlossen, sondern eine Vielzahl neuer hinzugefügt.

Die Steuerexperten des ITEP vergleichen den Effekt mit der Erfahrung aus dem ersten Steuergesetz der Reagan-Administration Anfang der Achtzigerjahre: »Die 11,3 Prozent effektive Steuerrate, die wir in dieser Untersuchung gefunden haben, ist wohl die niedrigste effektive Steuerrate der letzten 40 Jahre. Deutlich niedriger als die 14,1 Prozent, die Präsident Reagan so schockierten, dass er Reformen zum Stopfen dieser Schlupflöcher unterstützte.« Das Gesamturteil über das trumpsche Steuergesetz ist vernichtend: »Dieses in nur sieben Wochen hastig zusammengeklöppelte Gesetz ist das Ergebnis eines langfristigen, aggressiven Drucks der Konzernlobbyisten, um die Steuern für ihre Unternehmen zu reduzieren. All das basiert auf ihrer Behauptung, dass die Steuersenkungen Kapitalinvestitionen, wirtschaftliche Entwicklung und Jobwachstum antreiben.« Den größten Auftrieb verursachte die Steuerreform sicher an den Börsen, die für Donald Trump immer der wichtigste Gradmesser für den Zustand der amerikanischen Wirtschaft sind. Das aber machte in erster Linie Aktionäre und Unternehmen reicher, der Mittelstand und die Arbeiterklasse in den USA hatten davon wenig. Die, die es am allernötigsten gehabt hätten, bekamen fast nichts ab, arme Familien mit Kindern. In den USA leben 15 Millionen Kinder in Haushalten mit einem Einkommen unterhalb der Armutsgrenze. Das sind über 20 Prozent aller Kinder in Amerika. Man sollte denken, dass gerade diesen Familien die im Steuerpaket vorgesehenen Gutschriften für jedes Kind in Höhe von 2000 Dollar im Jahr helfen würden. Tatsächlich schüttete der Staat im Jahr 2019 rund 100 Milliarden Dollar für diesen Posten aus. Aber 23 Millionen Kinder gingen leer aus, weil ihre Eltern *zu wenig* verdienten, um die Hilfe in Anspruch zu nehmen.

Nun könnte man einwenden, dass dank der Politik der Trump-Administration doch die Arbeitslosenrate – zumindest vor der Coronakrise – historische Tiefststände erreichte. Ja. Punkt. Es gehört zu den wenigen, aber großen Erfolgen der Amtszeit von Donald Trump, dass zumindest bis ins erste Quartal 2020 immer mehr Amerikaner einen Arbeitsplatz fanden. Als er im Januar 2017 antrat, lag die Arbeitslosenrate zwar auch schon bei niedrigen 4,7 Prozent, aber bis Februar 2020 sank sie noch tiefer, auf 3,5 Prozent, das entspricht 5,8 Millionen Arbeitslosen. Doch ein genauer Blick auf die Statistiken belegt, dass selbst diese positive Entwicklung ihre Schattenseiten hat. Zunächst einmal: Schon in den Obama-Jahren hatte der Jobmarkt 76 Monate in Folge weiter zugelegt, in den Trump-Jahren setzte sich das weiter fort, sodass Donald Trump zu Recht behaupten konnte: »Wir haben die höchste Zahl von arbeitenden Menschen in unserem Land in der Geschichte unseres Landes, fast 160 Millionen Menschen. Niemals lagen wir näher an dieser Zahl.« Tatsächlich hat das aber auch damit zu tun, dass die Bevölkerungszahl in den USA (anders als in vielen anderen Ländern) weiterwächst und mehr junge Leute in den Arbeitsmarkt kommen, als alte ihn verlassen. Die Zahl der Arbeitskräfte steigt derzeit jährlich um 0,5 Prozent, während die Bevölkerungszahl sogar etwas stärker wächst, um rund 0,62 Prozent. Insgesamt hatten 61 Prozent der Amerikaner bis zur Coronakrise einen Job, im April 2000 waren es 64,7 Prozent. In den letzten drei Obama-Jahren entstanden 8,1 Millionen neue Arbeitsplätze im Vergleich zu 6,6 Millionen in den ersten drei Jahren unter Trump.

Gleichzeitig gibt es Anzeichen, wie sehr sich der Arbeitsmarkt verändert, weg von der industriellen Produktion, hin zum Dienstleistungssektor. Frauen stellen mittlerweile mit knapp über 50 Prozent die Mehrheit unter den Beschäftigten in den USA, und es werden immer mehr. Von den 145 000 Jobs, die im Dezember 2019 hinzukamen, wurden 139 000 von Frauen übernommen, das belegt die Statistik des Arbeitsministeriums. Es sind die Sektoren der amerikanischen Wirtschaft, die am schnellsten wachsen, vor allem das Gesundheits- und das Bildungswesen, während der Kohleabbau, die Baubranche und das Transportwesen kaum Zuwächse verzeichnen. In den schlechter bezahlten Jobs der Dienstleistungswirtschaft stellen Frauen 84 Prozent der Arbeitskräfte. Ein Teil der Gesamtzuwächse an Arbeitsplätzen finden sich im Niedriglohnsektor. Das könnte ein Hinweis darauf sein, dass die Arbeitslosenrate auch deshalb so niedrig ist, weil in vielen Familien, in denen früher nur ein Partner arbeitete, nun beide arbeiten müssen, um genug zu verdienen. Denn, wie oben bereits erwähnt, sind die Löhne in den vergangenen Jahren deutlich weniger schnell gewachsen als früher. Im Gesamtjahr 2019 gab es einen Anstieg von 2,9 Prozent, der aber vor allem in der ersten Jahreshälfte zustande kam. Die Gründe sind vielfältig, einer aber liegt auf der Hand: Viele Unternehmen hielten sich angesichts der weltwirtschaftlichen Unsicherheiten in den Handelskonflikten bei Investitionen und Gehaltserhöhungen zurück, während sie gleichzeitig von den massiven Steuersenkungen profitierten.

Trotz allem, Wirtschaft und Arbeitsmarkt liefen so gut, dass der Wirtschaftsberater des Präsidenten, Larry Kudlow, in einem Interview schwärmte: »Das alles wird sich auf die Wahl auswirken. Ich bin überrascht, dass die Demokraten so ein pessimistisches Bild von einer Rezession malen. Der springende Punkt ist: Die Arbeitslosigkeit wird weiter bei 3,5 Prozent bleiben, das ist eine historisch sehr niedrige Zahl und zeigt, dass wir eine gesunde Wirtschaft und einen gesunden Arbeitsmarkt haben.« Es wäre tatsächlich eine hervorragende Ausgangsposition für Trumps Wiederwahl gewesen, wenn das Coronavirus nicht alles zerstört hätte, mit über 40 Millionen Arbeitslosen und einer Rate von fast 15 Prozent.

Da lohnt der Blick auf die Kohleindustrie in Amerika, der Trump ein großes Comeback versprochen hatte. Während seines Wahlkampfes hatte er immer wieder von »Obamas Krieg gegen die Kohle« geredet, er werde die Minen und die Minenarbeiter retten, indem er alle Umweltauflagen für den Bergbau wieder abschaffen werde. Tatsächlich begann er einen eigenen Krieg gegen Amerikas Umweltpolitik, aber für den Erhalt der Kohleindustrie tat er nichts. Im Gegenteil, der massive Ausbau der Fördermöglichkeiten für Gas sorgte für einen Verfall der Energiepreise, sodass die Kohle noch unrentabler wurde. Das Ergebnis: In Trumps Amtszeit wurden zahlreiche Minen geschlossen. Rund 1000 Arbeiter verloren bis Ende 2019 ihre Jobs, 2020 wird die Zahl der Beschäftigten in der Kohleindustrie wohl deutlich unter 50 000 sinken. Die jährliche Produktion wird in den kommenden fünf Jahren von über 700 Millionen Tonnen auf unter 600 Millionen zurückgehen, zumal selbst die erneuerbare Energie deutlich günstiger ist als die aus Kohle.

Gerade in den alten Kohlerevieren in Kentucky und West Virginia, den früheren Stahlhochburgen in Pennsylvania und Ohio wird auch die derzeit wohl wichtigste Problematik in der amerikanischen Gesellschaft deutlich. Ein überteuertes und ungerechtes Gesundheitssystem, das die Gesundheit der Bevölkerung in den USA nicht nur nicht verbessert, sondern den Menschen an manchen Stellen massiv schadet – man könnte sogar sagen: Sie tötet. Donald Trump hatte in seinem Wahlkampf Obamacare den Krieg erklärt. Er wollte die historische Reform, mit der sein Vorgänger im Jahr 2010 rund 50 Millionen bis dahin unversicherten Amerikanern einen Zugang zu einer Krankenversicherung ermöglicht hatte, so schnell wie möglich wieder abschaffen. Der sogenannte »Affordable Care Act« (ACA) sah eine Pflichtversicherung für alle Amerikaner vor, die noch keine Krankenversicherung hatten. Sie sollten auf einem virtuellen Marktplatz aus den Angeboten verschiedener Versicherungsfirmen ein passendes aussuchen. Unternehmen ab 50 Mitarbeitern müssten diesen solch eine Versicherung anbieten oder bei Zuwiderhandeln eine Strafe von knapp 2000 Dollar pro Mitarbeiter zahlen. Auch wer sich nicht versichern wollte, musste dafür eine Strafe bei der Besteuerung seines Einkommens hinnehmen. Obamacare verbot den Versicherungsunternehmen, einen Kunden mit Vorerkrankungen abzuweisen. Darüber hinaus waren Kinder bis zum 26. Lebensjahr mitversichert, die Prämien für Frauen und Männer gleich. Durch Obamacare haben 21 Millionen Amerikaner eine Krankenversicherung, die vorher keine hatten. Der Anteil der Unversicherten halbierte sich von über 22 Prozent der Amerikaner im Jahr 2010 auf knapp 11 Prozent 2016, doch mittlerweile gehen die Zahlen wieder hoch. Das liegt auch an der Trump-Administration, die den ACA als sozialistische Gängelung der Menschen und als Jobkiller diffamierte. Letzteres ist der pure Blödsinn, da durch Obamacare viele Jobs im Gesundheitssektor entstanden – eben jene Jobs, die zu den hervorragenden Arbeitsmarktzahlen für Donald Trump beitrugen. Bei einer Abschaffung des Gesetzes würden, so eine Studie von 2017, mindestens 2,6 Millionen Arbeitsplätze wieder wegfallen.

Trotzdem bliesen die Republikaner und ihr Präsident zum Angriff. Der erste Versuch der Abschaffung scheiterte am 24. März 2017, als eine Reihe von Abgeordneten der republikanischen Partei im Repräsentantenhaus einen eigenen Gesetzentwurf nicht unterstützen wollte. Am 4. Mai fand sich dann doch eine Mehrheit für einen veränderten Entwurf, den aber die Republikaner im Senat so nicht mittragen wollten. Stattdessen erstellten sie ein neues Konzept, durch das bei Annahme bis zu 23 Millionen Amerikaner ihre Krankenversicherung verlieren würden. Ihr Vorschlag hätte es Menschen mit Vorerkrankungen deutlich erschwert, sich zu versichern. Der Entwurf und danach auch eine abgespeckte Fassung scheiterten im Juli 2017 an den Gegenstimmen einiger republikanischer Senatoren, ebenso wie bei einem weiteren Versuch im Jahr 2018. Trump begann damit, Obamacare stückweise zu demontieren. Der Präsident halbierte die Einschreibungsfristen auf 45 Tage, kürzte die Gelder für Werbemaßnahmen um 90 Prozent, strich staatliche Beihilfen und setzte die Strafzahlungen für Unternehmen aus. Ende 2017 schaffte die republikanische Mehrheit im Kongress durch einen Zusatz zum Haushaltsgesetz die individuelle Versicherungspflicht ab. Ein Bundesrichter in Texas erklärte das ganze Gesetz daraufhin für verfassungswidrig. Das Verfahren lag zum Zeitpunkt der Drucklegung noch beim Obersten Gerichtshof in Washington. Dass Trump bisher nicht ganz erfolgreich war, hat vielen Millionen Menschen in der Coronakrise geholfen, weil sie nach dem Verlust ihres Arbeitsplatzes und der damit verbundenen Krankenversicherung auf den Marktplatz der ACA zurückgreifen konnten, unabhängig von irgendwelchen Vorerkrankungen.

Genau hier setzt die größte und unverschämteste Lüge des amerikanischen Präsidenten in der Gesundheitspolitik an. Bei seiner Rede zur Lage der Nation am 4. Februar 2020 sagte Donald Trump einmal mehr: »Ich habe den amerikanischen Familien ein eisenhartes Versprechen gegeben – wir werden Patienten mit Vorerkrankungen immer beschützen.« Dies sind die Worte eines Mannes, der alles tut, um Obamacare abzuschaffen, dessen Partei in all ihren Konzepten die verpflichtende Annahme von Patienten mit

Vorerkrankungen ausschließt und dessen Regierung nun vor dem Obersten Gerichtshof dafür sorgen will, dass 20 bis 30 Millionen Amerikaner ihre Krankenversicherung verlieren. In seinem Haushaltsentwurf für 2021 will Trump die Mittel für Obamacare und ähnliche Programme über die nächsten zehn Jahre um eine Billion Dollar kürzen. Gleichzeitig behauptet der Präsident auch noch in einem Tweet: »Ich war derjenige, der die (Anerkennung von) Vorerkrankungen in ihrer Krankenversicherung erhalten hat.« In Wirklichkeit war es Barack Obama. Die Menschen im Land in einer so existenziellen Frage zu täuschen und zu belügen, ist unanständig und ehrlos.

Aber Donald Trump reklamiert gern Erfolge für sich, die das Land in Wirklichkeit anderen zu verdanken hat. So auch bei einer weiteren Gesundheitsfrage, die gerade für seine Kernwählerschaft, den angeblich »Vergessenen« im Land, von höchster Bedeutung wäre. Bei der gleichen Rede zur Lage der Nation im Februar 2020 sagte der Präsident auch: »Mit unerschütterlichem Engagement dämmen wir die Opioid-Epidemie ein. Die Todesfälle aufgrund von Überdosis sind zum ersten Mal seit fast 30 Jahren gesunken. In den Staaten, die am härtesten betroffen waren, beträgt der Rückgang in Ohio 22 Prozent, in Pennsylvania 18 Prozent, in Wisconsin 10 Prozent. Und wir werden nicht aufgeben, bevor wir die Opioid-Epidemie nicht ein für alle Mal besiegt haben.« Donald Trump hat recht, die Zahlen sind deutlich nach unten gegangen, von 70 000 Toten im Jahr 2017 auf 67 000 Tote 2018. Das ist aber in erster Linie ein Verdienst der Justizminister von mehr als 30 Bundesstaaten, die die Pharmaindustrie mit Klagen überzogen, weil sie die Öffentlichkeit über die Gefahren des Schmerzmittelmissbrauchs vorsätzlich getäuscht hatte. Während die Todeszahlen bei der Opioid-Epidemie sanken, gingen sie gleichzeitig bei anderen Drogen hoch – zum Beispiel beim synthetischen Opioid Fentanyl plus 10 Prozent, Meth-Amphetamin plus 22 Prozent, Kokain plus 5 Prozent. Dagegen unternahm die Trump-Administration nichts, im Gegenteil – ihre Pläne zur Abschaffung von Obamacare hätten dramatische Folgen auch in diesem Bereich, wenn Hunderttausende von Menschen mit Suchtproblemen ihre Krankenversicherung verlieren würden.

Wenn schon in all den genannten Bereichen Donald Trumps

Politik nicht wirklich dazu führt, Amerika wieder großartig zu machen, wie er es mit seinem Schlachtruf »Make America Great Again« versprochen hatte, dann hätte er wenigstens ein anderes seiner Versprechen ernsthaft angehen können. Damit hätte er Arbeitsplätze geschaffen und die Rahmenbedingungen für weitere Investitionen in die inneramerikanische Wirtschaft deutlich verbessert: Die Rede ist von einem Masterplan zur Erneuerung der Infrastruktur des Landes. Nichts weniger hatte der Präsident in zahlreichen Reden angekündigt. Im Oktober 2016 sagte er bei einer Wahlkampfveranstaltung in Gettysburg, Pennsylvania, ein entsprechendes Konzept werde Teil seines »100-Tage-Aktionsplans, um Amerika wieder groß zu machen«, sein. Er wolle eine Billion Dollar durch steuerlich geförderte Gemeinschaftsprojekte von Staat und privaten Investoren für Infrastrukturmaßnahmen über zehn Jahre generieren.

Als Präsident schlug er dann in seinen Haushaltsplänen jeweils 200 Milliarden Dollar staatlicher Investitionen vor und behauptete, dass die restlichen 800 Milliarden sicher von den Bundesstaaten, Kommunen und privaten Investoren zusammenkämen. Luftnummern, die nicht einmal vom republikanischen Kongress gebilligt wurden, weil die Staatsverschuldung schon durch die Steuersenkungen massiv in die Höhe schoss. Dabei hätte Amerika eine Modernisierung dringend nötig, wie die Amerikanische Gesellschaft für Zivile Ingenieure (ASCE) in ihrem Bericht von 2017 geschrieben hatte:[4] In zahlreichen Kategorien vergab sie die Note D+, ein klein wenig besser als grottenschlecht. 4,5 Billionen Dollar, also 4500 Milliarden, wären notwendig, um das Verkehrswegesystem mit Straßen, Brücken, Dämmen, Tunneln, Wasserwegen und Parks wieder in Ordnung zu bringen. Am 20. Mai 2020 brachen in Midland, Michigan, zwei Dämme aus den Jahren 1924 und 1925, einer davon war schon seit Jahren als marode eingestuft. Die Häuser von 10 000 Menschen wurden überflutet. Auch die Netze für Energie, Wasserversorgung und Kommunikation sind in schlechtem Zustand. Man kann eigentlich nur vermuten, wie viele Arbeitsplätze durch eine nationale Erneuerungsoffensive zu schaffen wären. Aber woher sollte das Geld kommen?

Im Sommer 2019 vereinbarten Trump und die Demokraten im Repräsentantenhaus einen neuen Vorstoß für ein zwei Billionen

Dollar schweres Investitionsprogramm. Aber ein Konzept mit Details der geplanten Maßnahmen und Angaben zur Finanzierung blieb Trump schuldig. Im Wahljahr 2020 dann doch noch ein neuer Vorstoß: Mit seinem Haushaltsentwurf schlug Trump im Februar einen 1-Billion-Dollar-Plan über zehn Jahre vor, nach dem 810 Milliarden Dollar für die Erneuerung des Verkehrswegesystems ausgegeben werden sollten. 190 Milliarden würden in Projekte im öffentlichen Nahverkehr, in die Anbindung ländlicher Gebiete, in den Gütertransport und den Ausbau des High-Speed-Internets fließen. Das alles komplett finanziert vom Staat. Angesichts einer Staatsverschuldung von über einer Billion Dollar zum Zeitpunkt des Vorschlags sendeten seine eigenen Parteifreunde sofort das Signal: keine Chance auf Umsetzung.

Wenige Wochen später, auf dem Höhepunkt der Coronakrise, erneuerte der Präsident seine Forderung in doppelter Höhe, um mit einem 2-Billionen-Infrastrukturprogramm die schwer angeschlagene US-Wirtschaft anzukurbeln, wieder zulasten der Staatsverschuldung. Am 7. April schwärmte Donald Trump: »Wir werden vielleicht die Infrastruktur angehen, die vorher nicht verabschiedet worden wäre. Jetzt schauen sich die Leute das an. Und das Schöne ist, wir zahlen null Zinsen oder fast null Zinsen.« Mit anderen Worten: Es ist doch eine wunderbare Sache, wenn zu den wegen des Corona-Hilfspakets weit über drei Billionen Dollar Staatsschulden noch zwei weitere Billionen Dollar dazukommen. In Wahrheit ist es ein Trauerspiel. Wenn Trump gleich sein Infrastrukturversprechen angepackt hätte, statt mit seiner Steuersenkung zugunsten der Reichen und Großkonzerne ein Loch von historischer Größe in den Staatshaushalt zu reißen, stünde Amerika heute wirklich besser da. Schon vor der Coronakrise war Amerika weit davon entfernt, wieder »great« zu sein, schon da klang Trumps Wahlkampfschlachtruf 2020 »Keep America Great Again« lächerlich. Jetzt, in der Zeit größter Not, klingt er geradezu zynisch.

Klimalügen wie gemalt

»Es wird immer schlimmer«, sagt Dawson Pugh, Farmer in North Carolina. »Wir lassen uns den Kampf gegen das Salz eine Menge Zeit und Geld kosten. Ich sorge mich um die Zukunft. Wenn das so weitergeht, lohnt sich Landwirtschaft dann noch?« Der 42-Jährige steht auf einem seiner Äcker, dessen Boden einen viel zu hohen Salzgehalt hat, als dass man hier etwas anpflanzen könnte. In einem Artikel vom 1. März 2019 beschreibt die *Washington Post*[5] ein Phänomen, das die Zukunft der Farmer in den Küstenregionen Amerikas bedroht: die Versalzung ihrer Anbauflächen. Es ist einer der Effekte des Klimawandels, denn steigende Meerwasserspiegel und extreme Stürme verseuchen weite Landstriche und machen die Äcker unfruchtbar. Nach einer wissenschaftlichen Studie von 2016 sind mindestens 9 Prozent der Küstenregionen in den USA von der Versalzung bedroht. Hurrikans transportieren salziges Wasser an Land, gleichzeitig steigt der Wasserspiegel am Ufer nahe von Dawson Pughs Feldern um 4,4 Millimeter pro Jahr, 44 Zentimeter in diesem Jahrhundert. Obwohl der Farmer nicht über den Klimawandel als Ursache seines Ärgers sprechen will, sagt er doch, dass ihn die Versalzung eines Teils seiner Ackerflächen Ernteausfälle in Höhe von zwei Millionen Dollar in den vergangenen fünf Jahren gekostet hat. »Wenn das noch ein, zwei Jahre so weitergeht, dann werde nicht nur ich nicht mehr Ackerbau betreiben. Das trifft viele von uns.« Wie Dawson Pugh geht es vielen Amerikanern, die die Auswirkungen des Klimawandels spüren, aber es gibt da eben diesen ideologischen Graben, der von Donald Trump vertieft wird und der die Suche nach gemeinsamen Lösungen fast unmöglich macht.

Am 1. Juni 2017 gibt Donald Trump in einer Rede bekannt, dass die USA als einziges Land der Erde aus dem Pariser Klimaabkommen aussteigen werden. 197 Staaten hatten sich im Jahr 2015 nach mühevollem Ringen in der französischen Hauptstadt darauf verständigt, den Anstieg der globalen Temperatur auf unter zwei Grad Celsius im Vergleich zu den Werten vor der Industrialisierung zu halten und alles zu tun, um die Steigerung sogar auf 1,5 Grad Celsius zu begrenzen. Alle Regierungen waren sich einig, dass der Klimawandel menschengemacht ist, und hatten sich deshalb zu einer deutlichen Reduzierung des Ausstoßes von Kohlenstoffen verpflichtet. Einmal mehr sieht Donald Trump darin den Versuch, Amerika auszutricksen, wie er bei seiner Rede im Rosengarten des Weißen Hauses klarmacht: »Das Pariser Abkommen behindert die Wirtschaft der Vereinigten Staaten, um von genau jenen ausländischen Hauptstädten und globalen Aktivisten Lob einzuheimsen, die seit Langem versuchen, Wohlstand auf unsere Kosten zu gewinnen. Sie stellen nicht Amerika an die erste Stelle. Aber ich tue das und werde es immer tun.« Trump reklamiert also, dass solche – wohlgemerkt, freiwilligen – Maßnahmen ein Eingriff in die Souveränität Amerikas seien, Arbeitsplätze gefährdeten und die USA wirtschaftlich benachteiligten. Wenn es ihm wirklich darum ginge, müsste Donald Trump eigentlich ein glühender Verfechter des Pariser Abkommens sein. Denn an jeder Ecke der USA kann man besichtigen, welche massiven Schäden der Klimawandel in der amerikanischen Wirtschaft anrichtet und welche Chance darin läge, klimafreundlichere Technologien voranzutreiben und dabei neue Arbeitsplätze zu schaffen.

Amerika ist gebeutelt von den Folgen der Klimaveränderung. Gewaltige Hurrikane und tödliche Tornados, Hochwasser, Dürren, Waldbrände. Das alles gab es zwar schon früher in den USA, aber Zahl, Intensität und Folgen der Katastrophen sind massiv angestiegen, das jedenfalls belegen eine Reihe von Studien amerikanischer Universitäten und die Daten der Regierungsbehörde NOAA.[6] Die National Oceanic and Atmospheric Administration beschäftigt sich mit der wissenschaftlichen Analyse von Ozeanen und der Atmosphäre. Sie errechnet kontinuierlich auch die wirtschaftlichen Kosten und Schäden der Vorfälle. Die Entwicklung der letzten 30 Jahre ist alarmierend:

- Von 1990 bis 1999 gab es 52 Katastrophen mit 2173 Todesopfern und Gesamtkosten von 269,6 Milliarden Dollar.
- Von 2000 bis 2009 gab es 59 Katastrophen mit 3051 Todesopfern und Gesamtkosten von 510,3 Milliarden Dollar.
- In den vergangenen zehn Jahren, also von 2010 bis 2019, gab es 119 Katastrophen mit 5217 Todesopfern und Gesamtkosten von 802,2 Milliarden Dollar.

Derzeit verzeichnet die US-Wirtschaft also pro Jahr einen Schaden von 80,2 Milliarden Dollar. Diese Zahlen werden in den kommenden Jahren noch deutlich ansteigen – zu diesem Schluss kommt eine wissenschaftliche Studie für das Haushaltsbüro des amerikanischen Kongresses aus dem Jahr 2017 zum Thema Hurrikane, die das amerikanische Festland treffen: »Die Kombination von Klimawandel und Weitererschließung an den Küsten werden den Schaden durch Hurrikane schneller ansteigen lassen als das erwartete Wachstum der US-Wirtschaft. Zusätzlich kommen wir zu dem Schluss, dass sich die Zahl der Menschen, die erhebliche Verluste erleiden, in den nächsten 60 Jahren mehr als verachtfachen wird.«

So weit die Wissenschaft. Aber Donald Trump ist kein Fan wissenschaftlicher Daten, und es fehlt ihm auch an der notwendigen Empathie für die betroffenen Menschen, wie er im Sommer 2017 eindrucksvoll unter Beweis stellt, als Amerika von den drei großen Hurrikanen Harvey, Maria und Irma getroffen wird. Für seine schnelle Reaktion auf Wirbelsturm Harvey, der die texanische Ölmetropole Houston unter Wasser setzt, bekommt Trump zunächst gute Noten, aber in seinen öffentlichen Äußerungen – im Fernsehen und per Twitter – scheint es ihm mehr um die Monstrosität des Hurrikans mit Windgeschwindigkeiten über 215 Stundenkilometern und immensen Regenmassen zu gehen als um Mitgefühl mit den 106 Todesopfern und ihren Angehörigen: »Wow – jetzt nennen Experten #Harvey eine 500-Jahres-Flut! Wir haben alle Kräfte im Einsatz, und es läuft gut.« Je größer die Bedrohung, desto heroischer die Rettung. Harvey verursacht Schäden von über 125 Milliarden Dollar. Später wird sich Trump mehrfach beklagen, dass der Bundesstaat Texas zu viel Geld von der Bundesregierung verlangt habe.

Dann ist da jener Auftritt des Präsidenten am 3. Oktober 2017 in Puerto Rico, einem Außengebiet der USA mit einer eigenen Regierung, die aber nur für dessen innere Angelegenheiten zuständig ist. Die Insel in der Karibik ist gerade von Maria, Hurrikan der Kategorie 5, verwüstet worden. Trump betritt ein Verteilungslager für Hilfsgüter und reckt immer wieder den rechten Arm in die Luft, ballt die Faust, klatscht, als würde er eine Siegerrunde nach einem sportlichen Wettkampf drehen. Die Menschen jubeln, applaudieren, der Präsident verharrt vor dem Tisch mit den Küchenpapierrollen und beginnt, sie in die Menge zu werfen, als wäre er ein Prinz im deutschen Karneval. Passt das zur menschlichen Tragödie, die Puerto Rico gerade getroffen hat? Auf die Kritik angesprochen, erzählt Trump später in einem Fernsehinterview: »Sie hatten diese schönen, weichen Tücher. Sehr gute Tücher. Ich kam rein, da war eine große Menschenmenge. Sie schrien, und sie liebten alles. Ich hatte Spaß, sie hatten Spaß. Sie sagten: ›Werfen Sie's hierher. Hier zu mir, Mr. President.‹« Nach ersten offiziellen Angaben hat Hurrikan Maria einen Schaden von 91 Milliarden Dollar verursacht und 64 Todesopfer gefordert. Diese Zahl wird ein Jahr später aufgrund einer Untersuchung auf knapp 3000 Tote erhöht. Offenbar waren viele nicht registrierte Einwohner unter den Opfern. Donald Trump sieht die Korrektur als Angriff auf sich an und twittert: »Das haben die Demokraten gemacht, um mich so schlimm wie möglich aussehen zu lassen. Dabei habe ich doch Milliarden von Dollar gesammelt, um Puerto Rico beim Wiederaufbau zu helfen.« Kein Wort des Mitgefühls, stattdessen die Unterstellung, dass die demokratische Regierung Lügen verbreitet.

Dabei ist er doch selbst der Experte dafür. Einst – am 6. November 2012 – behauptete Trump, dass der Klimawandel »von den und für die Chinesen erschaffen wurde, um die US-Produktion wettbewerbsunfähig zu machen«. Später würde er leugnen, diese Lüge jemals geäußert zu haben. Es geht ihm nicht um wissenschaftliche Beweise, nicht um die Tatsache, dass 2017 das Jahr mit den größten wirtschaftlichen Schäden durch klimabedingte Extremwetterlagen war – 306 Milliarden Dollar. Es geht ihm nicht darum, dass 2017 auch das bis dahin zweitwärmste Jahr seit Beginn der Wetteraufzeichnungen war, in fünf US-Bundesstaaten – Arizona, Georgia, North Carolina, South Carolina and New Mexico – sogar das wärmste. Trump glaubt schlicht und ergreifend nicht, dass der Klimawandel menschengemacht ist. Falls es ihn gibt, dann nur aufgrund natürlicher Entwicklungen auf der Erde, die mehr mit den Aktivitäten der Sonne zu tun haben als mit irgendwelchen Prozessen, die Menschen kontrollieren könnten. Also muss die Menschheit sich eben anpassen und so lange die Folgen ertragen. Die Folgen durch die Beschränkung des CO_2-Ausstoßes hält der amerikanische Präsident für deutlich schlimmer. Also freie Bahn für eine Klima- und Energiepolitik, als gäbe es kein Morgen. Entsprechend wies er noch im Jahr 2017 die Umweltschutzbehörde EPA an, den sogenannten »Clean Power Plan« zurückzunehmen. Diese Vorgabe der Obama-Administration für sauberen Strom hätte die Bundesstaaten dazu verpflichtet, die Stromgewinnung aus Kohlekraftwerken durch neue Technologien mit erneuerbaren Energien zu ersetzen. Aufgrund von Gerichtsverfahren, angestrengt durch mehrere Bundesstaaten, ist der »Clean Power Plan« allerdings noch nicht abgeschafft.

Mehrfach versuchte Trump auch, dramatische Haushaltskürzungen bei der EPA durchzusetzen, scheiterte aber weitgehend am Einspruch des Kongresses. Tatsächlich abgeschafft hat der Präsident mehr als 80 Vorschriften zum Umwelt- und Klimaschutz, die aus seiner Sicht die amerikanische Wirtschaft zu sehr belasteten, darunter die Begrenzungen für Methanemissionen und für Abfallstoffe beim Fracking, der einfacheren Gewinnung von Erdgas mithilfe der Einspritzung von Flüssigkeiten in den Boden. Im Juni 2019 wies das Weiße Haus außerdem alle Bundesbehörden an, bei ihren Entscheidungen nicht mehr – wie vorher Pflicht – das Risiko möglicher CO_2-Emissionen zu berücksichtigen. Das betrifft zum Beispiel die Regulierung der Öl-, Gas- und Kohlewirtschaft.

Mit weiteren Exekutivbefehlen will Trump einen Großteil der Wasserflächen und Gebiete, die bisher unter Naturschutz stehen, für die Öl- und Gasförderung zugänglich machen. Das Arctic National Wildlife Refuge im Nordosten des Bundesstaats Alaska beispielsweise ist mit fast 80 000 Quadratkilometern das größte Naturschutzgebiet der Vereinigten Staaten. Hier will die Trump-Administration große Flächen an Ölkonzerne leasen und rechnet im Haushaltsentwurf für 2021 schon mit den ersten Einnahmen in Höhe von einer Milliarde Dollar. Aber noch sind mehrere Gerichtsverfahren gegen die Projekte nicht entschieden. Der Präsident hat darüber hinaus mit mehreren Dekreten den Weiterbau und die Vollendung zweier umstrittener Pipelines ermöglicht, die sein Amtsvorgänger Obama gestoppt hatte. Die Keystone-XL-Pipeline durchschneidet das Gebiet eines riesigen Grundwasserspeichers in Nebraska, des sogenannten Ogallala-Aquifer. Sie ist damit eine Gefahr für die Wasserversorgung der Great Plains, der großen Ebene, deren Landwirtschaft für die Lebensmittelproduktion der USA unverzichtbar ist. Die Dakota-Access-Pipeline ist bereits seit Juni 2017 in Betrieb und verläuft über das Land der Sioux-Indianer, die eine Gefährdung des Trinkwassers befürchten. Gegen beide Projekte sind immer noch Gerichtsverfahren anhängig.

Donald Trump will auch alle Bundesstaaten dazu zwingen, keine schärferen Standards für den Benzinverbrauch von Automobilen einzuführen als von der Bundesregierung vorgegeben. Ende März 2020 lockerte er außerdem die Vorgaben aus der Obama-Administration, nach denen der Autoindustrie vorgeschrieben war, den Benzinverbrauch jährlich um jeweils 5 Prozent zu senken, bis zu einem Zielwert von 54 Meilen pro Gallone Benzin im Jahr 2025. Nach der neuen Regel müssen die Hersteller den Benzinverbrauch nur um 1,5 Prozent pro Jahr reduzieren und erst im Jahr 2026 einen Zielwert von 40 Meilen pro Gallone erreichen. Durch diese Änderung – ein Sieg der Autoindustrie – werden fast 900 Millionen Tonnen mehr CO_2 ausgestoßen, als es bei der strikteren Regelung der Fall gewesen wäre. Die gute Nachricht: Eine Reihe von Bundesstaaten, darunter Kalifornien, wollen bis vor den Obersten Gerichtshof ziehen, um ihre noch strengeren Standards beibehalten zu können. Auch gegen den Ausstieg aus dem Pariser Klimaabkommen, der wohl kurz nach der Präsidentschaftswahl im November 2020 offiziell in Kraft tritt, hat sich Widerstand formiert, die sogenannte United States Climate Alliance. Die Klima-Allianz besteht aus 23 Bundesstaaten, die sich an die Vereinbarungen zur Reduzierung der CO_2-Emissionen halten wollen. Diese Bundesstaaten repräsentieren immerhin die Hälfte der amerikanischen Bevölkerung und mit ihrer Wirtschaftsleistung die Hälfte des Bruttoinlandsprodukts der USA. Aber unter den 23 Gouverneuren sind nur drei Republikaner – der Klimaschutz in den USA verläuft weitgehend entlang eines ideologischen Grabens. Und für einige gehen die Maßnahmen, die Donald Trump angeschoben hat, längst nicht weit genug.

»Beim Klima-Alarmismus geht es nicht in erster Linie um Wissenschaft, es geht nur darum, mit Angst- und Panikmache unsere Freiheiten einzuschränken.« Diese Worte passen irgendwie nicht zu der Person, die sie spricht. Da steht eine 19-Jährige, die man eher im Kreis der Fridays-For-Future-Bewegung erwarten würde, die sich doch eigentlich Sorgen um die Zukunft der Menschheit und ihre eigene Zukunft machen müsste, und doch redet sie wie ein Hardliner aus der Öl- oder Kohleindustrie, der erneuerbare Energie für ein Werkzeug zur Unterjochung freier Bürger hält. Selbst dieses Klischee stimmt eigentlich nicht mehr, denn die amerikanische Energiewirtschaft investiert mittlerweile eifrig in den Ausbau »sauberer« Alternativen. Aber es gibt einige Ewiggestrige, die im

Frühjahr 2020 eine junge Frau aus Deutschland zu ihrem Gesicht im Kampf gegen den Klima-Aktivismus machen. Naomi Seibt, Studentin aus Münster, soll eine Art Anti-Greta sein, ein Gegengewicht zu dem Hype, der sich um die zwei Jahre jüngere Schwedin entwickelt hat. Es ist eine große Aufgabe, denn Greta Thunberg, vom *Time Magazine* zur Person des Jahres 2019 gewählt, redet den Mächtigen dieser Welt bei internationalen Tagungen ins Gewissen, von der UN-Vollversammlung in New York bis zum Weltwirtschaftsgipfel in Davos. Seibt dagegen erzählt in einem Nebensaal beim Jahrestreffen der konservativen Gruppierungen der USA den Teilnehmern der Conservatice Political Action Conference (CPAC) das, was sie hören wollen, und spart auch nicht an Herabwürdigungen Gretas: »Ich sehe Greta als junge Person und werde nicht mit ihr über Wissenschaft debattieren, weil ich sie nicht vernichten will.« Ich bin mit einem Kamerateam da, um zu erfahren, auf welche wissenschaftlichen Quellen sich Naomi Seibt mit ihren Thesen eigentlich stützt. Die 19-Jährige aus Münster hat im Jahr 2019 mit einem YouTube-Video Aufsehen erregt, in dem sie mit vermeintlich wissenschaftlichen Erklärungen bestreitet, dass der Klimawandel menschengemacht ist. Nun erklärt sie ihren rund zwei Dutzend Zuhörern, dass sie viele Bücher gelesen und mit namhaften Wissenschaftlern gesprochen habe, bevor sie zu dem Schluss gekommen sei, dass vor allem die unkontrollierbaren Aktivitäten der Sonne für die Erwärmung der Ozeane und der ganzen Erde verantwortlich seien. Über Jahrtausende habe es immer wieder heiße Phasen in der Erdgeschichte gegeben, so zum Beispiel im Mittelalter, aber das habe nichts mit CO_2-Emissionen zu tun, die von Menschen verursacht seien. Folglich dürfe man sich auch nicht einreden lassen, man müsse nun um jeden Preis fossile Energien verteufeln, von denen Wohlstand und Fortschritt der Menschen abhingen. »Ihr solltet niemals blind irgendeinem Menschen oder einem Narrativ folgen!«, ruft Seibt vom Podium.

In der anschließenden Fragerunde bleibt sie allerdings mehrfach Antworten über die wissenschaftlichen Erkenntnisse zum Klimawandel schuldig. Den Hunderten von Forschern, die sich an den Analysen und Warnungen des Klimarats IPCC beteiligt haben, kann sie nur eine Handvoll Experten entgegensetzen, die ausschließlich in der rechtskonservativen Szene Aufmerksamkeit genießen. Zu der gehört sie nun auch, denn hinter ihrem Auftritt steckt das Heartland-Institut, eine rechte Denkfabrik aus Chicago, die mithilfe von Spendern wie der milliardenschweren Mercer-Familie, die auch Donald Trump unterstützt, seit Anfang der Achtzigerjahre Propaganda für die Öl-, Gas- und Kohleindustrie macht. Zu diesem Zweck führt die Lobbygruppe mittlerweile eine »Energy Freedom Score Card«[7], eine Art Zeugnis für politische Maßnahmen in Sachen Energiefreiheit. In ihrem »Mission Statement« sind die Ziele klar definiert: »Teure und unzuverlässige Energie, zum Beispiel durch Ethanol und durch kommerzielle Wind- und Solar-Firmen, vernichtet Arbeitsplätze und schadet der Umwelt. Fossile Brennstoffe sind die Grundlage für wirtschaftliches Wachstum und Wohlstand. Sie zu besteuern oder sie einzuschränken verlangsamt das Wirtschaftswachstum, verteuert Nahrungsmittel und andere essenzielle Waren; und viele gute Dinge, die wir als selbstverständlich ansehen, gehen verloren. Wir schulden es künftigen Generationen, die Welt als einen besseren Ort zurückzulassen, als wir sie vorgefunden haben. Erneuerbare Energien schützen nicht die Umwelt. Sie schaden ihr, weil sie weniger effizient, dafür aber bodenintensiver sind als fossile Brennstoffe.« Im Folgenden wird dann eine Reihe von Maßnahmen aufgelistet, die Donald Trump bereits zum Teil umgesetzt hat. In der Kategorie »noch nicht gemacht« wünschen sich die Aktivisten vor allem die Streichung aller steuerlichen Vorteile für erneuerbare Energien und ein Verbot der Nutzung von »geheimer Wissenschaft« als Grundlage für die Planungen der Regierungsbehörden. Mit »geheimer Wissenschaft« sind offenbar alle Forschungsergebnisse gemeint, die den Forderungen des Heartland-Instituts widersprechen.

Dessen Direktor für Klima- und Umweltpolitik, James Taylor, poltert von der Bühne in Washington gegen die Klimaschutzbewegung: »Sie wollen in unsere Geldbörsen greifen und uns in die Klimaarmut treiben.« Dann preist er Naomi Seibt für ihre mutigen Thesen: »Sie ist keine, die von irgendwelchen Strippenziehern ihre vorgeschriebenen Reden bekommt.« Eine Anspielung auf Greta Thunberg, die einige rechte Kritiker als Marionette ihrer Eltern und anderer umweltbeseelter Aktivisten diffamieren. Naomi Seibt bekommt Geld vom Heartland-Institut für ihre Aktivitäten gegen den »Klima-Alarmismus«. Bei unserem anschließenden Interview mit Naomi Seibt fordert ein Betreuer uns auf, das Gespräch sofort zu beenden, weil wir zu viele Fragen stellten und Naomi Termine habe. Es ist ausgerechnet der Teil des Interviews, in dem wir die junge Deutsche nach ihrem Verhältnis zur rechtspopulistischen und rechtsextremistischen Szene fragen. Seibt ist auf Veranstaltungen der Alternative für Deutschland aufgetreten, ihre Mutter, eine Anwältin, vertritt AfD-Politiker in Rechtsstreitigkeiten und wurde wegen angeblich rassistischer Posts von Facebook gesperrt. Naomi Seibt sagt, dass ihre Mutter nur einen Post von Martin Sellner geteilt habe. Sellner ist Anführer der Identitären Bewegung Österreich, eng verbunden mit Rechtsextremisten in den USA. Sie selbst, so erzählt die junge Frau, bekomme in Deutschland Drohanrufe und werde als Antisemitin beschimpft.

Bei ihrer Rede hat sie einen rechtsextremistischen Autor und Blogger aus Kanada als Inspiration angegeben. Stefan Molyneux erklärte den Holocaust in einem YouTube-Video vom März 2016 mit folgenden Worten: »(...) die Deutschen waren in Gefahr, von einem in ihrer Wahrnehmung jüdisch geführten Kommunismus übernommen zu werden. Der jüdisch geführte Kommunismus hatte mehrere zehn Millionen weiße Christen in Russland ausradiert, und sie fürchteten nun das Gleiche. Dann gab es diese wilde Überreaktion und all solche Dinge.« Molyneux beschwört auch die Gefahr eines Rassenkrieges. Weiße hätten obendrein einen höheren Intelligenzquotienten als Nichtweiße, und bei Schwarzen gebe es eine sehr hohe Kriminalitätsrate, weil »Schwarze einen niedrigeren Standard-IQ haben als Weiße«. Ich frage nach bei Naomi Seibt, die Molyneux als »wahnsinnig faszinierend« für ihre libertären Überzeugungen bezeichnet: »Ich weiß nicht, auf welches Zitat Sie sich dabei im ersten Teil beziehen. Zum Zweiten aber antworte ich: Ich weiß, dass er nicht gesagt hat, dass die Weißen alle einen höheren IQ haben als alle anderen.« Als ich ihr das Zitat von Molyneux noch einmal vorlese, sagt sie: »Es stimmt, dass IQ-Differenzen existieren zwischen verschiedenen Völkergruppen auf der Erde. Das hat aber nichts damit zu tun, dass sie besser oder schlechter sind als irgendwer anderes. Es gibt eben Statistiken dazu, das ist alles. Das hat rein gar nichts damit zu tun, wie ich die Menschen werten soll. Es ist aber eben der Fall, dass es in Dritte-Welt-Ländern generell einen niedrigeren IQ gibt, was aber nichts damit zu

tun hat, wie wir individuell mit diesen Menschen umgehen sollten.« Es ist wieder diese Mischung aus weißem Überlegenheitswahn und Untergangsängsten, die im Trumpismus einhergehen
mit einer tiefen Ablehnung gegenüber wissenschaftlichen Erkenntnissen, die in irgendeiner Weise den Reichtum und Fortschritt vor
allem einer Bevölkerungsgruppe und Rasse beeinträchtigen könnten. Heraus kommt dabei eine Politik, die die Belege für den Klimawandel ignoriert und in Wahrheit allen Menschen schadet,
unabhängig von ihrem ethnischen Hintergrund.

Das ist es: Die meist weißen, alten Männer in der Trump-Administration sind getrieben von dieser Angst. Männer wie Trump,
Pompeo und Barr posaunen sie sogar in ihren Reden in die Welt
hinaus, wenn sie den Untergang der Nation prophezeien, wenn sie
die chinesische oder iranische Gefahr an die Wand malen, wenn
sie Zuwanderer als Verbrecher und minderwertige Menschen
bezeichnen. Um ihre eigenen Ängste zu bekämpfen, brauchen sie
Macht, und dafür schüren sie weiter jene Ängste in der Bevölkerung, die den ihren gleichen. Aber die Lösungen, die sie anbieten
und vorantreiben, erzeugen nicht mehr Sicherheit, nicht mehr
Freiheit, keine attraktiveren wirtschaftlichen Perspektiven, keine
bessere Zukunft, sondern genau das Gegenteil – in allen Politikfeldern, die der Trumpismus wie ein Krebsgeschwür durchwu-
chert. Das ist der Punkt, an dem mir so mancher Troll vorwerfen
wird, ich würde die Konservativen verteufeln, sie alle in einen Topf
werfen. Das stimmt nicht, denn wer konservativ denkt, lebt, arbeitet und wählt, hat sich nicht automatisch dem Trumpismus ergeben.

Man frage nur Dale Ross, den Bürgermeister von Georgetown,
Texas: »Erneuerbare Energien sind die Zukunft, Kohle ist es
nicht.«[8] Diese Worte sind bemerkenswert für einen Mann, der sich
als »konservativen Republikaner und Libertären« bezeichnet.
Aber Ross hatte in den vergangenen Jahren eine Mission – seine
Stadt mit 70000 Einwohnern zu 100 Prozent auf erneuerbare
Energien umzustellen. Also unterschrieb er vier Verträge, zwei
über Windenergie, einen für Solarstrom und, na ja, einen für Strom
aus Naturgas, aber auch das ergab Sinn, um mögliche Unterpro-
duktion oder Ausfälle bei den anderen ausgleichen zu können. Insgesamt standen damit 1067 Megawattstunden im Jahr 2018 zur

Verfügung, davon allein 822 aus Wind- und Solarenergie. Georgetown hatte einen Verbrauch von 678 Megawattstunden, konnte
also zusätzlichen Strom in das texanische Netz einspeisen.

Eigentlich war es ein guter Plan, den Dale Ross für seine Stadt
vorantrieb, weil die Verträge für die erneuerbaren Energien nicht
vom Weltmarkt abhängig waren. Es sollte günstiger für den Verbraucher werden, das war zunächst seine Motivation, aber mit der
Zeit gefiel dem Bürgermeister auch der Gedanke, damit etwas für
die Umwelt und für künftige Generationen zu tun. In einem Interview mit dem Radiosender NPR sagte er: »Hat nicht unsere Generation, haben nicht wir eine moralisch-ethische Pflicht, diesen Planeten den Kindern und Enkeln besser zu hinterlassen, als wir ihn
vorgefunden haben?«

Ein Klima-Aktivist bei den Republikanern? Er ist nicht der einzige: Der ehemalige Präsident George Bush betreibt seine Ranch in
Texas ausschließlich mit Strom aus erneuerbaren Energien, als
Gouverneur hatte Bush mit dafür gesorgt, dass das texanische
Stromnetz für den kompletten Energiemix ausgelegt ist. Der Nachbarstaat Oklahoma – komplett republikanisch regiert – treibt wie
erwähnt den Ausbau für Solar-, Wind- und Wasserenergie massiv
voran. Aber in Georgetown kam Bürgermeister Ross in Schwierigkeiten. Seine Stadt machte dramatische Verluste, 8,3 Millionen
Dollar über zwei Jahre. Zum Ausgleich musste sie die Strompreise
für die Verbraucher erhöhen, durchschnittlich um 13 Dollar pro
Monat zum Ende des Jahres 2018. Die innerparteilichen Gegner
fielen über den fortschrittlichen Bürgermeister her. Die erneuerbaren Energien seien schuld. Die Texas Public Policy Foundation,
eine Lobbygruppe, die von der Öl- und Gasindustrie gesponsert
wird, höhnte auf Fox News: »Der Umwelt-Narzissmus einer texanischen Stadt macht Al Gore glücklich, aber ihre Bürger bleiben
auf der Rechnung sitzen.« Bürgermeister Ross war im preisgekrön-
ten Klimafilm des ehemaligen demokratischen Vizepräsidenten Al
Gore aufgetreten.

Dabei wurde das Loch im Stadthaushalt gar nicht vom Öko-
strom verursacht, sondern durch die Gaspreise. Sie waren massiv
gefallen, auch durch die Lockerungen bei den Vorschriften dank
Donald Trump. Georgetown musste nun seinen großen Strom-
überschuss zu deutlich niedrigeren Preisen in den Markt abgeben,

als es selbst aufgrund der schlechteren, langfristigeren Verträge bezahlte. Bei Dale Ross hinterließ die Lügenkampagne seiner Gegner in der eigenen Partei eine bittere Erkenntnis: »In meiner Partei wird unglücklicherweise alles, was mit Klimawandel oder Umweltthemen zu tun hat, als Parteipolitik angesehen. Sie nutzen diese Schlüsselwörter und Etiketten wie ›liberal‹ und ›progressiv‹ und ähnliche Begriffe. Ich bin enttäuscht von meinen republikanischen Kollegen, weil wir doch eigentlich die Partei des Bewahrens sind, wie einst bei Theodore Roosevelt. Und jetzt haben wir das Thema aufgegeben.« Der Republikaner Roosevelt, von 1901 bis 1909 US-Präsident, erweiterte damals das Nationalparksystem des Landes massiv und setzte sich für den Erhalt der Natur ein. Ebenjener Natur, die der Republikaner Donald Trump nun Stück für Stück der Öl- und Gasförderung preisgibt. Dale Ross, der nicht mehr zur Wiederwahl antritt, will sich dennoch weiter für den Klimaschutz engagieren, ob es seiner Partei nun passt oder nicht.

Pragmatismus gegen Dogmatismus. Aber Letzterer, in Gestalt von Donald Trump, gibt die Linie vor innerhalb der republikanischen Partei. Bei der CPAC 2019 in Washington wetterte er gegen die Klimaschutzpläne der Demokraten und schürte Angst, um daraus politisches Kapital zu schlagen: »Nichts ist vielleicht extremer als der Plan der Demokraten, die amerikanische Energieversorgung komplett zu übernehmen und Amerikas Wirtschaft komplett zu zerstören durch ihren neuen 100-Billionen-Dollar-Green-New-Deal.« Damit es auch wirklich jeder seiner Anhänger verstand, behauptete er kurzerhand, das Konzept bedeute nicht anderes als »keine Flugzeuge, kein Strom. (…) Wenn der Wind nicht mehr bläst, ist dann eben Schluss mit eurer Elektrizität.« Faktenfreier Blödsinn, und wenn ihm Wissenschaft nicht in den Kram passt, macht Donald Trump sie sich eben passend.

Man denke nur an »Sharpiegate«, den Filzstiftskandal. Anfang September 2019 steuerte der Hurrikan Dorian, Wirbelsturm der Kategorie 5 mit Windgeschwindigkeiten bis zu 295 Stundenkilometern, auf die amerikanische Ostküste zu. Der Präsident twitterte: »South Carolina, North Carolina, Georgia und Alabama werden sehr wahrscheinlich viel härter getroffen, als wir angenommen hatten.« Nach allen Vorhersagen an diesem 1. September würde Dorian den Bundesstaat Alabama auf keinen Fall erreichen.

Die Vermutung war einige Tage zuvor einmal in einer Projektion aufgetaucht, aber längst von neueren wissenschaftlichen Daten überholt. Deshalb twitterte die Filiale des Wetterdienstes in Alabama 20 Minuten nach Trumps Tweet, dass Dorian den Bundesstaat »NICHT« treffen werde. Bei einem Pressetermin später am Tag und an den Folgetagen beharrte Trump auf seiner Behauptung, dass Alabama im Visier des Hurrikans gewesen sei. Dorian hatte natürlich einen anderen Pfad entlang der US-Küste genommen.

Am 4. September bittet der Präsident Kamerateams der Nachrichtensender ins Oval Office. Links neben Trump hinter seinem Schreibtisch ein paar Mitarbeiter, unter ihnen einer namens Kevin. Am Tisch hinter dem Chefsessel lehnt ein großes weißes Rechteck. Kameras bereit? Los geht's. »Unsere ursprüngliche Karte zeigte, dass er Florida direkt treffen würde. Vielleicht könnte ich das eben sehen, Kevin.« Kevin steht auf, reicht Trump die Pappe, die sich als Landkarte entpuppt. Auf ihr eingezeichnet ist der vorhergesagte Pfad des Wirbelsturms. »Er würde auch eine Menge andere Staaten treffen«, sagt Trump, ohne Alabama ausdrücklich zu nennen. Tatsächlich aber reicht die weiße Linie nur nach Florida und Georgia. Aber da, eine dicke, schwarze Filzlinie, an das weiß umgrenzte Zielgebiet im Halbkreis drangemalt, reicht bis nach Alabama. Hat da einer die Wetterkarte frisiert? Vielleicht gar der Präsident der Vereinigten Staaten selbst mit einem dicken Filzschreiber? Donald Trump nutzt solche »Sharpies« gern, um Dekrete zu unterschreiben. Hm, nach § 2074 US-Bundesgesetz ist die Verbreitung falscher Wetterberichte strafbar und kann mit einer Geldbuße oder bis zu 90 Tagen Gefängnis bestraft werden. Wie es auch immer war, der Vorfall zeigt, dass der US-Präsident lügt wie gemalt.

Volle Kraft in die Vergangenheit

Mitten im Capitol gibt es einen Friedhof, geleitet von jemandem, der sich selbst »grimmiger Sensenmann« nennt. Ganz unrecht hat er nicht, denn in den vergangenen Jahren haben wohl Tausende von Amerikanern wegen seiner Untaten gelitten – oder besser: wegen seiner Untätigkeit. Der Friedhof im Capitol ist der Senat, und in diesem liegen, begraben oder auf Eis gelegt, Hunderte von Gesetzentwürfen, die das Leben der Menschen in den USA besser machen könnten, wenn nicht Mitch McConnell das verhindern würde. Er ist der Anführer der Republikaner im Senat, Wegbereiter und Erfüllungsgehilfe des Präsidenten Donald Trump. In einem Tweet vom 8. Mai 2019 brachte der Senator noch einmal auf den Punkt, was er zuvor in einem Interview bei Fox News angekündigt hatte: »Lasst es mich ganz klar sagen: Ich werde der grimmige Sensenmann im Senat sein in Bezug auf sozialistische Pläne, die Jobs zerstören, die private Krankenversicherung und das System der freien Wirtschaft.« Nun mag man ja, auch das schon schlimm genug, aus ideologischen Gründen sein Amt missbrauchen, aber mit seiner großen Sense mähte McConnell auch Gesetzesvorhaben ab, die im Interesse seiner eigenen Partei gewesen wären.

Das Repräsentantenhaus hatte mit seiner demokratischen Mehrheit seit Anfang 2019 über 400 Entwürfe beschlossen, eine ganze Reihe davon sogar mit Stimmen der Republikaner, denen auch an Themen wie Netzneutralität, gleiche Bezahlung für Frauen und Männer, Hintergrundchecks beim Waffenkauf und Schutz von Frauen gegen Gewalt gelegen war. Aber der Chef der republikanischen Senatoren ließ über 300 der Vorhaben auf Eis legen, es wurde nicht einmal über sie beraten. Unter den übrigen waren viele recht banale, wie die Umbenennung von Behördenbauten oder die einfache Verlängerung früherer Gesetze. Zum Vergleich: Normalerweise schaffte der Kongress in der Vergangenheit bis zu 500 Gesetze innerhalb von zwei Jahren. Natürlich fielen der Sense große Vorhaben der Demokraten zum Opfer, wie die Ausweitung der Krankenversicherung, die Senkung der Preise für rezeptpflichtige Medikamente, die Erhöhung der Mindestlöhne und die Rückkehr zum Pariser Klimaabkommen – alles Dinge, die McConnell und seine Helfer für sozialistisches Teufelszeug halten. Er schuf für Donald Trump damit die Möglichkeit, seine politischen Gegner mit einer dreisten Lüge anzugreifen: Sie seien »Nichtstu-Demokraten«, die zu faul seien, den Menschen im Land mit konstruktiven Gesetzen zu helfen, und nur ihre sozialistische Agenda vorantreiben. Der Einzige, der wirklich nichts tat, war allerdings Trumps Parteifreund Mitch McConnell. Man kann getrost sagen, dass vor allem er für das katastrophale Ansehen des amerikanischen Kongresses verantwortlich ist, dem über 70 Prozent der Amerikaner schlechte Noten geben.

Aber der Sensenmann hat einen Grund für sein Werk, er arbeitet für eine Zukunft, die Amerika zurück in die Vergangenheit befördern soll: die Besetzung der US-Bundesgerichte mit erzkonservativen Richtern. Das ist den Republikanern umso wichtiger, als sie befürchten, durch demografische Veränderungen im Land – mehr Zuwanderer, mehr junge Leute und damit progressiveres Gedankengut – bei künftigen Wahlen häufiger in der Opposition zu landen. Deshalb treiben die Konservativen eine Veränderung besonders bei den oberen Bundesgerichten voran, um aus ihrer Sicht politisch nachteilige Entscheidungen auf dem Klageweg zu Fall zu bringen. In den USA hat der Präsident das Recht, die Richter zu nominieren, die dann vom Senat in einem formellen Verfahren bestätigt oder abgelehnt werden können. Schon in der Regierungszeit von Barack Obama hatte der Chef der Republikaner die Ernennung zahlreicher Kandidaten blockiert, sodass mit dem Amtsantritt von Donald Trump 103 Positionen an Bundesgerichten unbesetzt waren.

Hauptangriffspunkt sind die Besetzungen der oberen Berufungsgerichte, weil an diesen wichtige, übergreifende Rechtsentscheidungen auch in politischen Fragen fallen und diese gegebenenfalls an den Obersten Gerichtshof in Washington weitergeleitet werden. Schon jetzt ist ein Viertel der Richter an den höheren Berufungsinstanzen des Bundes von Donald Trump nominiert und von Mitch McConnells Senatsmehrheit ins Amt gehievt worden, insgesamt über 50 Konservative. Bei früheren Präsidenten waren es in der gleichen Zeit nur zwischen 30 und 35 Kandidaten. Die meisten der Trump-Richter sind deutlich jünger – im Schnitt unter 50 Jahre alt, ein Drittel unter 45 – als in vergangenen Jahrzehnten, sodass sie die amerikanische Rechtsprechung noch lange beeinflussen können. Gleichzeitig sind sie sogar besser qualifiziert als frühere Bewerber, mehr als die Hälfte von ihnen hat Eliteuniversitäten absolviert, einige haben sogar Erfahrung als Staatsanwälte vor dem Obersten Gerichtshof gesammelt. Die New York Times hat sich die neuen Richterinnen und Richter einmal detaillierter angeschaut,[9] einschließlich der knapp 2000 Fälle, an denen mindestens ein von Trump ernannter Richter beteiligt war, und der rund 10 000 veröffentlichten Urteile und abweichenden Meinungen aus den vergangenen Jahren. Sie kommt dabei zu einem besorgniserregenden Schluss: »Während Bundesrichter aller Überzeugungen einen Eid der Unparteilichkeit ablegen und den Eindruck zurückweisen, sie würden die Wünsche des Präsidenten erfüllen (…), zeigt die Untersuchung der *Times*, dass die Trump-Administration die Berufungsgerichte mit formidablen Verbündeten gefüllt hat, die für eine Reihe von Themen kämpften, die den Republikanern wichtig sind.« Natürlich könnte man Ähnliches auch früheren demokratischen Präsidenten vorhalten. Aber alle Präsidenten der letzten Jahrzehnte – mit der Ausnahme von Richard Nixon – achteten bei der Besetzung auf eine einigermaßen ausgewogene Verteilung zwischen eher demokratischen und eher republikanischen Kräften. Trump besetzt jeden freien Posten mit vermeintlich treuen Parteisoldaten. Ein Drittel der Besetzungen erfolgte auf vakanten Positionen, die vorher eher demokratisch orientierte Richter innegehabt hatten. Damit verschob der Präsident das Gleichgewicht, sogar in Bundesstaaten wie Kalifornien und New York, in denen die politische Mehrheit meist bei den Demokraten liegt.

Hier die Erkenntnisse der *New York Times*: Nur zwei der Richter wurden im Senat von beiden Parteien unterstützt. In einem Fall hatten selbst einige Republikaner gegen den Vorschlag des Präsidenten gestimmt, vielleicht weil sie den Kandidaten kannten. Jonathan Kobes hatte im Büro eines republikanischen Senators gearbeitet und war von der Anwaltsvereinigung als »unqualifiziert« eingestuft worden, weil seine Schriften an seiner Fähigkeit zweifeln ließen, »komplexe rechtliche Analysen« zu erarbeiten. Das Abstimmungsergebnis von 50 zu 50 Stimmen wurde dann mit der Stimme von Vizepräsident Mike Pence, der in solchen Fällen den Vorsitz des Senats übernimmt, zugunsten Kobes' entschieden. Die meisten der Nominierten hatten vorher eine politische Position in Regierungsbehörden und spendeten Geld für politische Kandidaten. Nur vier der 51 hatten keinerlei direkte politische Aktivität in der Vergangenheit. Zwei Drittel waren weiße Männer, ihr mittleres Einkommen lag bei zwei Millionen Dollar pro Jahr. Dass sie häufiger auch abweichende Meinungen gegenüber Richtern vertraten, die ebenfalls von republikanischen Präsidenten nominiert wurden, zeigt ihre deutlich konservativere Einstellung.

Einige von ihnen hatten vorher bereits gegen die Legalisierung gleichgeschlechtlicher Ehen und gegen die Erstattung von medizinischen Kosten bei Abtreibungen sowie für Ausnahmeregelungen aufgrund religiöser Überzeugungen oder eine massive Verschärfung des Einwanderungsrechts in den USA gekämpft. Die *New York Times* nennt als herausragendes Beispiel den neuen Richter am Berufungsgericht in New Orleans, Kyle Duncan, der vor dem Obersten Gerichtshof das Verbot der Homo-Ehe im Bundesstaat Louisiana verteidigte und für ein Gesetz zur Einschränkung der Wahlmöglichkeit von Toiletten für Transsexuelle in North Carolina eintrat. Dabei habe er nicht seine persönlichen Überzeugungen vertreten, sagt er, sondern »rechtliche Argumente im Interesse meiner Klienten, so wie ich es in jedem Fall, so gut ich es vermag, getan habe«.

Die Auswahl der Kandidaten erfolgt unter Trump in der Regel durch die Federalist Society, einen Zusammenschluss extrem konservativer Juristen. Trump selbst hatte das als Präsidentschaftskandidat im Juni 2016 in einem Radiotalk versprochen: »Wir werden großartige Richter haben, Konservative, alle ausgesucht von der Federalist Society.« 43 der 51 neuen Richter unterhalten Verbindungen zu dieser Vereinigung, die dem Machtanspruch eines Präsidenten in früheren Jahren eigentlich recht kritisch gegenüberstand, das galt insbesondere für die Zeit der Obama-Administration. Seit Donald Trump sie in die Kandidatenauswahl mit einbindet, scheint sich die Haltung geändert zu haben. Viele Mitglieder agieren nun als willfährige Erfüllungsgehilfen eines Präsidenten, der auf der Grundlage von Artikel 2 der amerikanischen Verfassung einen absoluten Machtanspruch der Exekutive für sich proklamiert.

Ein ganz besonderer Fall ist sicherlich der von Richterin Neomi Rao, die vor ihrer Nominierung für Donald Trump im Haushaltsbüro des Weißen Hauses arbeitete. Nachdem Trump seinen Kandidaten für den Obersten Gerichtshof, Brett Kavanaugh, vom Senat bestätigt bekommen hatte, schlug er für dessen vakanten Sitz am Berufungsgericht im District of Columbia im Januar 2019 seine Mitarbeiterin Neomi Rao vor. Bei ihrer Anhörung wurde sie nach Zeitungsartikeln gefragt, die sie als Studentin an der Yale Universität geschrieben hatte. In der Unizeitung *Yale Herald* erweckte sie 1994 unter der Überschrift »Grautöne«[10] den Anschein, als trügen Vergewaltigungsopfer eine Mitschuld an dem, was ihnen widerfahren ist: »Ein Mann, der ein betrunkenes Mädchen vergewaltigt, sollte strafrechtlich verfolgt werden. Gleichzeitig ist ein guter Weg, eine mögliche Vergewaltigung zu vermeiden, einigermaßen nüchtern zu bleiben. (…) Eine Frau, wie auch ein Mann, entscheidet, wann und wie viel sie trinkt. Und wenn sie so viel trinkt, dass sie nicht mehr wählen kann, dann, na ja, dann ist das Erreichen dieses Punktes teilweise ihre Wahl.« In einem Artikel für die *Washington Times* schrieb sie ebenfalls 1994:[11] »Den Multikulturalisten geht es nicht einfach um politische Reform. Versteckt unter ihrem gefühlsduseligen Gerede von Toleranz, versuchen sie, die amerikanische Kultur zu untergraben. Sie argumentieren, dass Kultur, Gesellschaft und Politik definiert und angeblich entweiht wurden durch weiße, heterosexuelle Männer, die ihrer Lebensart feindlich gegenüberstehen. So wollen zum Beispiel Homosexuelle Ehe und Elternschaft umdefinieren. Feministinnen in den Frauenstudien-Programmen wollen die sogenannte männliche Rationalität durch gefühligere Reaktionen, wie sie für Frauen typisch sind, ersetzen. Das mag netter und sanfter sein, aber kann man damit eine Brücke bauen?« Am 11. Februar 2019 entschuldigte sich Rao in einem Brief für die Ansichten, die sie heute nicht mehr vertrete. Am 13. März 2019 stimmte die republikanische Mehrheit im Senat gegen alle demokratischen Senatoren für ihre Ernennung, die dann fünf Tage später erfolgte. Zumindest ihre studentischen Ansichten zum Multikulturalismus entsprechen sicher der Überzeugung von Donald Trump und vielen seiner Anhänger.

Wenige Monate später hatte Rao über einen Fall zu entscheiden, der von höchster Bedeutung für Donald Trump ist. Darf der Kongress die Herausgabe der Steuererklärungen des Präsidenten aus seiner Zeit als Geschäftsmann verlangen? Zwei der drei Richter am Berufungsgericht in Washington entschieden dafür. Rao schrieb eine abweichende Meinung, nach der »Vorwürfe von illegalem Verhalten gegen den Präsidenten nicht durch den Kongress untersucht werden können, außer durch ein Amtsenthebungsverfahren«. Dem widersprach der Supreme Court im Juli 2020 völlig überraschend mit sieben zu zwei Stimmen. Sowohl der Kongress als auch ein Gericht dürften vom Präsidenten die Herausgabe von Finanzdokumenten verlangen, sofern die Forderung konkret genug und ausreichend begründet sei. Selbst die von Trump nominierten Obersten Bundesrichter Kavanaugh und Gorsuch machten damit klar, dass ein Präsident nicht über dem Recht steht. Trump war stinksauer. Unabhängig davon dürfte die Besetzung von Posten an Bundesgerichten mit stramm konservativen Juristen eines der folgenreichsten Vermächtnisse von Donald Trump sein, weil wichtige soziale, wirtschaftliche und politische Fragen in den kommenden Jahren an den Gerichten entschieden werden könnten. Von höchster Bedeutung sind dabei – neben Feldern wie Umweltschutz, Einwanderung und Waffenrecht – wohl vor allem zwei Themen: Abtreibung und Wahlrecht.

Im Jahr 2019 gab es eine Welle neuer Antiabtreibungsgesetze in rund einem Dutzend Bundesstaaten, ganz offensichtlich befeuert durch Trumps Neubesetzungen am Obersten Gerichtshof in Washington. Die Abtreibungsgegner, unterstützt und getragen von der republikanischen Partei, hoffen, dass die neuen Einschränkungen durch Einsprüche bis vor das Oberste Verfassungsgericht gelangen und eine konservative Mehrheit im Supreme Court die Grundsatzentscheidung von 1974, den sogenannten Fall »Roe gegen Wade«, kippt. Damals hatte die oberste Instanz mit einer knappen Mehrheit das verfassungsmäßige Recht von Frauen für oder gegen eine Abtreibung ausdrücklich bestätigt. Der Bundesstaat Alabama verhängte nun ein Totalverbot von Abtreibungen, Georgia, Kentucky, Louisiana, Mississippi, Tennessee und Ohio verboten jede Form von Abtreibung, sobald der erste Herzton gemessen wird (»Heartbeat Law«), auch Missouri, Arkansas und Utah schränkten das Recht der Schwangeren massiv ein. In Indiana, North Dakota und West Virginia wurden bestimmte Abtreibungsarten für illegal erklärt. Die Abtreibungsgegner in einigen Bundesstaaten nutzten auch die Coronakrise 2020, um mithilfe von Notverordnungen zum Aufschub von nicht essenziellen Operationen das Recht auf Abtreibung weiter einzuschränken oder vorübergehend zu suspendieren. In Texas erlaubte ein Bundesgericht das Verbot von Abtreibungen, in Iowa, Ohio, Arkansas und Alaska wurden chirurgische Eingriffe eingeschränkt oder verboten, während Abtreibung mithilfe von Medikamenten erlaubt blieb. In Tennessee, Alabama und Oklahoma gab es den Versuch solcher Verbote und Restriktionen, die aber von Gerichten abgeschmettert wurden. In weiteren Bundesstaaten waren zum Zeitpunkt der Drucklegung noch Verfahren anhängig.

Die Welle der strikteren Abtreibungsgesetze führte 2019 auch zu einer Gegenbewegung in progressiveren Bundesstaaten. In Illinois, New York, Rhode Island, Maine, Vermont, New Jersey, Nevada, Kalifornien und Hawaii wurde das Recht der Frauen auf ihre freie Entscheidung deutlich gestärkt und besser geschützt. Die demokratischen Gouverneure einiger anderer Staaten, zum Beispiel Kansas, Montana, North Carolina, Pennsylvania und Wisconsin, nutzten ihr Vetorecht, um Versuche republikanischer Mehrheiten in ihren Parlamenten zur Verschärfung der Gesetze abzuwehren. Aber der Kampf um das Abtreibungsrecht wird nun durch die Gerichte wandern, sodass die Besetzung von Richterposten mit rechtskonservativen und teils sehr religiösen Juristen eine große politische Bedeutung bekommt. Ein Rückschlag für die Abtreibungsgegner war Ende Juni 2020 eine knappe Entscheidung des Supreme Courts gegen ein Gesetz aus dem Bundesstaat Louisiana, nach dem Ärzte, die Abtreibungen durchführen, eine Zulassung an einem örtlichen Krankenhaus haben müssen. Diese Auflage hätte es Hilfe suchenden Frauen schwerer gemacht, einen Arzt zu finden. Aber grundsätzlichere Fälle zum Abtreibungsrecht könnten künftig anders ausgehen.

Das zweite politische Minenfeld, in dem Staats- und Bundesgerichte eine sogar wahlentscheidende Rolle spielen können, ist das amerikanische Wahlrecht, besser gesagt, der Flickenteppich, nach dem in fast jedem Bundesstaat andere Regeln für lokale, regionale, bundesstaatliche und nationale Wahlen gelten. Es herrscht ein Chaos, das Amerika etwa auf den Stand einer sprichwörtlichen Bananenrepublik stellt. Die katastrophalen Auswirkungen habe ich in meiner ersten Zeit als Nordamerikakorrespondent für das ZDF erlebt. Es war ein Fiasko, das die USA nach der Präsidentschaftswahl 2000 in eine 36 Tage lange Agonie stürzte. Das Wahlergebnis in Florida war so knapp, dass von Hand neu ausgezählt werden musste, wie viele Stimmen jeweils an George W. Bush und an Al Gore gefallen waren. Bush war von zahlreichen Medien zum Wahlsieger ausgerufen worden. Da standen dann in den Folgewochen die Helfer in den Auszählstellen und hielten Wahlzettel gegen das Licht, um die Wählerabsicht zu erkunden. Denn bei den antiquierten Wahlmaschinen damals musste man mit einem Metallstift ein Loch in den Stimmzettel stanzen. Wenn man nicht fest genug drückte, entstand bestenfalls ein kleiner Riss oder gar nur

eine Wölbung des Papiers, das sogenannte »schwangere Stanz-
loch« (»pregnant chat«). Nach wochenlangem Auszählen und
einer hässlichen juristischen Schlacht der zwei Lager entschied der
Oberste Gerichtshof von Florida am 8. Dezember, dass alle Stimmzettel im ganzen Bundesstaat neu ausgezählt werden sollten, damit
keinerlei Restzweifel blieben an der Legitimität des neuen Präsidenten. Es klang nach einer sehr fairen und sehr demokratischen
Lösung. Aber wenige Tage später, am 12. Dezember 2000, meldete
sich auf Antrag der Bush-Anwälte der Supreme Court in Washington zu Wort. Die Damen und Herren Bundesrichter waren offenbar mit dem weisen Urteil aus Tallahassee unzufrieden, obwohl sie
selbst die Entscheidung ursprünglich an das Gericht in der Hauptstadt Floridas delegiert hatten. Nun entschieden sie, dass jede Neuauszählung sofort einzustellen sei. Eine Auszählung sei zwar ein
richtiger Ansatz, aber es müsse dafür einheitliche Regeln geben,
und die zu schaffen sei nun mal keine Zeit mehr. Ausgerechnet die
Stelle, die mehr als jede andere den Schutz der Verfassung sicherstellen sollte, verzichtete auf das höchste Gut der Demokratie, dass
die Stimme jedes Bürgers zählen muss. Das Urteil fiel knapp aus,
mit fünf zu vier Stimmen, und das zeigt, dass die Besetzung eines
Gerichts wahlentscheidend sein kann. Seit damals hat sich am
amerikanischen Wahlsystem nicht viel verändert, auch wenn die
Wahlmaschinen nun vielerorts moderner sind – mit einfachen
Kreuzen auf einfachen Zetteln versuchen es nur wenige. Auch die
Regeln, wer wie wählen darf, sind ein wilder Wirrwarr, und genau
da setzen Dutzende von Klagen an, die derzeit durch Amerikas
Gerichte wandern.

Mehr als 20 Verfahren in 14 Bundesstaaten hat der führende
Anwalt der demokratischen Partei, Marc Elias, angestrengt, um
das Wählen möglichst leicht zu machen. Die Demokraten hoffen,
dass sie damit vor allem ihren Anhängern entgegenkommen. In
Nevada beispielsweise gehen sie gegen eine neue Regel des republikanisch geführten Parlaments vor, nach der bei einer Briefwahl nur
diejenigen automatisch einen Stimmzettel bekommen sollten, die
auch früher schon gewählt hatten – nicht dagegen alle, die in den
Wählerlisten stehen: »Ich kann Ihnen versichern«, so Elias gegenüber dem Radiosender NPR[12,] »dass wir nicht herumsitzen werden, während (…) die republikanische Partei Wähler ihrer Rechte

beraubt, in einem zynischen Versuch, die Wahlen um jeden Preis zu gewinnen.« Im Mittelpunkt der rechtlichen Auseinandersetzungen stehen Staaten wie Wisconsin, Georgia, Florida und Texas, die wegen knapper Ergebnisse die Präsidentschaftswahl entscheiden könnten. »Die Demokraten gehen in all diese Bundesstaaten, um die Gesetze zu verändern. Wir werden diese Gesetze verteidigen müssen«, so der Sprecher der republikanischen Partei, Mike Reed. Die Republikaner werden in diesem Jahr rund zehn Millionen Dollar ausgeben für den Kampf um – wie sie sagen – die Integrität der US-Wahlen.

Tatsächlich wollen die Demokraten extrem weitreichende Lockerungen durchsetzen, zum Beispiel die Abschaffung der Unterschriftspflicht bei Briefwahl, den Wegfall eines Identitätsnachweises durch einen amtlichen Ausweis – in den USA gibt es keine Ausweispflicht wie in Deutschland – und die Möglichkeit, dass Dritte die Stimmzettel von Wählern einsammeln können, die nicht in der Lage sind, selbst in die Wahllokale zu kommen. Die Republikaner wollen vor allem eine Ausdehnung der Briefwahlmöglichkeit verhindern. Der Präsident behauptet, dass die Wahl per Post ein großes Einfallstor für die Fälschung von Stimmzetteln sei. Tatsächlich aber hat zumindest eine Forderung der Demokraten sehr nachvollziehbare Gründe, denn in zahlreichen Fällen lässt sich nachweisen, dass republikanische Politiker den Bürgern die Teilnahme an der Wahl erschweren wollen. Sie rechnen damit, dass hoch motivierte Anhänger des Präsidenten in jedem Fall zur Wahl gehen, während einige Wählergruppen der Demokraten möglicherweise zu Hause bleiben. Dabei dient den Republikanern sogar die Coronapandemie als Vorwand. In Pennsylvania beispielsweise wollten lokale Abgeordnete die Zahl der Wahllokale für die Vorwahlen von über 1300 auf 138 absenken, um die Ansteckungsgefahr zu verringern. Die Folge wären stundenlange Wartezeiten, die viele Wähler abschrecken könnten. Ebenfalls könnte knapp eine halbe Million Wählerstimmen den Einschränkungen aufgrund einer fortdauernden Pandemie zum Opfer fallen. 470 000 Gefängnisinsassen in den USA wären nicht in der Lage, ihre Stimmzettel per Post abzugeben, wenn Bürgerrechtsgruppen sie nicht vorher registrieren könnten, weil sie aufgrund von Schutzmaßnahmen nicht in die Haftanstalten hineingelassen würden.

Möglich wurde das parteipolitische Taktieren mit dem Wahlrecht durch eine Entscheidung des Obersten Gerichtshofs im Jahr 2013. Damals erklärten die Richter eine Bestimmung des sogenannten »Voting Rights Act« für rechtswidrig, der seit 1965 garantieren sollte, dass niemand in den USA aufgrund seiner Rasse an der Ausübung seines Wahlrechts gehindert werden konnte. Im Absatz 5 des Wahlrechtsgesetzes war vorgesehen, dass Landkreise, in denen Amerikaner früher diskriminiert wurden, jede Änderung ihres Wahlrechts den Bundesbehörden in Washington zur Genehmigung vorlegen mussten. Der Supreme Court erklärte nur den Absatz 4b für verfassungswidrig, der sich auf die Definition dieser Regionen bezog. Der US-Kongress hätte den Passus neu formulieren können, tat dies aber bisher nicht. Dadurch ist der so wichtige Absatz 5 bis heute außer Kraft. Viele Bundesstaaten und Landkreise verabschiedeten Vorschriften, nach denen Wähler – anders als früher – zur Vorlage eines regierungsamtlichen Ausweises verpflichtet werden. Da es sonst keine Ausweispflicht gibt, haben Millionen von Amerikanern, vor allem aus den ärmeren Bevölkerungsschichten und den ethnischen Minderheiten, eine solche Karte nicht. Während nur 8 Prozent der Weißen im wahlfähigen Alter über keine amtliche ID-Karte verfügen, liegt der Anteil bei Schwarzen bei 25 Prozent. Auch unter den amerikanischen Ureinwohnern, den Indianern, haben 19 Prozent der Erwachsenen keinen Ausweis. Für Behördengänge reicht in der Regel ein nicht amtlicher Lichtbildausweis, zum Beispiel von Betrieben oder Universitäten, und der Nachweis des Wohnsitzes oder Bestätigungen durch einen Zeugen aus. Als wichtigstes Argument für die Ausweispflicht beim Wählen gilt den Republikanern der Schutz vor Wahlbetrug, aber alle verfügbaren Studien zu diesem Thema belegen, dass solche Fälle auch vor den Gesetzesänderungen äußerst selten waren.

In einigen Bundesstaaten wurde auch die Möglichkeit, seine Stimme schon vor dem eigentlichen Wahltermin abzugeben, eingeschränkt oder abgeschafft. Dies betraf vor allem Nichtweiße, die eher vor dem eigentlichen Wahltag wählen als Weiße. Der Bundesstaat Georgia verlangte eine 100-prozentige Übereinstimmung des Namens auf dem Ausweis mit dem Namen in den Wählerlisten, die aber von den Kreisverwaltungen häufig schlecht geführt sind. Bei der Wahl im Jahr 2018 waren 80 Prozent der Wähler, die aufgrund dieser Bestimmung von der Stimmabgabe ausgeschlossen wurden, Schwarze. In den vergangenen Jahren wurden auch immer wieder Amerikaner in hoher Zahl von Wählerlisten entfernt, weil sie angeblich nicht wahlberechtigt seien. Dies kam besonders häufig in Wahlkreisen vor, die in früheren Jahrzehnten schon durch Rassendiskriminierung aufgefallen waren. Um genau so etwas zu verhindern, war der jetzt suspendierte Abschnitt 5 im »Voting Rights Act« mal geschaffen worden.

All die vielen kleinen Wahlrechtsänderungen mögen einem nicht wichtig erscheinen, tatsächlich gab es ähnliche Gefechte schon in früheren Jahrzehnten, und beide Parteien versuchten, sich Vorteile zu verschaffen, sobald sie die notwendigen Mehrheiten in den Parlamenten auf regionaler, bundesstaatlicher und nationaler Ebene hatten. Aber was derzeit geschieht, hat es in diesem Ausmaß noch nie gegeben, denn es steckt ein Masterplan zum langfristigen Erhalt der Macht dahinter, den ich im Folgenden einmal darlegen will. Die Besetzung der Richterämter durch Donald Trump ist dabei von herausragender Bedeutung, weil der Plan sonst vor den Bundesgerichten und ultimativ vor dem Obersten Gerichtshof scheitern könnte.

Die Operation trägt den Codenamen REDMAP, das steht für »Redistricting Majority Project« – also das Mehrheits-Umverteilungs-Projekt. Es ist ein Plan, den einige Strategen der republikanischen Partei nach dem Wahlsieg von Barack Obama im Jahr 2008 entwickelten, bei dem beide Kammern des amerikanischen Kongresses an die Demokraten gefallen waren. Die Politikexperten erkannten, dass die demografischen Veränderungen in den USA durch wachsende Zuwanderung und das Schrumpfen des weißen, tendenziell eher konservativen Bevölkerungsteils langfristig eher zu Wahlsiegen der Demokraten führen würden, sodass der Weg an die Macht für Republikaner schwieriger werden würde – und langfristig sogar unmöglich. Die Strategen erkannten ihre Chance im Jahr der Volkszählung 2010, da auf der Grundlage neuer Zahlen über die Bevölkerungsverteilung im Folgejahr meist die Wahlkreise in den Bundesstaaten neu zugeschnitten werden. Das ist deshalb wichtig, weil durch eine geschickte Grenzziehung sichergestellt werden kann, dass die Stimmen der Wähler eines Wahlkreises mehr Gewicht bekommen als die eines Gebiets in der unmittelbaren Nachbarschaft. Wenn man dafür sorgt, dass eine größere Zahl der Wahlkreise so zugeschnitten ist, dass typisch demokratische Wähler auf absehbare Zeit immer deutlich in der Minderheit sind und ohne große Chance, dass sich daran etwas ändert, dann könnte man auf diese Weise eine Mehrheit der Republikaner im Abgeordnetenhaus, möglicherweise auch im Senat des Bundesstaates sichern. Mit solchen Mehrheiten könnte die republikanische Partei konservative Gesetzesvorhaben auch dann vorantreiben, wenn der jeweilige Gouverneur, der ja mit der absoluten Stimmenzahl bestimmt wird, ein Demokrat wäre. Genau so geschah es.

Die Wahlstrategen der Republikaner steckten nach 2008 rund 30 Millionen Dollar in eine Kampagne, um die Mehrheiten insbesondere in den Staaten zu gewinnen, die bei der Präsidentschaftswahl als sogenannte »Swing States« entscheidend sein könnten. Es war ein dreistufiger Plan: erstens Mehrheiten erobern, zweitens auf der Basis der Volkszählung die Wahlkreise neu zuschneiden, auch die Wahlkreise, aus denen die Kongressabgeordneten des Bundesstaates in das Parlament nach Washington entsendet werden und die für die Ergebnisse der Präsidentschaftswahl entscheidend sind. Drittens, diese Macht in der Triade von Bundesstaatsparlamenten, Nationalem Kongress und Präsidentschaft absichern – auch durch die Besetzung von Richterämtern. Erstes Hauptziel von REDMAP waren die Bundesstaaten Pennsylvania, Michigan, Wisconsin, Ohio, North Carolina und Florida. Der Plan ging auf. 2010 – noch vor der Neuverteilung der Wahlkreise – konnten die Republikaner in elf Bundesstaaten die komplette Kontrolle übernehmen, darunter in North Carolina, Wisconsin, Michigan, Ohio und Pennsylvania, und darüber hinaus auch die Mehrheit im Repräsentantenhaus in Washington erobern. Nach dem Redistricting verteidigten sie 2012 den – wenn auch etwas knapperen – Vorsprung im Repräsentantenhaus in der Bundeshauptstadt, obwohl demokratische Kongresskandidaten 1,4 Millionen Stimmen mehr bekommen hatten. Für Präsident Obama begann eine schwierige zweite Amtszeit, verschärft durch die Wahl 2014, als die REDMAP-Strategie vollends durchschlug. Die Republikaner eroberten den Senat mit dem höchsten Zugewinn an Sitzen seit 1980. Sie bauten ihren Vorsprung im Repräsentantenhaus zur größten Mehrheit seit der Weltwirtschaftskrise in den Zwanzigerjahren des letzten Jahrhunderts aus. Und in neun Bundesstaaten übernahmen sie die Führung in mindestens einer Kammer des jeweiligen Kongresses. Die Folge war eine Fundamentalopposition gegen die Obama-Administration. 2016 dann der große Preis: die Wahl von Donald Trump zum Präsidenten, bei der vor allem drei Bundesstaaten ausschlaggebend waren – Wisconsin, Michigan und Pennsylvania.

Das alles hat der Autor David Daley in mehreren Büchern intensiv beschrieben. Er arbeitet für die Nichtregierungsorganisation FairVote, die sich für Wählerrechte einsetzt und der demokratischen Partei nahesteht. In einem Interview mit einem der angesehensten Journalisten Amerikas, Bill Moyers, vom 8. April 2020 erklärt Daley detailliert die Hintergründe und Folgen von REDMAP[13]. Er sieht in den oben beschriebenen Änderungen der Wahlgesetze einzelner Bundesstaaten einen Trend zu sogenannten »Demokratiewüsten«, in denen Menschen die Ausübung ihres Wahlrechts aus ideologischen und machtpolitischen Gründen erschwert werden soll: »Wir sehen die Gesetze für eine Ausweispflicht«, so Daley, »wir sehen eine giftige, extrem parteiische Umverteilung der Wahlkreise, auch eine Umverteilung nach Rasse. Wir sehen die Löschung von Namen aus den Wählerlisten, 16–18 Millionen Amerikaner wurden allein in den vergangenen zwei Jahren aus den Listen entfernt. Wir sehen, wie Wahllokale geschlossen werden, besonders in Wohnvierteln von Minderheiten. Wir sehen die Streichung von Vorabwahlmöglichkeiten.« Dann macht er das Vorgehen an einem konkreten Beispiel aus North Dakota deutlich. Es ist ein Bundesstaat, in dem in der Vergangenheit kein Identitätsnachweis im Wahllokal notwendig war, weil sich die Menschen untereinander in den ländlichen Gebieten und selbst in Vierteln der größeren Städte kennen. Im Jahr 2012 gewann die Demokratin Heidi Heitkamp dank der Stimmen von indianischen Wählern mit denkbar knapper Mehrheit einen Sitz im Senat. Im Frühjahr 2013 setzten die Republikaner im Parlament ein strenges Gesetz für eine Ausweispflicht bei Wahlen durch, mit der Verpflichtung, dass auf der Identifikationskarte eine Straßenadresse angegeben sein muss. Genau solche Anschriften gibt es in den Indianerreservaten in der

Regel nicht, sodass der ethnischen Minderheit das Wahlrecht per Gesetz gestohlen wurde.

Dieser Machtzuwachs und -erhalt für die Republikaner ist nur mithilfe des Redistricting möglich. Einer seiner wichtigsten Vordenker war der einflussreiche republikanische Stratege und erzkonservative Katholik Paul Weyrich, der die Heritage Foundation, eine einflussreiche rechte Denkfabrik in Washington, und die sogenannte Moral Majority (Moralische Mehrheit), eine Lobbygruppe für christlich-fundamentalistische Politik, gegründet hat. Er gilt als Architekt der republikanischen Dominanz-Theorie. Weyrich hat einmal gesagt: »Derzeit haben viele unserer Christen das, was ich das Goo-Goo-Syndrom nenne – gute Regierung (»good government«). Sie wollen, dass jeder wählt. Ich will nicht, dass jeder wählt. Wahlen werden nicht durch die Mehrheit des Volkes gewonnen, das war nie so, seit den Anfängen unseres Landes, und es ist auch jetzt nicht so. Tatsächlich wächst unser Einfluss bei Wahlen, wenn – ganz offen gesagt – die Wahlbeteiligung abnimmt.«

Die republikanische Seite formulierte ihre Ziele sogar ganz offen. Am 4. März 2010 beschrieb Karl Rove, der Wahlkampfstratege und enge Berater von George W. Bush, in einem Zeitungsartikel[14] den Plan im Detail und rechnete seinen Parteifreunden sogar vor, dass sie mit der Ausführung mittel- und langfristig viel Geld sparen könnten: »Die Kontrolle über das Redistricting hat riesige finanzielle Auswirkungen. Der durchschnittliche Sieger in einem Wahlkampf für das Repräsentantenhaus gab 2008 rund zwei Millionen Dollar aus, während ein nicht umkämpfter Sitz für weniger als die Hälfte dieses Betrags verteidigt werden kann. Wenn wir also 20 Distrikte von ›umkämpft‹ in ›ungewinnbar‹ (für die Demokraten, Anm. d. Red.) umwandeln würden, dann könnte das der Partei über einen Zeitraum von zehn Jahren 100 Millionen Dollar oder mehr sparen.« In North Carolina war die Umverteilung der Wahlbezirke so erfolgreich, dass die republikanische Partei 2018 bei den Parlamentswahlen im Bundesstaat neun der zwölf Wahlkreise gewann, obwohl sie nur die Hälfte der abgegebenen Stimmen bekommen hatte. Der Republikaner David Lewis, der den Plan für die Veränderung der Stimmbezirke erarbeitet hatte, sagte bei einer Anhörung damals: »Ich finde, dass es besser ist, Republikaner zu wählen als Demokraten. Also habe ich diese Landkarte so gezeichnet, um voranzutreiben, was besser für unser Land ist.«

In Georgia wehrten sich Republikaner im Abgeordnetenhaus gegen eine Verordnung, die den Versand von Antragsformularen für Briefwahl vorsah, mit den Worten:»Das würde die Wahlbeteiligung sicher in die Höhe treiben (…) und das wäre verheerend für die Republikaner und die Konservativen in Georgia.« Diese Parole gilt bis in die Spitze der republikanischen Partei. Im März 2020 versuchten die Demokraten im amerikanischen Kongress bei den Verhandlungen um das 2000-Milliarden-Dollar-Hilfspaket in der Coronakrise, Gelder für den Schutz der Wahlen in Zeiten einer Pandemie vorzusehen. Die Menschen sollten ohne Angst zur Wahl gehen können, indem man ihnen Briefwahl anbot und mehr Wahllokale einrichtete, sodass man leichter dorthin gelangen könnte. Die republikanische Mehrheit im Senat unter Mitch McConnell schmetterte das Anliegen ab. US-Präsident Donald Trump kommentierte in einem Interview bei Fox News:»Die Sachen, die sie reinhaben wollten, waren verrückt. Sie hatten Sachen, unterschiedliche Wahlmöglichkeiten, durch die, wenn man dem jemals zustimmen würde, niemals wieder ein Republikaner in diesem Land gewählt werden könnte.«

Seit einigen Jahren ist eine Gegenbewegung bei den Demokraten im Gange, die eine Reihe von Erfolgen verzeichnen kann. In zahlreichen demokratisch geführten Bundesstaaten wurden die Wahlgesetze so verändert, dass die Beteiligung am politischen Willensbildungsprozess einfacher geworden ist. Der Wahlkampf ist noch gezielter darauf angelegt, mehr Menschen zur Teilnahme an der Wahl zu motivieren, insbesondere in Wahlkreisen, in denen demografische Veränderungen durch Zuzug die Chancen auf neue Mehrheiten eröffnen. Das Ergebnis waren große Erfolge bei den Wahlen 2018. Die Demokraten konnten das Repräsentantenhaus in Washington zurückerobern. In zahlreichen Bundesstaaten gewannen sie die Mehrheit in mindestens einer Kammer des jeweiligen Parlaments und durchbrachen die Komplettkontrolle der Republikaner in Michigan, Pennsylvania und North Carolina. Ein besonderer Erfolg war die Wahl 2019 in Virginia, bei der die demokratische Partei zum ersten Mal seit 20 Jahren wieder die Mehrheiten in Senat und Repräsentantenhaus gewinnen konnte. Schlüssel dabei war die hohe Wahlbeteiligung der demokratischen Wähler in den Vororten der größeren Städte, die in der Vergangenheit Hochburgen der Republikaner gewesen waren.

Überall im Land wächst eine Welle des Widerstands gegen die Umverteilung von Wahlkreisen durch die jeweiligen Mehrheiten in den Parlamenten. In Michigan sammelten Aktivisten mehr als 430 000 Unterschriften für eine Petition, mit der das Redistricting nach der Volkszählung 2020 in die Hände einer unabhängigen Kommission gelegt werden sollte. Der Vorstoß war erfolgreich, die neue Regel wurde gesetzlich verankert. Neben Michigan haben neun weitere US-Bundesstaaten entsprechende Gremien eingerichtet, Alaska, Arizona, Kalifornien, Colorado, Hawaii, Idaho, Missouri, Montana und Washington. Die Demokraten versuchten, die Frage ein für alle Mal durch den Obersten Gerichtshof klären zu lassen. Nach einem langen Weg durch die Instanzen erreichte eine Klage aus North Carolina den Supreme Court, der entscheiden musste, ob Gerichte grundsätzlich über die Frage der Neuverteilung der Wahlkreise befinden dürfen, ob es also ein politischer Prozess bleiben muss, der einer rechtlichen Prüfung entzogen ist. Der Oberste Gerichtshof entschied am 27. Juni 2019 mit der konservativen Mehrheit, dass die oft parteiische Praxis »nicht justiziabel« sei. Für die unterlegenen Richter machte Elena Kagan in einer abweichenden Meinung ihrer Empörung Luft. Die Umverteilung der Wahlkreise »ist zutiefst antidemokratisch«. Kagan warf der Mehrheit vor, sie habe die Pflicht des Gerichts aufgegeben, das Recht durchzusetzen. »Die Praktiken, die in diesen Fällen beanstandet wurden, gefährden unser Regierungssystem. Gerichte haben in diesem System auch die Rolle, dessen Grundlagen zu verteidigen. Nichts ist wichtiger als freie und faire Wahlen. Mit Respekt, aber mit tiefer Traurigkeit, widerspreche ich« diesem Urteil.

Ohne die Neubesetzung des Obersten Gerichtshofes mit den Richtern Brett Kavanaugh und Neil Gorsuch, die Donald Trump ausgewählt hatte und Mitch McConnells Senatsmehrheit durchdrückte, wäre die Entscheidung vielleicht anders ausgefallen. Das zeigt, welche langfristigen Auswirkungen Trumps Besetzung von Richterämtern – mittlerweile 200 neue Richter – vor allem an den Berufungsgerichten und dem Supreme Court haben wird. Die Kombination von Umverteilung der Wahlkreise und aktiven Maßnahmen, um das Wählen zu erschweren, sind eine Bedrohung für die amerikanische Demokratie. Die demokratische Partei hat trotz der offenen Ankündigung der Republikaner lange gebraucht, um deren Strategie zu erkennen, wichtige politische und soziale Fortschritte der letzten Jahrzehnte bei Themen wie Gleichberechtigung, Umweltschutz und Rechte von Minderheiten wieder zurückzudrehen. Damit sind wir beim Thema Zuwanderung, bei dem ich in anderthalb Jahren in Washington Bilder gesehen habe, die ich in Amerika nicht für möglich gehalten hätte. Bei diesen Bildern steht Donald Trump gar nicht unbedingt selbst im Mittelpunkt, aber er ist für jedes einzelne davon unmittelbar mit verantwortlich.

Menschenverachtung aus Prinzip

Kinder stehen und sitzen auf der Straße in dem kleinen Städtchen Forrest im Bundesstaat Mississippi. Einige weinen, starren vor sich hin, werden von Fremden getröstet. »Mein Papa hat nichts getan, er ist kein Verbrecher«, klagt Magdalena Gomez Gregorio. Dicke Tränen rollen über die Wangen der Elfjährigen. »Bitte zeigt uns euer Herz, lasst uns zu unseren Eltern.« Die amerikanische Einwanderungsbehörde ICE hat gerade Magdalenas Eltern bei einer Razzia verhaftet, um sie aus dem Land zu werfen. Unsere Kollegen des Fernsehsenders WJTV haben die Aufnahmen gefilmt.[15] Es ist die größte Operation des Jahres gegen die illegale Beschäftigung von Zuwanderern, die keine Aufenthaltsgenehmigung haben. Mehr als 700 Arbeiter aus einem Dutzend Fabriken und landwirtschaftlichen Betrieben werden von den Bundesbeamten abgeführt. Die Kinder, darunter auch Drei- und Vierjährige, sind sich selbst überlassen, werden in den Folgetagen von hilfsbereiten Anwohnern versorgt. Der entscheidende Punkt ist nicht das konsequente Vorgehen gegen illegale Zuwanderer, sondern die völlige Gleichgültigkeit gegenüber den unmittelbaren Folgen für die Minderjährigen. Sie werden offenbar Opfer für einen ganz bestimmten Zweck, den Donald Trump wenige Tage später auch offen ausspricht. Die Razzien seien »eine sehr gute Abschreckung« gewesen.

Die fehlende Empathie des Präsidenten drückt sich in einer menschenverachtenden Politik aus, am deutlichsten wohl im Vorgehen der Trump-Administration gegen die ungeregelte, illegale

Zuwanderung aus Mittelamerika. Ein weiteres Beispiel aus Homestead, Florida. Schon das, was unser Kamerateam von außen beobachtet, lässt sich nicht beschönigen. Das ist kein normales Zeltlager, hier werden Kinder interniert, Hunderte auf engstem Raum. Die jungen Menschen sind entweder allein über die Grenze in die USA gekommen oder nun von ihren Eltern getrennt, die wegen illegalen Grenzübertritts in echten Gefängnissen auf ihre Abschiebung warten. Eigentlich verbietet die US-Regierung alle Filmaufnahmen und Fotos. Wenn es keine Bilder gibt, gibt es auch kein Problem. Aber es gibt Fotos aus ähnlichen Lagern in Texas. Sie machen sprachlos. Hinter hohen Zäunen in einer Art Fabrikhalle stehen, sitzen und liegen Hunderte von Menschen dicht gedrängt, ein Mann hält seine kleine Tochter auf dem Arm. In einem anderen Raum haben sich Menschen auf dem Betonboden ausgestreckt. Es ist so eng, dass sie mit Armen oder Beinen auf anderen liegen. Gegen die Kälte hat ihnen jemand offenbar Isolationsdecken aus Erste-Hilfe-Kästen gegeben. Einige der Inhaftierten tragen Mundschutz. Auch auf den nächsten Fotos. Auf einem drücken sie sich an die Glasscheiben des Raumes, einer hält ein Pappschild hoch, »Help« – »Hilfe« steht darauf geschrieben. Auf einem anderen hat ein Mann die Hände zum Gebet gefaltet. Auf einem weiteren drängen sich Familien mit Kindern, ein kleines Mädchen trägt eine Wollmütze mit kleinen Herzen.

Es ist die atemberaubende Herzlosigkeit, die den Generalinspekteur des Heimatschutzministeriums dazu gebracht hat, mit diesen Bildern aus Aufnahmeeinrichtungen an der Südgrenze der USA Alarm zu schlagen. In manchen Zellen können Menschen nicht einmal sitzen oder liegen, nur stehen, weil es so viele sind. Die sanitären Bedingungen sind katastrophal, wie ein Grenzbeamter im anonymen Interview bestätigt: »Du hörst Kinder weinen, und dann trifft dich der Geruch. Die Menschen brauchen eine Dusche, aber wie soll ich ihnen die ermöglichen? Wo? Mit welchem Geld? Ich habe da keine Möglichkeit, keine.« Die Einwanderungsanwältin Lisa Brodyaga nennt es »Folter«, was Männern, Frauen und Kindern angetan wird: »Man sagt ihnen, sie sollen aus dem Klo trinken. Vorher bekamen sie Wasser mit so viel Chlor, dass Menschen krank wurden.« Die amerikanische Grenzschutzbehörde CBP bestreitet all das. Mit einem Video, das sie auf ihrer

Internetplattform verbreitet, will sie die gute Versorgungslage belegen. Ein Beamter namens Villareal wird bei einer Tour durch eine der Aufnahmeeinrichtungen gefilmt. »Niemand muss aus dem Klo trinken«, sagt er, es gebe immer »gekühltes, frisches Wasser«. Stolz hält er eine hygienisch verpackte Einwegzahnbürste mit bereits aufgetragener Zahnpasta in die Kamera. US-Präsident Trump sekundiert per Twitter: »Unsere Grenzbeamten sind keine Krankenpfleger oder Doktoren. Die Migranten leben jetzt viel besser als da, wo sie herkamen. Wenn ihnen die Bedingungen nicht passen, sagt ihnen, sie sollen nicht kommen.« Viel besser als vorher?

Zeichnungen von elf- und zwölfjährigen Kindern, angefertigt nach ihrer Entlassung aus einem Übergangslager in Texas, zeigen das Gegenteil. Schwarze Strichmännchen, kleine und große, hinter einem dichten schwarzen Gitterzaun. Kloschüsseln hinter Gitter und Stacheldraht. Menschen, die auf dem Rücken liegen, Gesichter wie Totenschädel, darüber, über allem, ein dichtes Gitternetz. Die Traumatisierung von Kindern scheint dem Präsidenten egal zu sein, solange die Maßnahmen seiner Grenzbehörde der Abschreckung dienen. Da ist es kein Wunder, dass auch bei den CBP-Mitarbeitern selbst der Respekt vor den Menschen schwindet, mit denen sie täglich zu tun haben. In einer vertraulichen Facebook-Gruppe reißen Grenzbeamte Witze über Zuwanderer. Unter einem Foto von Ertrunkenen im Grenzfluss Rio Grande fragt einer, ob das Bild von den Linken gefälscht worden sei, die würden ja »ziemlich kranke Dinge« tun. Die Grenzbehörde verspricht nach dem Bekanntwerden der teils rassistischen Inhalte eine Untersuchung. Aber das ändert nichts an einer Politik, die offenbar kein Problem darin sieht, Kinder unter menschenverachtenden Bedingungen zu internieren.

Ausgerechnet ein Mann, der selbst in seinen Ämtern als NSA- und CIA-Chef eine Reihe von moralisch bedenklichen Entscheidungen fällen musste, griff für seine Kritik an dieser trumpschen Trennungspolitik zur größtmöglichen moralischen Keule. Michael Hayden twitterte ein Foto des Vernichtungslagers Auschwitz mit der Überschrift: »Andere Regierungen haben Mütter und Kinder voneinander getrennt.« Ein Shitstorm brach über Hayden herein, er habe die US-Regierung mit dem Naziregime gleichgesetzt, er habe damit den Holocaust verharmlost, ja, das Andenken an die Opfer entweiht. Ich kenne Michael Hayden seit vielen Jahren und hatte mit ihm auch die ein oder andere Diskussion, zum Beispiel über die Geheimgefängnisse und die Folterpraktiken der CIA. Und ich kann seinem umstrittenen Tweet nur beipflichten. Denn zur Verantwortung aus dem unsäglichen Leid, das Deutsche einst über Millionen von Menschen brachten, gehört unverbrüchlich auch die Verpflichtung, »den Anfängen zu wehren«. Menschenverachtung und Rassismus kennzeichnen einen Teil der Politik Donald Trumps. Sie wirken zutiefst polarisierend in einem Land, das geschichtlich ja nur durch Einwanderung zur Supermacht erwachsen konnte.

»Gebt mir Eure Müden, Eure Armen, Eure geknechteten Massen, die sich danach sehnen, frei zu atmen, das elende Strandgut Eurer wimmelnden Küste. Schickt sie zu mir, die Heimatlosen, Sturmgebeutelten, Ich erhebe meine Lampe am goldenen Tor!« Diese Worte haben für viele von uns das Bild eines offenen, einwanderungsfreundlichen Amerika geprägt. Ebenso wie die Statue, an der das Sonett der amerikanischen Dichterin Emma Lazarus auf einer Metallplatte zu lesen ist. Einladend streckt die Statue of Liberty im Hafen von New York ihre Fackel in die Höhe; in der anderen Hand hält sie eine Tafel mit dem Datum der amerikanischen Unabhängigkeitserklärung in lateinischen Zahlen. Seit ihrer Einweihung 1886 weckte die Freiheitsstatue im Hafen New York bei all jenen, die mit dem Schiff ankamen, das Gefühl, sie seien willkommen in dieser neuen Welt. Als ich sie im Herbst 1990 das erste Mal besichtigte, ging auch mir das Herz auf bei dem Gedanken an die Menschen aus meiner Heimat, die ein Jahrhundert zuvor aus Armut und Hunger nach Amerika ausgewandert waren. Aber es dauerte nicht lange an jenem kalten Novembertag, bis mich ein anderer Eindruck auf den Boden der Tatsachen zurückholte. Da war diese lange, steile Treppe im Einwanderungsgebäude auf Ellis Island, 50 Stufen, die jeder mit seinem Gepäck zurücklegen musste, um in den Registrierraum zu gelangen. Während sie also schleppten und stiegen, wurden sie von Medizinern beobachtet, die jede Schwäche, jedes Hinken und Husten bemerkten, um dann bei den weiteren Untersuchungen nachzufassen. Ansteckende Krankheiten, Augenleiden, Altersschwäche, all das konnte als Ablehnungsgrund gelten, sichtbar markiert mit Kreidezeichen auf den Armen und Schultern der Untersuchten.

Ja, die überwältigende Mehrheit der zwölf Millionen Menschen, die zwischen 1892 und 1954 über diese Einwanderungsstelle in die USA kamen, wurde aufgenommen. Aber Amerika sortierte die Zuwanderer sehr genau in brauchbar und nutzlos, viele mussten warten, Tausende starben auf Ellis Island, manche nahmen sich das Leben, und nicht wenige mussten mit dem Schiff nach Europa zurückkehren. »Insel der Tränen«, nannten sie deshalb auch diesen Ort, den aber nur die Ärmeren passieren mussten. Die Reicheren, die auf dem Schiff in Kabinen gereist waren, durften ohne große Überprüfung ins Land. Trotz alledem war und blieb Amerika eine Chance für all jene, die Mut hatten und stark genug waren, um einen Neuanfang zu wagen. Genau die kamen auch in den vergangenen Jahrzehnten, vor allen Dingen aus Lateinamerika und Asien, und die meisten von ihnen hatten – wie die Zuwanderer damals – den notwendigen Fleiß und die wilde Entschlossenheit, es zu schaffen in diesem erfolgs- und gewinnorientierten Land und ihren Kindern eine bessere Zukunft zu ermöglichen. Und doch unterscheiden sie sich von den Ankömmlingen früherer Jahrhunderte – sie sind nicht weiß. In naher Zukunft werden sie die Bevölkerungsmehrheit in den USA stellen, schon jetzt tragen sie erheblich zum Erhalt des amerikanischen Wohlstands bei, sogar die mehr als elf Millionen illegalen Einwanderer, die trotz fehlenden Aufenthaltstitels eifrig arbeiten und Steuern zahlen, mehr als zwölf Milliarden Dollar pro Jahr. Ohne sie würden die Landwirtschaft, die amerikanische Industrie, der Dienstleistungssektor zusammenbrechen. Doch in Zeiten des Umbruchs, der negativen Folgen der Globalisierung, der Digitalisierung, der Ängste um die eigene Zukunft und die der Kinder breitet sich eine »Das Boot ist voll«-Mentalität aus, aufgestachelt durch alte, weiße Männer in der politischen Elite der Republikaner, finanziert von konservativen Milliardären, die offenbar um ihre Macht fürchten.

Einen Blick in diesen gruseligen Abgrund können mein Team und ich im April 2019 werfen. In einem Konferenzzentrum mitten im Wald von Tennessee, etwa eine Stunde Fahrtzeit von Nashville entfernt, treffen sich Rassisten, Nationalisten und Neonazis bei ihrer sogenannten »Renaissance-Konferenz«. Wir dürfen sie nur von hinten filmen, denn sie fühlen sich verfolgt, sehen sich als Opfer, die sich mutig dem Untergang der weißen Rasse entgegenstemmen. Viktor Orbán wird in den Reden als Held gefeiert. Er kämpfe gegen das liberale Imperium EU, weil sonst Europa bald nicht mehr den Europäern gehöre. Europa sei Opfer einer Invasion, befeuert von liberalen Kräften. In der Diskussion steht eine Frau aus dem Publikum auf, preist ihren Sohn für die Zucht weißer Babys an, um den angeblich geplanten Bevölkerungsaustausch – Zuwanderer gegen Weiße – zu stoppen. Der Organisator der Veranstaltung, Jared Talyor, sagt mir danach im Interview, wenn solche Ansichten in der Öffentlichkeit nicht immer gleich verteufelt würden, gebe es auch weniger Gewalt. »Wenn Menschen nicht ihre legitime Sorge über den Austausch der Bevölkerung gegen Ausländer kundtun dürfen«, so Taylor, »wenn sie dämonisiert werden, wenn sie in den Untergrund gedrängt werden, dann ist dies das perfekte Rezept für Gewalt.«

Massenmord aus Notwehr? So rechtfertigte der norwegische Rechtsterrorist Anders Breivik 2011 die Ermordung von 77 Menschen. Breivik sah sich als Kreuzritter im Kampf gegen den Untergang des christlichen Abendlandes. Auf seine Ideologie berief sich auch der Attentäter von Christchurch, der im März 2019 in einer neuseeländischen Moschee 50 Muslime erschoss. Und sein Gesinnungsgenosse, der wenige Wochen danach im kalifornischen Poway eine Synagoge überfiel. Die Angriffe auf Juden in den USA haben sich 2018 verdoppelt. Weiße Rassisten verübten mehr als drei Viertel der 50 Morde mit extremistischem Hintergrund.

Mit dem Begriff Extremist, so verbreitet die rechte Youtuberin Lana Lokteff, würden anständige Menschen verächtlich gemacht. Weiße Menschen. Lokteff nimmt auch an der Renaissance-Konferenz teil, also frage ich sie, warum sie im Internet den Holocaust geleugnet hat. Schon mischt sich ihr Lebensgefährte in das Interview ein, der uns bis dahin gefilmt hat. »Warum fragen Sie das«, will Henrik Palmgren wissen, »es gibt doch viele Völkermorde, in denen Menschen starben.« – »Ist es nun damals passiert?«, frage ich. Palmgren antwortet: »Was die Deutschen gemacht haben, die Entmenschlichung, das widerfährt doch jetzt den Weißen. Sehen Sie sich die Medien an, die Weißen sind an allem schuld. Es ist eine entmenschlichende Sprache, und wir sind dagegen.« Lana Lokteff nickt dazu. Ich hake nach: »Aber warum erkennen Sie dann nicht an, dass genau das im Holocaust passiert ist? Menschen wurden für ›anders‹ erklärt, und damit wurde ihre Ermordung gerechtfertigt.« – »Nein, glaube ich nicht, da gibt es so viele andere Aspekte.« Sie lehnen Gewalt ab, angeblich, aber ihre Überzeugungen befeuern Gewalttäter.

Und Donald Trump befeuert ihre Überzeugungen. Er ist ihr Joker, der mit allen Werkzeugen der exekutiven Macht – von der Visapolitik über das Asylrecht bis zur Deportation – illegale und legale Einwanderung in die USA einschränken will. Neben dem schon erwähnten Einreisestopp für Menschen aus überwiegend muslimischen Ländern, der mittlerweile durch einige Gerichtsurteile abgeschwächt wurde, strebte er unter anderem folgende Vorhaben an:

- Null-Toleranz-Strategie für illegale Grenzübertritte. Dadurch entstand auch die Trennung der Eltern von ihren Kindern. 2019 versprach die US-Regierung zwar, diese Politik zu beenden, aber bis heute gibt es weiterhin Kinder und Jugendliche, die von ihren Eltern getrennt in Lagern leben.
- Verschärfung der Razzien gegen Beschäftigung von illegalen Zuwanderern und ihre anschließende Deportation in ihre Herkunftsländer. Zur besseren Kontrolle soll ein elektronisches Erfassungssystem für alle Arbeitnehmer in den USA etabliert werden.
- Eine komplette Reform der amerikanischen Einwanderungspolitik, die sich ausschließlich auf den finanziellen und inhaltlichen Nutzen eines Aspiranten für die Vereinigten Staaten konzentrieren soll. Die Möglichkeit von Familienzusammenführungen würde massiv eingeschränkt werden.
- Einschränkung der Gründe für die Gewährung von Asyl in den USA. So ist die Flucht vor häuslicher Gewalt, anders als früher, kein Asylgrund mehr.
- Die Aufhebung des Schutzes für sogenannte »Dreamers«, in den USA geborene Kinder von illegalen Einwanderern, und für illegal in den USA lebende Eltern von amerikanischen Staatsbürgern. Im Juni 2020 stoppte der Oberste Gerichtshof überra-

schend Trumps Exekutivanordnung gegen die »Dreamers«.
Nun plant er einen neuen Anlauf.

- Die Streichung von Bundesmitteln für Städte, die sich zur
Schutzzone für Asylsuchende erklärt haben. Auch hier stehen
noch Gerichtsurteile aus.
- Die Streichung der befristeten Aufenthaltserlaubnis für Flücht-
linge aus Krisenregionen.
- Den massiven Ausbau der Grenzsicherung.

Donald Trump hat nicht nur angedroht, eine Mauer an der ameri-
kanisch-mexikanischen Grenze zu bauen, er hat damit begonnen,
finanziert aus Haushaltsmitteln, die er kurzerhand aus dem amerikanischen Militäretat abzweigt. Im Jahr 2019 nutzte er dafür insbesondere Gelder, die für Baumaßnahmen auf amerikanischen Militärbasen vorgesehen waren. Im Jahr 2020 wollte er dem Pentagon
nun weitere insgesamt 3,8 Milliarden Dollar wegnehmen. Der
Umwidmung würde die Neuanschaffung mehrerer F-35-Kampf-
jets, C-130-Frachtflugzeuge, Drohnen sowie zahlreicher Armee-
fahrzeuge zum Opfer fallen. Die eigentlich notwendige Zustimmung des Kongresses hebelte der Präsident aus, indem er einfach
den Notstand an Amerikas Südgrenze ausrief. Im Frühjahr 2019
machte sich ein Team unseres ZDF-Studios Washington auf die
Suche nach diesem Notstand, von dem Donald Trump immer
sprach.

Nur wenige Kilometer von El Paso entfernt endet der Grenz-
zaun, und dort stellen sich täglich Hunderte von Familien freiwillig der Grenzpolizei. Die nimmt die Zuwanderer mit, sie dürfen
Asylanträge stellen, auch wenn die meisten wohl abgelehnt werden, denn oft sind es eben Armut und Hunger, denen sie entflie-
hen, nicht politische Verfolgung. Und es sind in diesem Frühjahr
2019 wirklich viele. Wer den Zahlen der US-Regierung misstraut,
wird hier eines Besseren belehrt. Unser Team filmt auf einem Fir-
mengelände auf amerikanischem Boden, die Menschen kommen
von einem Parkplatz in Mexiko wenige Meter entfernt, dort steigen
sie aus Bussen aus und dann auf der anderen Seite wieder ein in die
Fahrzeuge der Grenzpolizei. Allein im Februar 2019 kamen so
mehr als 100 000 Zuwanderer über Amerikas Südgrenze. »Die
Zahlen sind explodiert«, wettert Jeff, der nicht mit vollem Namen

genannt werden will. Ihm gehört dieses Grundstück direkt an der Grenze. Er beschreibt, was er in den zurückliegenden Monaten erlebt hat: »Nach Trumps Wahl, als alle Angst bekamen, ging es hier bei mir erst runter, acht bis zehn Leute pro Woche, jetzt 100 jeden Tag. Weil die liberale Politik sagt: Unsere Arme sind offen, kommt rein!« Jeff macht unser Team auf einen Mann aufmerksam, der oben auf einem Hügel sitzt. Offenbar ein Späher der Schleuser, der seinen Kumpanen ein Zeichen geben soll, wenn wir nicht mehr filmen. Jeff ist ein glühender Anhänger von Donald Trump, weil dieser etwas versprochen hat, was auch er für unverzichtbar hält: »Ich brauche eine Mauer. Ich will nicht in Gefahr leben, mich umgucken müssen, wenn ich den Müll raustrage.«

»Wir kommen an den Punkt, an dem wir überfordert sind. Und die Zahlen werden noch steigen, wenn das Wetter wärmer wird«, sagt auch Veronica Escobar, und wir sind überrascht. Selbst die demokratische Kongressabgeordnete des Bezirks El Paso warnt davor, das Problem der illegalen Zuwanderung in die USA zu unterschätzen. Allerdings hält sie den Bau einer Mauer für den falschen Ansatz zur Lösung dieses realen Problems. Bei einem Bürgerforum in El Paso will sie mit den Wählern ihre Überlegungen diskutieren und bekommt dabei erst mal Gegenwind. Viele hier helfen freiwillig in den Notunterkünften, aber sie fühlen sich auch im Stich gelassen, so wie Susie Schneider: »Die Leute könnten unser Land überfordern. Und die Zuwanderer sind bettelarm, manche landen hier auf der Straße, auch wenn unsere Kirche und viele andere helfen. Was sagen Sie dazu?« Escobar will Fluchtursachen bekämpfen, es soll nur keine Mauer geben. Sie fordert mehr wirtschaftliche Perspektiven für Menschen in Mittelamerika, denn die Trump-Regierung betreibe eine Politik, die geradezu neue Flüchtlingsströme erzeuge: »Eine Mauer wird das nicht stoppen, warum sollten wir Hunderte Millionen ausgeben für etwas, das nicht verhindert, was der Präsident eigentlich verhindern will.« Deshalb lohne es sich, Geld in die Herkunftsländer zu investieren, damit die Menschen dortblieben. Am Ende der Diskussion bekommt die Abgeordnete Applaus, aber manche hier wollen trotzdem die Mauer, so wie Linda Ward, die in ihrer Kirchengemeinde dabei hilft, die Flüchtlinge zu versorgen: »Denken Sie nicht, wir sind gegen Einwanderung«, sagt sie, »wir sind dafür, aber bitte schön nach Recht und Ordnung.« Und Susie Schneider pflichtet ihr bei: »Es ist einfach unklug von unserer Regierung, diese Menschenflut hereinzulassen, da verlieren nur alle – die Zuwanderer und wir auch.«

Die Bürger in El Paso sind in großer Mehrheit tatsächlich für die Möglichkeit, in die USA einzuwandern, viele von ihnen kamen selbst einst über die Grenze. Aber sie fordern klare Regeln und Kontrollen. Mit diesem Bedürfnis spielt Donald Trump, wenn er den Mauerbau propagiert. Seine Regierung hat 2019 per Verordnung die »Remain in Mexico«-Strategie ausgerufen. Kein Asylbewerber soll amerikanischen Boden betreten, die Aspiranten sollen in Mexiko ihre Anträge für die USA stellen können und dort auf die Antwort amerikanischer Behörden warten. Aber es ist eine Verschiebung des Problems in das Nachbarland, das vom Zustrom der Flüchtlinge längst überfordert ist. Unser Team dreht im Februar auch in Juárez, der mexikanischen Stadt gleich gegenüber von El Paso ebenfalls am Grenzfluss Rio Grande.

In den kirchlichen und staatlichen Einrichtungen fehlt es an Platz, an Nahrung, an Geld – die Stadt Juárez fühlt sich im Stich gelassen. Der Bürgermeister Armando Cabada Alvídrez ist sauer auf seine eigene Regierung und auf den amerikanischen Präsidenten Trump, weil beide das Problem einfach auf die mexikanischen Grenzstädte abladen: »Die Regierungen in Mexiko und den USA machen eine widersprüchliche Politik. Die eine ermöglicht den Zuwanderern freie Durchreise durch unser Land, ohne jede Einschränkung, und die andere will eine Blockade, eben die Mauer. Das Problem wird von den Regierungen einfach an die weitergereicht, die ganz nah dran sind, die Ortsregierungen, also die finanziell schwächste Ebene.«

Zu diesem Zeitpunkt, im Frühjahr 2019, wuchs das Zuwanderungsproblem weiter an. Denn die überforderten Grenzregionen winkten Zehntausende von Menschen einfach durch. Donald Trumps Drohungen vom Mauerbau spornten viele weiter an, sich ebenfalls auf den Weg zu machen, solange es noch eine Chance gab, in die USA hineinzukommen. Der US-Präsident hatte den Notstand also selbst mit herbeigeredet und damit den Vorwand geschaffen, um Gelder für einen Mauerbau aus dem amerikanischen Militärhaushalt abzuzweigen. Gleichzeitig sorgte die Politik

94

des Präsidenten für eine Verschärfung der Ursachen für die Wanderungsbewegungen.

Beispiel Guatemala. Auf der Suche nach einer besseren Zukunft machten sich viele Menschen aus dem mittelamerikanischen Land auf den Weg in die Vereinigten Staaten – allein 70 000 Zuwanderer kamen im Jahr 2018 illegal über die Grenze, viele von ihnen gehören zur indigenen Bevölkerung Guatemalas. Seit rund zehn Jahren fördert der südliche Nachbar Mexikos in der waldreichen Altapaz-Region im Nordosten des Landes den massiven Ausbau von Plantagen, auf denen vor allem Palmöl für den Export in die Vereinigten Staaten gewonnen wird. Insgesamt lieferte Guatemala im Jahr 2017 rund 730 000 Tonnen des Öls, das vor allem bei der Herstellung von Nahrungs- und Reinigungsmitteln verwendet wird. Die Plantagenbetreiber üben massiven, teils auch gewaltsamen Druck auf die Ureinwohner der Region aus, ihre eigenen Ackerflächen zu verkaufen, um sich dann als Landarbeiter in den Unternehmen zu verpflichten. Für einen Tageslohn von 60 Quetzales, umgerechnet rund sieben Euro, schuften sie dann von morgens 6 bis abends um 18 Uhr. An den Gewinnen der Unternehmen verdienen vor allem korrupte Eliten im Land, zu denen auch die Regierungschefs der vergangenen Jahre zählen.

Hier kommt Donald Trump ins Spiel. Als der guatemaltekische Präsident Jimmy Morales im Jahr 2017 ins Visier der Staatsanwaltschaft geriet, weil er rund eine Million Dollar an illegaler Wahlkampfhilfe kassiert haben sollte, suchte er das Wohlwollen des US-Präsidenten. Morales, ein ehemaliger Fernsehkomiker, fand offenbar schnell den richtigen Draht zur Trump-Administration, indem er sich über die Einmischung der Vereinten Nationen in die Angelegenheiten seines Landes beklagte. Tatsächlich unterstützte die UN mit einem internationalen Ermittlerteam, einst von der US-Regierung mit angeschoben, eine umfangreiche Antikorruptionskampagne in Guatemala, die in enger Zusammenarbeit mit der örtlichen Staatsanwaltschaft auch schon gegen Morales' Vorgänger zu Felde gezogen war. Im August 2018 hatten die USA offenbar keinerlei Einwände, als Morales Militärfahrzeuge vor dem Gebäude des UN-Ermittlerteams in der Hauptstadt auffahren ließ und später den Leiter des Büros aus dem Land warf. 2019 erklärte sich Guatemala dann neben weiteren mittelamerikanischen Staaten bereit, als »sicheres Drittland« Asylsuchende, die an der US-Grenze aufgegriffen werden, wieder zurückzunehmen. Allein in den ersten drei Monaten 2020 haben die Vereinigten Staaten mehr als 12 000 Menschen aus Guatemala wieder in ihre Heimat abgeschoben. Unter den mehr als 1200 betroffenen Kindern waren auch viele, die ohne ihre Eltern in amerikanischen Lagern festgehalten wurden. Wer sich nun um sie in Guatemala kümmert, ist völlig offen.

»Wir müssen beim Namen nennen, was vor sich geht. Wir können nicht sagen, das ist normal. Es ist nicht normal.« Sie spricht die Worte leise, aber eindringlich. Die alte Dame ist unauffällig, klein und doch von einer Größe, die den amerikanischen Präsidenten, über den sie spricht, so unendlich viel kleiner erscheinen lässt. Die Geschichte ihres Lebens verleiht der 87-Jährigen die Autorität, ein Urteil zu fällen über Donald Trump, der Menschen auffordert, in ihre Heimat zurückzukehren, die Ähnliches erlebt haben wie sie selbst. Marie Jana Korbelová war gerade mal vier Jahre alt, als ihre Eltern ihren jüdischen Glauben ablegten, Katholiken wurden, aus Angst vor dem Naziregime. 1941 verließ die Familie ihre Heimat, die Tschechoslowakei, zog nach London, kehrte aber nach dem Kriegsende nach Prag zurück. Als die Kommunisten die Macht übernahmen, flohen die Korbels ein zweites Mal, diesmal in die USA. Am 11. November 1948 sah die elfjährige Marie die Freiheitsstatue, bevor ihr Schiff in Ellis Island bei New York anlegte.

Nun sitzt das Mädchen von damals auf dem Podium des Aspen Security Forum 2019. Heute heißt sie Madeleine Albright, und an ihrem dunkelblauen Blazer strahlt als übergroße Brosche die Krone der Freiheitsstatue; gleich darunter funkeln in Gold die ersten Worte der amerikanischen Verfassung, »We the people«. Die langjährige US-Außenministerin hält ein glühendes Plädoyer für einen Aufstand der Anständigen gegen Donald Trump: »Wir haben einen Präsidenten, der unser Land spaltet und all jene entmenschlicht, deren Meinungen ihm nicht passen. Das ist gefährlich und falsch.« Als Flüchtling vor den Nazis und den Kommunisten habe sie gelernt, dass in Amerika Freiheit geschätzt worden sei und dass seine Ideale Menschen in aller Welt inspiriert hätten. »Die Zeit ist gekommen für uns alle, im gesamten politischen Spektrum, dieses stolze Erbe Amerikas zurückzugewinnen und

Nein zu sagen zu Spaltung und Hass. Wir haben einen Präsidenten, der nicht für uns spricht. Deshalb müssen wir für uns selbst die Stimme erheben.« Es sind starke Worte, für die es stehende Ovationen gibt, von Demokraten und Republikanern im Publikum. Die meisten hier Repräsentanten aus Politik, Regierung, Rüstungs- und Technologieunternehmen, Bildungseinrichtungen und Medien, haben das Gefühl, dass in diesen Tagen etwas zerbrochen ist in Amerika, auch wenn sie seit der Wahl von Donald Trump schon vieles erlebten, was die Nation aufwühlte und polarisierte. Im Land wird gerade diskutiert, ob man die Tweets des Präsidenten rassistisch nennen darf, in denen er mehrere Kongressabgeordnete der Demokraten aufgefordert hat, das Land zu verlassen. Bei einer Wahlkampfkundgebung hielt er dann nicht dagegen, als der Mob grölte: »Schickt sie heim!« Das ist Rassismus, ohne Anstand und Würde.

Die Situation erinnert an die Zwanzigerjahre des letzten Jahrhunderts, die Zeit nach dem Ersten Weltkrieg, als drei Dinge zusammenkamen: ein Klima gegen Zuwanderung, Protektionismus und Isolationismus.

Sogar die Außenpolitik Donald Trumps ist rassistisch geprägt, wie seine Äußerungen zu den »Scheißloch-Ländern« in Afrika, den »Vergewaltigern« und »Drogendealern« aus Mexiko und seine Darstellung des Handelskrieges mit China als eine Art Kampf der Kulturen zeigen. Obendrein hat Trump offenbar größere Sympathien für autoritäre und diktatorische Anführer als für Verbündete wie Angela Merkel, Theresa May und Emmanuel Macron. Auf meine Frage an Madeleine Albright, ob das, was aus dem Weißen Haus komme, wie eine Art Brandbeschleuniger für rechtsextremistische und faschistische Tendenzen in Europa wirke, meint die ehemalige Diplomatin in undiplomatischer Klarheit: »Ich bin besorgt über seine Freundschaften und deren vergleichbare Wortwahl, weil sich Menschen mit schlechten Ideen gegenseitig anstacheln können.« Deshalb sei es so wichtig, beim Namen zu nennen, was vor sich gehe: »Wir haben einen Präsidenten, der glaubt, er stehe über dem Gesetz. Das müssen wir aussprechen. Wer das Rechtssystem missachtet, muss angeprangert werden. Wer denkt, dass die Presse ein Staatsfeind ist, der muss angeprangert werden, denn die Demokratie braucht eine freie Presse.«

An einer Stelle zitiert die weise alte Dame ausgerechnet das Musterexemplar eines Faschisten, um deutlich zu machen, wie gefährlich das Ganze werden kann. Der selbst ernannte Führer Italiens Benito Mussolini habe einmal gesagt:»Wenn du einem Huhn immer nur eine Feder nach der anderen ausrupfst, dann merkt es keiner.« Es sei gerade »eine Menge Federrupfen« nach diesem Rezept im Gange, und das Huhn sei schon »ziemlich nackt«. Wohlgemerkt, die ehemalige Außenministerin spielt dabei auf das Erstarken von Nationalismus, Nativismus und Rassismus in einer Reihe von Ländern an, nicht auf den amerikanischen Präsidenten im Besonderen. Auf die Frage, ob Trump ein Faschist sei, antwortet sie dann doch noch diplomatisch, zumindest ein wenig: »Ich nenne Donald Trump nicht einen Faschisten, aber ich glaube, er ist der am wenigsten demokratische Präsident in der modernen amerikanischen Geschichte.« Mit anderen Worten: klein, weit entfernt von jener Größe, die den leisen und doch eindringlichen Worten von Madeleine Albright innewohnt.

(Un)Sicherheitspolitik
Wie Trump Amerikas Ansehen verspielt

So ein schönes Bild hatte ich gar nicht erwartet, ausgerechnet an meinem Geburtstag. Es ist eine Lehrstunde, wie da eine kleine Frau mit echter Würde doch so viel größer scheint als Frau und Herr Trump an ihrer Seite. Queen Elizabeth II. ist in ein mintgrünes Kostüm gewandet, natürlich mit gleichfarbiger Kopfbedeckung, dazu die Brosche mit zwei grünen Smaragden, eines ihrer Lieblingsstücke, diesmal ohne versteckte politische Botschaft. Im Vorjahr hat sie den US-Präsidenten noch mit der Blumenbrosche am blauen Kleid begrüßt, ein Geschenk von Trumps Lieblingsfeind Barack Obama. Da steht sie also nun an diesem 3. Juni 2019, einen halben Meter kleiner als Donald Trump und doch ausgestattet mit etwas, was ihm immer fehlen wird. »Auctoritas« – eine Mischung aus Würde, Ansehen und Einfluss, wie sie einst die alten Römer nur den besten ihrer Anführer nachsagten. Kaiser Augustus, was so viel heißt wie »der Erhabene«, schrieb einmal die Worte: »Ich überragte an ›auctoritas‹ alle, an formaler Macht besaß ich jedoch nicht mehr als die anderen, die jeweils meine Kollegen im Amt waren.« Die »auctoritas« verhalf ihm zu wahrer Macht und geschichtlicher Größe. All das, was Donald Trump sich auch so sehr wünscht, beklagt er sich doch immer wieder, dass Obama den Friedensnobelpreis bekam, er aber nicht, trotz seiner Leistungen. Die Wahrheit ist: Er bekommt ihn nicht eben aufgrund seiner Leistungen, denn die Außenpolitik des jetzigen US-Präsidenten ist eine lange Kette von Anschlägen auf das Ansehen, die Ausnahmestellung und Vorbildfunktion Amerikas in der Welt.

Die lieben Verbündeten

Nun steht Trump also da im Garten des Buckingham Palace, neben der 93-jährigen, würdevollen Dame und schaut zumindest erhaben. Aber wer genau hinschaut, entdeckt schon bei diesem Auftakt seines Staatsbesuchs, was diesen Mann daran hindern wird, wahre Größe zu erlangen. Es ist nicht der seltsame Hand- oder, ja Faustschlag, mit dem er die Herrscherin des Vereinigten Königreichs zuvor begrüßt hat. Es ist das Bild von seiner Tochter Ivanka mit seinem Schwiegersohn Jared Kushner hinter der Fensterscheibe im Obergeschoss des Palastes. Ja, die Trumps sind da, fast alle. Denn der Präsident hat seine erwachsenen Kinder mitgebracht – auch Donald Trump jr., Tiffany Trump und Eric Trump mit seiner Frau Lara –, obwohl die Queen eigentlich nur ihn selbst und Melania eingeladen hatte. So entstehen Bilder einer quasiroyalen Familie, die den Anhängern des Präsidenten zu Hause in Amerika sicherlich gefallen werden. Noch vor seiner Ankunft hatte Trump übrigens den Bürgermeister von London als »eiskalten Verlierer« beschimpft und sich mit einer Empfehlung für Boris Johnson als künftigen Premierminister in die britische Innenpolitik eingemischt.

Die Selbsteinladung der Trumps nimmt die Queen offenbar äußerst gelassen hin und weiß doch Winke mit dem Zaunpfahl zu geben. Oder ist es nur Zufall, dass sie ihm in der königlichen Sammlung des Buckingham-Palastes zuallererst den größten US-Präsidenten aller Zeiten zeigt – George Washington? Oder an die – bescheidenen – schottischen Wurzeln seiner Mutter erinnert? Den Clan MacLeod. Ein Stück Stoff mit dem Symbol des Clans darf Donald Trump sogar anfassen. Er ist offensichtlich bemüht, während des Aufenthalts in London keinen Eklat vom Zaun zu brechen. Und doch spiegelt sich in den Programmpunkten dieser drei Tage im Juni 2019 alles wider, was die amerikanische Außenpolitik in seiner Präsidentschaft auszeichnet oder, besser, brandmarkt, denn er drückt internationalen Terminen, Gipfeltreffen und Gesprächen immer seinen individuellen Stempel auf: ein Mann auf der Jagd nach dem besten Deal, durch den er vor allem eines erringen will – Anerkennung. Man könnte es auch Ehrerbietung oder Huldigung nennen, denn ganz besonders gut gefällt Trump an diesem Nachmittag der Besuch an einem Ort, an dem Englands Könige gekrönt werden. Westminster Abbey, da, wo Demut nicht nur bei der Kranzniederlegung entsteht, sondern man auch sonst ein Stückchen kleiner scheint angesichts der Statuen historischer Persönlichkeiten, die einst wahre Größe erlangten – Sir Isaac Newton, William Shakespeare, Georg Friedrich Händel, Benjamin Disraeli, Martin Luther King, Dietrich Bonhoeffer und viele andere.

An diesem Abend liest die englische Königin dem amerikanischen Präsidenten in bescheidener Sachlichkeit und doch brillanter Rhetorik ein Stück weit die Leviten. Sie erinnert daran, dass in schwierigen Zeiten Alleingänge keine Lösung sind, sondern dass gemeinsame Werte und die Bereitschaft zur Zusammenarbeit in der Welt Großes bewirken können. »Meinen ersten Staatsbesuch in Ihrem Land machte ich auf Einladung von Präsident Eisenhower«, so die Monarchin, die seit 1952 im Amt ist. Mit diesem kleinen Satz zeigt sie, wie viele US-Präsidenten sie hat kommen und auch wieder gehen sehen. Eisenhower habe ja als oberster Befehlshaber der verbündeten Streitkräfte »die Verantwortung getragen für die Landung in der Normandie«. Nicht weit entfernt von ihrem Palast hätten britische und amerikanische Offiziere »die Freiheit eines Kontinents geplant«. Die Queen fährt fort: »Und es wäre keine Übertreibung, zu sagen, dass Millionen Leben von ihrem gemeinsamen Vorhaben abhingen.« Bis dahin dienen ihre Worte als Hinweis auf die Feier, mit der Anführer aus ganz Europa am übernächsten Tag in Plymouth der Landung in der Normandie gedenken wollen. Aber dann kommt ein Absatz, der tagespolitischer kaum sein könnte: »Nach den gemeinsamen Opfern im Zweiten Weltkrieg arbeiteten Großbritannien und die Vereinigten Staaten mit anderen Verbündeten daran, ein System internationaler Institutionen zu schaffen, um sicherzustellen, dass sich die Schrecken des Konflikts niemals wiederholen. Obwohl sich die Welt verändert hat, sind wir uns der ursprünglichen Bestimmung dieser Strukturen bewusst: Völker arbeiten zusammen, um einen hart erkämpften Frieden zu bewahren.«

Ich sitze an jenem Abend vor dem Bildschirm im ZDF-Studio London, um einen Beitrag für unsere späte Nachrichtensendung heute+ zu produzieren, und muss gestehen, dass mir die feine Nuance in der Rede der Königin zunächst entgangen ist. Andere haben gleich die richtige Einschätzung, nämlich dass sie die Vereinten Nationen und die NATO meint, vielleicht auch noch die Europäische Union, auch wenn diese deutlich später entstanden ist. Donald Trump wirft der UN gerne »totale Schwäche und Inkompetenz« vor. Bei einer dieser Tiraden im März 2016 hatte er gesagt: »Die Vereinten Nationen sind kein Freund der Demokratie, sie sind kein Freund der Freiheit. Sie sind noch nicht einmal ein Freund der Vereinigten Staaten von Amerika, wo sie, wie Sie wissen, beheimatet sind.« Im Jahr 2018 kürzte der US-Präsident die amerikanischen Zuschüsse zu den UN-Friedensmissionen um 220 Millionen Dollar.

Trump hatte die NATO noch vor seinem Amtsantritt im Januar 2017 als »obsolet« bezeichnet, weil sie »vor vielen, vielen Jahren erschaffen wurde«. Außerdem würden die Länder nicht bezahlen, was sie bezahlen sollten, und die NATO kümmere sich auch nicht um den Terrorismus. Trump hatte in einem Interview mit seinem Lieblingssender Fox News das wichtigste Grundprinzip des Bündnisses infrage gestellt, die Beistandspflicht nach Artikel 5. Auf die Frage des Moderators Tucker Carlson »Warum sollte mein Sohn nach Montenegro gehen, um es gegen einen Angriff zu verteidigen?«, antwortete der Präsident im Juli 2018: »Ich verstehe, was Sie sagen, und ich frage mich dasselbe. Wissen Sie, Montenegro ist ein winziges Land mit sehr starken Menschen. Sie sind ein sehr aggressives Volk. Vielleicht werden sie aggressiv und, Glückwunsch, schon steckst Du im Dritten Weltkrieg. Aber so wurde sie (die NATO, Anm. d. Red.) eben konstruiert.« Auf all das will ich noch zurückkommen, doch beim Staatsbankett in London bleibt das natürlich unausgesprochen.

Queen Elizabeth II. sagt zum Ende ihrer Rede: »Mr. President, mit Blick auf die Zukunft bin ich zuversichtlich, dass unsere gemeinsamen Werte und Interessen uns weiter vereinen werden.« Wie das wohl mit der Lieblingsparole von Donald Trump, »America First«, zusammenpasst? Der Präsident bedankt sich artig bei der Königin, sie sei »eine großartige, großartige Frau«. Dann erhebt er das Glas: »Wir stoßen an auf die ewige Freundschaft unserer Völker, die Vitalität unserer Nationen und auf die lange, bewunderte und bemerkenswerte Regentschaft Ihrer Majestät der Königin.« Ein Hauch von Respekt und sicher auch ein Schuss Neid schwingen mit. Ob Trump sich wohl genau solch eine Regentschaft im Weißen Haus wünscht? Am allerliebsten, so hört man aus seinem Umfeld, wäre er auch noch mit der Kutsche durch die Stadt gefahren. Diese Ehre aber verwehrt ihm die Monarchin an diesem Montag, der so voller Symbolik steckt, wie man es sich zum Geburtstag nur wünschen kann.

Am Dienstag geht es dann gerade mal so weiter. Die britische Premierministerin Theresa May zeigt Donald Trump das Papier, das einst den Bruch Amerikas mit England besiegelte: die Unabhängigkeitserklärung in Kopie. Doch es scheint bei den politischen Gesprächen so, als wollten alle nun das Gegenteil: Harmonieseligkeit. Dabei gibt es ernsthafte und wichtige Streitpunkte zwischen den USA und Großbritannien – das amerikanische Vorgehen gegen den Iran, der Handelskonflikt mit China, alles Nebensache. Stattdessen geht es Donald Trump hinter den Kulissen einmal mehr um einen Deal, den er gemeinsam mit der Premierministerin bei der Pressekonferenz am Nachmittag vorstellen will. Wir Journalisten sind schon gut eine Stunde vor Beginn in den Innenhof von Whitehall, dem britischen Außenministerium, gelassen worden. Was für eine Inszenierung. Vier riesige Fahnen hängen von der Balustrade, zwei Union Jacks, zwei Sternenbanner, darunter aufgepflanzt acht weitere Flaggen als Hintergrund für die zwei Stehpulte. Zum Gesamtkunstwerk gehören, in der ersten Reihe links, auch Donald jr., Tiffany, Eric und seine Frau Lara. Moment, da fehlt ja noch ... Die Tür an der rechten Seite der Halle öffnet sich, und Ivanka Trump kommt mit John Bolton, dem Nationalen Sicherheitsberater, die Treppe herunter. Wenige Minuten später folgt Melania, die Frau des Präsidenten, sie wird mit Beifall vom Rest ihrer Familie begrüßt. Die Bühne ist bereitet, auf der dann Premierministerin May und der US-Präsident eine Art Supervertrag ankündigen, viel schöner und größer als Großbritanniens bisherige Mitgliedschaft in der EU. »Ein phänomenaler Handelsdeal«, so Trump vollmundig, »mit herausragendem Potenzial. Zwei- oder dreimal so umfangreich wie der bisherige Handel.« Das heftige Nicken von Theresa May, ein Augenblick zum Fremdschämen? Oder doch eine Mahnung, welche Folgen der Brexit für die EU haben könnte? »Sobald wir raus sind«, so die Britin, »können wir das machen – nicht nur ein Freihandelsabkommen, sondern eine breite Wirtschaftspartnerschaft für die Zukunft.« Am Ende gibt es wieder Applaus – vor allem von Trumps eigener Familie.

Aber weil Theresa May ja in der Zukunft, von der sie spricht, nicht mehr da sein wird und Trump für seinen Superdeal einen harten Brexit braucht, sucht er bei seinem Staatsbesuch nebenher auch Kontakt zu möglichen Lieblingsnachfolgern für die Premierministerin. Ein Telefonat mit Boris Johnson. Gesprächstermine mit Jeremy Hunt, Michael Gove und Nigel Farage, dem Chef der rechtspopulistischen Brexit-Partei. Alle wollen May beerben. Es hat etwas von Castingshow. Für den Präsidenten ist die Bilanz seines Staatsbesuchs ausschließlich positiv – großartige Versprechen, all der königliche Pomp und dann, am Folgetag in Plymouth, noch das würdevolle Kriegsgedenken. Das sind Bilder, die in der Selbstwahrnehmung Donald Trumps das Image eines starken, würdevollen, auch im Ausland geschätzten Präsidenten in die Heimat projizieren – eines Anführers mit »auctoritas«.

Er ist selbst unerschütterlich davon überzeugt, weil Regierungschefs und Staatsoberhäupter im unmittelbaren Umgang mit ihm – bei öffentlichen Terminen, im Vieraugengespräch und in den Telefonaten – keine Andeutung darüber machen, was sie wirklich von ihm halten. Sie mögen ihn für einen grottenschlechten Politiker halten, für einen arroganten Selbstdarsteller oder gar einen gefährlichen Psychopathen, doch an Macht überragt er sie alle als Anführer der stärksten Wirtschaftsnation der Welt. Weil sie also schweigen, kann er alle negativen Darstellungen und Einschätzungen in den Medien als Fake News abtun, auch wenn sich die Journalisten auf noch so gute und verlässliche Quellen stützen. Aber die Wahrheit ist, dass Donald Trump nicht nur keine »auctoritas« besitzt und niemals haben wird, sondern dass er auch die »auctoritas« seines Landes gründlich zerstört hat.

Amerika war zum Ende des 20. Jahrhunderts die »indispensable nation«, unverzichtbar als Motor für wirtschaftlichen Fortschritt, als Katalysator für die internationale Kooperation zum Wohl der Menschheit und als Verteidiger der universalen Werte. Natürlich klaffte bei diesem letzten Punkt oft ein Graben zwischen Anspruch und Wirklichkeit, natürlich zählte zu den Beweggründen für dieses Engagement vor allem auch der eigene wirtschaftliche Nutzen. Und doch: Es waren die USA, die Freiheit und Frieden in der Welt förderten, Nationen in Not Hilfe gewährten, die Lebenssituation vieler Menschen rund um den Globus verbesserten und mit ihren Idealen andere inspirierten, ihr Schicksal in die eigenen Hände zu nehmen. Dafür gingen die Vereinigten Staaten immer auch Risiken ein, waren bereit, Opfer zu bringen. Manche hängen der zynischen Vorstellung an, es sei den Amerikanern dabei ausschließlich um finanzielle und wirtschaftliche Vorteile gegangen. Aber die meisten der Präsidenten der letzten Jahrzehnte sahen ihr Land als moralischen Anführer, der nicht selten auch die Interessen anderer verteidigte, ohne dafür eine unmittelbare Gegenleistung im materiellen Sinn zu erwarten.

Amerikas Vorbildfunktion, seine »auctoritas«, entstammte nicht nur der wirtschaftlichen und militärischen Stärke und der Innovationskraft der einzig verbliebenen Supermacht, sondern auch der engen Vernetzung mit Verbündeten rund um den Globus. Es waren selten Allianzen aus gegenseitiger Liebe, sondern sie basierten auf einem gegenseitigen Respekt, der gegensätzliche Ansichten in vielen Fragen zuließ und doch, wenn es darauf ankam, ein gemeinsames Handeln ermöglichte, bei dem alle Amerikas Führungsbereitschaft zu schätzen wussten. Es war wohl einer der größten Fehler der Verbündeten in Europa, dass sie nach dem Ende des Kalten Krieges 1989 dem Ruf des amerikanischen Präsidenten George Bush sr. nach »Partnern in der Führung« (»Partners in Leadership«) nicht ausreichend nachkamen, weil sie es sich gern weiter so einfach machen wollten oder weil sie sich selbst nicht zutrauten, eine entsprechende Verantwortung zu übernehmen. Denn die hätte Risiko- und Opferbereitschaft bedeutet. An dieser und am Vertrauen hat es der amerikanischen Führung nie gemangelt, Vertrauen in sich selbst, aber auch Vertrauen der anderen in den Führungswillen, die Führungsfähigkeit und die Führungskompetenz der Vereinigten Staaten. Eben dieses Vertrauen aber hat Donald Trump innerhalb weniger Jahre zerstört, während an der Erosion der Bündnisse nicht nur der amerikanische Präsident, sondern auch die Verbündeten der USA die Schuld tragen. Ohne die Bündnisfähigkeit und -bereitschaft aber gibt es die amerikanische »auctoritas« nicht mehr, die in den vergangenen Jahrzehnten so wichtig war für die Entwicklung von Freiheit, Frieden und Wohlstand in der Welt.

So ist in den vergangenen Jahren ein Führungsvakuum entstanden, das in letzter Konsequenz dem Autoritarismus zum Sieg über die liberale Demokratie verhelfen könnte. Vielleicht hatten die westlichen Verbündeten Amerikas nach der überraschenden Wahl von Donald Trump die Hoffnung, dass das Amt und der erfahrene Washingtoner Regierungsapparat den neuen Präsidenten disziplinieren würden. Aber sie hätten es besser wissen können, denn nun war da ein neuer mächtigster Mann der Erde, der nicht die geringste Verpflichtung zum moralischen Handeln verspürt, sondern ausschließlich eine Kosten-Nutzen-Rechnung zum Maßstab seines Handelns macht. Der Geschäftsmann Trump sieht Weltpolitik als eine endlose Abfolge von Deals an, die sich am Ende auszahlen müssen – noch nicht einmal in erster Linie für sein Land, sondern für ihn selbst, in Form von unmittelbarer Anerkennung, Wählerstimmen oder – besonders verwerflich – sogar Geld. Bei seinem bewundernden Umgang mit autoritären Anführern wie dem türkischen Präsidenten Erdoğan, dem saudischen Kronprinzen bin Salman oder dem nordkoreanischen Diktator Kim spielten immer auch private geschäftliche Interessen eine Rolle. Ich will ihm nicht unterstellen, dass es ihm gar nicht um die Interessen derer geht, die er die »Vergessenen« nennt, Menschen, die sich abgehängt und alleingelassen fühlen, weil die Politik der vorhergehenden Jahre mehr für andere Gruppen in der Gesellschaft tat. Aber ohne die eigene Sucht nach Anerkennung, Wählerstimmen und Geld wäre Donald Trump niemals in die Politik gegangen. Auf der Jagd nach seinen Deals, daraus hat Trump nie einen Hehl gemacht, war er bereit, jedes Tabu zu brechen.

Schon in den ersten 100 Tagen seiner Amtszeit bekam die Welt einen Vorgeschmack auf das, was in den Folgejahren passieren würde. Bei seiner Amtseinführung am 20. Januar 2017 malte er ein düsteres Bild von Amerika als Opfer und definierte den Maßstab, an dem sich seine Außenpolitik messen lassen würde. Deshalb will ich die entsprechende Stelle hier in Gänze wiedergeben: »Über viele Jahrzehnte haben wir die ausländische Industrie reicher gemacht, auf Kosten der amerikanischen Industrie; Armeen anderer Länder subventioniert, während wir die sehr traurige Auszehrung unserer Streitkräfte zuließen; wir haben die Grenzen anderer Nationen verteidigt und uns gleichzeitig geweigert, die eigenen zu verteidigen; wir haben Billionen von Dollar in Übersee ausgegeben, während die Infrastruktur Amerikas verfiel und verrottete. Wir haben andere Länder reich gemacht, während Wohlstand, Stärke und das Selbstvertrauen unseres Landes hinter dem Horizont verschwanden. Unsere Fabriken schlossen, eine nach der anderen, und verließen unser Land, ohne einen einzigen Gedanken an die Millionen von amerikanischen Arbeitern, die sie zurückließen. Der Wohlstand unserer Mittelklasse wurde ihr aus ihren Heimen entrissen und dann in der ganzen Welt verteilt.«

Und dann beschreibt Donald Trump im Detail, was er in den kommenden Jahren vorhat. Das klingt gut, besonders in den Ohren jener, die in den Jahren zuvor tatsächlich durch die Dynamik einer verfehlten Globalisierungspolitik gelitten haben, die mehr auf die Interessen der Konzerne und ihrer Aktionäre ausgerichtet war als auf die der Menschen. Trump gibt ihnen ein Versprechen: »Das ist die Vergangenheit, aber wir schauen nun auf die Zukunft. Wir sind hier versammelt, um einen Beschluss zu verkünden, der in jeder Stadt, in jeder ausländischen Hauptstadt und in jeder Halle der Macht gehört werden soll. Von diesem Tag an wird eine neue Vision unser Land beherrschen. Von diesem Moment an heißt es ›America First‹. Jede Entscheidung in Bezug auf den Handel, die Steuern, die Zuwanderung, auf die Außenpolitik wird gefällt, um den amerikanischen Arbeitern und den amerikanischen Familien zugute zu kommen. Wir müssen unsere Grenzen schützen vor den Raubzügen anderer Länder, die unsere Produkte nachmachen, unsere Firmen stehlen und unsere Jobs vernichten. Protektion wird zu großem Wohlstand und zu Stärke führen. Ich werde für euch kämpfen mit jedem Atemzug meines Körpers und werde euch niemals im Stich lassen.«

Drei Tage danach beginnt er sein Werk. Am 23. Januar steigt er aus den Verhandlungen für das transpazifische Handelsabkommen TPP aus, das die massive Absenkung von Zöllen, besonders im Agrarbereich, die Beseitigung von Handelshemmnissen und gleichzeitig einen tief greifenden Schutz von Investitionen und des geistigen Eigentums zum Ziel hatte. Trump will lieber Einzeldeals abschließen, weil er glaubt, dass die USA bei multilateralen Vereinbarungen zu viele Kompromisse eingehen müssen und über den Tisch gezogen werden. Die Regierungen Bush und Obama haben das anders gesehen. 2018 werden die Verhandlungspartner des TPP – Australien, Brunei, Chile, Japan, Kanada, Malaysia, Mexiko, Neuseeland, Peru, Singapur und Vietnam – ein neues Abkommen unterzeichnen, das es für Amerika schwieriger machen wird, im internationalen Wettbewerb mitzuhalten.

Am 27. Januar unterzeichnet der Präsident dann eine Exekutivorder, mit der er die Einreise von Menschen aus sechs Ländern mit einer mehrheitlich muslimischen Bevölkerung für zunächst 90 Tage verbietet und die Aufnahme von Flüchtlingen aus Syrien beendet. Später werden zwei weitere Länder hinzukommen. Es ist der Auftakt zu einer langen juristischen Auseinandersetzung in den folgenden Monaten. Gleichzeitig stoppt Donald Trump mit weiteren Verordnungen die Finanzhilfen des Bundes für jene Städte, die sich zur Schutzzone für Asylsuchende erklärt haben, und befiehlt die Umwidmung von Haushaltsgeldern für den Bau einer Mauer zwischen den USA und Mexiko. Am 7. April 2017 lässt der Präsident amerikanische Marschflugkörper auf eine Militärbasis in Syrien abfeuern, als Vergeltung für einen mutmaßlichen Giftgasangriff des syrischen Regimes von Baschar al-Assad gegen Zivilisten. Sein Versuch, im Weltsicherheitsrat der UN eine Verurteilung Syriens zu erreichen, scheitert am Einspruch Russlands.

Handel, Zuwanderung, militärische Konflikte – das sind die großen Themen, die in den Folgejahren die trumpsche Außenpolitik dominieren. Sie wird definiert von Trumps Parole »America First«, nach der er jede Unterstützung der USA von Gegenleistungen abhängig macht. In keinem anderen Bereich wird das so deutlich wie in der Sicherheits- und Bündnispolitik und dem Streit um die NATO. Es war sicher einer der denkwürdigsten Auftritte Trumps, als er am 25. Mai 2017 beim Gipfel in Brüssel trotz der erhabenen Kulisse – ein Stück der Berliner Mauer und ein Trümmerteil des World Trade Center – den Staats- und Regierungschefs der anderen Mitgliedsstaaten der Militärallianz die Leviten las: »23 der 28 Nationen zahlen immer noch nicht, was sie für ihre Verteidigung zahlen sollten und zahlen müssten. Das ist nicht fair gegenüber dem Volk und den Steuerzahlern der Vereinigten Staaten.« Dann fügte er einen Satz hinzu, der offenbar besonders auf Deutschland gemünzt war: »Und viele dieser Nationen schulden noch massive Geldsummen für vergangene Jahre und das, was sie in den vergangenen Jahren nicht gezahlt haben.«

Zumindest im ersten Punkt hatte Donald Trump völlig recht. Nur in den USA, Großbritannien, Griechenland, Polen und Estland machten die Militärausgaben mindestens 2 Prozent ihres Bruttoinlandsprodukts aus. Alle NATO-Staaten hatten sich beim Gipfel in Wales im Jahr 2014 dazu verpflichtet, wenn irgend möglich bis 2024 gleichzuziehen. Im Text der Abschlusserklärung hieß es damals: »Die Verbündeten, deren Anteil der Militärausgaben am Bruttoinlandsprodukt unter dem Ziel liegt, werden jeden Rückgang der Militärausgaben stoppen, die realen Militärausgaben entsprechend dem Anstieg des BIP erhöhen mit dem Ziel, sich der 2-Prozent-Linie innerhalb eines Jahrzehnts zu nähern, mit Blick auf das Erreichen ihrer NATO-Fähigkeitsziele und das Auffüllen ihrer NATO-Fähigkeitsdefizite.« Klingt komplex, bedeutete aber einfach: Fast alle müssten sich eifriger anstrengen. So lagen Deutschlands Militärausgaben beim Amtsantritt von Donald Trump zum Beispiel bei nur 1,2 Prozent seines Bruttoinlandsprodukts. Insofern forderte der US-Präsident nur das, was sein Vorgänger Barack Obama auch verlangt hatte. Aber anders als dieser hatte der Neue im Amt viel weitreichendere Vorstellungen. Offenbar war er der Meinung, dass Staaten wie Deutschland, Südkorea und andere noch Nachzahlungen leisten sollten, nämlich für den Schutz durch die amerikanische Truppenpräsenz in den vergangenen Jahrzehnten. Entsprechend wollte Trump sich den Erhalt dieser Leistungen auch in Zukunft bezahlen lassen. Im Vorfeld des Jubiläumsgipfels im April 2019 aus Anlass des 50. Jahrestags der NATO-Gründung konkretisierten sich diese Überlegungen. Nach einem internen Papier des Pentagons sollten Amerikas Verbündete die kompletten Kosten für die Stationierung von US-Streitkräften auf ihrem Boden übernehmen und zusätzlich noch einmal 50 Prozent obendrauf zahlen. So jedenfalls berichtete es die *Washington Post* unter Berufung auf eine Reihe von Quellen in der US-Regierung.[16]

Tatsächlich wurde über diesen Vorschlag innerhalb der Trump-Administration wochenlang beraten. Hinweise darauf hatten NATO-Partner bereits erreicht: Gegenüber der Regierung eines Landes, Südkorea, war das Konzept »Kosten plus 50« offenbar bereits in formalen Verhandlungen vorgetragen worden. Als Ziel der neuen Regelung galten vor allem Staaten wie Deutschland, Japan und Südkorea, in denen die USA eine erhebliche Truppenpräsenz unterhalten. Bei den Plänen handelte es sich um eine glaubwürdige »Maximaloption«, mit der Donald Trump den Druck auf die Verbündeten massiv erhöhen wollte, die aus seiner Sicht immer noch zu wenig taten, um das 2-Prozent-Ziel der NATO zu erreichen. Die *Washington Post* zitierte einen Sprecher des Nationalen Sicherheitsrates, Garrett Marquis, mit den Worten, die Trump-Administration wolle «den bestmöglichen Deal für das amerikanische Volk«. Marquis wollte sich aber zu »irgendwelchen laufenden Beratungen über konkrete Ideen« nicht äußern.

Die Pläne hätten wohl einen Eklat verursacht, falls die USA sie offiziell auf dem Jubiläumsgipfel in Washington vorgelegt hätten. Aber im Beraterkreis von Donald Trump war man sich zu diesem Zeitpunkt noch nicht ganz einig über das Konzept »Kosten plus 50«. Damals sprach ich mit einem guten Bekannten, Generalleutnant Frederick Ben Hodges, der jetzt für das Center for European Policy Analysis (CEPA) in Washington arbeitet. Wir hatten uns während seiner Zeit als Kommandeur der US-Armee in Europa 2014 bis 2017 auf dem Stützpunkt in Wiesbaden kennengelernt. Ben hatte im ersten Jahr der Amtszeit von Donald Trump noch Sympathien dafür geäußert, dass sein oberster Befehlshaber Klartext redete, doch jetzt war er empört: »Das zeigt entweder ein völliges Unverständnis oder eine völlige Missachtung für den Wert des Zugangs, den wir von den Stützpunkten in Europa aus haben, die für unsere eigene Sicherheit wesentlich sind. Deshalb haben wir Truppen und Kapazitäten in Übersee. Man kann Amerika nicht von Virginia, North Carolina und Kalifornien aus verteidigen. EUCOM (European Command) und AFRICOM (African Command) in Stuttgart sind nicht da, um Deutschland zu schützen. Sie sind als vorgeschobene Zentrale für die Zusammenarbeit mit Verbündeten und Partnern da und zur Verbesserung der Beziehungen, die für unsere eigene Sicherheit unerlässlich sind. Wir brauchen Verbündete, und unsere zuverlässigsten Verbündeten kommen aus Europa, Kanada, Australien, Japan und Südkorea. Warum prügeln wir ständig auf sie ein?«

Die Trump-Administration sieht schon in der Präsenz von US-

Truppen eine Dienstleistung, die ihren Preis haben muss. So wurde im genannten Konzept »Kosten plus 50« darüber nachgedacht, ob die Verbündeten sogar unmittelbar den Sold amerikanischer Soldaten und die Besuche von US-Flugzeugträgern und U-Booten bezahlen sollten. Besondere Rabatte könnte es dagegen geben, wenn ein Land seine Politik mit der amerikanischen Politik in Einklang bringen würde, mit anderen Worten, Trumps Vorhaben uneingeschränkt stützte. Was für ein fatales Signal, die NATO zu einer Geschäftsbeziehung zu degradieren! Die Russen und die Chinesen dürften sich freuen, wie viel Schaden wir in unserem eigenen Bündnis anrichten, auch wenn Trump seine Drohungen zunächst nicht wahr machte. Im Juni 2020 kündigte er dann den Abzug von rund 9500 US-Soldaten aus Deutschland an – aus heiterem Himmel, ohne jede Absprache mit den Verbündeten und ohne einen konkreten Plan. Es sei, wie Trump offen zugab, eine Strafe für Deutschland, das seinen Verpflichtungen nicht nachkomme. In Wahrheit war es eher der plumpe Versuch, mit Drohgebärden im Wahlkampf den starken Mann zu spielen. Trumps Handlungsmaximen waren auf Provokation und Konfrontation angelegt, flankiert von einem Ausbau der militärischen Kapazitäten. Der US-Verteidigungsetat wuchs in seiner Amtszeit auf mittlerweile 750 Milliarden Dollar pro Jahr. Darin enthalten sind vor allem Projekte, die Amerika für einen möglichen bewaffneten Konflikt mit China oder Russland vorbereiten sollen. Donald Trump ordnete erstmals seit dem Ende des Kalten Krieges die Entwicklung von neuen Nuklearwaffen an und lockerte die Regeln für Einsätze von sogenannten Low-Yield-Sprengköpfen, also »kleinen« Atomwaffen mit geringerer Sprengkraft, die in regionalen Konflikten einsetzbar wären.

Im Februar 2019 verkündete Trump den Ausstieg aus dem INF-Vertrag über Mittel- und Kurzstreckenraketen, einem der wirksamsten Abrüstungsverträge der Geschichte, den US-Präsident Ronald Reagan und der damalige Anführer der Sowjetunion, Michail Gorbatschow, am 8. Dezember 1987 unterzeichnet hatten. Auch wenn die Trump-Administration für diese Entscheidung von Kritikern aus aller Welt heftig angegriffen wurde, fand sie doch die volle Rückendeckung der NATO-Verbündeten, da sich die russische Regierung schon seit längerer Zeit nicht mehr an die Auflagen des Vertrages hielt und gleichzeitig ein neuer, multilateraler Vertrag immer drängender wurde. Denn China entwickelte seit Jahren neue Mittelstreckenraketen, deren Stationierung die Machtverhältnisse im Südchinesischen Meer massiv verändern könnte. Deshalb testeten auch die Vereinigten Staaten im Jahr 2020 brandneue Raketen, die dann bei den amerikanischen Bündnispartnern im pazifischen Raum, Japan, Südkorea und Australien, stationiert werden könnten. Zur Neuausrichtung der amerikanischen Raketenplanungen gehören auch massive Investitionen in weltraumbasierte Systeme. Trump ließ 2019 den US Space Command, also ein Weltraumkommando, einrichten, dessen Befehlshaber die Etablierung einer neuen Teilstreitkraft innerhalb des US-Militärs mit dem Namen Space Force vorantreiben soll.

Vor dem Hintergrund dieses massiven Ausbaus der amerikanischen Militärmacht drängt sich der Verdacht auf, dass dieser Präsident sie stärker als Werkzeug in künftigen Konflikten einsetzen will, die er selbst in den vergangenen Jahren geschürt hat, zum Beispiel im Nahen und Mittleren Osten. Trump verabschiedete sich von der neutraleren Haltung früherer US-Regierungen im israelisch-palästinensischen Konflikt und erkannte Jerusalem als Hauptstadt Israels an. 2019 verkündete er auch die Anerkennung der Souveränität Israels über die Golanhöhen. Am 28. Januar 2020 legte die US-Regierung einen Friedensplan vor, der in weiten Teilen, wenn auch nicht in allen Punkten, die israelische Seite bevorteilt und nicht mit den Verbündeten in Europa abgestimmt war. Eine echte Zweistaatenlösung rückte damit in weite Ferne.

Große Nähe dagegen suchte der amerikanische Präsident zu autoritären Machthabern in der Region, die die Menschenrechte mit Füßen treten, darunter der ägyptische Machthaber Abdel Fattah al-Sisi, den Trump zweimal im Weißen Haus empfing. Ähnlich freundlich ist Trumps Umgang mit dem Königshaus in Saudi-Arabien, zu dem er die allererste Auslandsreise seiner Präsidentschaft unternahm. Als Kronprinz Mohammed bin Salman im Jahr 2018 den Journalisten und Mitarbeiter der *Washington Post* Jamal Khashoggi in der Türkei ermorden ließ, tat das der engen Freundschaft Trumps mit dem menschenverachtenden Regime keinen Abbruch. 2019 legte der Präsident sein Veto gegen eine Resolution des amerikanischen Kongresses für ein Verbot aller Waffenverkäufe an

Saudi-Arabien ein. Das enge Bündnis mit dem Land, in dem Trumps Unternehmen und Mitglieder seiner Familie wirtschaftliche Interessen haben, ist wohl einer der Gründe, weshalb die US-Regierung eine Eskalation der Auseinandersetzung mit dem Iran befeuerte.

Ein kaputtes Krisenmanagement

Am 8. Mai 2018 kündigte Donald Trump den Ausstieg der Vereinigten Staaten aus dem sogenannten Iran-Deal an, ohne auch nur eine einzige klare Verletzung des Abkommens belegen zu können. Drei Jahre zuvor hatten mehrere europäische Verbündete gemeinsam mit der US-Regierung diesen Vertrag mit dem Ayatollah-Regime in Teheran abgeschlossen, der vorsah, dass der Iran auf sein Nuklearprogramm verzichtet und im Gegenzug die Wirtschaftssanktionen gegen den Iran Schritt für Schritt aufgehoben werden. Trotz einer Reihe von Schwierigkeiten bei der Kontrolle der Auflagen waren sich die beteiligten Regierungen einig, dass der Iran sich an die Abmachungen hielt. Aber Donald Trump wollte den Deal nachverhandeln, weil iranische Kurz- und Mittelstreckenraketen und die terroristischen Aktivitäten der Revolutionsgarden und der von ihr unterstützten Terrororganisation Hizbollah die Stabilität der gesamten Region gefährdeten. Als die Spannungen zwischen der Trump-Administration und dem Iran im Sommer 2019 eskalierten, zeigten sich massive strukturelle Mängel im Umgang der US-Regierung mit dem Konflikt. Im Mai und Juni wurden insgesamt sechs Handelsfrachter und Öltanker zum Ziel von Sabotageakten beziehungsweise Terrorangriffen im Persischen Golf. In der Folge beschuldigte die US-Regierung die iranischen Revolutionsgarden, die Anschläge mit sogenannten Haftminen verübt zu haben, die an der Außenwand mehrerer Schiffe befestigt worden seien. Das Regime in Teheran bestritt jede Beteiligung an den Gewaltakten. Am 20. Juni aber schossen die Revolutionsgarden mit einer Boden-Luft-Rakete eine amerikanische Aufklärungsdrohne vom Typ Global Hawk ab. Nach Angaben des Pentagons ereignete sich der Vorfall im internationalen Luftraum, nach Angaben des Iran befand sich das unbemannte Flugzeug im Wert von rund 130 Millionen Euro über iranischem Staatsgebiet.

Die Lage spitzte sich zu, der amerikanische Präsident befahl Militärschläge gegen den Iran. Was dann passierte, beschrieb die *New York Times* so:[17] »Bis 7 Uhr abends erwarteten die militärischen und diplomatischen Mitarbeiter einen Angriff, nach angespannten Diskussionen und Debatten im Weißen Haus zwischen den Topsicherheitsberatern des Präsidenten und führenden Vertretern des Kongresses. (…) Quellen berichteten, dass der Präsident Angriffe auf eine Handvoll iranischer Ziele wie Radar- und Raketenanlagen genehmigt hatte. Die Frühphase der Operation lief bereits, als sie abgesagt wurde, wie ein führendes Regierungsmitglied bestätigte. Flugzeuge waren schon in der Luft und Schiffe in Position, aber noch waren keine Raketen abgeschossen, als der Befehl zum Abbruch kam.« Später würde Donald Trump verbreiten lassen, dass er erst zehn Minuten zuvor vom Pentagon über die Gefahr von zivilen Opfern informiert worden sei. Kritiker sehen in dem Vorfall eher einen Beleg dafür, dass die normalen Abläufe für solche Situationen ausschließlich von den Launen und erratischen Entscheidungen des Präsidenten dominiert werden.

Wenige Wochen später, nachdem es weitere Vorfälle im Persischen Golf gegeben hatte, war der Beinahekrieg mit dem Iran das Hauptgesprächsthema beim Sicherheitsforum in Aspen, Colorado. Wenn es einen Ort gibt, an dem klare Worte gesprochen und gewissermaßen Noten für den Umgang einer Regierung mit Bedrohungen der nationalen Sicherheit vergeben werden, dann ist es diese Veranstaltung. »Der Präsident ist ohne jeden Plan B aus dem Iran-Deal ausgestiegen.« Das klingt höchst beunruhigend, aber gleichzeitig leider auch sehr überzeugend, denn die Frau auf der Bühne hat die notwendige Expertise, um so ein klares Urteil zu fällen. Susan Rice war Nationale Sicherheitsberaterin in der Regierung von Barack Obama, der den Iran-Deal ja gemeinsam mit den europäischen Verbündeten eingefädelt hatte. »Und jetzt haben wir eskalierende Spannungen«, sagt Rice, »und ein echtes Risiko für einen unvermeidbaren Konflikt, keinen Weg zur Beruhigung und keinen Pfad zurück in das Abkommen.« Ja, das alles ist tatsächlich das sichtbare Zeichen für eine amerikanische Außenpolitik, die vor allem eines ist: kaputt. Genauer gesagt, die Mechanik, die normalerweise für ein verantwortliches Regierungshandeln sorgen soll, ist schlicht und ergreifend ausgeschaltet, von Donald Trump höchstpersönlich.

Eigentlich, so beschreibt es Susan Rice, wird der US-Präsident in allen Fragen der nationalen Sicherheit vom sogenannten »Principals Committee« beraten; es ist eine Runde aus einigen Ministern, Geheimdienstchefs, Leitern des Sicherheitsapparats, die sich in der Regel alle ein bis zwei Wochen treffen. Das, so Rice, habe sich unter Donald Trump dramatisch verändert: «Es gibt keine regelmäßigen Treffen mehr. Der Prozess ist erodiert, gelinde gesagt. Das ist gefährlich.« Und dann komme ein zweites Problem hinzu, egal, welche Ratschläge die »Principals« bei ihren seltenen Treffen auch entwickeln würden: »Der Präsident wacht auf und macht, was zur Hölle er will, jederzeit, ohne den Input und die Weisheit seines Nationalen Sicherheitsteams und der Experten anderer Behörden zu nutzen. Das macht alles noch gefährlicher.« Wie gefährlich, das konnte man nach eben jenem 20. Juni 2019 beobachten, als Trump seinen Einsatzbefehl zurückzog. »Wie konnten wir in diese Lage kommen, nur zehn Minuten von einem Krieg entfernt?«, fragt Susan Rice. Wenn der Präsident wirklich erst kurz zuvor realisiert hatte, dass es viele zivile Opfer geben könnte, dann »ist ihm das offenbar nicht wirklich vor dem Befehl für die Attacken dargelegt worden. Dann haben wir ein Riesenproblem.«

Tatsächlich hat Donald Trumps Hin und Her Amerikas Abschreckungsfähigkeit schwer beschädigt. Wenn der Präsident gesagt hätte, dass er die iranische Provokation zu einem Zeitpunkt und an einem Ort seiner Wahl beantworten würde, dann hätte er den Iran im Unklaren gelassen, wo genau die rote Linie der US-Regierung liegt. Durch die Absage des Militärschlags konnten die Iraner schlussfolgern, dass der Drohnenabschuss noch nicht die rote Linie überschritten hatte. Also konnten sie ihre Provokationen fortsetzen. Tatsächlich gab es in den Folgewochen weitere Schiffsattacken im Golf. Es ist nur ein Symptom für eine Außenpolitik, die die Vereinigten Staaten von Amerika jederzeit in blutige und unvorhersehbare militärische Konflikte stürzen könnte, weil die Trump-Administration den Schutzmechanismus gegen unverantwortliches Handeln einfach abgeschaltet hat. Sie bricht Regeln und fällt Entscheidungen, die vorher nicht intensiv beraten und bewertet wurden. Die Folgen können tödlich sein. Der amerikanische Präsident Dwight D. Eisenhower hat einmal empfohlen: »Der beste Weg, den Dritten Weltkrieg zu gewinnen, ist, ihn zu verhindern.«

Donald Trump tut genau das Gegenteil: Er macht, was ihm gerade einfällt, ohne vorauszudenken. So ist es auch beim Thema Syrien.

Anfang Oktober 2019 befahl Donald Trump den kompletten Abzug seiner Truppen aus Syrien. Er wollte sein Wahlversprechen erfüllen, amerikanische GIs aus den Konfliktgebieten der Welt nach Hause zu holen. Und er wollte wohl auch unter dem Druck durch das Amtsenthebungsverfahren beweisen, dass seine These stimmt: Der US-Präsident könne nach der Verfassung seines Landes machen, was er wolle, aus eigener Machtvollkommenheit, ohne jede Rücksprache mit Beratern oder dem Kongress, ja sogar gegen deren Widerstand. Genau dieser brach aber aus, unmittelbar nachdem er dem türkischen Präsidenten Erdoğan grünes Licht für einen Einmarsch seiner Armee in die syrische Grenzregion gegeben hatte. Selbst Trumps Parteifreunde waren empört. Sein wichtigster Unterstützer im Kongress und häufiger Golfpartner, Senator Lindsey Graham, kam mehrfach ins Weiße Haus, um dem Präsidenten zu erklären, warum der Abzug ein schwerer strategischer Fehler sein würde. Aber es ging Graham dabei nicht um Amerikas kurdische Verbündete, die Seite an Seite mit US-Soldaten gegen die Terrormiliz IS gekämpft hatten und nun der Willkür des türkischen Präsidenten und seiner Armee weichen sollten. Graham hatte sich, so berichten es amerikanische Medien, Verstärkung mitgebracht: den ehemaligen General Jack Keane, der bei Fox News häufig als Experte auftritt. Gemeinsam zeigten sie Donald Trump auf einer Landkarte Syriens, wo die Ölfelder liegen, auf die das Assad-Regime so gern wieder Zugriff hätte. Graham und Keane fürchteten, dass am Ende vor allem der Iran, der wohl engste Verbündete Syriens, davon profitieren könnte. Es wäre ein Desaster: Die gesamte Sanktionspolitik des Weißen Haus gegen die iranische Regierung und Wirtschaft würde unterlaufen.

Hier liegt der eigentliche Grund für den plötzlichen Sinneswandel des Präsidenten in den Tagen nach seiner vollmundigen Ankündigung des Truppenabzugs aus Syrien. Durch seine voreilige Entscheidung setzte er die Sicherheit der Ölfelder in der Gegend um Deir-ez-Zor aufs Spiel und war drauf und dran, seine eigene Politik des massiven Drucks auf das Mullah-Regime in Teheran zu zertrümmern. Dass nun doch US-Soldaten und Panzer in die Ölregion verlegt würden, begründete die Administration kurzerhand mit der Bedrohung durch den IS. Wer in alldem einen außenpolitischen Masterplan Donald Trumps sucht, wird ihn nicht finden, weil es ihn nicht gibt. Die Liste seiner strategischen Fehler aufgrund von Wahlkampfinteressen, spontanen Eingebungen oder einer fast zwanghaften Suche nach der Möglichkeit zum Deal ist lang. Eine der gefährlichsten Nebenwirkungen seiner Eskapaden ist das Ausbluten des diplomatischen Dienstes. Immer mehr Beamte verlassen die Trump-Administration, immer weniger Bewerber gehen in das Auswahlverfahren für eine Karriere im amerikanischen Außenministerium. 2018 waren es mit rund 9000 Bewerbern nur halb so viele wie im Jahr 2013. Die Internetzeitung *The Hill* zitierte im Oktober 2019 einen ehemaligen US-Botschafter, der aber anonym bleiben will:[18] »Wir haben unsere globale Führungsrolle verspielt, unsere Freunde vor den Kopf gestoßen und unsere Feinde ermutigt.« Die Moral im State Department sei »an einem neuen Tiefpunkt, und ich bin nicht sicher, ob sie noch tiefer sein könnte, als sie es in diesen letzten drei Jahren war.«

Dutzende von wichtigen Abteilungsleiterposten und anderen Führungsfunktionen des Auswärtigen Dienstes waren zu diesem Zeitpunkt gar nicht oder nur kommissarisch besetzt. Zur Unzufriedenheit trägt die Amtsführung von Außenminister Mike Pompeo bei, der sich als verlängerter Arm des Präsidenten für Ermittlungen gegen dessen politische Gegner versteht. Einmal reiste er gar nach Italien, um höchstpersönlich kruden Theorien über eine angebliche Verschwörung des sogenannten »Deep State« innerhalb der amerikanischen Regierungsbehörden gegen Donald Trump nachzugehen. Statt um eine Verschwörung dürfte es sich eher um ehrlichen Frust und Ärger handeln, die in jener Zeit im Herbst 2019 eine ganze Reihe von Diplomaten zu den Anhörungen im Rahmen des Amtsenthebungsverfahrens führte. Dass Trump sie anschließend als Verräter und Feinde beschimpfte, bestärkte andere in der Überzeugung, dass auch sie nicht mehr schweigen durften, weil die Demokratie in den USA auf dem Spiel steht und weil sie ihren Amtseid ja nicht auf den Präsidenten Donald Trump, sondern auf die amerikanische Verfassung geschworen hatten.

Infolgedessen isolierte sich der Präsident weiter und lehnte jede Beratung von Fachleuten ab. Seine Kabinettsmitglieder wurden immer mehr zu willfährigen Erfüllungsgehilfen. Ein Beispiel ist

Verteidigungsminister Mark Esper, der erst eifrig den Komplettabzug aus Syrien rechtfertigte, dann genauso eifrig die Entsendung von Panzern nach Ostsyrien als grandiosen Schachzug anpries, ein anderes Mal das hohe Lied vom »Bringt die Truppen heim« sang und gleichzeitig an der Vermietung einiger Tausend US-Soldaten nach Saudi-Arabien nichts Schlimmes finden konnte.

Die Folgen von Trumps Syrienpolitik wirken bis heute nach. Er hatte 2018 den »totalen Sieg« über den IS erklärt und durch einen Teilabzug der amerikanischen Truppen nicht nur einen neuen Anstieg von Terroranschlägen im Irak und in Syrien mit verursacht, sondern auch Russland ermutigt, intensiv aufseiten des Assad-Regimes zu intervenieren. Die mörderischen Angriffe russischer und syrischer Truppen in der Provinz Idlib im Jahr 2020 forderten Tausende von Todesopfern und lösten eine neue Flüchtlingswelle in der Region aus. Immerhin einen großen Erfolg konnte sich Donald Trump ans Revers heften. Ende Oktober 2019 hatten die US-Geheimdienste und das Militär, ironischerweise mithilfe ihrer kurdischen Verbündeten, das Versteck des IS-Anführers und selbst ernannten Kalifen Abu Bakr al-Baghdadi ausfindig gemacht. Seine Tötung wäre eine Gelegenheit gewesen, sich der Weltöffentlichkeit als souveräner, überlegt handelnder und starker Anführer zu präsentieren, der mit Ernsthaftigkeit das Ende einer existenziellen Bedrohung für die Menschen rund um den Globus bekannt gibt. Donald Trump machte daraus eine Fernsehshow.

»Ich habe drei Jahre nach ihm gesucht«, sagte der US-Präsident, und jeder, der ihn kennt, weiß, dass Donald Trump das durchaus wörtlich meinte. Dabei waren es die CIA und das Kommando für Spezialoperationen, die über Jahre intensiv nach Abu Bakr al-Baghdadi gesucht hatten, obwohl Trump längst den uneingeschränkten Sieg – »100 Prozent« – über den IS erklärt hatte. Den entscheidenden Hinweis auf das Versteck des selbst ernannten Kalifen erhielt die CIA offenbar von einer Ehefrau des IS-Anführers und von einem Kurier, die beide dank der kurdischen Verbündeten der USA gefasst werden konnten. Obwohl der US-Präsident bei seiner denkwürdigen Pressekonferenz vielen seinen Dank aussprach – allen voran bemerkenswerterweise Russland –, ging es ihm doch in allererster Linie um eines: Anerkennung für ihn selbst. Der Tod von Abu Bakr al-Baghdadi sei »größer« als der von

Osama bin Laden im Jahr 2011. Donald Trump ist es wichtig, besser zu sein als sein Amtsvorgänger Barack Obama. Der hatte nach der Operation, bei der bin Laden getötet wurde, der Nation genau neun Minuten lang erklärt, was geschehen war und welche Bedeutung das hatte. Trump redete fast 50 Minuten, beantwortete Fragen, reicherte die Ereignisse mit Beschreibungen eines »wimmernden und weinenden« Abu Bakr al-Baghdadi an, für die es keinerlei Beleg gibt, und beleidigte einmal mehr die Kurden, deren Schicksal der US-Präsident wenige Tage zuvor ihrem größten Feind, dem türkischen Präsidenten Erdoğan, überlassen hatte: Nach »drei Tagen Kampf« zwischen der Türkei und den Kurden sei es ja jetzt einfacher geworden, »mit ihnen umzugehen«.

Zum Ende hin sinnierte Donald Trump auch noch darüber, dass der Terrorführer eine westliche Geisel »schön« gefunden habe, als würde es hier um die Bewertung nach dem Vorbild einer Fernsehshow wie »Bachelor« oder »Big Brother« gehen. Tatsächlich empfand der US-Präsident die ganze Operation, wie er sagte, als eine spannende (und offenkundig auch unterhaltende) TV-Show, die er gemeinsam mit den Anführern der US-Streitkräfte an jenem Samstag im Lagezentrum des Weißen Hauses anschauen konnte. Keine Frage: Der Einsatzbefehl für die amerikanischen Elitesoldaten erforderte Mut, dafür gebührt Donald Trump Respekt. Denn natürlich hätten bei dieser Operation auch Navy Seals sterben können, so wurde nur ein treuer Spürhund des Teams verletzt. Aber man fragt sich, ob Donald Trump auch angesichts von zahlreichen amerikanischen Opfern eine solche »Ehrenrunde« vor den Livekameras des US-Fernsehens gedreht hätte.

Tatsächlich brauchte er diesen Erfolg für den Wahlkampf, um seinen Anhängern zu signalisieren, dass er das Problem IS ein für alle Mal erledigt habe. Diese Einschätzung teilt nicht einmal sein eigener Verteidigungsminister. Mark Esper wies darauf hin, dass die Ideologie des IS weiterlebe. Tatsächlich ist der IS weit davon entfernt, besiegt zu sein. Sein Erstarken in zahlreichen Ländern von den Philippinen und Sri Lanka über Afghanistan bis zu Staaten in Nord- und Ostafrika wurde durch eine US-Außenpolitik befeuert, die auf Rückzug setzt. In Syrien sind deshalb Hunderte von IS-Terroristen und wohl auch Tausende ihrer Unterstützer aus den Gefängnissen entkommen. Die dramatische Destabilisierung von

Syrien und dem Irak und die Rückendeckung für Saudi-Arabien im Bürgerkrieg im Jemen bilden einen fruchtbaren Boden für die islamistische Ideologie.

Je mehr sich diese Konflikte weiter aufheizen, desto mehr sind die USA auf Geheimoperationen ihrer Spezialkräfte und auf wertvolle Hinweise von ihren Verbündeten in diesen Gebieten angewiesen. Donald Trump hat dies mit seinem Auftritt noch schwerer gemacht. Er verriet Details der Vorgeschichte, Ausführung und Folgemaßnahmen der Operation gegen Abu Bakr al-Baghdadi, die normalerweise der striktesten Geheimhaltung unterliegen: Informationen über Hinweisgeber, die nachrichtendienstliche Zusammenarbeit, die Annäherung an das Versteck und über Personen, die gefangen genommen wurden. Bei der CIA und dem Kommando der Special Forces wird man sich die Haare gerauft haben. Aber wenn solche Worte über die Lippen des obersten Befehlshabers kommen, unterliegen sie eben nicht mehr der Einstufung »top secret«.

Darüber hinaus sprach Trump davon, dass eine amerikanische Ölfirma die Förderung des Öls im Osten Syriens übernehmen solle und dass es eine gute Idee sei, eine Gegenleistung für das amerikanische Engagement zu verlangen. Er erweckte den Anschein, dass man US-Soldaten als Söldner anmieten kann für Kriege gegen Cash, eine Außenpolitik als Business-Deal. Wie gesagt, es war eine denkwürdige Pressekonferenz, die man getrost auch Ego-Show nennen könnte.

Man fragt sich, ob der amerikanische Präsident mit einem mörderischen Terroristen wie Abu Bakr al-Baghdadi auch einen Friedensvertrag ausgehandelt hätte, wenn der militärische Erfolg gegen den IS im Jahr 2018 ausgeblieben wäre. Schließlich verhandelte Donald Trump ja auch in Afghanistan mit Terroristen, die das Leben Hunderttausender Menschen auf dem Gewissen haben. Über mehrere Jahre hatten sich Geheimgespräche mit den Taliban hingezogen, und am Ende kam ein vermeintlicher Deal zustande, an dem die afghanische Regierung gar nicht erst beteiligt war und der für viele Menschen im Land, insbesondere für Frauen, einen Rückfall in düstere Zeiten verheißt.

Es war ein Risiko, das die US-Regierung am 29. Februar 2020 einging. Das wusste auch Außenminister Mike Pompeo, der die

Unterschrift unter dem Dokument lieber seinem Verhandlungs-
führer überließ. Die Zeremonie in Doha war ein Eingeständnis,
dass die USA die Taliban nicht besiegen können. Es klingt verrückt: Terroristen sollen nun verhindern, dass andere Terrorgrup-
pen Amerika je wieder angreifen. Die Taliban versprechen auch
eine Reduzierung ihrer Gewalttaten, um die Entwicklung des Landes zu ermöglichen. Im Gegenzug verlangen die Taliban eine Beteiligung an der Macht. Im nächsten Schritt sollte es Verhandlungen zwischen ihnen und der afghanischen Regierung geben, die
nicht Teil des Friedensdeals war. Die US-Truppenpräsenz würde
von über 12 000 Soldaten zunächst auf 8600 reduziert. Fernziel
war ein weitgehender Abzug Amerikas. Schon wenige Wochen
später verübten die Taliban wieder Terroranschläge, weigerten sich
die führenden Parteien in Afghanistan, die Gespräche mit den
Terroristen fortzusetzen, die US-Regierung strich eine Milliarde
Dollar an Finanzhilfen für das Land, und es drängte sich der Eindruck auf, dass es bei allem nur um eines gegangen sei: Der Präsident kann sich im Wahlkampf für einen historischen Friedensdeal
rühmen, für dessen späteres Scheitern er dann anderen die Schuld
gibt. Donald Trump schreckt vor nichts zurück, was eine gute
Show verspricht: In diesem Fall telefonierte er höchstpersönlich
mit einem Topterroristen, Mullah Abdul Ghani Baradar, der für
den Tod Tausender Menschen verantwortlich ist. Hinterher sagte
Trump: »Wir hatten ein sehr gutes Gespräch mit dem Anführer
der Taliban.«

Wenn Donald Trump von einem »sehr guten Gespräch« redet,
dann ist das nicht nur der übliche Diplomatensprech, sondern er
will den Anschein erwecken, dass er in der Lage sei, mit jedem Gesprächspartner den richtigen Draht zur Lösung aller Probleme zu
finden. Er ist fest davon überzeugt, dass er selbst als erfolgreicher
Geschäftsmann immer der geschicktere Verhandler ist und sich
niemals von anderen einwickeln, einschüchtern oder übers Ohr
hauen lässt. Besonders großen Wert legt er dabei auf Zwiegesprä-
che mit den zwielichtigsten Gestalten in der heutigen Welt, zu
denen die Taliban-Terroristen genauso gehören wie der nordkoreanische Diktator Kim, der philippinische Machthaber Duterte und
die autoritären Präsidenten Erdoğan, Xi und Putin. Das hat wohl
auch mit seiner insgeheimen Bewunderung für die vermeintlich

»starken Männer« zu tun, die Machos in Führungsämtern, die machen, was sie wollen, ohne dass ihnen lästige Parlamente oder Medien in die Quere kommen. Je umstrittener sein Gesprächspartner, desto mehr feiert Trump jedes noch so kleine Entgegenkommen als Erfolg seines außerordentlichen Verhandlungsgeschicks. Doch, mit Verlaub, der Kaiser ist meist nackt: Donald Trump hat trotz aller pompösen Rhetorik am Ende oft nicht viel zu bieten an vorzeigbaren Ergebnissen, weil er immer nur im Moment denkt, auf den kurzfristigen, schnellen Erfolg aus ist, auch wenn dieser nicht mehr ist als ein schnell verpuffender Werbeeffekt. Denn seine Gesprächspartner denken langfristiger, strategischer, trickreicher.

Auch im Umgang mit der einstigen Supermacht Russland ist keine klare Strategie gegenüber Kreml-Chef Putin erkennbar. Unmittelbar vor dem ersten Gipfeltreffen der beiden im Juli 2018 tat Trump etwas, was früheren amerikanischen Präsidenten nicht im Traum eingefallen wäre: In einem Interview bezeichnete er die Länder der Europäischen Union im Handelsstreit als »Feinde« und warf ihnen vor, sie würden »Amerika übervorteilen«. Per Twitter gab er außerdem seinen Amtsvorgängern die Schuld an den schlechten Beziehungen zum russischen Präsidenten Wladimir Putin: »Unser Verhältnis zu Russland war NIE schlimmer als jetzt, dank der vielen Jahre amerikanischer Torheit und Blödheit und jetzt der manipulierten Hexenjagd.« – »Wir stimmen zu«, retweetete darauf das russische Außenministerium. Ein klassischer Trump: erst die Lage so düster wie möglich beschreiben und dann anderen die Schuld dafür geben, sodass man später jeden noch so kleinen Fortschritt als eigenes Verdienst verkaufen kann. Zur Erinnerung: Wenige Tage zuvor war in den USA auf der Basis der Erkenntnisse des Sonderermittlers Robert Mueller zur russischen Einflussnahme auf den amerikanischen Präsidentschaftswahlkampf 2016 in Abwesenheit gegen zwölf Staatsbürger Russlands Anklage erhoben worden. Obendrein hatte der russische Geheimdienst vier Monate vor dem Gipfeltreffen einen ehemaligen Agenten und seine Tochter in Großbritannien mit einem chemischen Kampfstoff vergiftet. Donald Trump lag offenbar nichts daran, von Wladimir Putin vollständige Aufklärung zu fordern.

Als Trump bei der gemeinsamen Pressekonferenz gefragt wird, ob er die russische Manipulation der US-Wahl verurteile, sagt er:

»Meine Geheimdienstleute denken, es war Russland«, und fährt dann fort: »Präsident Putin sagt, es war nicht Russland. Ich sehe keinen Grund, warum es (Russland) sein sollte.« Der Präsident der Vereinigten Staaten fällt seinen eigenen Behörden in den Rücken und glaubt eher einem politischen und militärischen Gegner als jenen, die zur Verteidigung Amerikas einen Eid auf die Verfassung geleistet haben. Die Vorfälle vom Sommer 2018 zeigen exemplarisch die Zurückhaltung Donald Trumps, Amerikas Interessen auch im Konflikt mit Russland zu vertreten. Seine Kritiker behaupten, dass dies mit seinen eigenen zahlreichen wirtschaftlichen und finanziellen Interessen in Moskau zu tun hat.

Neben dem schon erwähnten Rückzug aus dem INF-Vertrag und den immer wieder aufflammenden Meinungsverschiedenheiten über die russische Unterstützung für das Assad-Regime in Syrien hat Donald Trump in seiner Amtszeit immerhin die gegen Russland nach der Annexion der Krim verhängten Sanktionen verlängert. Unter dem Druck des Kongresses weitete er sie sogar auf einige Einzelpersonen und Unternehmen aus und ließ Dutzende von russischen Diplomaten aus den USA ausweisen. Darüber hinaus erhöhte er zunächst auch die Militärhilfen für die Ukraine, bevor er sie im Jahr 2019 als Hebel für Wahlkampfhilfe aus Kiew benutzte. Aber einen ernst zu nehmenden Kontrahenten fand der russische Autokrat Putin in seinem amerikanischen Amtskollegen nicht, im Gegenteil. Im Sommer 2019 irritierte Trump die anderen sechs Mitgliedsländer der sogenannten G-7 mit der Forderung, Russland doch wieder in den Kreis der wichtigsten Wirtschaftsnationen der Erde aufzunehmen. Solch eine Einladung wäre das Signal an Moskau gewesen, dass der Einmarsch in der Ostukraine und die Annexion der Krim von den anderen Regierungen akzeptiert würde. Sie hatten Russland nach den Ereignissen von 2014 aus ihrem Kreis ausgeschlossen. Trump argumentierte nun, es sei besser, Russland in einer G-8-Runde mit einzubinden, als es außen vor zu lassen. Als er im August 2019 bei der Abschlusspressekonferenz des G-7-Gipfels im französischen Biarritz gefragt wurde, warum er es angemessen finde, dass Russland trotz seiner Einflussnahme auf den US-Wahlkampf wieder an den Beratungstisch zurückkehren sollte, brach es aus Trump heraus: Die Krim wurde ja »gewissermaßen Präsident Obama weggenommen, nicht

Präsident Trump weggenommen, sondern Präsident Obama weggenommen. Obama war nicht glücklich, als das passierte, weil es für ihn peinlich war. Richtig? Es war peinlich für ihn, deshalb wollte er Russland aus den G-8 ausschließen lassen. Das war seine Absicht. Er wurde von Putin ausgetrickst. Er wurde ausgetrickst. Präsident Putin überlistete Präsident Obama.«

Wenn man solches hört, fragt man sich, wie Trump denn auf die völkerrechtswidrige Annexion der Krim und auf den immer noch andauernden Krieg Russlands im Osten der Ukraine reagiert hätte? Mit einem Achselzucken? Tatsächlich waren sich die sieben Industriestaaten USA, Deutschland, Frankreich, Großbritannien Kanada, Japan und Italien sowie der Europarat und die EU-Kommission in ihrer Erklärung vom 24. März 2014 einig,[19] dass sie ihre »Teilnahme an den G-8 suspendieren, bis Russland den Kurs ändert und die Lage wieder so ist, dass die G-8 eine sinnvolle Diskussion führen können«. Dies ist bis heute nicht geschehen. Trotzdem forderte Trump im Mai 2020, die G-7 auf G-11 aufzustocken und Russland, Indien, Südkorea sowie Australien neu mit aufzunehmen. Offenbar hat der amerikanische Präsident die Krim-Frage abgehakt und sieht sie als Hindernis für eine Verbesserung der Beziehungen zu Russland, mit der er sich dann wieder schmücken könnte. Für die europäischen Verbündeten, die fast täglich neue Provokationen aus Russland erleben, ist diese Haltung ihres eigentlich wichtigsten Verbündeten gegen russische Machtansprüche in Osteuropa ein Verrat an der transatlantischen Partnerschaft. Das hat sicher auch viel damit zu tun, dass Donald Trump seinen Umgang mit anderen Ländern nicht mit einer Minimalachtung gegenüber den universalen Menschenrechten verbindet, sondern ausschließlich nach wirtschaftlichen Vorteilen für sein Land und – mittelbar damit verbunden – auch politischen und finanziellen Vorteilen für sich selbst ausrichtet. Wie sehr der amerikanische Präsident ständig auf der Jagd nach dem besten Deal ist, wurde bei den verschiedenen Gipfeltreffen im Sommer 2019 besonders deutlich. Man könnte es auch Sommertheater nennen.

Sommertheater in drei Akten

Akt 1 – Der G-20-Gipfel im japanischen Osaka Ende Juni 2019.
Kurz bevor wir uns mit unserem Kamerateam dorthin aufmachten, hatte ich mit einer Reihe von Wirtschaftsexperten gesprochen, viele Artikel gelesen und dabei eine klare Erwartungshaltung für das wohl wichtigste Treffen von Wirtschaftsnationen rund um den Erdball entwickelt. Wahrscheinlich würde ganz viel geredet und am Ende ganz wenig entschieden werden – jedenfalls wenn es nach Donald Trump ginge. Der amerikanische Präsident hält, wie beschrieben, nicht viel von multilateralen Vereinbarungen. Er sieht sie als Fesseln, die Amerika daran hindern, wieder die Größe zu erlangen, von der er in den Folgemonaten bis zur Präsidentschaftswahl in den USA seinen Anhängern im Wahlkampf möglichst oft erzählen wollte. Deshalb standen acht Einzelgespräche auf Trumps Zeitplan für den G-20-Gipfel, die er wohl in erster Linie nutzen wollte, um mit massivem Druck auf einzelne Staaten bessere Deals auszuhandeln oder sie in anderen Fragen auf seine Linie zu bringen.

In diesen sogenannten »Bilaterals«, den Vieraugengesprächen zwischen Staats- und Regierungschefs, spielt die eigentliche Musik bei Gipfeltreffen der G-20, sicher auch diesmal in Osaka. Fast bei allen Hauptthemen stand die US-Regierung auf der Bremse, weil für den amerikanischen Präsidenten der Handel zwischen zwei Staaten keine internationalen Regeln braucht, die das Recht des Stärkeren einschränken könnten. Mit all den von ihm losgetretenen Konflikten wettete der Geschäftsmann und Dealmaker Trump darauf, dass all die einknicken würden, die mit ihm zum sogenannten Familienfoto vor die Kameras treten würden. Der Mann im Weißen Haus trieb den Handelskrieg mit China und der EU weiter voran und ließ die Entwürfe für die Abschlusserklärung dieses Gipfels schon im Vorfeld so weit herunterkochen, dass die Erwartungen recht gering waren. In Osaka würde er auch mit hoher Wahrscheinlichkeit die dringende Reform der Welthandelsorganisation vereiteln. Spätestens zum Jahresende 2019 wäre die WTO nicht mehr handlungsfähig, weil ihr Schiedsgericht dann nicht mehr über die notwendige Zahl von mindestens drei Entscheidern verfügen würde. Seit vielen Monaten verhinderte die Trump-

Administration eine Nachbesetzung in dem eigentlich achtköpfigen Gremium. Ohne eine solche Berufungsinstanz, an die sich Staaten in Handelskonflikten wenden können, wäre die WTO gelähmt, das globale Wirtschaftssystem stünde auf dem Spiel. Wohl deshalb regte sich in dieser Frage in den Reihen der G-20 Widerstand gegen das Diktat aus Washington. Sollten die USA nicht einlenken, so ein Plan, über den die Europäische Union, China, Russland und andere Industrienationen nachdachten, könnte man durch einen internationalen Vertrag eine Art Ersatz-WTO der Willigen etablieren. Amerika wäre isoliert.

Aber würden die anderen mutig genug sein für einen solchen Aufstand bei diesem G-20-Gipfel? Äußerst unwahrscheinlich, da die US-Regierung viele Möglichkeiten hätte, um den Interessen anderer Länder massiv zu schaden. Was wäre, wenn der US-Präsident nicht nur gegen chinesische Unternehmen vorgehen, sondern Sanktionen gegen all jene Firmen und Länder verhängen würde, die mit den Chinesen Geschäfte machen? Ein Schreckensszenario für die EU, die China als wichtigen Handelspartner sah. Ähnliche Sanktionen im Fall Iran zeigten ja bereits weitreichende Auswirkungen auf Unternehmen in ganz Europa.

Aber Trump wäre wohl kaum Trump, wenn man sein Verhalten voraussagen könnte. Er wäre in der Lage, diesen Gipfel mit einem großen Eklat platzen zu lassen – und ebenso gut könnte er ihn gemeinsam mit dem Gastgeber Shinzo Abe doch zu einem Erfolg führen. Vielleicht würde die Abschlusserklärung wenigstens zwei wichtige Vereinbarungen beinhalten, auch wenn sie zunächst nur in schönen Worten die guten Absichten der 20 wichtigsten Industrienationen beschrieben: Die digitale Revolution mithilfe künstlicher Intelligenz solle nach den Regeln von Recht, Anstand und Menschenwürde vorangetrieben werden, und eine Digitalsteuer für globale Techkonzerne wie Facebook, Google, Amazon oder Apple könne dafür sorgen, dass deren Milliardeneinnahmen nicht ausschließlich am jeweiligen Firmensitz besteuert würden, sondern auch dort, wo die meisten Kunden deren Plattformen, Dienste und Produkte nutzten. Würden sich die USA unter Donald Trump an diese schönen Erklärungen halten? Vermutlich nur, wenn ihn jemand zur Erkenntnis zwingen würde, dass multilaterale Vereinbarungen doch nicht ganz so nutzlos sind.

Das war die Ausgangslage vor dem Beginn des Gipfels am 28. Juni 2019. Natürlich hatte Trump schon vor seiner Ankunft den Gastgeber Japan beleidigt. In einem Interview für Fox News sagte er in Bezug auf den militärischen Schutz, den die USA Japan nach dem Zweiten Weltkrieg im Gegenzug für eine komplette Abrüstung versprochen hatten, im Falle eines Angriffs »gehen wir rein, beschützen sie und werden mit unserem Leben und unserem Geld für sie kämpfen. Wir kämpfen, koste es, was es wolle. Aber wenn wir angegriffen werden, wird Japan uns überhaupt nicht helfen. Sie schauen sich den Angriff dann auf einem Sony-Fernseher an.« Dass die USA ihre Macht im Pazifik nur mithilfe ihrer Militärbasen vor Ort ausüben können, war ihm vermutlich gar nicht bewusst. Auch andere Gipfelteilnehmer hatten vorher schon Pflöcke eingeschlagen. Frankreichs Präsident Macron drohte, den Gipfel platzen zu lassen, wenn es keine klare Aussage zum Klimawandel gäbe. Sein chinesischer Amtskollege Xi wollte im Handelsstreit mit den USA hart bleiben. Wladimir Putin hatte in einem Interview Angela Merkels Flüchtlingspolitik als »Kardinalfehler« bezeichnet und liberale Demokratien für überflüssig erklärt, sehr zum Ärger der EU-Delegation: »Wer immer behauptet, dass liberale Demokratien obsolet sind«, so der EU-Ratspräsident Donald Tusk, »der hält auch Freiheiten, die Rechtsstaatlichkeit und die Menschenrechte für überflüssig.« Der Streit schien unvermeidbar, obwohl Japans Premierminister Shinzo Abe doch in seinem Auftaktstatement daran erinnerte, dass sich Japan gerade in der Ära der »Reiwa« befinde, was so viel heißt wie »schöne Harmonie«.

Immerhin: Am Ende des ersten Tages war die Bilanz besser als befürchtet. Donald Trump war überraschend freundlich aufgetreten, hatte die deutsche Kanzlerin als »fantastische Person, eine fantastische Frau« gelobt, bevor er mit ihr vertraulich über die Themen Libyen, Ukraine und Iran beriet. Erste Einigungen gab es auch: Die USA stimmten einer Digitalsteuer für weltweit agierende Technologiekonzerne zu, und auch der Einsatz von künstlicher Intelligenz könnte künftig voraussichtlich global geregelt werden. Dann kam der zweite Tag, an dessen Ende es normalerweise nur zwei Möglichkeiten geben sollte, um die Ergebnisse dieses G-20-Gipfels zu bewerten: Er war ein Erfolg, oder er war ein Misserfolg. Stattdessen gab es einmal mehr die dritte Variante – ein krachender Misserfolg wurde von den Beteiligten einfach doch als Erfolg verkauft. Das Abschlussdokument war ein 13-seitiges Geschwurbel aus relativierenden Adjektiven und entschärfenden Nebensätzen.[20] Beim Thema künstliche Intelligenz beispielsweise hätte man konkrete Ziele formulieren können, statt auf den – Achtung, relativierendes Adjektiv – »nicht bindenden« Leitfaden der OECD zu verweisen. Die Formulierung zum Klimawandel musste man zehnmal lesen, um den Nebensatzdschungel auch nur ansatzweise zu durchdringen: »Die Unterzeichner der Paris-Vereinbarung, die in Buenos Aires deren Unumkehrbarkeit bestätigt haben und zu ihrer Umsetzung entschlossen sind, bestätigen noch einmal ihre Zusage zur vollständigen Umsetzung, wobei sie die gemeinsamen, aber unterschiedlichen Verantwortlichkeiten und jeweiligen Fähigkeiten berücksichtigen, im Lichte unterschiedlicher nationaler Umstände.«

Man hätte das mehr als 40 Wörter lange Satzmonster auch in ein Wort packen können: Stillstand, und den sollte man ehrlicherweise nicht als Fortschritt verkaufen. Warum sprach es keiner der Staats- und Regierungschefs offen aus? Der G-20-Gipfel von Osaka war gescheitert. Zum Jahresende würde die Welthandelsorganisation WTO versteinern. Die Multilateralisten waren auf dem Rückzug, die autoritären Regime auf dem Vormarsch. Am Tisch saßen einige feixende Staats- und Regierungschefs, die Menschenrechte mit Füßen treten, politische Morde beauftragen, die Meinungs- und Pressefreiheit vor laufenden Kameras verspotten und die liberale Demokratie für obsolet erklären, während die anderen weitgehend schwiegen, damit am Ende wenigstens ein Stück Papier, genannt Erklärung, den scheinbaren Erfolg dieses Gipfels belegen konnte. Das schmerzhafteste Bild war wohl das berühmte »Familienfoto«, in dem der saudische Kronprinz bin Salman ziemlich genau in der Bildmitte platziert war.

Wenn die ganze Energie, die in unzählige bilaterale Treffen geflossen war, in die drei Arbeitssitzungen zu den großen Themen der Zeit geflossen wäre, was hätte diese Runde zum Wohl der Menschheit bewegen können? Nun sendete dieser Gipfel vor allem zwei Signale an die Welt: Die Bereitschaft, die großen Herausforderungen gemeinsam zu lösen, wurde von nationalistischen und nativistischen Regimen klein gemahlen. Und im großen Konflikt des 21. Jahrhunderts zwischen autoritären und demokratischen Systemen hatten Letztere noch nicht verstanden, dass sie mit all ihrer noch vorhandenen politischen und wirtschaftlichen Macht die Prinzipien der Freiheit, Rechtsstaatlichkeit und Menschenwürde verteidigen müssen. Sie hätten eine eigene, unmissverständliche Abschlusserklärung zu all den Themenfeldern dieses Gipfels verabschieden können, ein Papier ohne falsche Kompromisse, an dem man sich hätte reiben, aber an dem man sich auch hätte messen lassen können in seiner Ernsthaftigkeit, die globalen Herausforderungen anzugehen. Ja, diplomatisch hätte solch ein Eklat den Gipfel platzen lassen. Trump, Putin, Xi, Salman und Erdoğan wären wohl nicht so fröhlich grinsend, sondern zutiefst verärgert nach Hause gereist. Aber die Welt hätte Klarheit darüber gehabt, was auf dem Spiel steht und wer an welchem Platz.

Nun mag man einwenden, dass in Osaka doch auch der Wirtschaftsdeal zwischen der Europäischen Union und einigen südamerikanischen Staaten mit der größten Freihandelszone der Geschichte zustande kam. Dieser hatte allerdings mit dem G-20-Gipfel eigentlich nichts zu tun. Aber er zeigte, dass dank wirtschaftlicher Stärke der politische Hebel der Europäer groß genug wäre, um Donald Trump klarzumachen, dass offener Welthandel nach Regeln besser ist als Handelsprotektionismus in Rambo-Manier. Natürlich müssten die EU und die Südamerikaner erst noch beweisen, dass ihr Deal den Menschen in beiden Regionen nützt, ohne dem Weltklima und den Grundprinzipien eines fairen Handels zu schaden. Auch deshalb wäre bei diesem G-20-Gipfel eine klare Erklärung ohne jedes Geschwurbel so wichtig gewesen. Die, die dann herauskam, war trotz vieler schöner Worte, Vorsätze und Absichtserklärungen und trotz kleiner Fortschritte in einigen wenigen Punkten kaum das Papier wert, auf dem sie nach vielen mühsamen Verhandlungen stand. Aber der Vorhang war gefallen, der amerikanische Präsident flog zum nächsten Akt.

Akt 2 – koreanische Halbinsel. »Love Shots«, so nennt man Schnappschüsse, in denen Liebespaare ihre Zuneigung zur Schau stellen. Da passte es wunderbar, dass die südkoreanische Band Exo Donald Trump und seiner Tochter Ivanka kurz nach der Ankunft ihr neuestes Album überreichte, Titel »Love Shot«. »Oh, handsigniert«, so notierte der Pool-Reporter Ivanka Trumps Reaktion bei der Szene am Rande des Abendessens mit dem südkoreanischen Präsidenten Moon. Offenbar sollte es genau so eine Art Liebesschnappschuss an der demilitarisierten Zone DMZ, der Grenze zwischen Nord- und Südkorea, werden, nachdem der US-Präsident und der nordkoreanische Diktator Kim Jong Un in den vorhergehenden Wochen warmherzige Briefe ausgetauscht hatten. Der Besuch im Sperrgebiet war schon länger geplant, aber die Idee, Kim per Twitter aufzufordern, für einen Handschlag auch mal vorbeizuschauen, kam Donald Trump angeblich erst am Tag zuvor. Das behauptete er zwar, aber der US-Präsident hatte den Gedanken offenbar bereits Tage vorher in einem Interview geäußert. Er wusste zu diesem Zeitpunkt schon, dass all die anderen Staats- und Regierungschefs beim G-20-Gipfel in Osaka wegen seiner Bremspolitik mit recht erbärmlichen Ergebnissen nach Hause fahren müssten, während er ein Bild für die Geschichtsbücher erschaffen würde. Unsere amerikanischen Kollegen haben einen Begriff für diese trumpschen Einfälle: »Das-gab's-noch-nie-Theater« – mit anderen Worten: Historische Momente werden inszeniert, aber sie sind eigentlich eine Luftnummer, eine reine Show für Trumps Anhänger, die ihn im Wahlkampf für seine unkonventionellen Stunts feiern, die frühere Präsidenten sich nie getraut hätten. Tatsächlich aber glaubte kaum jemand mit politischem Sachverstand, noch nicht einmal im Beraterkreis um den US-Präsidenten, dass Nordkoreas Führer Kim sein Nuklearprogramm jemals aufgeben werde. Es ist seine Lebensversicherung.

Und doch, trotz allem hatte dieser Moment etwas Magisches: Auf einmal taucht Kim Jong Un auf. Donald Trump steht auf der südkoreanischen Seite. Direkt an der Betonkante, der Demarkationslinie. Einen Handschlag an dieser Stelle kann man schon historisch nennen. Dann hebt der US-Präsident den Fuß, überquert die Grenze, geht Seite an Seite mit Kim Dutzende von Metern ins Feindesland. Nun liegt der Ball bei Kim. Gemeinsam schreiten sie zurück, über die Betonstufe nach Südkorea. Und der amerikanische Präsident sagt: »Es ist eine große Ehre, über diese Linie zu treten. Das ist historisch, ein großer Tag für die Welt.« Gefragt, ob er Kim Jong Un ins Weiße Haus nach Washington einladen werde, sagt Trump: »Ich lade ihn jetzt hiermit ein.« Wenig später sitzen die beiden traut zusammen, und Kim spricht von seiner Bereitschaft, »der unglücklichen Vergangenheit ein Ende zu bereiten«. Man kann es drehen und wenden, wie man will: Es ist ein Moment für die Geschichtsbücher.

»Warum geben Sie Kim diesen Moment, obwohl sich doch eigentlich nichts geändert hat?«, hatte eine US-Journalistin während Trumps Pressekonferenz zuvor in Seoul gefragt. »Alles Fake News«, tat der Präsident den Einwand ab. Es sei eine »Beleidigung, so zu tun, als hätte sich in den vergangenen zwei Jahren nichts verändert«. Tatsächlich aber hatte Nordkorea nicht nur sein Atomprogramm weiter vorangetrieben, sondern erst wenige Wochen vor der Gipfelinszenierung wieder Raketentests durchgeführt. Dennoch – nur weil der US-Präsident nach dem Motto handelte, »ich mach mir die Welt, wie sie mir gefällt«, war es noch viel zu früh, ein endgültiges Urteil über das Treffen in der DMZ zu fällen. Was, wenn es tatsächlich der Auftakt zu einer neuen Verhandlungsrunde gewesen wäre, die am Ende irgendwann zu konkreten Ergebnissen führte, beispielsweise einer internationalen Kontrolle des nordkoreanischen Atomprogramms, ohne dass es wirklich aufgegeben würde? Die Chancen mochten noch so gering sein, doch sie nicht zu verfolgen, wäre fahrlässig. Aber was, wenn gar nichts herauskäme? Dann hätte ein menschenverachtendes Regime einen großen Propagandaerfolg errungen. Südkorea, Japan und andere Nachbarstaaten könnten das Gefühl haben, dass Amerika ihre Sicherheit für eine politische Spielerei riskiere. Trumps Dasgab's-noch-nie-Theater birgt immer auch das Risiko, dass es irgendwann in einer Katastrophe endet. Aber all das war dem US-Präsidenten in diesem Augenblick sicher egal. Er würde seinen Anhängern sagen können, er habe wenigstens etwas versucht, was noch nie ein anderer gewagt habe. Das würde seiner Wiederwahl nützen, seinem schon jetzt über alle Maßen großen Ego schmeicheln und sein Verlangen nach mehr befeuern. Deshalb würden die »Love Shots« weitergehen, meist mit den Despoten dieser Welt, denen sich der eigentliche Anführer der freien Welt offenbar näher fühlt als all jenen, die Menschen-, Bürger- und Freiheitsrechte achten. Trump war in Feierlaune und brauchte nach der doch recht nüchternen Veranstaltung an der Grenze wohl dringend noch ein paar Jubelbilder für die Berichterstattung im amerikanischen Fernsehen. Also ließ der oberste Befehlshaber seine Soldaten auf der amerikanischen Militärbasis im südkoreanischen Osan antreten.

Am Morgen dieses historischen Tages sind wir an unserem Hotel in Seoul in einen Bus geklettert, der uns zum Truppenbesuch auf die Luftwaffenbasis bringt. Die Szene, die uns erwartet, ist eine perfekt inszenierte Wahlkampfkundgebung, wie sie das nordkoreanische Regime vermutlich nicht besser hätte aufziehen können. In einem riesigen Hangar stehen Tausende von amerikanischen Soldaten, in Stimmung gebracht von einer grandiosen Armeeband. Die Tore sind weit geöffnet, davor rechts und links jeweils ein F-16-Kampfjet und ein A-10-Bomber, die Flugzeugspitzen auf den Mittelgang mit rotem Teppich gerichtet, an dessen Rändern sich die Soldaten drängen. Im Hintergrund ein weiterer Hangar, auf dessen Dach mehrere Bewaffnete mit Ferngläsern in den Himmel spähen. Dann kommen sie, drei Chinook-Transporthubschrauber in Formation, sie fliegen heran, landen, nicht sichtbar für uns, irgendwo auf dem Rollfeld. Sie sind offenbar nicht schön genug für die Liveübertragung der Ankunft des Präsidenten, also steigt Trump um und rollt wenige Minuten später mit seinem Marine-One-Hubschrauber von links in unseren Blick von der Pressetribüne. Dazu erklingt, sicher rein zufällig, der AC/DC-Song »Thunderstruck«, in dem es an einer Stelle heißt: »Broke all the rules, played all the fools« – »ich brach alle Regeln, trickste alle Narren aus«.

Aber natürlich steigt Donald Trump erst aus, nachdem sich die Tore des Hangars im Hintergrund aufgeschoben und eine riesige amerikanische Flagge enthüllt haben. »Ladies and Gentlemen, please, welcome the President of the United States, Donald J. Trump«, tönt es aus allen Lautsprechern, dann beginnt der Song »Proud to be an American«. Die Soldaten jubeln und schießen Fotos, Tausende von Handys, alle nur auf ihn gerichtet. Wie ein Rockstar schreitet Trump im blauen Anzug mit roter Krawatte den roten Teppich entlang, breitet die Hände aus, winkt, klatscht und tritt an das Pult mit dem Präsidentensiegel: »Stehen Sie bequem, wir werden ein bisschen Spaß haben«, kündigt er an. Weit über eine Stunde wird er von seinen großartigen Leistungen erzählen, aber auch viele von ihnen für ihren Dienst am Vaterland loben, irgendjemand hat ihm Namen und Details in den Text seines Teleprompters geschrieben. Das mit dem Spaß hat Donald Trump auch ernst gemeint. »Seht sie euch an«, ruft der Präsident der Vereinigten Staaten, »die Schöne und das Biest!« Tausende von Soldaten johlen bei diesen Worten. Auf dem roten Teppich gehen die beiden entlang zu dem Podest, auf dem Donald Trump steht. US-Außenminister Mike Pompeo hat sein Gesicht verzogen bei der höhnischen Bemerkung seines Chefs. Aber was schluckt man nicht alles herunter, wenn man für ihn arbeiten darf und wenn die Tochter des eigentlichen Biests neben ihm geht, Ivanka Trump, die Schöne. Beide sollen ein paar Worte sagen. Sie sind Staffage für die Show, die der ehemalige Fernsehmoderator Trump für sich inszeniert. In diesem Moment ist der wahre Grund für Trumps leidenschaftliches Interesse am nordkoreanischen Diktator offenkundig, handfeste Ergebnisse hat er nicht vorzuweisen.

Zu Beginn seiner Amtszeit hatte er Kim nach wiederholten Raketentests mit amerikanischer Militärmacht gedroht, »fire and fury« werde er über das Land bringen. Dreimal traf sich der US-Präsident dann mit dem Nordkoreaner, ohne dass der auch nur ansatzweise sein Nuklearprogramm eingestellt hätte. Im Gegenteil, Kim setzte die Tests weiter fort und bedrohte damit Amerikas wichtigsten Verbündeten in der Region, Japan. Zwar ließ Nordkorea einmal drei amerikanische Gefangene frei, als Vorleistung dafür hatte Trump aber versprochen, die strategisch wichtigen Militärmanöver mit Südkorea einzustellen. Obendrein stellte der amerikanische Präsident auch noch Forderungen an die südkoreanische Regierung, sie solle doch bitte deutlich mehr Geld für die US-Truppenpräsenz bezahlen, statt »nur« 830 Millionen Dollar pro Jahr künftig fünf Milliarden Dollar. Weil sich Seoul weigerte, schickte die Trump-Administration im April 2020 – mitten in der Coronakrise – 4500 südkoreanische Zivilangestellte der US-Armee ohne Bezahlung nach Hause. »Das ist ein unglücklicher Tag für uns, es ist undenkbar, es ist herzzerbrechend«, schrieb daraufhin der Kommandeur der US-Streitkräfte in Korea, General Robert B. Abrams in einem Statement, »dies sind unsere Angestellten, Mitarbeiter, Teamkameraden, und wir sehen sie als Teil der Familie. Sie sind lebenswichtig für unsere Mission und für die Allianz zwischen der Republik Korea und den Vereinigten Staaten.« Eigentlich hätte Trump ihn daraufhin feuern können, denn Abrams sagte damit, dass der Präsident durch seine Entscheidung die 30 000 US-Soldaten und ihre Mission auf der koreanischen Halbinsel gefährde. Aber, wie gesagt, Trump ist das kurzfristige Geschäft wichtiger als der strategische Nutzen.

3. Akt – Der G-7-Gipfel in Biarritz. Auch bei diesem Treffen war die Ausgangslage ernst, es gab so vieles zu besprechen. Zum Beispiel all die Anzeichen für eine drohende Rezession in den USA, Europa und China, die im Wesentlichen mit Trumps andauerndem Handelskrieg zu erklären war. Aber der US-Präsident erklärte alle Probleme schon im Vorfeld für null und nichtig, meist bei seinem Chopper-Talk, also der improvisierten Pressekonferenz, die Trump seit Anfang 2019 immer häufiger und immer länger abhielt, kurz bevor er auf dem Rasen des Weißen Hauses an Bord von Marine One, seinem Präsidenten-Hubschrauber, kletterte. Rezession? Eine Erfindung der Medien. Sollte sie dennoch erfolgreich herbeigeredet werden, dann sei das die Schuld der demokratischen Mehrheit im Repräsentantenhaus und der US-Notenbank – ihren Chef hatte Trump per Tweet zum »Feind« erklärt. »Die amerikanischen Verbraucher sind reich«, sagte der Präsident wenige Tage vor dem Gipfel, ihre Geldbörsen seien »loaded«, also prall gefüllt, dank seiner großartigen Steuersenkung. Mikroplastik in den Ozeanen? Kein Problem für ihn, denn es sei ja kein amerikanisches Plastik. »Das Plastik ist von China«, ließ Trump bei einem anderen Hubschrauber-Schnack wissen. Und Grönland? Eine verpasste Chance. Die dänische Ministerpräsidentin sei mit ihrer harschen Ablehnung eines Verkaufs der eiskalten Insel an die Vereinigten Staaten doch sehr »garstig« gewesen, »so redet man nicht mit den USA«. Trump hatte öffentlich darüber sinniert, Grönland von Dänemark zu kaufen, um dort mit einer Militärbasis amerikanische Interessen an der Arktis zu bewahren, mit anderen Worten, um Amerika den Weg für die Ausbeutung grönländischer Öl- und Gasvorkommen zu ebnen – ein gutes Geschäft eben.

Es könnte ein munterer G-7-Gipfel werden, dachte ich, wenn die anderen sechs der ungeliebten Nummer sieben mal sagen würden: »So redet man nicht mit den wichtigsten Industrienationen der Welt«. Aber Präsident Macron versuchte mit französischer Höflichkeit alles, um einen möglichen Eklat zu verhindern. Wohl deshalb hatte der Gastgeber auch darauf bestanden, dass entgegen aller Tradition diesmal kein fast fertiger und vorher endlos abgestimmter Entwurf für eine gemeinsame Abschlusserklärung vorlag. Wie sollte man auch Einigkeit erzielen über etwas, was jeder gemeinsamen Grundlage entbehrte, weil der US-Präsident nicht wahrhaben wollte, was alle anderen sahen: deutliche Signale für eine globale Rezession.

Tatsächlich litten alle – Deutschland, Europa, China *und* die USA – unter den trumpschen Handelskriegen. Der neuerliche Schlagabtausch mit Strafzolldrohungen am Freitag vor dem Gipfel verschärfte die Entwicklung noch einmal dramatisch. Dass der US-Präsident den amerikanischen Firmen per Twitter den Rückzug aus China befahl – »Our great American companies are hereby ordered to …« –, zeugte nicht nur von autoritärer Selbstherrlichkeit, sondern auch von tiefer Panik, die Donald Trump ergriffen haben musste angesichts der akuten Bedrohung für seine Wiederwahl durch die nahende Rezession. US-Firmen hielten ob der Unsicherheit dringend notwendige Investitionen zurück. Die amerikanischen Verbraucher bezahlten den andauernden Konflikt mit höheren Preisen. Die Steuersenkung war fast völlig verpufft. Die US-Wachstumsrate war mit rund 2 Prozent niedriger als zu Zeiten von Präsident Obama. Der Allianz-Konzern in den USA warnte im Sommer 2019 in seinem Newsletter, das amerikanische Haushaltsdefizit werde bald die 1000-Milliarden-Dollar-Schwelle überschreiten. Angesichts dieser Entwicklung brauche es »stabile Führung, die Fähigkeit, das Land auf gemeinsame Opfer vorzubereiten und einen verständlichen Aktionsplan«, aber all das werde sich »in absehbarer Zeit nicht finden lassen«. Donald Trump wurde in dem Rundbrief nicht namentlich erwähnt.

Vor diesem Hintergrund wollte Gastgeber Macron für all jene, die sich als Opfer der konfliktbeladenen Politik der Großmächte sehen, über den »Kampf gegen Ungleichheiten« in der Welt diskutieren. Aber bei fast jedem Unterpunkt gab es das, was man wohl als »kognitive Dissonanz« zwischen der Trump-Administration und dem Rest der Gipfelteilnehmer beschreiben könnte. »Neue Regeln für den Kapitalismus« standen auch auf der Agenda und waren unbedingt nötig, aber der US-Präsident sah Außen-, Wirtschafts- und Handelspolitik ja ausschließlich aus Sicht eines Geschäftsmannes, der profitable Deals abschließen will. Die »Gleichstellung von Frauen«, ebenfalls von höchster Dringlichkeit, passte auch nicht ganz zu dem Deal, den die US-Regierung zu diesem Zeitpunkt gerade mit den Taliban in Afghanistan aushandelte.

Dann gab es noch die »Neue Partnerschaft der G-7 mit afrikanischen Ländern« – unter ihnen einige Staaten, die der US-Präsident schon mal als »shithole countries« beschimpft hatte. Und »Maßnahmen gegen den Klimawandel«, ein Klassiker, aber nach Ansicht von Donald Trump gibt es den Klimawandel ja gar nicht – trotz Extremwetterlagen in den USA, trotz Hochwassers und Dürren im Landesinneren, trotz der Erosion der amerikanischen Küsten, trotz versalzener Ackerböden in North Carolina, trotz des Vormarschs der früher nur in Florida vorhandenen Mangrovenwälder nach Norden. In den neuen amerikanischen Sumpfgebieten schwimmt außerdem eine Menge Mikroplastik herum. Das wäre nach Trumps Logik also dann ein dreister Angriff Chinas auf Amerikas Küsten. Apropos »globale Sicherheit«: Der französische Gastgeber hoffte, dass man mit Donald Trump über seine Iranpolitik reden könnte. Eine winzige Chance war da, weil der US-Präsident beim Chopper-Talk der letzten Tage ab und an Gesprächsbereitschaft mit dem Regime in Teheran signalisiert hatte. Ob in Biarritz dann auch über die möglichen Folgen einer geplanten Stationierung amerikanischer atomarer Mittelstreckenraketen in Asien geredet werden würde, war völlig offen und hing wohl von der Streitlust der anderen Gipfelteilnehmer ab. Die USA hatten gerade eine brandneue Mittelstreckenrakete getestet, die offenbar zur Abschreckung Chinas beitragen sollte. China wiederum hatte ja seinerseits in den Vorjahren eifrig Waffen dieses Typs entwickelt. Und dann war da noch die »sinnvolle Gestaltung des digitalen Wandels« – vielleicht sogar das wichtigste Thema, weil die technologische Revolution mit künstlicher Intelligenz die wohl größte Umwälzung für die globale Wirtschaft und Gesellschaft seit der Elektrifizierung im 19. Jahrhundert darstellt.

In einem Punkt konnte es sogar zum Knall kommen. Frankreich hatte im Alleingang Digitalsteuern für amerikanische Techkonzerne verhängt. Das war die Ausgangslage am 24. August 2019. Gleich am Anfang hätte es den ersten Eklat geben können. Der Gastgeber des Gipfels, Emmanuel Macron, provozierte den US-

Präsidenten schon mit seinem ersten Statement: »Wir müssen unsere Partner überzeugen, dass Handelskonflikte schlecht für alle sind«, so der französische Staatspräsident, »wir müssen zu einer Deeskalation finden und die Dinge stabilisieren.« Macron traf sich eigens zum Mittagessen mit Donald Trump, vielleicht auch, um ihn für eine verwegene Idee zu interessieren, mit der er am zweiten Tag des Gipfels die Welt überraschen wollte. Vielleicht sagte er ihm aber auch nichts. Jedenfalls sickerte auch nach der Abendveranstaltung in großer Runde nichts an die Öffentlichkeit durch.

Noch bevor die Staats- und Regierungschefs am Morgen an den Tagungsort kamen, war – wie wir erst später erfahren würden – ein Flugzeug in Teheran gestartet, um den iranischen Außenminister Mohammed Dschawad Sarif nach Biarritz zu bringen. Emmanuel Macron hatte den Coup eingefädelt, um am Rande der eigentlichen Tagung ein baldiges Treffen zwischen dem amerikanischen Präsidenten und seinem iranischen Amtskollegen Rohani zu vermitteln. Sarif sollte das mit Vertretern der US-Delegation erörtern. Als am Nachmittag die Eilmeldung von der Anwesenheit des Iraners um die Welt ging und Donald Trump danach gefragt wurde, sagte er nur: kein Kommentar. Seine Laune war schlecht, denn schon am Morgen hatte sich ein tiefer Riss zwischen den G-6 und dem Siebten in ihrem Kreis gezeigt. Der US-Präsident bekräftigte seine harte Linie im Handelskrieg mit China und dementierte auch, dass es nun eine gemeinsame Initiative der G-7 beim Thema Iran geben könnte. Gastgeber Macron musste ihm öffentlich recht geben: »Die G-7 sind ein informeller Club, es gibt kein Mandat.« Beim anschließenden Treffen mit den Vertretern Afrikas fehlten dann Trump und Japans Shinzo Abe, weil sie lieber einen Wirtschaftsdeal verkünden wollten. Überhaupt glänzte Trump bei mehreren Diskussionsrunden zu wichtigen Themen mit Verspätung oder Abwesenheit, weil er über bilaterale Verträge verhandelte. So verging Tag zwei, an dem niemand von uns geahnt hätte, was am nächsten Morgen geschehen würde.

Stellen Sie sich mal vor: Eine schwerreiche Kanzlerin hat einen großartigen Golfclub auf Rügen. Und dann empfiehlt Angela Merkel ihr Anwesen, das ärgerlicherweise Verluste einfährt, als Tagungsort für die G-7. Unglaublich? Natürlich. Streiche Merkel, setze Trump, und schon passt alles. Es ist der surrealste Moment von Biarritz, als der Präsident der Vereinigten Staaten seinen Doral-Golfclub nahe Miami anpreist für den nächsten Gipfel, der 2020 in den USA stattfinden soll. Das Gelände ganz wunderbar, genug Platz, für jede Delegation ein eigenes Gebäude. Donald Trump nutzt den Pressetermin mit der Bundeskanzlerin für Reklame, es dauert länger als sein eigentliches Gespräch mit ihr. Fast reglos sitzt Angela Merkel daneben, wenn sie nicht so viel schon erlebt hätte, würde sie wohl die Augen verdrehen. Das tut sie dennoch, aber an einer anderen Stelle der präsidentiellen Einlassungen. Als Trump ankündigt, er werde bald nach Deutschland kommen, entgleiten der Kanzlerin die Gesichtszüge. »Ich habe ja auch Deutsches im Blut«, fährt der Mann fort, dessen Vorfahren aus der Pfalz stammen. Merkel entfährt ein röchelnder Gluckser.

Es gab einmal eine Zeit, da führten die USA die G-7 an, brachten Konzepte ein, rangen um gemeinsame Ergebnisse. Aus dieser Verantwortung hat sich die größte Wirtschafts- und Militärmacht der Welt verabschiedet, um Geschäfte zu machen. Der Gipfel war für Donald Trump eher eine Verkaufsmesse, bei der er Deals mit Japan, Großbritannien, Europa, Deutschland machen wollte – weil er sie brauchte, um sich im Wahlkampf von Anhängern feiern zu lassen. Die Weltkonjunktur war ihm egal, solange am Ende des Handelskrieges mit China auch ein Deal herauskam. Beim runden Tisch zum Klimawandel verpasste der US-Präsident nicht nur die voll recycelbare Uhr, die Macron verteilte, sondern gleich die ganze Sitzung. Das zeigte Trumps Desinteresse am Thema und am Format G-7. Die US-Regierung setzte andere Prioritäten. Immerhin gab es Macrons Versuch, das Gespräch mit dem Iran wieder in Gang zu bringen. Frankreich, so die Einigung beim Gipfel, sollte nun erst einmal vorverhandeln. Bei der gemeinsamen Pressekonferenz mit Trump sagte der französische Gastgeber: »Ich hoffe, dass wir auf der Basis unserer Gespräche hier in den nächsten Wochen ein Gipfeltreffen zwischen dem iranischen Präsidenten Rohani und dem amerikanischen Präsidenten Trump sehen werden.« Worauf Donald Trump ergänzte: »Wenn die Umstände passen, dann würde ich sicher zustimmen, aber bis dahin müssen die Iraner erst mal mitspielen.«

Tatsächlich mussten die Europäer für dieses kleine Zugeständnis teuer bezahlen, denn Macron hatte beim gemeinsamen Auftritt auf einmal von einem Fahrplan für ein »neues Abkommen« mit dem Iran »mit längerer Laufzeit« und »besseren Kontrollmechanismen« gesprochen. Es war ein Einknicken der Europäer vor dem Mann im Weißen Haus. Denn Trump wollte immer schon einen *neuen* Deal mit dem Iran – Deutschland, Frankreich, Großbritannien nicht. Nun redete Macron von diesem »neuen Abkommen«. Wenn der Iran alldem zustimmen würde, wunderbar. Aber der Vorschlag blieb – genau wie das mögliche Zusammentreffen zwischen Trump und Rohani – ein reines Wolkenkuckucksheim nach dem Geschmack von Donald Trump. Bei der Abschlusspressekonferenz hätte der US-Präsident die großen Themen so im Raum stehen lassen können. Stattdessen aber rechtfertigte Trump nur Minuten nach den globalen Fragen den Vorschlag, den nächsten Gipfel in seinem Golfclub abzuhalten: »Wenn man Verluste und entgangene Geschäfte zusammenrechnet, kostet es mich drei bis fünf Milliarden Dollar, Präsident zu sein. Aber mir geht's natürlich nur um unser Land.« Deshalb würde er das Trump Doral Resort auch kostenlos zur Verfügung stellen. Von der Werbung für die Marke Trump kein Wort. Der Anführer der freien Welt jammerte, dass sein Job als Präsident ihn ärmer mache. Ehrlicher geht's nimmer.

(Gem)einsam gegen China?

Dass der selbst ernannte größte Dealmaker aller Zeiten meistens den schlechteren Deal für seine Wähler macht, wird bei keinem anderen Thema so deutlich wie bei Trumps Handelskriegen mit China und der Europäischen Union. Es ist ein relativ einfaches Rechenexempel. Beginnen wir mit der Auseinandersetzung zwischen den transatlantischen Bündnispartnern. Am 1. Juni 2018 verhängte Donald Trump Strafzölle von 25 Prozent beziehungsweise 10 Prozent auf die Einfuhr von Stahl und Aluminium aus der EU. Diese antwortete mit Importabgaben auf Waren im Gesamtwert von 2,8 Milliarden Euro, darunter Motorräder, Whiskey und Erdnussbutter. Im Oktober 2019 traten weitere Strafzölle der USA in Höhe von 25 Prozent auf europäische Lebensmittel in Kraft, zum Beispiel deutsche und französische Weine, italienischen Käse, spanisches Olivenöl und irische Butter. Bei der Einfuhr von europäischen Flugzeugen gab es einen Zuschlag von 10 Prozent. In diesem Fall aber war die Maßnahme von der Welthandelsorganisation WTO genehmigt worden, da die EU den Flugzeugbau regelwidrig subventioniert hatte. Anfang Februar 2020 verschärfte Trump die Zölle auf Stahl- und Aluminiumprodukte, im April konterte die EU mit Abgaben auf Spielkarten, Feuerzeuge und andere Waren. Bis zum Redaktionsschluss dieses Buches hatte Trump immer wieder auch Strafzölle auf europäische Autos angedroht. Aber insgeheim weiß die US-Regierung wohl sehr genau, dass sie damit viele Wähler mit einer Vorliebe für deutsche VWs, Audis, BMWs und Mercedes verärgern würde.

Natürlich trafen die amerikanischen Zölle auch europäische Unternehmen, aber US-Firmen waren mindestens gleichermaßen betroffen. Der Motorradhersteller Harley-Davidson kündigte schon drei Wochen nach den Maßnahmen eine Verlagerung eines Teils der Produktion ins Ausland an, weil die Stahlzölle die Herstellung verteuerten und die EU-Revanche den Verkauf der edlen Maschinen in Europa erschwerten. Einige Stahlunternehmen in den USA konnten zwar ihre Preise erhöhen, zeitweise um 30 Prozent, weil der Wettbewerb aus Europa zum Teil wegfiel, aber bis Mitte 2019 waren durch den gestiegenen Bedarf nicht mehr als 200 zusätzliche Arbeitsplätze entstanden. Hart traf es dagegen viele kleine und mittlere Unternehmen in der metallverarbeitenden Branche, darunter vor allem Zulieferbetriebe für die Autohersteller. Die Automobilindustrie ging von Mehrkosten von mehreren Milliarden Dollar aus. Die Folge waren Werksschließungen, bei denen Hunderte von Arbeitern ihre Stellen verloren. Sogar die Whiskeyhersteller bekamen akute Probleme. In der zweiten Jahreshälfte 2018 brachen die Exporte nach Europa um 11 Prozent ein.

Am heftigsten getroffen von Donald Trumps Fehlkalkulationen sind tatsächlich Amerikas Farmer. Im Frühsommer 2019 besucht unser Team einen von ihnen auf seinem Land in Baskerville, Virginia, rund 300 Kilometer südlich von Washington. John Boyd ist Farmer mit Leib und Seele, er lebt und arbeitet nach dem, was ihn sein Großvater einst gelehrt hat: »Wenn du dich um deine Felder kümmerst, dann werden deine Felder immer für dich sorgen.« Seit Jahrzehnten beackert Boyd eine Fläche von rund 300 Hektar, baut vor allem Sojabohnen an. Es ist eine harte Arbeit, und sein Erfolg hängt nicht allein davon ab, wie gut er sie macht: »Ich spiele hier mit höchstem Risiko, ich muss ein guter Tanzpartner für Mutter Natur sein, damit alles klappt. Und dann kommt der Präsident, nimmt alle Karten vom Tisch, stopft sie in seine Hosentasche und will die Karten dann ausgeben, wann es ihm passt.« Der Farmer ist wütend auf diesen selbstverliebten und konfliktfreudigen Donald Trump: »Er rastet aus, wenn ihm jemand nicht sagt, dass er ihn mag. Bruder, es geht nicht darum, ob du als Präsident gemocht wirst. Es geht darum, dass der Präsident der Vereinigten Staaten gute Entscheidungen für die amerikanischen Farmer fällt.«

Der Handelskrieg mit China? Keine gute Entscheidung, meint Boyd. Denn seit Beginn des Konflikts ist der wichtigste Absatzmarkt für Sojabohnen weggefallen, sind die Preise in den Keller gerutscht. 2014 erzielten die Farmer für ein Scheffel Sojabohnen, umgerechnet rund 27 Kilogramm, noch fast 17 Dollar. »Derzeit verkaufen wir die Sojabohnen zu einem Niedrigstpreis, gerade für so viel, wie uns der Anbau kostet«, klagt Boyd, »heute steht der Markt bei 7,80 Dollar pro Scheffel. Das gab's noch nie. Und jedes Mal, wenn der Präsident wieder irgendwelche Strafzölle bekannt gibt, fällt der Preis weiter. « Der 54-jährige Afroamerikaner, dessen Familie den Boden in Virginia über vier Generationen beackert hat, macht sich Sorgen, weil er nicht weiß, ob er seinen Hof langfristig halten und irgendwann an seine Kinder weitergeben kann: »Ich bin nervös, weil ich Kredite abzahlen muss, weil meine Kinder zum College gehen und ich auch Angestellte habe.«

Boyd ist parteiisch, Bürgerrechtsaktivist, trat selbst einmal für die Demokraten an und gründete den Nationalen Verband der Schwarzen Farmer, um die Interessen der meist kleinen und mittleren Betriebe gegenüber den Großgrundbesitzern und der Politik besser zu vertreten. Schon in seinem Landkreis keine leichte Aufgabe, denn hier gewann Donald Trump bei der Präsidentschaftswahl mit einem Vorsprung von satten 13 Prozent. Mit seiner Kritik an den Handelskriegen des Präsidenten erntet Boyd dennoch Zustimmung auch bei seinen eher konservativen Nachbarn, zumindest im unmittelbaren Gespräch: »Sie sind alle Republikaner; und im Small Talk, wenn wir rumstehen und über unsere Farmen reden, dann sagen sie alle das Gleiche. ›Hey, Boyd, du hast recht, das ist wirklich schlimm.‹ Aber wenn es darum geht, den Präsidenten anzugehen und zu sagen, ich lass dich nicht vom Haken, bis du mir sagst, wie es weitergeht, dann wollen sie nicht so weit gehen.« Das macht ihn wütend: «Was zur Hölle muss man da noch bedenken? Muss ich aus meinem Truck aussteigen und sagen, klopf, klopf, aufwachen?«

Zu diesem Zeitpunkt, im Frühsommer 2019, war der Handelskonflikt mit China in vollem Gange, und die Trump-Administration zahlte Milliarden von Dollar an amerikanische Farmer, um ihre Verluste auszugleichen und Zeit zu gewinnen, damit der Präsident seinen Krieg weiterführen konnte. Auf die staatlichen Hilfen komme ich gleich zurück, aber zunächst einmal zu den Abläufen. Die Motive Donald Trumps, das sei an dieser Stelle gesagt, sind nicht nur nachvollziehbar, sondern überaus überzeugend und werden sogar von der Europäischen Union geteilt. China hat sich bei seiner Wirtschafts- und Handelspolitik jahrelang nicht an die Regeln des fairen Handels gehalten. Der Diebstahl geistigen Eigentums, die massive Subventionierung von Exportgütern und eine intensive Wirtschaftsspionage rund um den Globus sorgten für massive Verzerrungen im Wettbewerb und schadeten der amerikanischen und der europäischen Industrie gleichermaßen. Während die europäischen Regierungen dank guter Geschäfte mit China die Probleme lieber auf sich beruhen ließen, war der US-Präsident wild entschlossen, Amerikas Wirtschaftskraft als Waffe einzusetzen, um das Regime in Peking zu einer Neuausrichtung seiner Handelspraktiken zu zwingen.

Der erste Schuss dieses Krieges ist die Verhängung von Strafzöllen auf Stahl und Aluminium im März 2018. Im April antwortet China mit Importabgaben auf 128 amerikanische Produkte, darunter auch Sojabohnen, im Wert von drei Milliarden Dollar. Anfang Juli setzt die US-Regierung weitere Strafzölle gegen Waren aus China im Gesamtvolumen von 34 Milliarden Dollar in Kraft. Es folgen Monate, in denen beide Seiten immer wieder Listen mit möglichen weiteren Abgaben veröffentlichen und deren Umsetzung androhen. Im September 2018 machen sie die Drohungen wahr. Die USA verhängen 10 Prozent zusätzliche Zölle auf chinesische Importprodukte im Wert von 200 Milliarden Dollar. Damit ist fast die Hälfte des Importhandels aus China betroffen. China erhebt ebenfalls neue Zölle, 5 bis 10 Prozent auf US-Importe im

Gesamtwert von 60 Milliarden Dollar. Insgesamt umfassen die Maßnahmen 80 Prozent der amerikanischen Einfuhrgüter. Nach weiteren gegenseitigen Drohungen schließen Trump und sein chinesischer Amtskollege Xi im Dezember 2018 am Rande des G-20-Gipfels in Buenos Aires einen Waffenstillstand. Die USA verzichten zunächst auf weitere Strafzölle, China verspricht, mehr Landwirtschafts-, Energie- und Industrieprodukte aus den USA zu importieren.

Aber die Gespräche in den Folgemonaten kommen nach Ansicht von Donald Trump nicht schnell genug voran, also setzt er am 10. Mai 2019 die Zölle für zahlreiche Güter auf 25 Prozent herauf, darunter Telekommunikationsmittel, Waschmaschinen und Autoteile. Es geht um ein Volumen von 200 Milliarden Dollar, gleichzeitig droht das Weiße Haus weitere Maßnahmen im Wert von 325 Milliarden Dollar an. China antwortet mit der Einführung zusätzlicher Abgaben mit einem Volumen von 60 Milliarden Dollar und lässt im August zu, dass die chinesische Währung Renminbi leicht abgewertet wird. Das ist der Punkt, an dem die Umsetzung weiterer Drohungen in den nachfolgenden Wochen die Weltwirtschaft in eine Rezession stürzen könnte. Hinter den Kulissen bemühen sich deshalb offenbar beide Seiten um eine Einigung, die dann zum Jahresende erzielt und im Januar 2020 unterzeichnet wird. Die entscheidende Frage: Hat sich der Konflikt gelohnt, in dem Donald Trump parallel ähnliche Auseinandersetzungen mit der EU, Kanada, der Türkei und anderen Staaten vorantrieb?

Das sogenannte Phase-1-Abkommen ist eigentlich nur ein weiterer Waffenstillstand, der sich wenig von dem im Dezember 2018 unterscheidet. Genau wie damals setzen die USA nur ihre angekündigten weiteren Strafzölle nicht in Kraft; bis auf die Reduzierung der Zölle in einem einzigen Bereich bleiben alle vorherigen Maßnahmen in Kraft. Auch das chinesische Versprechen von zusätzlichen Importen ist identisch, allerdings diesmal mit einer konkreten Summe und einer Laufzeit verbunden: Innerhalb von zwei Jahren sollen Waren im Wert von 200 Milliarden Dollar zusätzlich im Vergleich zum Importniveau von 2017 aus den USA eingeführt werden. Darüber hinaus hat China ein paar Zugeständnisse gemacht, zum Beispiel Firmen, die in der Volksrepublik investieren, nicht mehr zum Transfer ihrer Technologien zu zwingen. Geistiges

Eigentum soll geschützt, der Finanzsektor transparenter werden. Ein Streitschlichtungsmechanismus ist zumindest als Ziel vorgesehen. Alles Maßnahmen, zu denen China auch schon im Rahmen der Verhandlungen der Welthandelsorganisation WTO Bereitschaft signalisiert hatte. Der größte Streitpunkt aber, die massiven chinesischen Staatshilfen für die eigenen Unternehmen, wird mit der Vereinbarung nicht gelöst.

Mit anderen Worten: Der Kaiser ist wieder einmal nackt. Denn die US-Regierung hat nicht nur der amerikanischen Wirtschaft unmittelbaren Schaden in Milliardenhöhe zugefügt, der langfristig erst noch ausgeglichen werden muss, sondern obendrein rund 28 Milliarden Dollar pro Jahr an staatlichen Hilfen ausgegeben, um die Folgen des Handelskriegs für die Farmer in den USA abzufedern. Das ist mehr Geld, als zur Rettung der amerikanischen Autoindustrie in Folge der Finanzkrise von 2008 notwendig war. Der neue Deal sieht zwar vor, dass China in den nächsten zwei Jahren für 40 Milliarden Dollar zusätzlich landwirtschaftliche Produkte einkauft, ob die Farmer aber nach den massiven Ausfällen der letzten Jahre liefern können, war schon im Januar 2020 offen, durch die Coronakrise ist dies sogar unmöglich geworden.

Die Zahlungen, so notwendig sie waren, sind auch rechtlich und finanzpolitisch hochproblematisch. Denn die Gelder wurden ohne Zustimmung des Kongresses auf der Grundlage eines Gesetzes von 1933 direkt aus der Staatskasse entnommen und tragen damit ohne jede parlamentarische Kontrolle zum riesigen US-Haushaltsdefizit bei. Auf den ersten Blick waren die Subventionen kein schlechter Deal für die Farmer, denn im Schnitt hätte jeder von ihnen in etwa das Doppelte von dem bekommen, was er durch die Exportausfälle eingebüßt hatte. Aber die Zahlungen wurden entsprechend der Produktionsmenge geleistet. So bekamen rund 100 000 Farmer mit größeren Höfen und Anbauflächen rund 70 Prozent des Geldes, manche sogar Summen über 100 000 Dollar. Gar nichts bekamen Amerikas Tabakfarmer, weil man sie im Hilfspaket offenbar vergessen hatte. Dabei waren auch sie hart vom Konflikt mit China betroffen, das seit 2005 jedes Jahr immer größere Tabakmengen aus den USA importiert hatte. In North Carolina verloren die rund 2000 Tabakfarmer 2018/19 mehr als 250 Millionen Dollar, 26 Familienbetriebe gingen in dieser Zeit bankrott.

Dass Farmer immer noch bereit sind, eine Wiederwahl des Handelskriegspräsidenten zu unterstützen, macht den Sojafarmer John Boyd im Nachbarstaat Virginia wütend. Er hat für seine kleine Farm keine großen Staatshilfen bekommen und will genau hinschauen, welche Politiker sein Vertrauen verdienen: »Sie bekommen meine Stimme nur, wenn sie mir sagen, wie ich es schaffen kann und wie sie diesen Mist wieder hinkriegen, den Präsident Trump angerichtet hat. Ich sage nicht, dass andere dafür verantwortlich sind, aber wenn du der Anführer der Vereinigten Staaten sein willst, muss du eine Lösung für diesen Scheiß bieten.«

Die Handelskriege haben nicht nur Amerika geschadet, sondern auch dem transatlantischen Bündnis, das eigentlich in Bezug auf China ganz ähnliche Interessen verfolgt wie die Vereinigten Staaten. Umso unverständlicher, dass Trump ständig wirtschaftliche und politische Ohrfeigen an die Verbündeten verteilt, statt mit ihnen gemeinsam eine Strategie zur Einhegung der selbst ernannten neuen Supermacht zu entwickeln und voranzutreiben. Schließlich geht es hier um mehr als die Auseinandersetzung um wirtschaftliche Vorherrschaft. Es geht darum, die liberale Demokratie und ihre Werte gegen den Autoritarismus aus Fernost zu verteidigen. Es sei denn, und der Verdacht bestätigt sich immer mehr, dass der US-Präsident größere Vorlieben für die autoritäre Herrschaftsform hat als für die Eckpfeiler unserer Demokratien: Menschenwürde, Rechtsstaatlichkeit, Gewaltenteilung, Presse-, Meinungs- und Religionsfreiheit. Der Graben zwischen Amerika und Europa ist tiefer als je zuvor, wie sich auch beim NATO-Gipfel Anfang Dezember 2019 in London zeigte. Die größten Streitthemen: der Einmarsch des NATO-Partners Türkei in Syrien, die Behauptung des Franzosen Macron, die NATO sei hirntot, und wie immer die Forderung des US-Präsidenten, die anderen Mitglieder müssten ihre Militärausgaben massiv erhöhen. Aber ausgerechnet Trump, der sonst gern die Rolle des Kritikers spielt, gibt sich diesmal als glühender Verteidiger der NATO. Auch Frankreich brauche sie mehr denn je. Es sei beleidigend und gefährlich, von Gehirntod zu reden: »Eine sehr hässliche Äußerung gegenüber 28 Ländern. Man kann nicht einfach so etwas herumerzählen über die NATO, das ist sehr respektlos.« Aber der französische Staatspräsident bleibt bei seiner Grundsatzkritik, fordert eine Neuausrichtung der NATO:

»Wir können unmöglich sagen, wir geben Geld und Soldaten, ohne uns darüber im Klaren zu sein, was die NATO sein sollte. Das ist unklar.« Genauso unklar wie die Frage, ob man selbst für einen Mann den roten Teppich ausrollen soll, der mit der Blockade aller Beschlüsse in London droht. Der türkische Präsident Erdoğan fordert, die kurdische Miliz YPG, mit der die NATO Seite an Seite gegen den IS gekämpft hat, zur Terrororganisation zu erklären.

Am nächsten Morgen läuft alles erst einmal wie am Schnürchen beim »Handshake«, dem offiziellen Händeschütteln vor laufenden Kameras. NATO-Generalsekretär Jens Stoltenberg und der britische Premier Boris Johnson begrüßen, immer schön der Reihe nach, jede und jeden der Staats- und Regierungschefs. Auftritt Gast von rechts, Händeschütteln und Dreierfoto in der Mitte des Podiums, Abgang nach links. Jeder der Auftritte dauert nur Sekunden. Dann muss eigentlich der Letzte kommen – nichts. Stoltenberg und Johnson schauen sich an, feixen, der Generalsekretär sieht auf seinen Zettel und weiß, wer noch fehlt – Donald Trump. Mehr als zehn Minuten später kommt der US-Präsident endlich. Eine Momentaufnahme mit hoher Symbolik, denke ich. Amerika, die eigentliche Führungsnation der NATO, führt nicht mehr, gibt nicht den Takt an, weiß vielleicht selbst nicht, wohin die Reise geht – passend dazu will Trump nach dem Händeschütteln in die falsche Richtung verschwinden – nach rechts.

Dass der Mann aus dem Weißen Haus die NATO selbst einmal salopp als »obsolet« bezeichnete, die Beistandsverpflichtung im Angriffsfall infrage stellte, hat ein Vakuum verursacht und eine Menge Streit. Kein Wunder, dass Frankreichs Präsident Macron seine Fundamentalkritik, die NATO sei hirntot, nicht bereut: »Überhaupt nicht«, platzt es an diesem Morgen aus ihm heraus. Er wirkt fast trotzig bei seinen Worten: »Nein, ich stehe dazu, absolut. Außerdem haben meine Worte eine Debatte angestoßen, die unausweichlich ist. Man sieht ja, wie sie sich entwickelt. Wir haben so viele Themen zu klären.« Aber wer Klärung in den großen Streitfragen erwartet an diesem Tag, wird beim Blick auf die Abschlusserklärung eher enttäuscht. Sie hätte ein klares Signal der Einigkeit senden können, zum Beispiel mit folgenden Worten: »Wir, die NATO, stehen für die Prinzipien der liberalen Demokratie – gegen alle, die sie gefährden, Terrorismus, Russland, China.« Stattdessen ist der wichtigste Punkt wohl, dass die Mitglieder der Allianz sich gegenseitig noch einmal bestätigen, dass sie sich im Falle eines Angriffs aufeinander verlassen können. »Wir stehen zusammen, einer für alle, alle für einen«, so NATO-Generalsekretär Stoltenberg, »der Artikel 5 zur Beistandspflicht im Bündnis steht, eisenhart.« Atemberaubend, dass dies noch einer besonderen Bekräftigung bedarf, schließlich wäre die NATO ohne die Beistandsklausel, den wichtigsten Pfeiler dieses Bündnisses, eh obsolet. Bei den Verteidigungsausgaben, so Stoltenberg, habe man »gute Fortschritte« gemacht. In der Tat hat der Druck des US-Präsidenten dazu geführt, dass die Mitgliedsländer ihre Wehretats deutlich erhöht haben, insgesamt um 130 Milliarden Dollar. Aber Deutschland liegt mit 1,38 Prozent seines Bruttoinlandprodukts weiterhin deutlich hinter dem erklärten und versprochenen 2-Prozent-Ziel zurück. Die Bedrohung durch Cyberangriffe und -kriege soll noch ernster genommen werden. Russland gilt dem Bündnis auch künftig als Gefahr. Klarheit gibt es nicht einmal in Bezug auf das aufstrebende China. Das Land wird militärisch und wirtschaftlich als »Herausforderung« bezeichnet, das Wort »Bedrohung« vermieden. Die technische Infrastruktur der NATO-Partner will man unbedingt schützen. Kein Wort dazu, ob damit chinesische Technologiekonzerne vom Ausbau der 5G-Mobilfunknetze ausgeschlossen werden müssten. Genau das fordern die USA, während Deutschland und andere sich weigern.

Immerhin, der türkische Präsident Erdoğan hat seine Drohung nicht wahr gemacht, die Einigung zu boykottieren, wenn die NATO die kurdische Miliz YPG nicht zur Terrororganisation erklärt. Er gibt sich offenbar damit zufrieden, dass der Kampf gegen Terror pauschal eine der wichtigsten Aufgaben der NATO sein soll. Da darf nun jeder selbst entscheiden, wer zum Terroristen erklärt wird. Auch die Anschaffung einer russischen Raketenabwehr für die Türkei bleibt folgenlos. Man müsse auch in einem Bündnis »Meinungsverschiedenheiten« haben können, meint Jens Stoltenberg hinterher bei seiner Abschlusspressekonferenz. Letztlich bleiben auch von diesem Gipfel ein vermiedener Eklat und viele ungelöste Probleme. Und zum Abschluss ihres 70. Geburtstags schenkt sich die NATO noch eine »Reflexionsgruppe«, die Anregungen für eine neue Gesamtstrategie der Allianz entwickeln soll. Sinnsuche,

18 Jahre nach dem letzten Bündnisfall, den Terroranschlägen vom 11. September 2001.

Ein Armutszeugnis. Wie hatte doch Queen Elizabeth II. ein halbes Jahr zuvor beim Empfang für Donald Trump im Buckingham-Palast gesagt: »Obwohl sich die Welt verändert hat, sind wir uns der ursprünglichen Bestimmung dieser Strukturen bewusst: Völker arbeiten zusammen, um einen hart erkämpften Frieden zu bewahren.« Der US-Präsident hat es geschafft, dass seine Zweifel abgefärbt haben auf andere. Ich fühle mich erinnert an jenen 3. Juni 2019, als die kleine Dame neben dem baumlangen Trump stand und ihn doch an »auctoritas« – Würde, Ansehen und Einfluss – um Längen überragte. Zum Abschluss des Gipfels im Dezember zeigt Trump auch noch einmal deutlich, wo seine Prioritäten liegen: »Ich war jetzt auf drei NATO-Gipfeln, dieser war der beste, ganz besonders. Hier herrscht ein guter Geist, viele geben jetzt richtig viel Geld.« Dazu passt dann auch das Video vom Vorabend, das an die Öffentlichkeit gelangt ist. Beim königlichen Empfang im Buckingham-Palast haben Kanadas Premierminister Justin Trudeau, sein britischer Amtskollege Boris Johnson und der Franzose Emmanuel Macron über Donald Trump gelästert, weil er immer so lange Pressekonferenzen abhalte und deshalb überall zu spät komme. Früher wäre so etwas kaum vorstellbar gewesen.

Der Pate

Wie Trump noch mal davonkam

Stellen wir uns mal vor, Jim, Alex und Tom treffen sich irgendwo auf der Straße. Sie wirken aufgeregt, gestikulieren. »Der verrät unser Vertrauen an fremde Mächte«, ereifert sich Jim. Und Alex pflichtet ihm bei: »Wir dürfen nicht zulassen, dass diese Mächte Einfluss in unseren Institutionen gewinnen.« –»Und dass wir uns mit denen irgendwie verstricken«, setzt Tom wütend hinzu. Die drei reden sich richtig in Rage, da kommt auch noch George hinzu. Er spricht von der »heimtückischen List fremder Einflüsse«. Diese Einflüsse gehörten zu den »tödlichsten Feinden für ein republikanisches Regierungssystem.« Das klingt ein wenig altmodisch, kein Wunder, denn es ist ein wörtliches Zitat aus der Abschiedsbotschaft des ersten US-Präsidenten George Washington, die im September 1796 in einer Zeitung veröffentlicht wurde. Natürlich ist das beschriebene Zusammentreffen auf irgendeiner Straße eine reine Erfindung, aber die Beteiligten heißen mit ihren vollen Namen James Madison, Alexander Hamilton und Thomas Jefferson. Die Äußerungen – wenn auch leicht verkürzt – stammen wirklich von ihnen. Sie sind überliefert aus den Beratungen über die amerikanische Verfassung im Jahr 1787. So entstand der Abschnitt 4 im Artikel 2, in dem die mögliche Amtsenthebung des US-Präsidenten verankert wurde: »Der Präsident, der Vizepräsident und alle zivilen Beamten der Vereinigten Staaten sollen des Amtes enthoben werden, nach einem Impeachment und einer Verurteilung für Verrat, Bestechung oder anderen hohen Verbrechen und Verfehlungen.« Mit den ersten beiden Begriffen können die meisten sicher etwas anfangen, denn »Landesverrat«, »Bestechung«, »Käuflichkeit« und »Korruption« gelten auch bei uns als Verstöße gegen das

Wertesystem und entsprechende Rechtsnormen. Aber was, bitte schön, meinten die Gründungsväter der amerikanischen Republik mit »hohen Verbrechen und Verfehlungen« (»High Crimes and Misdemeanors«)? Es handelt sich eben nicht um Kapitalverbrechen und schlechtes Benehmen, wie ein Blick in das Wörterbuch suggerieren könnte. Auch die Betrachtung der Amtsenthebungsverfahren in der amerikanischen Geschichte hilft bei der Suche leider nicht weiter. Präsident Andrew Johnson wollte 1868 gegen den Willen des Kongresses seinen Kriegsminister entlassen. Richard Nixon ließ 1972 bei der demokratischen Partei einbrechen und versuchte dann mit Mafiamethoden, das Ganze zu vertuschen. Bei Bill Clinton reichte 1998 die Lüge über eine außereheliche Affäre mit einer Praktikantin.

Wie die Formulierung zustande kam, beschreibt der Verfassungsrechtler und Harvard-Professor Laurence Tribe in seinem fulminanten Werk To End a Presidency in einem kurzen Absatz.[21] Demnach hatten sich die Verfassungsväter zunächst auf die konkreten Begriffe »treason« und »bribery« verständigt, weil sie die Einflüsse fremder Mächte, wie in den eingangs erwähnten Zitaten deutlich wird, als größte Bedrohung für die junge Republik sahen. Schließlich hatte sich Amerika gerade in einem blutigen Unabhängigkeitskrieg aus der Herrschaft des englischen Königs befreit. Aber »Verrat« und »Bestechung« waren einem der Versammlungsteilnehmer, George Mason, zu eng gefasst, so würden ja »viele große und gefährliche Verstöße« nicht mit berücksichtigt. Er schlug den Begriff »maladministration«, also »schlechte Amtsführung« oder »Misswirtschaft« vor. Daran entzündete sich gleich eine Diskussion. James Madison war die Formulierung zu vage, er befürchtete einen Präsidenten auf Abruf, nach Gutdünken des Senats. Außerdem, so meinte ein anderer, könne eine schlechte Amtsführung ja schon spätestens nach vier Jahren durch Abwahl bestraft werden. Kurzerhand ergänzte Mason die Worte »hohe Verbrechen und Verfehlungen«, und die verfassungsgebende Versammlung stimmte zu. Der Rest ist Geschichte? Nicht ganz. Tribe legt dar, dass die Gründungsväter sich bewusst für eine offene Formulierung entschieden, damit auch andere schwere Vergehen mit Amtsenthebung bestraft werden konnten, allerdings müssten sie, der Aufzählung entsprechend, ähnlich gravierende Folgen für den

Bestand der Demokratie haben. Unfähigkeit oder eine schlechte Amtsführung sollte kein Impeachment-Verfahren rechtfertigen. Es muss sich immer danach ausrichten, ob der Präsident gegen eine zum Zeitpunkt der Tat gültige und in der ganzen Gesellschaft anerkannte Regel oder ein Gesetz verstoßen hat. Er kann sich also nicht herausreden, dass er von dieser Norm nicht gewusst habe. Allerdings muss ihm für eine Verurteilung nachgewiesen werden, dass er sich absichtlich über die Ordnung hinweggesetzt hat.

»Impeachment ist das letzte Mittel unseres Systems, eine echte Katastrophe durch die Hand unseres Präsidenten zu verhindern«, so der Verfassungsexperte Tribe, »diese Macht wurde für jene Momente geschaffen, wenn die Nation dem klaren Verderben gegenübersteht und die verfassungsmäßige Ordnung keine andere plausible Lösung zulässt. Eine Amtsenthebung sollte dann erfolgen, wenn die vorangegangenen Missetaten eines Präsidenten in sich so schlimm sind und ein so bedenkliches Signal für künftiges Verhalten, dass es eine klare Gefahr und ein schwerer Schaden für die verfassungsmäßige Ordnung wäre, seinen Verbleib im Amt zu erlauben. Wenn solche Umstände eintreten, kann ein Verzicht auf die Amtsenthebung eine größere Bedrohung darstellen als die Risiken, die mit dem Impeachment einhergehen. Diese Entscheidung ist in erster Instanz dem Repräsentantenhaus überlassen, das für die ganze Nation handelt.« Die Latte liegt damit so hoch, dass die meisten Menschen in den USA, die Anhänger der unterschiedlichen Parteien, viele Politiker und auch Medienschaffende einen tragischen Kurzschluss aus alldem ziehen: dass ein Präsident nicht durch Impeachment seines Amtes enthoben werden kann, wenn er keine Straftat begangen hat, für die er – wäre er nicht Präsident – auch vor einem normalen Strafgericht verurteilt würde.

Schon Mitglieder der verfassungsgebenden Versammlung machten klar, dass eine schwerwiegende Schädigung der Gesellschaft ein Grund für eine Amtsenthebung sein könnte. In der amerikanischen Verfassungsgeschichte gab es immer wieder Impeachmentverfahren, zum Beispiel gegen Richter oder andere Amtsträger, in denen der Missbrauch des Amtes zur Verurteilung ausreichte. Das ist auch sinnvoll. Wenn ein Präsident Grundprinzipien der US-Verfassungsordnung wie zum Beispiel die Gewaltenteilung missachtet, das Aufsichtsrecht des Kongresses ignoriert, längere Kriege ohne entsprechende Autorisierung durch das Parlament führt, dann sind das allesamt keine Verbrechen, für die er strafrechtlich zu belangen wäre. Umgekehrt ist der Kongress auch nicht gezwungen, wegen einer Straftat des Präsidenten ein Amtsenthebungsverfahren einzuleiten, solange das Verbrechen dem Land keinen schweren Schaden zugefügt hat und auch kein massiver künftiger Schaden daraus erwächst. Wenn Donald Trump zum Beispiel Steuerbetrug nachgewiesen werden könnte, würde er sich nach seiner Amtszeit vor Gericht verantworten müssen, ein Grund zur Amtsenthebung wäre das allein aber kaum. Auch bei Richard Nixon verzichtete das Repräsentantenhaus auf den Anklagepunkt Steuerbetrug.

Langer Rede, kurzer Sinn: Das Impeachment ist ein politischer, kein juristischer Prozess, und am Ende entscheiden immer gewählte Volksvertreter, keine Richter. Die Gründungsväter wussten sehr genau, dass sie das ultimative Werkzeug zur Begrenzung der präsidialen Macht in die Hände von Politikern legten und damit parteilichen Interessen unterwarfen. Denn was das Volk per Wahl entschieden hatte, sollte ausschließlich von Vertretern des Volkes, in extrem seltenen Fällen und nur bei außerordentlichen Verfehlungen gegen die amerikanische Republik beendet werden können. Diese Entscheidung sorgte automatisch dafür, dass die Anwendung von Artikel 2, Abschnitt 4 immer Streit und eine Polarisierung der Gesellschaft auslösen könnte. So schrieb Alexander Hamilton 1788 in den *Federalist Papers,* dass der Prozess »die Leidenschaften der ganzen Gemeinschaft aufrühren und sie in Gruppen aufspalten wird, mehr oder weniger freundlich oder feindlich dem Beschuldigten gegenüber. (...) In solchen Fällen besteht dann immer die größte Gefahr darin, dass die Entscheidung mehr von der Stärke der jeweiligen Partei abhängt als von den wirklichen Beweisen für Unschuld oder Schuld.«

Vor diesem Hintergrund will ich die Vorgänge beschreiben und analysieren, in denen Donald Trump vom Tag eins seiner Präsidentschaft an den Versuch sah, seine überraschende und für viele schockierende Wahl rückgängig zu machen.

Russland-Connection

Das, was Donald Trump bis heute »Hexenjagd« nennt, war ein reichlich komplexes Unterfangen, bei dem man nicht so recht weiß, wo man anfangen soll. Ich versuche es mal so: »Wenn du klug bist, kannst du dich von ihnen fernhalten. Du musst dich von ihnen fernhalten, dein Leben führen, du willst dich da nicht reinhängen. Aber ich muss zugeben, ich habe gelegentlich ein paar solcher Leute getroffen, das waren alles sehr nette Leute. Du willst ihnen nur kein Geld schulden. Schulde denen bloß kein Geld!« Es ist so eine fröhliche Szene, als Donald Trump am 17. Oktober 2013 über die Mafia spricht. Na klar, bei seiner Comedyshow an jenem Abend will Gastgeber David Letterman ein wenig mit dem Klischee spielen, Baulöwe Trump, erfolgreich in einer Stadt, in der italienische Clans nach Angaben des FBI nicht nur die Müllabfuhr, sondern einen Großteil des Warentransports und der Baustellen kontrollieren. Also lautet die Frage an den Gast im edlen Anzug mit dem glänzenden rosafarbenen Schlips, ob er jemals »mit dem organisierten Verbrechen Geschäfte gemacht« habe. »Ich habe wirklich versucht, ihnen so weit wie möglich fernzubleiben«, antwortet Trump, »wissen Sie, wenn man in New York aufwächst und Geschäfte macht, dann würde ich sagen, da mögen mir ein paar dieser Charaktere begegnet sein, aber allgemein gesprochen halte ich mich von dieser Gruppe lieber fern.«

Wir werden wohl nie genau wissen, wie fern oder nah Donald Trump der Mafia in New York stand, aber belegt ist, dass ihm der Boss des Genovese-Clans, einer der fünf großen Mafiafamilien in New York, Anthony Salerno, genannt »Fetter Tony«, Zement für den Trump Tower und andere Projekte in der Ostküstenmetropole lieferte. Bei einem großen Bauarbeiterstreik 1982 in Manhattan wurde am Trump-Hochhaus eifrig weitergebaut, vielleicht weil Salerno eine der großen Gewerkschaften kontrollierte. Auch in Atlantic City machte der Casino-Mogul Trump mit einer Mafiafamilie Geschäfte. Sein Anwalt, Roy Cohn, zählte einige Bosse der »ehrenwerten Gesellschaft« zu seinen Mandanten und war bekannt dafür, dass er Zeugen einschüchterte und Richter bestach. Cohn war eine schillernde Gestalt. In den Fünfzigerjahren hatte er als Rechtsberater von Senator Joe McCarthy die Jagd nach vermeintlichen Kommunisten angeführt. In den Sechziger- und Siebzigerjahren wurde der Anwalt viermal angeklagt, unter anderem wegen Erpressung, Bestechung, Aktienbetrug, Meineid. Immer ging er straffrei aus. Seitdem haftete ihm der Ruf an, dass er mit allem davonkam. Ende der Siebziger-, Anfang der Achtzigerjahre war er zu einem Mentor für den aufstrebenden Geschäftsmann und Millionenerben Donald Trump geworden. Der spätere Präsident bewunderte Cohn für seine Rücksichtslosigkeit, er sei »bösartig«, aber auch »ein Genie, ein lausiger Anwalt, aber ein Genie«, wie Trump einmal sagte. Schließlich, im Frühsommer 1985, holte Cohn seine Vergangenheit ein. Die Steuerbehörde IRS verlangte die Nachzahlung von mehr als sieben Millionen Dollar, die der Mafia- und Trump-Anwalt einfach nie bezahlt hatte. Die Anwaltsvereinigung entzog ihm wegen Unehrlichkeit, Betrug und Täuschung im Juni die Zulassung. Einen Monat später starb Cohn an Aids. Bei seiner Trauerfeier, so beschreibt es die Nachrichtenplattform *Politico* in einem Artikel[22] vom September 2019, nannte Cohns Kanzleipartner Thomas Bolan den Verstorbenen ein Opfer des »liberalen Establishments«, seiner »Feinde in den Medien« und seiner »politischen Feinde«, die versucht hätten, »ihn abzuschießen«. Donald Trump saß unter den Trauergästen und hat sich diese Vorwürfe offenbar gut gemerkt, denn er würde sie immer und immer wieder bei der angeblichen Hexenjagd auf ihn wiederholen. Am Ende des Artikels zitiert *Politico* den Regisseur Matt Tyrnauer, der das Leben Cohns und seinen Einfluss auf Donald Trump in einem eindrucksvollen Dokumentarfilm darstellt. Der ruchlose Anwalt, so Tyrnauer, »ist immer davongekommen, bis er nicht mehr davonkam«.

Ob dies auch zum Titel über Trumps Leben wird, ist offen. Aber in seinem Denken und Handeln spiegeln sich die Wesenszüge seines Mentors und seiner schmuddeligen Geschäftspartner der Mafia. Gewinnen um jeden Preis, immer auf der Jagd nach dem besten Deal, immer bereit, die Regeln zu brechen, immer mit der Forderung nach bedingungsloser Loyalität. Wer diese verrät, wird als Feind und Verräter verfolgt. Und – vielleicht über allem anderen – das Prinzip, dass andere die schmutzige Arbeit erledigen und im vorauseilenden Gehorsam handeln, damit nichts am Paten selbst hängen bleibt. Mit diesen Gedanken als Schablone lässt sich viel besser verstehen, worum es in den politischen Skandalen um Donald Trump in Wirklichkeit geht. Beginnen wir mit der Untersuchung des Sonderermittlers Robert Mueller, der herausfinden sollte, ob Russland sich in die letzte amerikanische Präsidentschaftswahl eingemischt und dabei möglicherweise mit Trumps Wahlkampfteam gemeinsame Sache gemacht hatte. Die Gerüchteküche brodelte schon vor dem eigentlichen Wahltag im November 2016, befeuert durch Äußerungen des Kandidaten Donald Trump und durch Erkenntnisse amerikanischer Sicherheitsbehörden. Aber statt all diese Verdächtigungen wieder hervorzuholen, schauen wir lieber auf die Fakten, die der Sonderermittler Mueller und sein Team über zwei Jahre sorgfältig zusammengetragen haben.

In seinem Abschlussbericht[23], der am 18. April 2019 veröffentlicht wurde – allerdings mit zahlreichen geschwärzten Passagen –, wird eine Schlüsselszene beschrieben. Sie spielt am 17. Mai 2017. An diesem Tag autorisierte der stellvertretende Justizminister Rod Rosenstein den ehemaligen FBI-Direktor Robert Mueller, eine mögliche russische Einmischung in den Wahlkampf zu untersuchen und dabei auch jeder weitergehenden Spur nachzugehen, wo immer sie hinführen würde. Es ging im Kern um das, was den Gründervätern Amerikas besonders am Herzen lag: jeden Einfluss fremder Mächte auf die amerikanische Demokratie zu unterbinden und Schaden von der Republik abzuwenden. Einen verantwortungsvolleren Auftrag konnte es kaum geben, und Robert Mueller hatte den Ruf eines erstklassigen und unermüdlichen, dabei aber auch unparteiischen und unbestechlichen Ermittlers. Der Präsident befand sich an jenem Tag im Oval Office und beriet mit dem Justiziar des Weißen Hauses, Don McGahn, dem Justizminister Jeff Sessions und dessen Stabschefin Jody Hunt über mögliche Kandidaten für das Amt des FBI-Chefs. Trump hatte den Direktor von Amerikas Bundespolizei, James Comey, eine Woche zuvor gefeuert. Was dann geschah, zitiere ich so wortgetreu wie möglich aus dem Ermittlungsbericht, Band 2, Seite 78: »Sessions verließ das Oval Office, um einen Anruf von Rosenstein entgegenzunehmen, der ihn über die Berufung des Sonderermittlers informierte. Dann kehrte Sessions zurück, um dem Präsidenten die Nachricht zu überbringen. Als Sessions dem Präsidenten gesagt hatte, dass ein Sonderermittler ernannt worden war, so die Notizen, die Jody

Hunt gemacht hatte, sank der Präsident zurück in seinen Stuhl und sagte: ›O mein Gott. Das ist schrecklich. Das ist das Ende meiner Präsidentschaft. Ich bin erledigt‹ (im Original ›I'm fucked‹, Anm. d. Red.). Der Präsident wurde wütend und beschimpfte den Justizminister wegen seiner Entscheidung, sich aus den Ermittlungen herauszuhalten.‹ Tatsächlich hatte Sessions die Untersuchung aus Befangenheitsgründen seinem Stellvertreter überlassen, da er selbst am Wahlkampf für Donald Trump beteiligt gewesen war. Im Bericht heißt es weiter: »Der Präsident sagte, dass die Position des Justizministers seine wichtigste Ernennung gewesen sei und dass Sessions ihn ›im Stich gelassen‹ habe. (...) Sessions erinnerte sich, dass der Präsident zu ihm sagte: ›Du solltest mich beschützen‹, oder vergleichbare Worte. Der Präsident kam auf die Folgen der Berufung zurück und sagte: ›Jeder sagt mir, wenn du einen dieser unabhängigen Ermittler kriegst, ruiniert das deine Präsidentschaft. Es wird Jahre um Jahre dauern und du wirst nichts machen können. Das ist das Schlimmste, was mir jemals widerfahren ist.«

Einfach wunderbar, es ist meine Lieblingsstelle im Mueller-Bericht, denn in wenigen Worten beschreibt sie das Wesen der trumpschen Präsidentschaft. Aus Sicht des Amtsinhabers ist ein Justizminister also nicht in erster Linie dazu da, als Sachwalter des amerikanischen Volkes die Einhaltung und Durchsetzung des Rechts sicherzustellen. Nein, er soll seinen Boss schützen, als wäre er sein persönlicher Anwalt, wie einstmals Roy Cohn. Aber Jeff Sessions war nun mal aus ganz anderem Holz geschnitzt. Deshalb würde er auch nicht mehr lange Justizminister sein. Ganz offensichtlich aber hatte Donald Trump etwas zu verbergen, dessen Enthüllung ihn seine Präsidentschaft kosten könnte – vielleicht sogar seine Freiheit? Zur Vorgeschichte der Russland-Affäre ist sicher erwähnenswert, dass Trump über Jahrzehnte auch mit der russischen Mafia verbandelt war. Sie hatte mit ihm Geschäfte gemacht, sowohl in den USA als auch in Russland und einigen ehemaligen Sowjetrepubliken.

Umso interessanter, dass Donald Trump als Präsidentschaftskandidat und später im Weißen Haus immer behauptete, keinerlei Geschäftsbeziehungen in Russland zu unterhalten. Das ist gelogen, wie die Mueller-Ermittlungen eindeutig belegen. Demnach war Trump ab 2015 auch an einem neuen Bauprojekt in Moskau interessiert, einem Milliardendeal für einen weiteren Trump-Tower. Sein Anwalt Michael Cohen sollte das Projekt mit Wissen von Donald Trump, seiner Tochter Ivanka und seinem Sohn Donald jr. vorantreiben. Im Mueller-Report heißt es auf Seite 77: »Ungefähr im September 2015 erhielt Cohen die Zustimmung des Kandidaten Trump, des damaligen Präsidenten der Trump-Organisation, mit der (russischen Grundstücksentwicklungsgesellschaft) I.C. Expert zu verhandeln. Cohen berichtete vom Jahr 2015 bis in das Jahr 2016 hinein Zwischenstände über das Projekt direkt an Trump, mit der Versicherung, dass dieses Projekt weiterlaufe. Im Herbst 2015 diskutierte Cohen das Trump-Moskau-Projekt in Bezug auf Design-Elemente (einschließlich möglicher Architekten für das Unterfangen) mit Ivanka Trump und mit Donald J. Trump jr. im Zusammenhang mit seiner Erfahrung in Moskau und einer möglichen Beteiligung an dem Projekt.« Die Pläne wurden zwar bis heute nicht verwirklicht, aber sie zeigen, dass die Trump-Familie ein großes Interesse an guten Beziehungen zu Russland hatte. Wenn der russische Präsident Putin ein ähnliches Interesse hatte, dann wäre zumindest erklärbar, warum Russland massiv auf den amerikanischen Präsidentschaftswahlkampf Einfluss nahm. Die entscheidende Frage, die das Team um Sonderermittler Mueller beantworten sollte: Gab es eine Verbindung, vielleicht gar Absprachen, zwischen Trump und den russischen Geheimdiensten?

Immerhin war der Kandidat selbst bereit, russische Hilfe in der Auseinandersetzung mit seiner politischen Widersacherin Hillary Clinton zu erbitten. Am 27. Juli 2016 twitterte Donald Trump: »Wenn Russland oder irgendein Land oder eine Person Hillary Clintons 33 000 illegal gelöschte E-Mails hat, dann sollten sie die vielleicht mit dem FBI teilen.« Gleiches sagte er an diesem Tag auch bei einer Pressekonferenz in seiner Hotelanlage in Doral, Florida: »Russland, wenn du zuhörst, dann hoffe ich, dass du die 30 000 verloren gegangenen E-Mails finden kannst. Du wirst vermutlich mächtig belohnt werden durch unsere Presse.« Trump bezog sich auf E-Mails, die Hillary Clinton in ihrer Amtszeit als US-Außenministerin über private E-Mail-Server geschrieben und empfangen hatte. Als die Nutzung der privaten Mail-Adressen bekannt wurde, war sie 2014 vom State Department aufgefordert worden, alle Mails zur Verfügung zu stellen, die einen dienstlichen

Hintergrund hatten. Von insgesamt über 60 000 Mails übergab sie rund die Hälfte, die anderen 30 000, die ihre Anwälte als privat eingestuft hatten, ließ sie löschen. Als das FBI später auf Tausende weitere dienstliche Mails stieß, entstand die Verschwörungstheorie, sie hätten kompromittierende Mails verschwinden lassen. Ein Vorwurf, der nach den Ermittlungen des FBI haltlos war. Aber Donald Trump nutzte die E-Mail-Affäre als Waffe im Präsidentschaftswahlkampf.

Kurz nach seiner öffentlichen Aufforderung an Russland wurde der russische Militärgeheimdienst GRU aktiv. Im Mueller-Bericht Band 1, Seite 49 heißt es dazu: »Innerhalb von ungefähr fünf Stunden nach Trumps Statement nahmen GRU-Offiziere zum ersten Mal Clintons persönliches Büro ins Visier. Nach den Bemerkungen des Kandidaten Trump erschuf und sendete die ›Einheit 26165‹ Links an 15 E-Mail-Konten mit der Domain (geschwärzt), darunter ein E-Mail-Konto eines Clinton-Mitarbeiters. Die Untersuchung fand keine früheren Versuche des GRU, die Konten auf diesem Server zu kompromittieren. Es ist unklar, wie der GRU in der Lage war, diese E-Mail-Konten, die nicht öffentlich waren, zu identifizieren.« Der russische Geheimdienst hatte die genannten E-Mail-Adressen möglicherweise schon Monate zuvor entdeckt, denn im Zeitraum vom 12. April bis 8. Juni 2016 waren die Hacker mithilfe von Phishing-Attacken in 59 Computer der demokratischen Partei und des demokratischen Komitees für die Kongresswahlkämpfe eingedrungen. Sie hatten sich dabei Zugang zu zahlreichen Passwörtern und damit Administratorenrechte verschafft und konnten nach Belieben Daten absaugen und das System manipulieren. Es war nur ein kleiner Ausschnitt der Aktivitäten des russischen Militärgeheimdienstes. Die Mueller-Ermittlungen ergaben eine breit angelegte Kampagne zur Unterstützung des Kandidaten Donald Trump, die eine atemberaubende Einmischung in die amerikanische Demokratie darstellte. Auf Seite 50 des Berichts heißt es: »Neben den Angriffen auf Personen im Clinton-Wahlkampfteam attackierten die GRU-Offiziere Personen und Einheiten in der Wahlverwaltung. Unter den Opfern waren amerikanische Stellen auf Bundesstaats- und Lokalebene, wie zum Beispiel die Wahlaufsichtsbehörden, die Ministerien für innere Angelegenheiten, Kreisregierungen und die Personen, die für sie arbeiteten.« So knackte der russische Geheimdienst zum Beispiel die Website der Wahlaufsicht in Illinois und erbeutete die Daten von Tausenden Wählern. Im November 2016 schickte der GRU Textdateien mit Schadsoftware, sogenannten Trojanern, an die Verwaltung zahlreicher Landkreise in Florida. In mindestens einem Fall konnten die Hacker in die Computersysteme eindringen. Auch eine Firma, die Software für das Management von Wählerlisten und für elektronische Wahlsysteme herstellt, war im Visier der russischen Wahlmanipulation. Ihre Rechner wurden mit einem Computervirus infiziert. In keinem der Fälle gibt es einen Beleg, dass die Angriffe auch tatsächlich zur Verfälschung von Wahlergebnissen führten.

Die eigentliche Speerspitze für die russische Einflussnahme war eine Tarnfirma des Militärgeheimdienstes, die sogenannte Internet Research Agency. Die IRA war nichts anderes als eine Trollfabrik, in der Hunderte von Mitarbeitern, sogenannte »Spezialisten«, die öffentliche Meinung in den USA manipulieren sollten. Im Mueller-Report heißt es auf Seite 14: »Die IRA führte Social-Media-Operationen durch, gezielt zugeschnitten auf ein breites US-Publikum mit dem Ziel, Streit im politischen System der Vereinigten Staaten zu säen. (...) Zum Ende der Wahl im Jahr 2016 besaß die IRA die Fähigkeit, über ihre Social-Media-Konten Millionen von Amerikanern zu erreichen. Zahlreiche von der IRA kontrollierte Facebook- und Instagram-Konten hatten Hunderttausende von amerikanischen Teilnehmern. IRA-kontrollierte Twitter-Konten hatten unabhängig davon Zehntausende von Followern, inklusive zahlreicher US-Politiker, die die IRA-Inhalte retweeteten.«

Die sorgfältige Vorbereitung und die Umsetzung der Operation waren beeindruckend und erschreckend zugleich. Die IRA hatte einige ihrer »Spezialisten« auf Erkundungsreise in die USA geschickt. Sie sollten Erfahrungen sammeln, um hinterher möglichst authentisch scheinende gefälschte Facebook- und Twitter-Konten von erfundenen US-Bürgern anzulegen. Dazu benötigten sie Fotos, die sie von ihrer Reise mitbrachten. Neben den vermeintlich privaten Konten legte die IRA auch Facebook-Gruppen an, die sich als amerikanische Interessenverbände oder Parteien ausgaben. Das Twitter-Konto @TEN_GOP sollte beispielsweise den Eindruck erwecken, es handle sich um den Landesverband der Republikaner in Tennessee. Andere Gruppen gaben sich als Bürgerrechtler, Einwanderungsgegner oder Aktivisten der Tea Party aus. Mitte 2016 machten die meisten dieser Konten Stimmung gegen Hillary Clinton und für Donald Trump. Die IRA kaufte sogar Werbung, zum Beispiel für ihr Instagram-Konto Tea-Party-News eine Aktion »KIDS4TRUMP«, um junge Anhänger zu gewinnen. Am 6. April 2016 schaltete sie eine Werbung für ihr Black-Matters-Konto mit der Aufforderung zu einem Flashmob. Möglichst viele Menschen sollten sich mit einem Schild »#HillaryClintonForPrison2016« fotografieren.

Als Gipfel der Dreistigkeit organisierte der russische Geheimdienst zahlreiche Wahlkampfkundgebungen auf amerikanischem Boden. Wie genau, beschreibt der Mueller-Report auf Seite 29: »Die IRA nutzte eine ihrer bekannten Social-Media-Personen, um das Ereignis anzukündigen und zu bewerben. Die IRA schickte dann eine große Zahl von Direktnachrichten an ihre Follower, um sie zu dem Termin einzuladen. Unter denen, die Interesse an der Teilnahme bekundeten, suchte die IRA einen Amerikaner als Koordinator aus.« Diesem würde der »Spezialist« dann sagen, dass er selbst leider nicht kommen könne, weil er anderweitig in den USA unterwegs sei. Er stellte dann aber den Kontakt zwischen den örtlichen Medien und dem gefundenen Koordinator her. Nach der Veranstaltung postete die IRA dann Videos und Fotos von dem Event auf ihren Social-Media-Konten. Das Einladungsposter für zwei parallele Kundgebungen am 2. Oktober 2016 in Pittsburgh und Philadelphia zeigte beispielsweise das schmutzige Gesicht eines Kohlebergarbeiters mit den Slogans: »Miners for Trump. Bring back our jobs. Help Mr. Trump fix it.« Hin und wieder heuerte die IRA sogar Arbeitssuchende für kleine politische Aktionen an; so zog einmal ein Amerikaner, verkleidet als Weihnachtsmann mit Trump-Maske, durch New York – bezahlt vom russischen Geheimdienst, von dem er selbst natürlich nichts wusste.

Auf der Grundlage der Mueller-Ermittlungen wurden später Dutzende von russischen Staatsbürgern in Abwesenheit angeklagt. Russland hatte also zugunsten von Donald Trump in den Wahlkampf eingegriffen, aber gab es in irgendeiner Form eine Koordination zwischen beiden Seiten? Trumps Wahlkampfteam und er selbst hatten viele der Inhalte von den Social-Media-Plattformen des russischen Geheimdienstes geteilt, sogar einmal für eine der Kundgebungen geworben.

Das große Interesse an schädlichen Informationen über Hillary Clinton aus Russland zeigte sich vor allem an einer Zusammenkunft von Donald Trump jr., Trumps Schwiegersohn Jared Kushner und seinem Wahlkampfchef Paul Manafort mit mehreren russischen Kontaktpersonen am Nachmittag des 9. Juni 2016. Ein Bekannter Trumps, der Publizist Rob Goldstone, hatte dem Sohn des Kandidaten wenige Tage zuvor eine E-Mail geschickt, der zufolge der russische Generalstaatsanwalt Belastungsmaterial gegen Hillary Clinton anbiete, das für Trump sehr hilfreich sein könne. Am 6. Juni telefonierte Donald jr. dann mit einem russischen Geschäftsmann, der offenbar als Vermittler mehr Details zu dem ungewöhnlichen Angebot kannte. Wenige Minuten nach dem Telefonat erhielt Donald jr. einen Anruf von einer blockierten Telefonnummer. Die Ermittler können nicht beweisen, dass Donald Trump selbst eben jener Anrufer war, kurz danach aber soll der Sohn ein zweites Mal mit dem russischen Mittelsmann telefoniert haben. Am Folgetag arrangierte Rob Goldstone dann das Treffen für den 9. Juni im Trump-Tower, in einer der Mails für die Terminabsprache lautete die Betreffzeile: »Russland – Clinton – privat und vertraulich«. Am Abend des 7. Juni machte Donald Trump in seiner Siegesrede nach den republikanischen Vorwahlen in Kalifornien und New Jersey einige seltsame Andeutungen: »Ich werde vermutlich am kommenden Montag eine große Rede halten, und dabei sprechen wir über all die Dinge, die mit den Clintons stattgefunden haben. Ich denke, Sie werden das sehr informativ und sehr, sehr interessant finden.« Hatte Trump tatsächlich selbst grünes Licht für das Treffen gegeben, und wusste er deshalb von möglichem Belastungsmaterial gegen Clinton?

An der Besprechung in New York nahmen schließlich neben Trump jr., Kushner, Manafort, Goldstone und einer Dolmetscherin die russische Anwältin Natalja Wesselnizkaja, ein Mitarbeiter der russischen Crocus-Firmengruppe und der russisch-amerikanische Lobbyist Rinat Akhmetshin teil. Letzterer war ein Agent bei der russischen Spionageabwehr gewesen und handelte mit gestohlenen Daten. Später würden die beteiligten Amerikaner und die russische Anwältin angeben, dass es im Gespräch nicht um Belastungsmaterial gegen Hillary Clinton ging, sondern um die erhoffte Rücknahme eines Gesetzes, das Amerikanern die Adoption russischer Kinder verboten hatte. In einem Interview würde Donald jr. später offen zugeben, dass er Informationen über die politische Gegnerin seines Vaters erwartet hatte und dann enttäuscht wurde. Er habe das Treffen schon nach wenigen Minuten verlassen. Jahre später – in einem Tweet vom 5. August 2018 – würde der Präsident seinen »wundervollen Sohn Donald« für die Besprechung im Trump-Tower loben: »Das Treffen fand statt, um Informationen über eine Gegnerin zu bekommen. Total legal, wird immer gemacht in der Politik – und es brachte nichts. Ich wusste nicht von dem Treffen.« Die große Frage für den Sonderermittler Mueller war dennoch, ob es in jenen Monaten eine Koordination zwischen Trumps Wahlkampfteam und Vermittlern der russischen Regierung und ihrer Geheimdienste gegeben hatte.

Fest steht, dass der GRU im Juni 2016 damit begann, über die von ihm gekaufte Domain dcleaks.com Tausende von internen Dokumenten des Clinton-Wahlkampfteams zu verbreiten, darunter private Daten, Finanzinformationen und die Kommunikation zahlreicher Einzelpersonen. Ab dem 15. Juni folgten dann über einen WordPress-Blog mit dem Nutzernamen »Guccifer 2.0« die Dokumente, die in den Monaten zuvor aus den Servern der demokratischen Partei und des Komitees für die Kongresswahlen gestohlen worden waren, darunter auch ein Strategiepapier der Demokraten für den Wahlkampf gegen Donald Trump. Der Mueller-Report vermerkt an dieser Stelle (Seite 44), dass der Geheimdienst GRU »über ›Guccifer 2.0.‹ mit einem ehemaligen Mitarbeiter des Trump-Wahlkampfteams Kontakt hatte«. Am 7. Oktober 2016 begann auch die selbst ernannte Enthüllungsplattform Wikileaks mit der Veröffentlichung von internen Dokumenten der demokratischen Partei und des Clinton-Teams. Nach den Recherchen des Sonderermittlers lässt sich eindeutig belegen, dass Wikileaks-Gründer Julian Assange mit dem russischen GRU über dcleaks.com und »Guccifer 2.0« verschlüsselt kommunizierte. Die Unterlagen wurden der Plattform möglicherweise durch einen Boten zugespielt. Allein 50 000 der verbreiteten Dokumente stammten aus dem E-Mail-Konto des engen Clinton-Vertrauten und ehemaligen Stabschefs im Weißen Haus, John Podesta. Umso spannender wäre es, wenn es eine direkte Verbindung zwischen dem Trump-Wahlkampf und Wikileaks gäbe, aber die entsprechenden Seiten 51–59 im Mueller-Bericht sind in großen Teilen geschwärzt, in Absprache oder auf Verlangen des US-Justizministers William Barr. Immerhin wird an einer Stelle die Aussage des damaligen Wahlkampfmanagers Rick Gates zitiert, der von einer Fahrt mit Donald Trump zum Flughafen La Guardia in New York erzählte. Auch hier sind wieder mehrere Sätze unlesbar gemacht, aber Gates erinnert sich, dass Trump im Auto einen Anruf bekam: »Kurz nach dem Anruf sagte der Kandidat Trump zu Gates, dass weitere Veröffentlichungen von schädlichen Informationen folgen würden.«

Mittlerweile ist bekannt, mit wem Donald Trump an jenem 31. Juli 2016 telefonierte – seinem langjährigen Berater und Mentor Roger Stone. Stone hatte im Gespräch mit zahlreichen Beteiligten davon erzählt, dass er auf der Suche nach den fehlenden Clinton-Mails auch in direktem Kontakt mit Wikileaks und dessen Gründer Julian Assange stehe. Im Zuge der Mueller-Ermittlungen hatte er dies wieder bestritten, dabei weitere Falschaussagen gemacht und Beweise unterdrückt. Stone gehört zu den Personen aus dem Umfeld Trumps, die sich vor Gericht verantworten mussten. Er wurde im November 2019 wegen Meineids und Behinderung der Untersuchungen des amerikanischen Kongresses verurteilt und sollte im Frühjahr 2020 eine 40-monatige Haftstrafe antreten, erhielt aber wegen der Coronakrise zunächst Aufschub. Am 10. Juli 2020 erließ Donald Trump zur Empörung vieler kraft seines Amtes seinem alten Freund die Haftstrafe.

Eindeutig nachweisen lässt sich, dass ein weiterer Vertrauter Trumps, sein späterer Nationaler Sicherheitsberater Michael Flynn, versuchte, die angeblich verschwundenen 33 000 E-Mails von Hillary Clintons privaten Konten zu finden. Aber alle Bemühungen, für die Flynn auch weitere Personen eingeschaltet hatte, blieben trotz monatelanger Recherchen und mehrfacher Kontakte zu russischen Hackern erfolglos. Generalleutnant Flynn war in der Obama-Administration der Direktor der Defense Intelligence Agency, also des militärischen Geheimdienstes der USA, gewesen, bevor er 2014 vorzeitig sein Amt verlassen musste. In der Folgezeit beriet er mit seiner Firma Flynn Intel Group ausländische Regierungen, darunter auch die türkische, und wurde im Jahr 2016 einer der Wahlkampfberater für Donald Trump. Entgegen der eindringlichen Warnung des scheidenden Präsidenten Barack Obama, Flynn keine sicherheitsrelevante Position in seiner Regierung anzubieten, machte ihn Donald Trump im Januar 2017 zu seinem Nationalen Sicherheitsberater. Trump wusste seit mehr als einem halben Jahr, dass gegen Flynn bereits Ermittlungen liefen, weil dieser für die türkische Regierung gearbeitet hatte und sehr enge Kontakte zu russischen Stellen unterhielt. Im Dezember 2016 hatte Flynn mehrfach mit dem russischen Botschafter in Washington, Sergej Kislyak, telefoniert, auch an dem Tag, an dem die Obama-Administration wegen der Einflussnahme auf den US-Wahlkampf Sanktionen gegen Russland verhängte. Nach den Abschriften der Telefonate signalisierte er dem Vertreter Moskaus, dass der neue Präsident Trump russlandfreundlicher sein werde, und untergrub damit die Außenpolitik der Vereinigten Staaten.

Weil er das FBI und den US-Vizepräsidenten über sein Gespräch mit dem russischen Botschafter angelogen hatte, feuerte ihn Donald Trump nach nur 24 Tagen im Amt als Nationaler Sicherheitsberater. In der Folgezeit verdichteten sich Hinweise, dass Flynn ohne die vorgeschriebene Genehmigung große Geldsummen von ausländischen Regierungen angenommen hatte. Flynn hatte bei den laufenden Ermittlungen mehrfach gelogen. Er wurde deshalb angeklagt und kooperierte mit der Staatsanwaltschaft, um eine mildere Haftstrafe zu bekommen. Mitten in der Coronakrise ließen die Staatsanwälte des Justizministeriums alle Vorwürfe fallen. Der Präsident und seine Anhänger behaupteten, dass Flynn Opfer einer Falle durch das FBI und die Obama-Administration geworden sei. Das Verfahren war zum Zeitpunkt der Drucklegung immer noch nicht beendet.

Was ist nun von alldem zu halten? Der Präsidentschaftskandidat hatte wirtschaftliche Interessen in Russland. Die russische Regierung und ihre Geheimdienste unterstützten den Wahlkampf Donald Trumps mit einer Vielzahl von verdeckten Operationen. Mehrfach boten mysteriöse Quellen Mitarbeitern von Trump belastende Daten über seine Widersacherin Hillary Clinton an.[24] Seine Berater gingen bereitwillig auf diese Angebote ein und trafen sich sogar wiederholt mit russischen Kontaktpersonen. Donald

Trump rechtfertigte dies und forderte Russland zur Einflussnahme auf den US-Wahlkampf auf. Man sollte meinen, dass der Sonderermittler Robert Mueller und sein Team zu klaren Schlussfolgerungen kommen würden. Auf Seite 9 des Abschlussberichts finden sich also die Sätze: »Während die Untersuchung zahlreiche Kontakte zwischen Personen mit Verbindungen zur russischen Regierung und Personen mit Verbindungen zum Trump-Wahlkampfteam gefunden hat, war das Beweismaterial nicht ausreichend, um strafrechtliche Anklagepunkte zu rechtfertigen. (…) Die Ermittlungen haben nicht belegt, dass Mitglieder des Trump-Wahlkampfteams sich mit der russischen Regierung abgesprochen oder koordiniert haben bei deren Aktivitäten, die Wahl zu beeinflussen.« Die gesammelten Informationen müssten eine bestimmte Schwelle überschreiten, um tatsächlich einen Gesetzesbruch darzustellen, den man dann strafrechtlich verfolgen könnte.

Hier liegt ein wesentliches Problem bei der Bewertung der Ermittlungsergebnisse, denn dem Sonderermittler hatte man in seinen offiziellen Untersuchungsauftrag Begriffe hineingeschrieben, die keiner klaren Rechtsdefinition unterliegen. Deshalb erschuf sich Robert Mueller eine eigene Definition: »Wie eine ›Absprache‹ (»collusion«) hat auch ›Koordination‹ keine festgelegte Definition im Bundesstrafrecht. Nach unserem Verständnis bedarf die ›Koordination‹ einer Vereinbarung – stillschweigend oder offen ausgedrückt – zwischen dem Trump-Wahlkampfteam und der russischen Regierung zur Einmischung in die Wahl. Es erfordert also mehr als nur zwei Parteien, deren Taten in Kenntnis oder als Antwort auf Taten und Interessen des jeweilig anderen ausgeführt werden.« Da liegt die Latte dann so hoch, dass es fast eines Vertrags, eines Schwurs oder einer Blutsbruderschaft bedurft hätte, um strafrechtlich verfolgbar zu sein. Ich weiß, das klingt unsachlich, aber ein Blick in das amerikanische Bundeswahlkampfgesetz zeigt, dass hier sehr wohl ein klarer Gesetzesbruch vorliegen könnte. Denn nach dem »Federal Election Campaign Act« sind alle Zuwendungen, also »jedes Geschenk, jeder Mitgliedsbeitrag, jedes Darlehen, jeder Vorschuss, jede Geldanweisung oder irgendetwas von Wert« verboten, wenn sie vorgenommen werden »durch irgendeine Person mit dem Zweck, eine Wahl für irgendein Bundesamt zu beeinflussen«. Die Begriffe »anything of value« oder »things of value« umfassen nach geltender amerikanischer Rechtsprechung auch Dokumente und Materialien, die gegen einen politischen Widersacher eingesetzt werden können. Vor diesem Hintergrund wäre der tatsächliche Erhalt von »Schmutz« über Hillary Clinton ein schwerer Verstoß gegen das Wahlrecht. Mit anderen Worten: Donald Trump jr., Jared Kushner und Paul Manafort gingen nachweislich mit der Absicht in das Treffen mit russischen Kontaktleuten im Trump-Tower am 9. Juni 2016, belastendes Material über Trumps Gegnerin zu beschaffen. Ob sie es zu sehen bekamen, wissen wir nicht, nur, dass kurz darauf die ersten gestohlenen Dokumente über dcleaks und »Guccifer 2.0« veröffentlicht wurden.

Der Sonderermittler ist sich der Sensibilität dieses Treffens sehr wohl bewusst, denn er beschäftigt sich in seinem Bericht auch mit der Frage, was genau mit »anything of value« in diesem Zusammenhang gemeint sein könnte. Er räumt sogar ein, dass solches Belastungsmaterial dazu zählen würde, aber dann zieht er – auf Seite 187 – den seltsamen Schluss, dass es die Strafverfolger wohl zu schwer haben würden, eine Verurteilung vor Gericht zu erreichen, weil die Anklage nicht die vor Gericht zulässigen Beweise bekommen könnte, mit denen sich ein wissentlicher Verstoß der Beteiligten nachweisen ließe: »Um zu beweisen, dass der Beschuldigte ›wissentlich und willentlich‹ handelte, müsste die Anklage zeigen, dass der Beschuldigte ein grundsätzliches Wissen hatte, dass sein Verhalten gesetzwidrig war.« Daraus ergibt sich eine abenteuerliche Folgerung: Weil Donald Trump jr. und sein Vater in Interviews und Tweets behaupten, dass ihre Bemühungen um Belastungsmaterial gegen Hillary Clinton »total legal« waren, sind sie also immun gegen jede Verletzung des amerikanischen Wahlrechts? Und wenn Donald Trump bei Kundgebungen und Pressekonferenzen offen fremde Mächte um Wahlkampfhilfe bittet, ist das keine Rechtsverletzung, weil er es ja öffentlich und nicht im Verborgenen macht? Natürlich weiß ich, dass die Verstöße in einem Verfahren über jeden begründeten Zweifel hinaus bewiesen werden müssten, aber der Sonderermittler hätte genau diesen Versuch unternehmen müssen.

Dass die Beweise aus Muellers Sicht nicht belastbar genug waren, lag auch an einem Umstand, der auf Seite 10 des Abschlussberichts beschrieben wird. »Das Büro des Ermittlers fand heraus, dass einige der Personen, die wir befragt oder deren Verhalten wir untersucht hatten – darunter einige verbunden mit dem Trump-Wahlkampfteam –, relevante Kommunikationen löschten oder während der relevanten Zeiträume mit Anwendungen kommunizierten, die eine Verschlüsselungsfunktion haben oder die keine langfristige Speicherung von Inhalten oder Verbindungsdaten ermöglichen.«

In Kombination mit Muellers Zurückhaltung bei der Beurteilung des Treffens im Trump Tower sendet der ehemalige FBI-Chef und brillante Ermittler mit alldem ein klares Signal, das Donald Trump im Umgang mit Roy Cohn und der Mafia längst auch für sich gelernt hatte: Man muss geschickt und dreist genug sein, dann kommt man davon. Natürlich kann man mir als Journalist, gelerntem Politikwissenschaftler und Historiker vorhalten, dass ich die rechtliche Seite nicht wirklich beurteilen kann. Es gibt auch unter amerikanischen Rechtsexperten sicher etwa gleich viele, die zu ähnlichen Schlüssen kommen oder diametral gegensätzlicher Ansicht sind. Aber in Verbindung mit Band 2 der Mueller-Untersuchung, der Frage, ob Donald Trump sich der Justizbehinderung und Strafvereitelung schuldig gemacht hat, lässt sich ein Muster erkennen: Sonderermittler Mueller scheute sich davor, seinen Auftrag so zu Ende zu bringen, wie es Zehntausende von Staatsanwälten in den USA fast täglich tun. Der Präsident und sein treuer Gefolgsmann, Justizminister William Barr, wussten genau, dass die Ermittlungsergebnisse in diesem Band 2 massiven politischen Schaden anrichten konnten. Umso glücklicher konnte Trump sich schätzen, dass er nun einen Minister hatte, der genau das tun würde, wofür er einstmals dessen Vorgänger Jeff Sessions berufen hatte: ihn beschützen. Der Präsident hatte Sessions Anfang November 2018 zum Rücktritt gedrängt. Nun hatte er also William Barr, der die Einhaltung und Durchsetzung des amerikanischen Rechts bereitwillig den Interessen seines Herrn unterordnete.

Totale Entlastung

Am 18. April 2019 lieferte Barr sein Gesellenstück ab. Der Tag begann mit Nebelkerzen. Donald Trump persönlich verbreitete die erste: eine 54-sekündige Videocollage seiner Parole »no collusion«,

»no collusion«, »no collusion«. Dass sich keine Absprache seines Wahlkampfteams mit Russland nachweisen ließ, das wussten wir da schon seit Wochen. Denn die Kernbotschaften des Sonderermittlers Mueller waren ja schon seit einiger Zeit veröffentlicht, so auch sein Fazit zum Russland-Komplex: »Die Ermittlungen haben nicht belegt, dass Mitglieder des Trump-Wahlkampfteams sich mit der russischen Regierung abgesprochen oder koordiniert haben bei deren Aktivitäten, die Wahl zu beeinflussen.« Aber in dem anderen Punkt war Mueller weniger klar gewesen. Hat Donald Trump die Justiz behindert und sich der Strafvereitelung im Amt schuldig gemacht? Die Ermittler vermerkten zu dieser Frage: »Dieser Bericht schlussfolgert nicht, dass der Präsident eine Straftat begangen hat, gleichzeitig entlastet er ihn auch nicht.« Genau davon wollte Trump an diesem Morgen ablenken, an dem der Abschlussbericht, natürlich mit zahlreichen Schwärzungen, veröffentlicht werden sollte. Trump wusste schon, dass sich auf den mehr als 400 Seiten viel Unangenehmes finden würde.

Deshalb zündete sein Justizminister Barr die zweite Nebelkerze, seine Pressekonferenz – zwei Stunden bevor der Mueller-Report herauskam und die Journalisten Gelegenheit gehabt hätten, die Kernaussagen zu identifizieren. Neun Mal wiederholte Barr bei seinem Auftritt, dass es keine Koordination mit Russland gegeben habe. Und in der Frage der Justizbehinderung servierte er dann eine eigene Schlussfolgerung, die über das Fazit des Sonderermittlers hinausging. Der Präsident habe die Justiz nicht behindert. Punkt. Keine konkreten Belege, außer der Behauptung, dass Trump mit all seinen Aktivitäten keinerlei Absicht zur Strafvereitelung gehabt habe. Ja, der Präsident sei frustriert gewesen über die Ermittlungen: »Es gibt substanzielle Beweise, dass der Präsident frustriert und verärgert war aufgrund seiner ernsten Überzeugung, dass die Untersuchung seine Präsidentschaft untergräbt, angetrieben von seinen politischen Gegnern und angeheizt durch illegale Lecks.« Barr klang wie ein Pressesprecher. Ein seltener Moment für einen Amtsträger, der als Sachwalter eines der Grundpfeiler der amerikanischen Demokratie, der Rechtsstaatlichkeit, fungieren und als solcher neutral sein sollte. Stattdessen spielte der Justizminister den persönlichen Anwalt von Donald Trump. Das Weiße Haus habe ja trotz des Frustes kooperiert. »Abseits der

Frage, ob Taten etwas behinderten«, so Barr, »zeigt diese gute Absicht doch, dass es keine böse Absicht gab, die Ermittlungen zu behindern.« Ohne solch eine Absicht aber könne es gar keine Justizbehinderung geben. Wieder Punkt.

Rechtsexperten halten das für einen hanebüchenen Kurzschluss. Und nachfragen konnten die Journalisten bei der Pressekonferenz am Morgen eben nur, ohne selbst den Inhalt des Mueller-Berichts zu kennen. Ebenfalls hanebüchen. Genau wie die dritte Nebelkerze: Die Rechtsberater im Weißen Haus hatten schon eine Art Gegenbericht zum Mueller-Report parat, der zeitgleich veröffentlicht wurde. Auch dabei hatte der Justizminister Schützenhilfe geleistet, indem er die komplette Argumentation des Sonderermittlers einfach weitergereicht hatte. Die Anwälte des Präsidenten und damit auch Donald Trump selbst, gegen den ja eigentlich ermittelt wurde, kannten also alle Einzelheiten, bevor die Öffentlichkeit informiert wurde. Umso wichtiger erschien es, die Behauptungen des Justizministers zu prüfen, der ganz offensichtlich versuchte, die öffentliche Meinung zugunsten seines Bosses zu beeinflussen. Keine böse Absicht, keine Straftat, Akte geschlossen? Die Akte selbst sagte etwas anderes, Seite um Seite. Wer sich mit Absicht beschäftigt, muss auch die Motive für das Handeln betrachten, und da findet sich in Band 2 des Mueller-Reports auf Seite 76 eine klare Antwort des Sonderermittlers: »Der Präsident hatte ein Motiv, die Russland-Ermittlungen des FBI hinter sich zu lassen. Die Beweise reichen nicht als Beleg, dass die Entlassung von Comey dazu gedacht war, eine Verschwörung zwischen Trumps Wahlkampfteam und Russland zu vertuschen.« Comey ist der FBI-Direktor, der die Russland-Ermittlungen auch nach dem Amtsantritt von Donald Trump weiter vorantrieb und dann am 9. Mai 2017 vom Präsidenten gefeuert wurde. Mueller wiederholt an dieser Stelle, dass ja eine Absprache oder Koordination mit russischen Stellen nicht belegbar seien. Daraus ergebe sich für Donald Trump also kein Motiv, »aber die Beweise zeigen doch«, so heißt es weiter, »dass eine sorgfältige FBI-Untersuchung Fakten über den Wahlkampf und den Präsidenten persönlich enthüllen könnte, die der Präsident selbst als Straftaten verstanden haben könnte oder die ihm persönliche und politische Sorge bereiten könnten.«

Mit anderen Worten, Donald Trump hatte Angst, dass Schlimmeres über seine Aktivitäten herauskommen würde. Was das sein könnte, lässt sich nur mutmaßen, der Mueller-Bericht verweist vage auf das mögliche Bauprojekt eines Trump-Towers in Moskau. Eindeutig belegt ist, dass Trump vom Tag eins seiner Präsidentschaft an versuchte, die Ermittlungen des FBI und später des Sonderermittlers zu stoppen. Am 27. Januar 2017 lud er FBI-Chef Comey zu einem Abendessen ins Weiße Haus ein und verlangte von ihm Loyalität. Am 14. Februar, einen Tag nach dem erzwungenen Rücktritt des Nationalen Sicherheitsberaters Michael Flynn, erwartete Trump die Einstellung der Russland-Ermittlungen und des Verfahrens gegen Flynn. Er bestellte James Comey zu einem Vieraugengespräch ins Oval Office und sagte, gemäß der Aussage Comeys: »Ich hoffe, Sie sehen jetzt einen klaren Weg, die Sache auf sich beruhen zu lassen. Auch Flynn laufen zu lassen. Flynn ist ein guter Kerl. Ich hoffe, Sie können das nun beenden.« Als der FBI-Direktor bei einer Kongressanhörung im März berichtete, dass seine Behörde weiter jede mögliche Verbindung zwischen dem Trump-Team und Russland untersuchen würde, drängte der Präsident die Leiter von CIA und NSA sowie den obersten Koordinator der Geheimdienste, sie sollten erklären, dass es keine Trump-Russland-Connection gebe. Zweimal setzte er Comey per Telefon unter Druck, Gleiches öffentlich zu sagen. Am 9. Mai 2017 wurde der FBI-Chef auf einer Dienstreise von seiner fristlosen Entlassung überrascht. Am Folgetag erklärte die Pressesprecherin des Weißen Hauses, Sarah Huckabee Sanders, dass der Präsident, das Justizministerium und Kongressmitglieder beider Parteien das Vertrauen in Comey verloren hätten. »Am wichtigsten aber«, so fuhr Sanders fort, «die Mitarbeiter des FBI hatten das Vertrauen in ihren Direktor verloren. Deshalb akzeptierte der Präsident die Empfehlung seines stellvertretenden Justizministers, James Comey aus dem Amt zu entfernen.« Eine glatte Lüge, denn die Belegschaft des FBI war mit ihrem Direktor hochzufrieden und wusste, dass sie sich auf ihn verlassen konnte.

Der Rausschmiss Comeys wurde durchaus als Signal verstanden. Trump würde auch in der Folgezeit gegen jeden rücksichtslos vorgehen, der sich ihm und seinen Interessen in den Weg stellte. Nach dem FBI-Direktor war nun sein nächstes Ziel der neue Sonderermittler Robert Mueller, dessen Ernennung Trumps Justizminister Jeff Sessions ja nicht verhindert hatte. Für sein neues Vorhaben wollte der Präsident den Justiziar des Weißen Hauses, Don McGahn, einspannen, der den Ermittlern später über diesen Vorfall berichten würde. In Band 2 des Mueller-Reports, Seite 88, heißt es: »McGahns klare Erinnerung war, dass der Präsident ihn angewiesen hatte, Rosenstein nicht nur zu sagen, dass es Konflikte gab, sondern dass ›Mueller gehen muss‹. McGahn ist angesichts seiner Position im Weißen Haus ein glaubwürdiger Zeuge ohne Motiv, zu lügen oder zu übertreiben. McGahn sprach zweimal mit dem Präsidenten und verstand die Anweisung beide Male gleich, sodass es unwahrscheinlich war, dass er sich verhört oder die Forderung des Präsidenten falsch interpretiert hatte. Als Reaktion auf diese Anforderung entschied sich McGahn zu kündigen, weil er nicht an Ereignissen beteiligt sein wollte, die er mit dem Samstagnacht-Massaker verglich.«

Das »Saturday Night Massacre« bezieht sich auf den 20. Oktober 1973, als Präsident Richard Nixon über seinen Stabschef Alexander Haig den damaligen Justizminister Elliott Richardson anwies, den Sonderermittler in der Watergate-Affäre, Archibald Cox, zu feuern. Richardson weigerte sich und trat sofort zurück, Gleiches tat sein Stellvertreter William Ruckelshaus. Erst der neue Justizminister Robert Borg befolgte Nixons Befehl und warf Cox aus dem Amt. Im Mueller-Bericht heißt es über Don McGahn weiter: »Er rief seinen Anwalt an, fuhr ins Weiße Haus, schrieb einen Rücktrittsbrief an den Stabschef und sagte Priebus, dass der Präsident ihn gebeten habe, ›verrückten Scheiß‹ zu tun«. Als der Vorfall lange nach seinem Rücktritt bekannt wurde, bedrängte ihn der Präsident, ein Schriftstück zu fabrizieren, dass es die Anweisung nie gegeben habe. Das ist ein klarer Beleg für einen Amtsmissbrauch, auch wenn der Anwalt sich weigerte, das Gesetz zu brechen. Es ist nur eines von insgesamt zehn konkreten Beispielen für den Versuch der Justizbehinderung und Strafvereitelung im Amt, die der Sonderermittler in seinem Bericht zusammengetragen hat.

Vor dem Hintergrund all dieser Erkenntnisse sollte man eigentlich erwarten, dass der Sonderermittler auch die Sicht des Präsidenten einholte. Das tat er auch – schriftlich. In Bezug auf eine mögliche Zusammenarbeit zwischen seinem Wahlkampfteam und russischen Stellen ließ Trump wissen: »Ich habe keine Erinnerung, dass man mir während des Wahlkampfs sagte, dass irgendeine ausländische Regierung oder ein ausländischer Anführer greifbare Unterstützung für meinen Wahlkampf geliefert hat, liefern wollte oder zu liefern angeboten hat.« Die Worte »ich erinnere mich nicht«, »ich habe keine Erinnerung« tauchen mehr als 30 Mal in den rund 20 Antworten auf, kein Wort dagegen zu den Vorwürfen der Justizbehinderung. Keine böse Absicht des Präsidenten, denn der Sonderermittler, man glaubt es kaum, hatte nicht danach gefragt. Sein 60-Punkte-Katalog umfasste nur den Russland-Komplex. Angesichts der vielen Gedächtnislücken erbaten die Ermittler auch eine freiwillige mündliche Aussage, aber Donald Trump lehnte ab. Nun hätte Mueller ihn kraft seines Amtes zur Aussage verpflichten können, wenn auch mit ungewissem Ausgang. Aber Mueller versuchte es erst gar nicht und erklärt das in seinem Bericht, Anhang C, auf Seite C-2 so: »In der Erkenntnis, dass der Präsident nicht freiwillig befragt werden könnte, haben wir überlegt, ihn für eine Aussage vorzuladen. Wir sahen seine schriftlichen Antworten als unzulänglich an. Aber zu diesem Zeitpunkt hatte unsere Untersuchung bedeutsame Fortschritte erzielt und substanzielle Beweise für unseren Bericht geliefert. Deshalb wägten wir die Kosten eines potenziell langen Verfassungsstreits und die daraus folgende Verzögerung für den Abschluss der Ermittlungen gegen die erwarteten Vorteile für unsere Ermittlungen und unseren Bericht ab. Wie schon in Band 2, Abschnitt 2B erklärt, entschieden wir, dass es uns die substanzielle Menge von Informationen, die wir von anderen Quellen erhalten hatten, erlaubte, relevante, faktische Schlussfolgerungen zur Absicht und Glaubwürdigkeit zu ziehen, die ja oft aus Indizien stammen und dann ohne direkte Aussage vom Gegenstand der Ermittlung bewertet werden.«

Das ist eine bemerkenswerte Bankrotterklärung. Abseits der Frage, wie heftig ein Rechtsstreit mit dem Präsidenten der Vereinigten Staaten geworden wäre, wäre eine Aussage Trumps für eine wirkliche Beurteilung der Vorgänge unabdingbar gewesen, denn Mueller selbst hatte ja in seinem Russland-Teil schon klargemacht, dass man dem Beschuldigten nachweisen müsste, dass er in dem Wissen gehandelt hatte, eine Straftat zu begehen. Um hinterher sagen zu können, man habe wenigstens alles getan, um zu erkunden, ob jemand »wissentlich und willentlich« gehandelt habe, müsste man diesen Beschuldigten sicher auch befragen. Wenn Trump also den FBI-Direktor Comey unter Druck setzte und feuerte, andere Mitarbeiter zu Straftaten aufforderte (deren Ausführung sie allerdings verweigerten), wäre also auch das nur justiziabel, wenn der Präsident sich bewusst war, damit die Justiz zu behindern? Oder reicht es aus, einfach nur Präsident zu sein, um alles tun zu können, was man will? Ein mutiger Staatsanwalt würde – wie das in Strafverfahren üblich ist – selbstverständlich auch am Ende sein professionelles Urteil fällen, sich also für ein klares Ergebnis seiner Untersuchung entscheiden und dies auch öffentlich vertreten, wohl wissend, dass das wirkliche Urteil ja dann vom Richter oder den Geschworenen gefällt würde. Selbst davor scheute der Sonderermittler Mueller zurück. In Band 2, Seite 8 heißt es: »Weil wir entschieden hatten, kein traditionelles staatsanwaltliches Urteil zu fällen, haben wir keine ultimativen Schlüsse zum Verhalten des Präsidenten gezogen. Die Beweise, die wir über die Taten und Absichten des Präsidenten erhielten, stellen schwierige Themen dar, die wir hätten lösen müssen, wenn wir ein traditionelles staatsanwaltliches Urteil fällen wollten. Gleichzeitig: Wenn wir nach der sorgfältigen Untersuchung der Fakten sicher gewesen wären, dass der Präsident eindeutig die Justiz nicht behindert hätte, würden wir das so sagen. Basierend auf den Fakten und den anwendbaren rechtliche Standards, sind wir zu so einem Urteil nicht in der Lage. Daher: Während dieser Bericht nicht schlussfolgert, dass der Präsident eine Straftat begangen hat, entlastet er ihn aber auch nicht.«

»Entlastet er ihn aber auch nicht« – was ist das für eine staatsanwaltschaftliche Schlussfolgerung? Die Ermittler sind sich also nicht sicher, ob der Präsident eine Straftat begangen hat, haben aber nicht wenige Hinweise darauf. Hätte der Sonderermittler dann nicht klar sagen können: »Nach der Beweislage hat der Präsident eindeutig den Straftatbestand der Justizbehinderung erfüllt«, unabhängig davon, ob er sich nun vor dem Parlament oder nach seiner Amtszeit dafür verantworten müsste?

Es wäre ein deutliches Signal an den Kongress gewesen, ein Amtsenthebungsverfahren einzuleiten. Denn der Abschlussbericht ist eine wahre Fundgrube für eine Untersuchung auf der Basis des Impeachment-Artikels der amerikanischen Verfassung. Immerhin ging es ja im Kern um das, was die Gründungsväter um jeden Preis verhindern wollten: die Einflussnahme fremder Mächte auf das demokratische Verfahren in den USA. Stattdessen aber hinterließ Robert Mueller ein Vakuum, das der Präsident und seine Gefolgsleute nutzen konnten, um einen Sieg auf der ganzen Linie zu proklamieren. Die Nuance, dass Donald Trump »nicht entlastet« worden war, ging darin unter. Justizminister William Barr hatte sich ja am Morgen des 18. April 2019 mit der Parole »keine böse Absicht, keine Straftat« zum Richter aufgeschwungen. Am Nachmittag zündete die Pressesprecherin des Weißen Hauses, Sarah Huckabee Sanders, eine weitere Nebelkerze: »Der Sonderermittler hat keine Kollaboration und keine Strafvereitelung gefunden. Es ist eine totale und komplette Entlastung des Präsidenten.« Dazu passend, twitterte Donald Trump dann noch, was das amerikanische Volk aus seiner Sicht nun denken sollte: »Game over«. Wir wollten uns genauer ansehen, welche Wirkung die Propagandashow des Weißen Hauses im Land entfaltete und fuhren einfach mal raus aus Washington, dahin, wo die rechten Talkradios für Donald Trump bestimmt zum Rachefeldzug blasen würden – gegen die Demokraten und die linken Medien, so dachten wir jedenfalls.

Martinsburg ist eine kleine Stadt in West Virginia. Rund 100 000 Menschen leben im Landkreis Berkeley in dem Donald Trump die Wahl 2016 mit 66 Prozent der Stimmen gewonnen hatte. Im Studio des Lokalradiosenders WRNR, etwas außerhalb von Martinsburg, sitzen an diesem Morgen Rob und Dave, beide Republikaner, die am Telefon gerade einen anderen Republikaner zum Mueller-Bericht befragen. »Die Medien versuchen weiter, Zweifel zu schüren. Das schadet dem Präsidenten und dem Land«, so argumentiert David Avella, der Chef der Kaderschmiede GOPAC, die den Parteinachwuchs der Republikaner ausbildet. Aber Avella prügelt nicht auf die demokratische Opposition ein, ruft nicht zur Abrechnung mit Gegnern in Politik und Medien auf, sondern analysiert, welche Wahlkampfstrategie für die Demokraten jetzt nicht funktionieren würde, und liefert damit wertvolle Hinweise für seine politischen Gegner: »Die Wechselwähler denken, es gehe den Demokraten nur um ihren Hass gegen den Präsidenten, nicht um Themen, die den Wählern wichtig sind. Je näher wir der Wahl 2020

kommen, desto mehr deutet darauf hin, dass Trump wiedergewählt wird.«

Ein paar Minuten später ist der Kreisvorsitzende der demokratischen Partei, Aneesh Sompalli, zugeschaltet. Statt die Unzuläng-
lichkeiten des Mueller-Berichts zu beklagen und der Lesart des
Präsidenten von einer totalen Entlastung zu widersprechen, blickt
Sompalli nach vorn:»Ich möchte, dass die Demokraten jemanden
finden, der Trump bei der Wahl schlägt – in direkter Auseinandersetzung. Es sollte nicht um Amtsenthebung, das damit verbundene
Durcheinander und Chaos im Land gehen. Du musst sie an der
Wahlurne schlagen, darauf sollte sich die demokratische Partei
konzentrieren.« Kein Rachefeldzug in der Provinz, kein politisches
Gezeter über Missetaten des Präsidenten. Die sachliche Frühsendung im Lokalradio sei typisch für die Diskussion fern vom politischen Washington, meint der Eigentümer von WRNR, Mike
Hornby:»Es gibt eine Menge Polarisierung im Land – rechts und
links. Aber es gibt auch viel Gemeinsames, über das wir reden können. Wir sind doch alle Menschen und leben zusammen, also muss
man hart diskutieren können, ohne dabei auszurasten.« Allerdings
überträgt Hornbys Sender wie viele andere Stationen in Amerika
auch die nationalen Talksendungen der rechten Hardliner, die
natürlich weiter Stimmung gegen die Demokraten machen. Mit
seinen begrenzten Ressourcen ist WRNR auf diese kostengünstige-
ren Programme angewiesen, aber die, so rechtfertigt sich Hornby,
hätten viel weniger Zuhörer als die selbst gemachte Frühsendung
mit Rob und Dave.

Wir fahren weiter zur Main Street von Martinsburg. Auch die
Frühstückskunden im Blue White Grill haben die Nase voll vom
Politkrawall – egal, welche Partei sie unterstützen:»Die Ermittlungen scheinen beendet«, meint Bradley Mangold,»dann sollten wir
das hinter uns lassen. Es gibt so viel Spaltendes in diesem Land,
deshalb wäre meine Präferenz, das Ganze hinter uns zu lassen.«
Einen Tisch weiter sitzt Jerome Williams, eingetragener Demokrat
und nun enttäuscht von den Anführern seiner eigenen Partei:»Ich
bin kein Trump-Fan. Ich bin ein Fan von Ehrlichkeit, egal, wer im
Weißen Haus sitzt. Aber die Demokraten haben es überzogen, und
ich bin selbst Demokrat. Wenn es Belege für Schuld gibt und man
es beweisen kann, dann macht es. Aber das Ganze so auszudehnen,

ist eine Zeit- und Geldverschwendung.« Die Menschen hier, das ist mein Eindruck an diesem Morgen, befürchten, dass im Parteien- und Medienstreit untergeht, was ihnen wirklich wichtig ist, ihre Arbeitsplätze, ihre Bildungschancen, ihre Gesundheitsversorgung. »Man hört immer nur von den Extremen, rechts und links«, beklagt sich Jill Ucantanio, »dabei gibt es eine Menge Leute, die sich weder dem rechten noch linken Lager zurechnen, die mehr in der Mitte stehen. Aber die, die den meisten Lärm machen, hört man halt am lautesten.«

Sie wollten sich nicht mehr über etwas entrüsten, was sie längst wussten: dass ihr Präsident gern lügt, täuscht und sich die Regeln zurechtzimmert, wie sie ihm gerade passen. Nachdem auch der Auftritt des Sonderermittlers Mueller vor dem Kongress am 24. Juli 2019 keine neuen Erkenntnisse brachte, gab die demokratische Sprecherin des Repräsentantenhauses, Nancy Pelosi, die Parole aus, sich auf die Zukunft zu konzentrieren. So blieb es den Gerichten überlassen, die Strafverfahren gegen Trumps Helfer wie Manafort, Stone, Cohen und andere abzuarbeiten. Parallel dazu liefen auch mehrere Rechtsstreitigkeiten weiter, in denen es um die Veröffentlichung der trumpschen Steuererklärungen und seiner möglichen Bereicherung durch die Nutzung des Trump-Hotels in Washington für internationale Gäste und zahlreiche Regierungsveranstaltungen ging. Niemand ahnte in diesem Moment, dass Trump genau einen Tag nach der Mueller-Anhörung vor dem Kongress in einem Anruf wieder eine fremde Macht einlud, zu seinem Vorteil Einfluss auf den amerikanischen Wahlkampf zu nehmen.

Der Wiederholungstäter

Im Spätsommer 2019 fanden sich ein paar Mutige, die die Alarmglocken läuteten – aus Sorge um ihr Land und in Erfüllung ihres Amtseids, der sie auf die amerikanische Verfassung, nicht auf ihren Präsidenten, verpflichtet. Donald Trump ist rückfällig geworden. Es mag einen zunächst verwundern, wie sehr dieses Telefongespräch zwischen Trump und seinem ukrainischen Amtskollegen Wolodymyr Selenskyj vom 25. Juli 2019, einen Tag nach den Mueller-Anhörungen im Kongress, an den Grundfesten der amerikanischen Republik rüttelte. Aber im Kern drehte es sich wieder um genau jene Einflüsse, die Amerikas erster Präsident George Washington in seiner Abschiedsbotschaft an das amerikanische Volk als »tödlichste Feinde für ein republikanisches Regierungssystem« beschrieben hatte. Folgerichtig leitete Nancy Pelosi, die Sprecherin des Repräsentantenhauses und Anführerin der Demokraten, am 25. September 2019 das Impeachment-Verfahren mit düsteren Worten ein: »Mit seinen Taten hat Präsident Trump Verrat begangen an seinem Amtseid, an der nationalen Sicherheit und an der Integrität unserer Wahlen.« So deuteten die Demokraten das Telefongespräch von Donald Trump mit dem frisch gewählten Präsidenten der Ukraine im Juli. Das Beweismaterial schien erdrückend und erschreckend zugleich:

- Der US-Präsident hatte den Präsidenten eines anderen Landes darum gebeten, Material gegen seinen vermutlich größten Widersacher im amerikanischen Präsidentschaftswahlkampf zu sammeln.
- Das Anliegen hatte der US-Präsident als »Gefallen« bezeichnet, allerdings in einem Gespräch, in dem es auch um militärische Unterstützung für die Ukraine und um einen Besuchstermin im Weißen Haus ging.
- Der US-Präsident hatte ein Mitglied seiner Regierung, den Justizminister, und seinen persönlichen Anwalt beauftragt, diese Ermittlungen über seinen politischen Gegner zu unterstützen.
- Donald Trumps persönlicher Anwalt Rudy Giuliani sowie mehrere hochrangige Diplomaten des US-Außenministeriums hatten das Anliegen des Präsidenten danach weiter vorangetrieben.
- Das Protokoll des Telefonats zwischen Trump und Selenskyj wurde von Mitarbeitern des Weißen Hauses in einem Computer abgespeichert, der nur für die Aufbewahrung von Staatsgeheimnissen vorgesehen ist.

Bis zu diesem Zeitpunkt basierten all diese Informationen auf der schriftlichen Wiedergabe des Telefonats, den öffentlichen Äußerungen des Präsidenten und seines Anwalts Rudy Giuliani. Hinzu kamen aber auch die Vorwürfe in der Beschwerde eines Whistleblowers, der Details der Vorgänge im Weißen Haus beschrieb und sich dabei auf mindestens ein Dutzend Zeugen berief. Mindestens ein Teil dieser Zeugen – Mitarbeiter im Amtssitz des Präsidenten – war bereits vom Generalinspekteur der Geheimdienste sowie den Rechtsberatern der CIA, des Nationalen Sicherheitsrates und des Weißen Hauses befragt worden. Fast alle der Genannten sowie der Direktor aller Geheimdienste hatten den Whistleblower und seine Vorwürfe als »glaubwürdig« bezeichnet.

Es gibt kein wörtliches Protokoll, denn bei der vom Weißen Haus im September 2019 veröffentlichten Version handelt es sich um ein »Memorandum of Telephone Conversation«, offenbar eine Rekonstruktion ohne jede Garantie, dass nicht irgendetwas versehentlich oder absichtlich hinzugefügt, verändert oder weggelassen wurde. Nachdem Trump und Selenskyj über die angeblich fehlende Unterstützung für die Ukraine durch Deutschland und Europa geredet haben, sagt der ukrainische Präsident: »Ich möchte Ihnen auch für Ihre große Unterstützung im Bereich der Verteidigung danken. Wir sind bereit, weiterhin bei den nächsten Schritten zu kooperieren, wir sind bereit, mehr Javelins (ein Raketensystem der USA, Anm. d. Red.) von den Vereinigten Staaten für Verteidigungszwecke zu kaufen.« Donald Trump antwortet: »Ich möchte aber, dass Sie uns einen Gefallen tun, weil unser Land viel durchgemacht hat und die Ukraine davon eine Menge weiß. Ich möchte, dass Sie herausfinden, was mit dieser ganzen Situation mit der Ukraine ist. Man sagt, ›Crowdstrike‹[25] (…) – den Server, sagt man, hat die Ukraine. Da gibt es eine Menge Dinge, die vor sich gegangen sind, und Sie umgeben sich mit einigen derselben Leute. Ich möchte, dass der Justizminister Sie oder Ihre Leute anruft. Und ich möchte, dass Sie der Sache auf den Grund gehen.« Selenskyj verspricht: »Ja, das ist sehr wichtig für mich, (…) und wir sind offen für jede künftige Zusammenarbeit.«

Der ukrainische Präsident kommt dann von sich aus auf Trumps persönlichen Anwalt, den ehemaligen New Yorker Bürgermeister Rudy Giuliani, zu sprechen, mit dem er sich bald in der Ukraine treffen wolle. Trump ist erfreut und kündigt an: »Ich möchte, dass er Sie anruft. Ich werde ihn bitten, Sie gemeinsam mit dem Justizminister anzurufen. Rudy weiß sehr gut, was los ist, und ist ein sehr fähiger Kerl.« Kurz danach hat der US-Präsident noch einen Wunsch: »Noch eine Sache. Es gibt eine Menge Gerede über Bidens Sohn. Dass Biden die Ermittlungen gestoppt hat, und viele

Leute wollen etwas darüber herausfinden. Also, was immer Sie mit dem Justizminister tun können, wäre großartig.« Im Folgenden verspricht Selenskyj mehrfach, dass man den gewünschten Punkten nachgehen werde: »Ich will Ihnen versichern, dass wir diesem Fall sehr ernsthaft nachgehen und an der Untersuchung arbeiten werden.«

Präsident Selenskyj hatte also eindeutig die amerikanischen Militärhilfen angesprochen. Ausgerechnet an diesem Punkt bat Donald Trump ihn dann um »einen Gefallen«. Selenskyj solle auf ukrainischen Computern nach Daten über amerikanische Demokraten suchen lassen. Im Telefonat forderte Trump auch Ermittlungen, weil der ehemalige US-Vizepräsident Biden seinen Sohn, der während seiner Amtszeit Vorstandsmitglied der ukrainischen Firma Burisma wurde, vor einer Korruptionsuntersuchung bewahrt haben soll. Der Präsident drängte seinem Amtskollegen Selenskyj die Hilfe seines Anwalts Rudy Giuliani und des US-Justizministers regelrecht auf. Wenige Wochen vor dem Telefonat, vermutlich Anfang Juli 2019, hatte der US-Präsident die Militärhilfen für die Ukraine gestoppt. Es handelte sich um keine Kleinigkeit, Ausbildungshilfen und Waffen im Gesamtwert von fast 400 Millionen Dollar, darunter vor allem Scharfschützengewehre, Raketenwerfer, Radarsysteme, Nachtsichtgeräte und umfangreiche medizinische Ausrüstung. Dinge, die für ukrainische Soldaten an der Front im Osten des Landes überlebenswichtig sein konnten.

Wollte Trump dies als Hebel nutzen, um einen Deal zu machen? Schmutzige Informationen über seinen politischen Gegner gegen Waffenhilfe? Hatte er Selenskyj also erpresst? Ich hatte für einen kurzen Augenblick die doch arg naive und idealistische Hoffnung, dass sich beide politische Lager der Verantwortung bewusst sein könnten und ohne ideologischen Eifer und Zorn, nur getrieben von der Entschlossenheit zur vollständigen Aufklärung, sachlich im Ton und mit gegenseitigem Respekt, diesen berechtigten Fragen nachgehen würden. Ich hätte es besser wissen müssen.

In der Ukraine-Affäre standen Grundprinzipien der Vereinigten Staaten auf dem Spiel, und die müsste besonders die republikanische Partei um jeden Preis verteidigen, schließlich war es der größte Präsident aus ihren Reihen, der einst die amerikanische Republik zusammengehalten hatte: Abraham Lincoln. Doch die

Grand Old Party, wie sie sich auch nennt, gibt es offenbar nicht mehr. Sonst hätten die republikanischen Abgeordneten und Senatoren die Vorwürfe gegen Donald Trump nicht vom ersten Tag an als lächerlich abgetan und sich auch nicht an wüsten Beschimpfungen und Drohungen gegenüber dem Whistleblower beteiligt. Aber auch die demokratische Partei wurde der historischen Verantwortung in den ersten Tagen des Impeachment-Verfahrens nicht gerecht. Ihre Anführer polemisierten und fällten vorschnelle Urteile, ohne alle Fakten auf dem Tisch zu haben. Adam Schiff, der demokratische Vorsitzende des Geheimdienstausschusses, ließ sich bei der ersten Anhörung am 26. September 2019 zu einer reichlich dummen Parodie des Telefonats zwischen Trump und Selenskyj hinreißen: »Es liest sich wie ein klassischer Einschüchterungsversuch des organisierten Verbrechens. Im Kern kommunizierte Präsident Trump Folgendes: ›Wir waren sehr gut zu deinem Land, sehr gut. Kein anderes Land hat so viel getan wie wir. Aber weißt du, ich sehe hier nicht viel Gegenleistung. Weißt du, was ich meine? Ich höre, was du willst. Es gibt einen Gefallen, den ich von dir will. Und ich werde das jetzt nur siebenmal sagen, also hörst du besser gut zu. Ich will, dass du Schmutz über meinen politischen Gegner erfindest, verstanden? Viel Schmutz, zu diesem und jenem. Ich stelle den Kontakt mit Leuten her, nicht irgendwelchen Leuten. Ich werde dich mit dem Justizminister der Vereinigten Staaten zusammenbringen, meinem Justizminister Bill Barr, der hat das ganze Gewicht der amerikanischen Gesetzeshüter hinter sich. Und ich stelle den Kontakt mit Rudy her. Den wirst du lieben, vertrau mir. Du weißt, was ich will, also sage ich dir das nur noch ein paarmal mehr, auf verschiedene Arten. Und ruf mich nicht wieder an. Ich ruf dich an, wenn du gemacht hast, was ich will.«

Es mochte witzig sein, auch höchst geeignet für eine Comedyshow im Fernsehen. Aber in einer Ausschusssitzung des Parlaments war die Darbietung des Vorsitzenden Adam Schiff ein unwürdiges und brandgefährliches Spektakel, weil von Art und Weise des Umgangs miteinander auch abhing, wie viel Schaden der Vorgang in der amerikanischen Demokratie anrichten konnte. Zum Auftakt des Amtsenthebungsverfahrens sah es also so aus, als brächten die beteiligten Politiker beider Parteien weder die Kraft noch den Anstand auf, diesen Prozess in aller Ernsthaftigkeit und ohne Polemik möglichst zügig durchzuführen. In den Folgewochen bewiesen zumindest die Demokraten, dass sie dazu doch in der Lage waren, anders als die Republikaner. Sie hatten sich mit Haut und Haaren willenlos dem amerikanischen Präsidenten ergeben. Donald Trump traf sich ausgerechnet am Tag der Eröffnung des Verfahrens mit seinem ukrainischen Amtskollegen am Rande der UN-Vollversammlung in New York. Selenskyj bestritt vor laufenden Kameras, dass Trump ihn am Telefon zu den Ermittlungen gegen Joe Biden gedrängt habe: »Sie haben's doch gelesen. Niemand hat mich unter Druck gesetzt.«

In den ersten Wochen des Impeachment-Prozesses fanden die Aussagen der Zeugen vor Mitgliedern beider Parteien aus dem Geheimdienstausschuss und dem Rechtsausschuss statt, allerdings hinter verschlossenen Türen. Die Republikaner griffen das Verfahren deshalb massiv an, weil es nicht transparent sei. Angefeuert von Donald Trump, der von ihnen mehr Kampfbereitschaft verlangt hatte, machten einige Dutzend Republikaner mobil gegen die nicht öffentlichen Befragungen und versammelten sich vor dem Anhörungsraum. »Die sozialistischen Demokraten versuchen, die Stimmen von 60 Millionen Amerikanern bei der letzten Wahl zu hintertreiben, zurückzuweisen, für nichtig zu erklären«, tönte der republikanische Abgeordnete Mo Brooks, »meine Güte, dann macht es öffentlich, versteckt es nicht vor dem amerikanischen Volk. Zeigt euer Gesicht, damit wir alle die Travestie sehen, die ihr Amerika unterschieben wollt, und die Entwürdigung unserer Republik.« Dann stürmten sie die Ausschusssitzung und brachen damit die Regeln für solche geheimen Befragungen, die sie 2015 als republikanische Mehrheit im Kongress selbst beschlossen hatten. Die nicht öffentlichen Anhörungen hatten einen guten Grund: So konnten die Zeugen ihre ersten Aussagen nicht nach dem richten, was andere schon gesagt hatten. Das erhöhte die Glaubwürdigkeit des Verfahrens. Obendrein hatte der federführende Geheimdienstausschuss unter Vorsitz von Adam Schiff auch die Protokolle der Befragungen veröffentlicht.

Beim Beginn der öffentlichen Anhörungen am 13. November 2019 lag ein Hauch von Watergate in der Luft. 1973 hatten die Aussagen von Regierungsmitarbeitern das Schicksal von Präsident Nixon besiegelt, der einst in das Büro der demokratischen Partei hatte einbrechen lassen, um Schmutz über seine politischen Gegner zu sammeln. Nixon trat 1974 schon vor einer möglichen Abstimmung über seine Amtsenthebung zurück. In den beiden anderen historischen Prozessen gegen die Präsidenten Andrew Johnson 1868 und Bill Clinton 1998 hatte es zwar ein Impeachment gegeben, aber der Senat stimmte am Ende gegen die Amtsenthebung. Trump war also der vierte Präsident, gegen den vom Repräsentantenhaus ein Impeachment-Verfahren eröffnet wurde, und der erste, der auch gehen müsste, wenn mindestens 20 Republikaner im Senat mit den Demokraten stimmten. Das aber schien von vornherein so gut wie ausgeschlossen.

Trotzdem stehen sie an diesem Morgen für das historische Spektakel Schlange wie vor dem Theater. Gruppenweise werden Zuschauer in den Anhörungsraum gelassen, in dem die Republikaner Kulissen aufgebaut haben, Propagandaplakate. Auf einem in Rot und riesengroß die Zahl 93. Seit so vielen Tagen kenne der Demokrat Adam Schiff schon die Identität des Whistleblowers, ein Vorwurf, den der Ausschussvorsitzende bestreitet. Die Republikaner wollen das Verfahren zu einer Show stilisieren, um es als Schauprozess zu diffamieren. Aber dann kommen zwei, die sich so gar nicht eignen für ein Spektakel. William Taylor hat Fakten mitgebracht, was er als US-Botschafter in der Ukraine im Sommer 2019 selbst erlebt und penibel in Notizbüchern festgehalten hat. Und seriöser als George Kent, im Außenministerium für die Ukraine zuständig, kann wohl kaum ein Zeuge aussehen: grauer Anzug mit Einstecktuch und Weste, hellgrün-karierte Fliege auf blauem Hemd. Beide erfahrene und hoch angesehene Diplomaten. Trotzdem verhöhnt der Republikaner Devin Nunes die Beamten als Gewinner eines Castings und beschimpft sie: »Regierungsmitarbeiter sind beauftragt, die Politik des gewählten Präsidenten umzusetzen. Einige Elemente des Staatsdienstes haben entschieden, dass nicht der Präsident, sondern sie das Sagen haben.« Kent und Taylor bleiben ungerührt, leisten den Eid. Eine Falschaussage hier würde bestraft werden, das verleiht ihren Worten Glaubwürdigkeit. Alles, auch die Militärhilfe für die Ukraine, sei »davon abhängig gewesen, dass Präsident Selenskyj eine öffentliche Verpflichtung abgibt, Ermittlungen gegen Joe Biden anzuordnen«. Das, so Taylor, habe ihm der US-Botschafter bei der EU unter Berufung auf Donald Trump gesagt. Kent und Taylor beschreiben über mehrere Stunden eine Nebenaußenpolitik von Vertrauten Donald Trumps, um Schmutz gegen seinen politischen Gegner Joe Biden und die Demokraten zu sammeln. Ihren Aussagen zufolge war es eine regelrechte Kampagne, das Telefonat Trump – Selenskyj also nur die Spitze eines Eisbergs. Und das alles zum Schaden der Vereinigten Staaten. »Wenn amerikanische Anführer ausländische Regierungen bitten, gegen ihre politischen Rivalen zu ermitteln. Macht es das schwieriger, für demokratische Werte zu werben?«, so fragt der demokratische Abgeordnete Dennis Heck. »Ja«, so George Kent, »das macht es schwieriger für unsere Diplomaten in Übersee, die politischen Ziele umzusetzen.« – »In welcher Weise?« – »Die Glaubwürdigkeit steht auf dem Spiel, wenn sie von Diplomaten vor Ort das eine hören und von US-Anführern etwas anderes.«

In diesen ersten Tagen sammeln die Demokraten Punkte vor allem mit der Glaubwürdigkeit ihrer Zeugen, Karrierediplomaten, die ihr Leben lang im Dienst der Vereinigten Staaten gestanden haben und Amerika mit all seinen Stärken und mit seinen Werten im Ausland verkörpern. Eine von ihnen ist Marie Yovanovitch, die am 15. November die Hand zum Schwur erhebt und dann beschreibt, was ihr als Botschafterin der USA in der Ukraine widerfahren ist. Im Mai 2019 habe Donald Trump sie vorzeitig aus ihrem Amt abberufen, weil sie wohl ein Hindernis gewesen sei für die Nebenaußenpolitik von Trumps persönlichem Anwalt Rudy Giuliani: »Mit grundlosen Unterstellungen sorgten sie dafür, dass der Präsident mich absetzte, obwohl das Außenministerium wusste, dass die Anschuldigungen falsch waren und die Quellen obskur«, so Yovanovitch, und man hört in ihrer Stimme, sieht in ihrem Gesicht, wie sehr sie die Abberufung getroffen hat. »Das sollte jeden in diesem Raum beunruhigen. Botschafter sind das Symbol der Vereinigten Staaten im Ausland.«

Kurz danach platzt in die Anhörung eine Meldung. Donald Trump beschimpft Marie Yovanovitch per Twitter, noch während sie aussagt: Wo immer sie hingegangen sei, sei es schlecht ausgegangen. Als die Zeugin vom Ausschussvorsitzenden Schiff damit konfrontiert wird, ringt sie um Worte: »Ich weiß nicht, was der Präsident damit bezweckt, aber es wirkt einschüchternd.« – »Frau Botschafterin«, so Adam Schiff, »einige von uns nehmen die Einschüchterung von Zeugen sehr, sehr ernst.« Was da gerade passiert ist, gilt nach amerikanischem Recht als Zeugenbeeinflussung und ist strafbar.

Ein paar Tage später erhoffen sich die Republikaner eine Entlastung des Präsidenten. Der Zeuge, der an diesem 20. November aussagt, gilt als Vertrauter des Präsidenten. Im Wahlkampf hatte der Geschäftsmann Gordon Sondland für Donald Trumps Amtseinführung eine Million Dollar gespendet, danach wurde er ohne jede diplomatische Erfahrung US-Botschafter in Brüssel. Aber Sondland hat schon vor der öffentlichen Anhörung seine frühere Aussage korrigiert und zugegeben, dass Trump für eine Unterstützung der Ukraine Ermittlungen gegen seinen politischen Gegner Joe Biden verlangt hatte. Der stellvertretende Ausschussvorsitzende Denis Nunes begrüßt Sondland mit triefendem Sarkasmus: »Märchenstunde gestern, Märchenstunde heute. Botschafter Sondland, willkommen, ich bin froh, nein, nicht froh, dass Sie hier sind. Aber willkommen am fünften Tag des Zirkus.«

Kaum hat Sondland seinen Eid geleistet, belastet er Donald Trump und dessen persönlichen Anwalt Rudy Giuliani schwer. Der ehemalige Bürgermeister von New York und Trump-Vertraute habe die ukrainische Regierung unter Druck gesetzt: »Die Forderungen von Giuliani waren ein Quidproquo: Giuliani verlangte als Vorbedingung für einen Besuch des ukrainischen Präsidenten im Weißen Haus eine öffentliche Ankündigung von Ermittlungen.« Ermittlungen gegen Trumps politischen Widersacher Joe Biden. Das sei, so Sondland, gar keine wilde Nebendiplomatie gewesen. Das Weiße Haus, das Außenministerium, alle hätten gewusst, dass Giuliani im Auftrag Trumps unterwegs gewesen sei: »Herr Giuliani handelte auf Wunsch des Präsidenten, und wir wussten alle, dass dem Präsidenten diese Ermittlungen wichtig waren.« Der Ausschussvorsitzende Schiff fragt nach, ob auch die amerikanische Militärhilfe für die Ukraine an die Ermittlungen geknüpft war. »Davon war ich überzeugt«, so Sondland. Als reine Spekulation greifen das die Republikaner an. In einem Amtsenthebungsverfahren gehe es doch um Beweise, nicht um Vermutungen.

Wie bei der Aussage von Marie Yovanovitch wenige Tage zuvor hört Donald Trump offenbar auch dem Zeugen Sondland zu und pickt sich die einzige Stelle heraus, die ihn zu entlasten scheint. Als er kurz darauf das Weiße Haus verlässt, um mit seinem Hubschrauber abzufliegen, will er unbedingt dieses Zitat loswerden, mit dem Sondland eine Aussage des Präsidenten in einem Telefonat mit ihm wiedergibt. Trump hat es auf einem Block mit dickem Filzschreiber notiert und brüllt die Worte immer wieder über den Lärm der Motoren in die Kameras:»Ich will nichts, ich will nichts, ich will nichts, ich will kein Quidproquo. Sagen Sie dem ukrainischen Präsidenten, er soll das Richtige tun.« Der Auftritt ist eine geschickte Finte des Präsidenten, die er in den Folgetagen bei Wahlkampfkundgebungen und Pressekonferenzen immer wiederholen wird. Das Telefonat zwischen ihm und Sondland soll am 9. September stattgefunden haben. Zu diesem Zeitpunkt weiß Donald Trump bereits seit über einer Woche, dass ein Whistleblower offizielle Beschwerde wegen mutmaßlichen Amtsmissbrauchs eingelegt hat. Die ersten Medien haben Wind davon bekommen. Insofern könnten seine angeblichen Worte im Anruf schon der Versuch gewesen sein, die Hinweise auf ein Quidproquo-Geschäft zu verwischen. In Wahrheit ist es aber viel schlimmer: Für den Anruf am 9. September gibt es keinerlei Verbindungsdaten im Archiv des Weißen Hauses, weil er in Wirklichkeit schon am 7. September stattgefunden hat. Es handelt sich offenbar um ein Telefonat, über das Sondland anschließend mehrere Personen informierte. Aus ihren Aussagen ergibt sich, dass Donald Trump mehr gesagt hatte, als sein Botschafter öffentlich und unter Eid vor dem Kongress aussagte.

Tim Morrison, der Direktor für Europa-Angelegenheiten beim Nationalen Sicherheitsrat, sagte bei seiner Befragung, Sondland habe ihm am 7. September von dem Telefonat erzählt:»Wenn ich mich an dieses Gespräch recht erinnere, hat mir Botschafter Sondland weitergegeben, dass es kein ›Quidproquo‹ gebe, aber dass Präsident Selenskyj eine Erklärung abgeben müsste und dies wohl auch tun wolle.« Morrison war über diese Information so beunruhigt, dass er seinem Chef, dem Nationalen Sicherheitsberater John Bolton, davon erzählte. Der empfahl ihm, einen Anwalt zu konsultieren, was Morrison sogleich tat. Danach rief er den US-Botschafter in der Ukraine, William Taylor, an und unterrichtete ihn über die Details des Anrufes. Am Folgetag, dem 8. September, sprach Taylor direkt mit Sondland, der ihm von sich aus Einzelheiten aus dem Telefonat mit Trump schilderte: »Botschafter Sondland sagte auch, er habe mit Präsident Selenskyj und Herrn Yermak (ukrainischer Regierungsberater, Anm. d. Red.) gesprochen und ihnen gesagt: Auch wenn dies kein ›Quidproquo‹ sei; wenn Präsident Selenskyj nicht die Dinge öffentlich klarstelle, sei man in einer Sackgasse, sodass die Ukraine die so benötigte Militärhilfe nicht bekommen würde. Botschafter Sondland sagte, das Gespräch habe damit geendet, dass Präsident Selenskyj sich bereit erklärte, ein öffentliches Statement in einem Interview mit CNN abzugeben.« Tatsächlich wurde das CNN-Interview danach für den 13. September vereinbart. Am 11. September aber erteilte die Trump-Administration die Freigabe für die Gelder, denn zwei Tage zuvor waren im Repräsentantenhaus Ermittlungen wegen der Whistleblower-Beschwerde eingeleitet worden. Das Selenskyj-Interview bei CNN fiel ins Wasser.

Wieder davongekommen

»Papa, ich sitze heute hier im US-Capitol und rede mit unseren gewählten Politikern. Das beweist, dass du vor 40 Jahren die richtige Entscheidung gefällt hast, aus der Sowjetunion hierher in die Vereinigten Staaten von Amerika zu kommen, auf der Suche nach einem besseren Leben für unsere Familie. Mach dir keine Sorgen. Ich werde okay sein, wenn ich die Wahrheit sage.« Es ist der emotionalste Moment der Zeugenbefragungen, als der Mann in Uniform sich in seiner Einleitung an seinen Vater wendet, der aus der Ukraine in die USA eingewandert war. Damals war Alexander Vindman drei Jahre alt. Zwei Jahrzehnte diente er später in der US-Armee, war mehrfach in Kampfeinsätzen und wurde im Irakkrieg durch eine Sprengfalle am Straßenrand schwer verletzt. Oberstleutnant Vindman erhielt das »Purple Hart«, ein Tapferkeitsabzeichen, mit dem Amerika all jene ehrt, die im Einsatz für ihr Land verwundet oder getötet werden. Seit Juli 2018 arbeitete der Offizier im Nationalen Sicherheitsrat und nahm am 25. Juli 2019 am Telefonat des Präsidenten mit seinem ukrainischen Amtskollegen teil. Darüber sagt er nun vor dem Kongress aus.

Donald Trump hatte ihn schon Wochen zuvor per Tweet beschimpft, als er hinter verschlossenen Türen befragt wurde: »Angeblich, so berichten die korrupten Medien, war dieser ›Never Trumper‹-Zeuge heute ›besorgt‹ über den Ukraine-Anruf. War er bei dem Anruf dabei, bei dem ich war? Unmöglich! Bittet ihn, die Abschrift des Anrufs zu lesen. Hexenjagd!« Der Begriff »Never Trumper« dient in der rechten Szene als Schimpfwort für all jene, die angeblich Trump als Präsident verhindern wollten und nach seiner Wahl alles daran setzten, ihn zu stürzen. Eine wilde Verschwörungstheorie über die Mitglieder eines »tiefen Staats«, (»Deep State«) in der Ministerialbürokratie der US-Regierung. Für eine grundsätzliche Ablehnung Trumps durch Vindman gibt es nicht den Hauch eines Belegs. Trotzdem wird er in den rechten Onlineplattformen und Radio-Talkshows als Landesverräter beleidigt, seine Loyalität wegen seiner ukrainischen Wurzeln infrage gestellt. Das einem Mann, der seine Gesundheit und sein Leben für die Vereinigten Staaten riskiert hat.

Aber Vindman lässt sich nicht einschüchtern. Das Telefonat des Präsidenten sei »unangemessen« gewesen, der Inhalt »hatte bedeutende Folgen für die nationale Sicherheit unseres Landes«. Mit ruhiger, fester Stimme erklärt der Oberstleutnant: »Es ist falsch für einen Präsidenten der Vereinigten Staaten, von einer fremden Regierung zu verlangen, gegen einen US-Bürger und politischen Gegner zu ermitteln.« Statt sich auf sachliche Fragen zu konzentrieren, nutzen republikanische Abgeordnete und ihr Rechtsberater die Gelegenheit, Vindmans Loyalität in Zweifel zu ziehen. Er habe ja mehrfach von der ukrainischen Regierung Jobangebote bekommen. Das stimmt sogar, wie Vindman bestätigt, aber er hatte alle Offerten abgelehnt und sie sofort an die zuständigen Stellen im Nationalen Sicherheitsrat und bei der Spionageabwehr gemeldet. Ein Abgeordneter merkt an, dass der Offizier ja in Uniform vor dem Ausschuss auftrete, obwohl er bei seiner Arbeit im Weißen Haus normalerweise Zivilkleidung trage. In konservativen Medien wird an diesem Tag sogar der Verdacht geäußert, Vindman könne ein Spion sein, der die US-Regierung destabilisieren solle. Der Zeuge lässt sich weiter nicht beeindrucken: »Ich bin Amerikaner«, sagt er und erklärt, wofür Amerika aus seiner Perspektive auch steht: »Allein dass ich hier heute auftrete, genauso wie die Courage meiner Kollegen, die ebenfalls wahrheitsgemäß vor diesem Ausschuss ausgesagt haben, würde an vielen Orten rund um die Welt nicht toleriert.« Und er ergänzt, in Russland »würde mich eine öffentliche Aussage über den Präsidenten sicher mein Leben kosten«. Sein Leben würde ihn dies in den USA wohl nicht kosten, aber seinen Job. Im Februar 2020, kurz nach der Freisprechung des Präsidenten, verloren Alexander Vindman und sein Zwillingsbruder Jewgeni ihre Positionen im Weißen Haus.

In diesen Tagen der Anhörungen in Washington zeigt sich Amerika von seiner besten und von seiner schlimmsten Seite. Den Abgeordneten der republikanischen Partei ist keine Behauptung zu verstiegen, keine Beleidigung zu schmutzig, um sie nicht in aller Öffentlichkeit auszubreiten. Aber da sind eben auch die Zeugen, die Amerika »at its best« repräsentieren. Frauen und Männer im Dienst der Nation, loyal ihrem Amtseid und mutig, weil sie im Angesicht überwältigender und gefährlicher Macht die Wahrheit aussprechen. Einige haben einen Migrationshintergrund und spannende Lebensläufe, die zeigen, was Menschen mit Fleiß und Entschlossenheit erreichen können im sprichwörtlichen Land der unbegrenzten Möglichkeiten. Ihre Aussagen belegen, dass Donald Trump seine Vertrauten für persönliche politische Zwecke eingespannt und damit die amerikanische Außenpolitik untergraben hat. Schlimmer noch, er hat Werkzeuge der Sicherheitspolitik als Hebel benutzt, um Informationen an die Öffentlichkeit zu bringen, die den Wahlkampf in den USA zu seinen Gunsten beeinflussen sollten. Trump selbst bestreitet die Abläufe gar nicht. Er ist der festen Überzeugung, dass er im Interesse des Landes handelt, wenn er für die Aufklärung angeblich krimineller Aktivitäten amerikanischer Staatsbürger sorgt. Und er glaubt, dass er nach dem Artikel 2 der Verfassung der Vereinigten Staaten das Recht dazu hat.

Doch am Ende des Verfahrens im amerikanischen Repräsentantenhaus war die Beweislast erdrückend. Der Rechtsausschuss formulierte zwei Anklagepunkte, über die das Plenum schließlich am 18. Dezember 2019 abstimmte[26]. Der Artikel 1 der Resolution erhob den Vorwurf des Amtsmissbrauchs. Der Artikel 2 listete Trumps Versuche der Justizbehinderung und Behinderung des Kongresses auf. Er habe das Weiße Haus, andere Regierungsbehörden sowie derzeitige und ehemalige Mitarbeiter angewiesen, wichtiges Beweismaterial zurückzuhalten und sich der Aussage vor den Ausschüssen des Parlaments zu verweigern.

Es war ein historischer Moment an einem kalten Dezembertag. Wir standen auf der Position für Liveschaltgespräche hinter dem Capitol. Die plattierte Fläche auf dem Rasen zwischen dem Parlament und der berühmten Kongressbibliothek trägt den Spitznamen »der Sumpf« – allerdings nicht in Anlehnung an den Schlachtruf Trumps, den Washingtoner Sumpf trockenzulegen (»drain the swamp«). Fernsehteams nannten die Stelle in den Siebziegerjahren so, weil der Rasen hier aus unerfindlichen Gründen immer feucht war. An diesem Tag war es nur eisig, wie die Stimmung im Repräsentantenhaus. Noch bevor die emotionale Sitzung begann, hatte der Präsident mit einem Brief an die Sprecherin des Repräsentantenhauses ein Paradebeispiel für Amtsmissbrauch durch massive Einschüchterungsversuche geliefert. Donald Trump schrieb: »Jedes Mitglied des Kongresses, das für die Amtsenthebung stimmt, zeigt, wie tief seine Verachtung für die Wähler ist und wie sehr es die amerikanische Verfassungsordnung hasst.« Es waren die Worte eines Mannes, der fest davon überzeugt ist, dass ein US-Präsident alles darf, dass er über dem Gesetz steht. Das mehrseitige Pamphlet liest sich wie die Tirade eines Geistesgestörten, der nicht einen Funken Anstand im Leib und keinerlei Respekt vor der Würde seines Amtes hat. Jedem musste klar sein, dass er alle, die es wagten, gegen ihn zu stimmen, im Wahlkampf zum Feind, ja sogar zum Volksfeind erklären würde. Keine einzige Abgeordnete, kein einziger Abgeordneter der republikanischen Partei verwahrte sich in der Debatte vor der Abstimmung gegen den Versuch, die freie Gewissensentscheidung der vom Volk gewählten Abgeordneten mit wüsten Drohungen zu untergraben.

Vor diesem Hintergrund war die Botschaft der demokratischen Mehrheit im Repräsentantenhaus eine staatsbürgerliche Pflicht, weil sie genau für den Fall angewendet wurde, für den die Gründungsväter der amerikanischen Republik das Impeachment in den Artikel 2 der Verfassung hineingeschrieben hatten. Sie wollten verhindern, dass einer sich aufschwingt zum Alleinherrscher, zum König, und ausländische Mächte – in diesem Fall sogar auf Einladung des Angeklagten – in irgendeiner Form Einfluss nehmen auf den demokratischen Prozess, die Wahlen in den Vereinigten Staaten von Amerika. Kurz nach halb neun abends erfolgte die Abstimmung. Im Anklagepunkt »Amtsmissbrauch« stimmten 230 Abgeordnete für schuldig, 197 für unschuldig, eine Demokratin enthielt sich, zwei votierten mit den Republikanern gegen den Artikel 1. Eine »Justizbehinderung« sahen 229 Abgeordnete als erwiesen an, 198 stimmten dagegen. Das dritte Impeachment in der amerikanischen Geschichte, selbst wenn es bald danach von der republikanischen Mehrheit im Senat überstimmt werden würde. Den Demokraten ging es nicht darum, die Wahl von 2016 rückabzuwickeln, sondern nur darum, Amerika für die Zukunft zu beschützen.

»Wenn das Recht nicht zählt, dann sind wir verloren«, sagte Adam Schiff mit zitternder Stimme, »wenn die Wahrheit nicht zählt, dann sind wir verloren.« Diese Worte, gesprochen am späten Abend des 23. Januar 2020 werden wohl nachhallen in der amerikanischen Geschichte, in Schulen und Universitäten, wenn junge Amerikaner darüber diskutieren, was auf dem Spiel stand zu Beginn dieses Wahljahres. Langweilig sei es gewesen, so sagen die republikanischen Senatoren, die an den drei vorhergehenden Tagen den Ausführungen des Abgeordneten Adam Schiff und der demokratischen Ankläger aus dem Repräsentantenhaus zuhören mussten. Aufmerksam zuzuhören wäre jedenfalls ihre staatspolitische Pflicht gewesen. Aber Rand Paul aus Kentucky löste lieber Kreuzworträtsel, Richard Burr aus North Carolina spielte mit Fidget Spinners, die er auch an Parteifreunde verteilte. Marsha Blackburn aus Texas las nebenher das sicher kurzweilige Motivationsbuch für alle Trump-Loyalisten *Widerstand – um jeden Preis. Wie Trump-Hasser Amerika zerbrechen.* Dabei hatten alle Senatoren zu Beginn des Prozesses am 16. Januar geschworen, unvoreingenommen und unparteiisch über die Argumentation von Anklage und Verteidigung zu urteilen.

Die sogenannten »Manager«, so etwas wie Staatsanwälte, untermauerten für die demokratische Anklage ihre multimediale Beweisführung mit hochdidaktischen, leicht verständlichen Grafiken, Einspielfilmen aus den Zeugenvernehmungen und Clips mit öffentlichen Äußerungen des Präsidenten. In Summe war es – unabhängig von einer juristischen Schlussfolgerung – eine in sich stimmige und kraftvolle Darstellung, wie Donald Trump aus ihrer Sicht sein Amt missbrauchte, um vom Präsidenten eines fremden Landes Wahlkampfhilfe gegen seinen politischen Widersacher Joe Biden zu erpressen, und wie er dann die Ermittlungen des

Repräsentantenhauses mit allen Mitteln behinderte, indem er die Herausgabe von Dokumenten und die Freigabe von Zeugen verweigerte. Das Protokoll der Beweisführung für die beiden Anklagepunkte umfasste 28 578 Seiten, gefüllt mit Fakten.

Eine Herausforderung für die Verteidiger, sollte man meinen. Aber die präsentierten am 25. Januar eine Gegenargumentation, die man mit Leichtigkeit in einigen Sätzen zusammenfassen kann: Donald Trump habe in seinem Anruf beim ukrainischen Präsidenten Selenskyj am 25. Juli 2019 an keiner Stelle die Militärhilfe oder ein Treffen im Weißen Haus von irgendetwas abhängig gemacht. Das habe die ukrainische Regierung auch bestätigt. Die Ukrainer hätten erst lange nach dem Telefonat vom Zurückhalten der Militärhilfe erfahren. Kein einziger Zeuge habe ausgesagt, dass der Präsident selbst von einem gewünschten Quidproquo gesprochen habe. Und am Ende sei die Militärhilfe geflossen, ein Treffen Trump – Selenskyj zustande gekommen. Aber das wichtigste Argument von Pat Cipollone, dem Chefanwalt des Weißen Hauses, war folgendes: Selbst wenn alle Vorwürfe der Demokraten gegen Donald Trump stimmten, könne der Präsident nach der Verfassung tun und lassen, was er wolle. Den Verfassungsbruch begehe nicht er, sondern seine politischen Widersacher: »Die sind hier, um die massivste Wahlbeeinflussung der US-Geschichte zu verüben«, so Pat Cipollone, »wir können das nicht zulassen. Das würde gegen unsere Verfassung verstoßen, gegen unsere Geschichte, gegen unsere Verantwortung für die Zukunft und gegen das heilige Vertrauen, das das amerikanische Volk in sie gesetzt hat.« Wenn ein Präsident wirklich alles dürfte, dann wäre dies ein Freifahrtschein nicht nur für Donald Trump, sondern auch für jeden künftigen Präsidenten der Vereinigten Staaten, der sich nach Belieben über die Gewaltenteilung hinwegsetzen und regieren könnte wie einst der englische König, gegen dessen Regime Amerika seine Unabhängigkeit blutig erfochten hatte. Adam Schiff hatte mit seinen Worten an jenem späten Donnerstagabend klargemacht, was in jenen Tagen auf dem Spiel stand: »Aus diesem Grund müssen Sie – wenn Sie ihn für schuldig halten – auch dafür stimmen, ihn aus dem Amt zu entfernen, weil das Recht zählt. Weil das Recht zählt und weil die Wahrheit zählt. Sonst sind wir verloren.«

Es kam, wie es kommen musste. Senator Mitch McConnell hatte

sich eine Mehrheit innerhalb seiner Partei gegen die Anhörung von Zeugen im Senatsprozess dadurch erkauft, dass er die Schlussabstimmung über Schuld oder Unschuld des Präsidenten um ein paar Tage nach hinten schob. Reine Kosmetik, damit niemand hinterher behaupten konnte, die Parlamentarier hätten nicht genug Zeit gehabt, über ihre persönliche Entscheidung nachzudenken und diese noch einmal in einer offenen Debatte zu begründen. Die Republikaner hatten nicht das Rückgrat, die Aussage von Zeugen und die Offenlegung von Dokumenten zu fordern. Es hätte klargemacht, dass es eine Gewaltenteilung in den USA gibt und der Präsident dem Kongress gegenüber rechenschaftspflichtig ist. Es wäre auch die Chance gewesen, die Unschuld dieses Präsidenten zu beweisen, wenn sie sich hätte beweisen lassen. Der wichtigste Moment am Tag des Urteils kam zwei Stunden vor der Freisprechung von Donald John Trump: »Ich habe einen Eid vor Gott geschworen, ein unvoreingenommenes Urteil zu fällen«, sagt Mitt Romney, der republikanische Senator aus Utah. »Ich bin zutiefst religiös. Mein Glaube definiert, wer ich bin.« Der Mormone kann nicht weiterreden, sekundenlang ringt er im Senat mit seinen Gefühlen. Dann fährt er fort und begründet, warum er für die Amtsenthebung Trumps stimmen wird: Der Präsident sei eines »abstoßenden Missbrauchs des öffentlichen Vertrauens« schuldig. Seine Tat »war ein schamloser Angriff auf unser Wahlrecht, unsere nationale Sicherheit und unsere Grundwerte. Eine Wahl zu untergraben, um selbst im Amt zu bleiben, ist die missbräuchlichste und zerstörerischste Verletzung des Amtseids, die ich mir denken kann.«

Romney ist der einzige republikanische Senator, der an diesem 5. Februar 2020 nach seinem Eid, seinem Gewissen und seinem Glauben handelt. 45 Demokraten, zwei Unabhängige und Mitt Romney stimmen zum Artikel 1 mit »schuldig«, 52 Republikaner mit »nicht schuldig«. Beim Artikel 2 schließt sich Romney seinen Parteifreunden an. Alle anderen aus seiner Partei haben sich auf Gedeih und Verderb mit Donald Trump verbunden, einem Mann, der fast täglich gegen seinen Eid und die Prinzipien von Wahrhaftigkeit und Anstand verstößt. Im Wahlkampf, so dachte ich nach der Abstimmung, könnte die demokratische Partei dennoch von der Übermacht Donald Trumps profitieren, weil sich immer mehr Menschen Sorgen um Freiheit, Gerechtigkeit und Menschenwürde in den USA machen. Vielleicht brächten auch die Worte von Mitt Romney manche konservativen Amerikaner zum Nachdenken. Vielleicht auch die Art und Weise, wie seine eigene Partei mit ihm umgeht. Denn der Senator mit politischem Rückgrat wurde sofort zum Ziel des Hasses. Es war ein Gradmesser für den moralischen und politischen Zustand Amerikas unter Donald John Trump. Der Präsident hätte ja seinen Sieg feiern und einen Moment persönlicher Größe zeigen können, indem er auf Rache verzichtete und sich den Geschäften eines Präsidenten der Vereinigten Staaten widmete. In der Coronakrise wäre das auch dringend notwendig gewesen. Stattdessen blies er zum Angriff auf seine Feinde und fand dabei in seinem Justizminister William Barr einen willfährigen Helfer, keinen kleinen Handlanger, sondern einen Überzeugungstäter und würdigen Nachfolger für Trumps einstigen Mentor, den Mafiaanwalt Roy Cohn. Wie hatte es doch einst über ihn geheißen: »Er ist immer davongekommen, bis er nicht mehr davonkam.« Vielleicht würde das auch für Donald Trump gelten, aber nur, wenn ihn nach allen überstandenen Ermittlungen am Ende eine Pandemie zu Fall bringen würde.

Bürgerkrieg in Amerika?

Wie Trump Zwietracht sät

Die sechs Männer scharen sich um Bret Hamilton und einen Lageplan der American Airlines Arena. In der großen Veranstaltungshalle wird heute ihr Idol erwartet, und die »Oath Keepers« sind gekommen, um Trump und seine Anhänger zu beschützen. Man könnte sie auch seine Jünger nennen, denn was wir hier in Dallas, Texas, im Oktober 2019 erleben, hat etwas von Heiligenverehrung. »Make America Godly Again« steht auf der roten Baseballmütze, die einer der Männer trägt. Es ist eine Abwandlung von Donald Trumps Motto: »Make America Great Again«. Nicht nur groß, sondern göttlich soll er Amerika also machen. Bret Hamilton und seine Kameraden wollen ihm dabei helfen. Sie haben eine Kiste voller Helme und Gasmasken dabei, in die wir einen Blick werfen dürfen. Ihre Waffen wollen sie uns nicht zeigen, sie mussten der Polizei in Dallas versprechen, dass sie die nicht mit sich herumtragen. Die Oath Keepers – übersetzt die »Bewahrer des Eids«, den alle Amtsträger in den USA auf die Verfassung schwören – sind eine Miliz mit mehr als 30 000 Mitgliedern. Hamilton ist einer der Anführer.

Gerade erst hat in Washington das Amtsenthebungsverfahren begonnen. Also frage ich, ob es die Oath Keepers hinnehmen würden, wenn der Kongress Donald Trump seines Amtes entheben würde? »Wenn die Verfassung tatsächlich verletzt wurde, dann muss das Verfahren weitergehen«, meint Bret. Man wolle das erst einmal in Ruhe beobachten, aber die Demokraten müssten schon überzeugende Beweise vorlegen: »Wenn sie die Verfassung missbrauchen, um jemand grundlos zu attackieren, dann ist das falsch.« In der Öffentlichkeit geben sich die Oath Keepers, unter ihnen vor allem ehemalige Soldaten und Polizisten, unparteiisch. Aber sie dulden auch Rechtsextremisten in ihren Reihen. Gegründet wurde die Organisation im Jahr 2009 von dem ehemaligen Elitesoldaten Stewart Rhodes. Ihr Ziel ist es, »die amerikanische Verfassung zu beschützen und zu verteidigen gegen jeden Feind, im Ausland und im Inland«, wie es wörtlich im Eid von Amtsträgern in den USA heißt. Bürgerrechtsgruppen wie die Anti Defamation League und das Southern Poverty Law Center sehen in den Oath Keepers aber eine ernste Bedrohung der amerikanischen Demokratie, weil die Milizionäre davon überzeugt sind, dass Kräfte in der Gesellschaft, allen voran die demokratische Partei, eine sozialistische Weltregierung etablieren, alle Andersdenkenden entwaffnen und in Konzentrationslager stecken wollen. Solche Pläne unterstellte ihr Anführer Rhodes auch einmal der Präsidentschaftskandidatin Hillary Clinton, die er in seiner Rede »Hitlery« nannte. 2015 forderte er öffentlich dazu auf, den republikanischen Senator und Kriegshelden John McCain wegen Hochverrats aufzuhängen. Bei der Wahl 2016 schwärmten bewaffnete Oath Keepers aus, um zu verhindern, dass dem Kandidaten Donald Trump der Sieg durch Wahlbetrug gestohlen werden könnte.

An diesem Tag in Dallas nun bieten sie den Anhängern des Präsidenten ihren Schutz gegen mögliche Übergriffe der radikalen Linken an. Wir begleiten die Männer – Frauen sind keine dabei – zu den Menschen, die vor der Veranstaltungshalle Schlange stehen. Einige von ihnen sind schon mehr als 24 Stunden da, um die besten Plätze zu Füßen von Donald Trump zu ergattern. Während die Oath Keepers für ihre Sache und gleichzeitig auch für liberalere Waffengesetze werben, kommen wir mit rund zwei Dutzend der Wartenden ins Gespräch. Es sind vor allem weiße, aber auch schwarze und hispanische Amerikaner unterschiedlichster wirtschaftlicher und sozialer Herkunft. Sie alle glauben nur Donald Trump. Was die Medien berichten: alles Lügen. Die Steuersenkung, der begonnene Mauerbau, die Besetzung von Richterämtern mit konservativen Juristen, all das sind für sie große Erfolge seiner Präsidentschaft. Viele hier sind in einer Stimmung, die sie anfällig macht für Demagogie, und wir wollen wissen, wie weit sie gehen würden in der Gefolgschaft für ihren Helden Donald Trump. Sind gewaltsame Unruhen vorstellbar, wenn der Präsident aus dem

Weißen Haus entfernt würde?»Unter den vielen Amerikanern gibt es einen Prozentsatz, der das Verfahren, auch wenn es legal war, dennoch als eine Art Verrat gegen den Präsidenten sehen würde. Also statistisch gesehen wäre Gewalt möglich, aber es wird nicht weit verbreitet sein«, meint Blake Marnell. Er ist ein glühender Anhänger des Präsidenten, wie man schon an seinem Outfit sieht, einem Anzug mit orange-weißem Ziegelsteinmuster. Er findet Trumps Pläne für den Mauerbau zu Mexiko großartig, weil damit der Schmuggel von Menschen und Drogen gestoppt werde. Außerdem habe Trump ja die Steuern gesenkt, sei aus dem Iran-Deal und dem Pariser Klimaabkommen ausgestiegen und wolle nun auch experimentelle Medikamente für sterbenskranke Patienten zulassen. Blake reist von Kundgebung zu Kundgebung und steht meist unmittelbar vor dem Rednerpult des Präsidenten. Auf meine Frage, ob er mit Trump rundum zufrieden sei, gibt er eine überraschende Antwort:»Manchmal sagt er auch Dinge, die mir nicht so gefallen, allerdings nur deshalb, weil ich nicht alle Informationen habe. Aber eine Woche später habe ich dann herausgekriegt, warum er das gesagt hat, und dann bin ich wieder glücklich.«

Ähnlich geht es Cheryl Evans Lofton, einer Schwarzen, die offene Grenzen ebenfalls nicht ausstehen kann. Sie sei auch gegen Abtreibung, gegen»die Ermordung von Babys«, wie sie sagt. Amerikaner sollten immer an erster Stelle stehen, und dafür sorge Donald Trump. In einem Punkt ist Cheryl noch deutlicher als Blake. Wenn der Präsident aus dem Amt entfernt werde, durch Impeachment oder eine manipulierte Wahl, dann könne es Gewalt geben:»Das gibt einen Aufstand, vielleicht einen neuen Bürgerkrieg. Ich halte die Amtsenthebung für unwahrscheinlich, aber sie würde uns Republikanern nicht gefallen.« Einen Bürgerkrieg? »Das mag man sich gar nicht vorstellen«, meint Brian Thompson, der seit dem Vorabend in der Schlange steht,»aber Sie müssen zu Gott beten, dass der Senat seine Arbeit macht und das Land beschützt. Trump bewahrt die Verfassung, sie darf nicht geschreddert werden, sie ist das größte Dokument aller Zeiten, ein leuchtendes Signal für die Welt.« Auch wenn Brian der Frage damit ausweicht, hat Donald Trump den gleichen Stellenwert für ihn wie die Verfassung, die der Präsident angeblich vor den Angriffen der Demokraten bewahrt. Unser Gesprächspartner war selbst einmal

Demokrat, Anhänger von Bill Clinton und später dann Barack Obama. Aber der habe ihn und alle anderen verraten und belogen, anders als Donald Trump: »Jeder hier liebt ihn, nicht aus irgendeiner kultischen Fantasie heraus. Man hat uns so lange angelogen, und jetzt sehnen wir uns nur nach der Wahrheit und nach der Freiheit, uns um unsere Familien und umeinander zu kümmern. Niemand hier ist ein Rassist, niemand hier ist ein Fremdenfeind. Wir alle wollen nur frei leben, unsere Kinder aufziehen und ein Miteinander haben können, wie wir es früher hatten.«

Letizia Samples und ihre Tochter Carolyn sind sich einig, Donald Trump »ist der beste Präsident, den dieses Land je erlebt hat«. Letizia erzählt uns, dass sie vor vielen Jahren aus Chile in die USA eingewandert sei – legal. Deshalb sei es ihr wichtig, dass es eine geregelte und legale Einwanderung gebe. Die radikale Linke wolle ihnen ja nur ihre Rechte und Privilegien wegnehmen. Der Präsident, so Carolyn, beschütze sie vor der Agenda der Globalisierungsfans. Und wenn Trump doch aus dem Amt entfernt würde? »Dann wird dieses Land zur Hölle gehen, dann wäre es keine Demokratie mehr«, ereifert sich Letizia. Ob es dann zu Straßengewalt kommen könnte? »Ich weiß nicht«, so Letizia, »aber viele Amerikaner glauben, dass wir uns verteidigen müssen, wenn wir angegriffen werden.«

Blake ist da ganz ihrer Meinung, vielleicht will er uns deshalb seinen Nachnamen nicht verraten. Er ist von Greensboro, North Carolina, über 2000 Kilometer hierher nach Dallas gefahren, um Geld zu machen mit der Trump-Euphorie. Er verkauft T-Shirts, Baseballmützen, Aufkleber, Schlüsselanhänger und auch eine Art Prophezeiung für 20 Dollar pro Flagge. Auf der Fahne ist Donald Trump abgebildet; im feinen Anzug mit roter Krawatte steht er auf einem Panzer, die eine Hand lässig in der Hosentasche, mit der anderen hält er ein Sturmgewehr, dahinter das Sternenbanner und ein Feuerkranz aus Explosionen. »Trump rollt über alles hinweg, alles, was man ihm in den Weg legt«, meint Blake, »er rollt gleich durch, egal, wer ihm im Weg steht. Wenn es besser für Amerika ist, wird er dafür kämpfen, und er wird für uns kämpfen.« Blake ist ein glühender Anhänger Trumps, weil dieser Amerikas Waffengesetze nicht verschärfen will. Er habe auch selbst viele Gewehre, sei aber ein Pazifist. Dann beschimpft er die ANTIFA-Bewegung als »Terroristen des linken Flügels«, die ständig Trump-Unterstützer mit extremer Gewalt angriffen. Würde er denn für seinen Präsidenten selbst auch zur Waffe greifen, will ich wissen. »Wenn es sein muss. Wenn wir für unsere Rechte aufstehen müssen, dann sicher, ganz bestimmt, wenn wir keine andere Wahl haben«, sagt Blake.

Was würde ein verantwortungsvoller Politiker tun, wenn er von solchen Überzeugungen wüssteß? Wenn er die Gefahr kennen würde, die von einzelnen Gewalttätern oder gar einer bewaffneten Miliz wie den Oath Keepers ausgehen könnte? Unter den rund zwei Dutzend Interviews, die wir hier in Dallas gemacht haben, schließt mehr als ein Drittel der Befragten gewaltsame Ausschreitungen oder gar einen Bürgerkrieg nicht aus. Wir gehen mit einem mulmigen Gefühl in die Halle, weil wir wissen, dass Donald Trump die Gemütslage seiner Anhänger nicht nur kennt, er hat sie verursacht und befeuert. »Er hat nichts gemacht, als nur zu gewinnen, gewinnen«, ruft drinnen Dan Patrick, der stellvertretende Gouverneur von Texas, und alle fallen ein, »gewinnen, gewinnen, gewinnen, gewinnen«. Die Halle ist voll. Mehr als 20 000 Menschen, viele in den Landesfarben Rot-Weiß-Blau gekleidet, ein Meer von Pappschildern mit »Trump 2020«. Gleich kommt ihr Held, ihre Lichtgestalt, die einfach nichts falsch macht.

»Die radikalen Demokraten wollen unser Amerika zerstören«, ruft der Präsident vom Podium, »in diesem Kampf geht es ums Überleben der amerikanischen Demokratie, macht euch keine Illusionen. Sie zerstören unser Land, aber wir werden das niemals zulassen.« Die Demokraten, die linken Eliten, die liberalen Medien wollen angeblich die »größte Wahl in der Geschichte unseres Landes« rückgängig machen, tönt Donald Trump. »Ich glaube nicht mehr, dass sie unser Land lieben. Die Demokraten haben unser Land betrogen, sie wollen unsere Verfassung zerreißen.« Das ist nicht nur starker Tobak. Den politischen Gegnern zu unterstellen, sie liebten ihr Land nicht und wollten es zerstören, damit schafft der Präsident den fruchtbaren Boden für Gewalt, die sich zunächst verbal Bahn bricht. Das Wort Feind fällt immer wieder an diesem Tag. Der Präsident – unter Druck wegen des Amtsenthebungsverfahrens – verwandelt die grölende Masse in eine Art Waffe gegen eine vermeintliche linke Verschwörung und zündelt weiter. Nach den Demokraten sind jetzt die Medien das Ziel: »Alles, was wir angekündigt haben, kommt zügig voran. Aber die Fake News da hinten wollen nicht darüber berichten.« Die Menschenmenge buht und pfeift, einige zeigen uns auf der Pressetribüne den Stinkefinger. Ein älterer Mann brüllt unanständige Worte, wie wir mit dem Zoom der Kamera von seinen Lippen lesen können. Sein Gesicht ist wutverzerrt, er trägt ein knallrotes T-Shirt mit der weißen Aufschrift »Fake News«. Diesmal verkneift sich Donald Trump ausnahmsweise die Bezeichnung »Volksfeinde« für uns: »Ich sage das heute nicht. Ich sage, ihr seid legitime Medien, aber ich meine das nicht ernst.« Später, nach der Veranstaltung, wird uns eine ältere Dame wüst beschimpfen, bis ein Ordner sie nach draußen führt. Der Hass ist erstaunlich und wirklich beängstigend.

Auf dem Podium dröhnt der Präsident weiter: »Amerika gewinnt endlich wieder und wird endlich wieder respektiert.« Die Masse grölt und kreischt. »Wir werden weiter gewinnen, gewinnen, gewinnen.« Zehntausende von Menschen im Trump-Rausch skandieren »USA, USA, USA« oder »Four more years«, geraten fast in Ekstase angesichts des Mannes, den sie verehren. Die Halle ist erfüllt von kriegerischer Rhetorik, Verbalgewalt. Viele seiner Anhänger halten Trumps Worte für die reine Wahrheit, weil ein Präsident ja dank all der Regierungsbehörden und seiner Geheimdienste viel mehr wisse als alle anderen, so haben sie es uns gesagt. Auf diese bedingungslose Treue seiner Anhänger setzt Donald Trump. Unsere Erlebnisse in Dallas werfen ein Schlaglicht auf die Beziehung zwischen dem Anführer Donald Trump und seinen willfährigen Gefolgsleuten in seiner Regierung, seiner Partei und seiner Wählerschaft. Jerrold M. Post hat die politische Psychologie von Donald Trump und seinen Anhängern in einem eindrucksvollen Buch analysiert. *Dangerous Charisma* beschäftigt sich mit einem Tabuthema im öffentlichen Diskurs.[27] Darf man eine Diagnose über die psychische Verfassung eines Politikers erstellen, ohne ihn selbst unmittelbar untersucht zu haben? Darf man über den Geisteszustand des amerikanischen Präsidenten Behauptungen aufstellen und diese dann öffentlich diskutieren?

Man darf nicht nur, man muss, meint der angesehene Psychologe Jerrold Post. Er war einer der Mitbegründer und langjähriger Leiter des Zentrums für die Analyse von Persönlichkeit und politischem Verhalten bei der CIA. Seit Ende der Siebzigerjahre erstellt der US-Geheimdienst detaillierte Profile von Anführern fremder Mächte, um die amerikanische Regierung in ihrem Umgang mit Spitzenpolitikern und despotischen Machthabern rund um den Erdball zu beraten. Die Analysen zur Persönlichkeit des ägyptischen Präsidenten Anwar al-Sadat und des israelischen Premierministers Menachem Begin halfen Präsident Jimmy Carter bei den Friedensverhandlungen von Camp David, die schließlich zu dem historischen Abkommen zwischen Israel und Ägypten vom 17. September 1978 führten. Jerrold Post und sein Team bei der CIA, darunter Psychologen, Anthropologen, Sozial- und Politikwissenschaftler, gründen ihre Bewertungen auf ein ganzheitliches Bild einer Person in ihren zeitlichen, familiären, kulturellen und gesellschaftlichen Zusammenhängen. Sie analysieren Anführer anhand aller verfügbaren Informationen, darunter natürlich auch öffentliche Auftritte, Reden, schriftliche Äußerungen der jeweiligen Beobachtungsobjekte. Dabei geht es nicht in erster Linie um eine psychiatrische Diagnose, sondern um ein politisches Persönlichkeitsprofil, um das Verhalten von Anführern besser einzuschätzen und vorherzusagen.

Was Jerrold Post, die CIA und auch die jeweiligen Präsidenten im Weißen Haus in Bezug auf mächtige Politiker anderer Länder für ethisch vertretbar und unverzichtbar hielten, steht im deutlichen Widerspruch zu der sogenannten Goldwater-Regel, benannt nach dem amerikanischen Politiker Barry Goldwater. Im Präsidentschaftswahlkampf 1964 befragte das Magazin *Fact* eine Reihe namhafter Psychiater des Landes, ob der republikanische Kandidat Goldwater dem möglichen Amt geistig gewachsen sei. Der Artikel »The Unconscious of a Conservative: A Special Issue on the Mind of Barry Goldwater« löste eine heftige Diskussion aus. Goldwater verklagte die Zeitschrift auf Schadensersatz und erhielt, Jahre später, 75 000 Dollar (nach heutigem Wert rund eine halbe Million Dollar). Die Wahl 1964 hatte er verloren. Der Berufsverband der Psychiater in den USA, die American Psychiatric Association, verabschiedete damals die Goldwater-Regel:[28] »Gelegentlich werden Psychiater nach ihrer Meinung über eine Person befragt, die im Licht der öffentlichen Aufmerksamkeit steht oder über sich selbst in öffentlichen Medien Informationen preisgegeben hat. Unter diesen Umständen darf ein Psychiater mit der Öffentlichkeit seine

Expertise über psychiatrische Themen im Allgemeinen teilen. Aber es ist unethisch für einen Psychiater, eine professionelle Meinung anzubieten, sofern er keine Untersuchung vorgenommen und keine geeignete Genehmigung für solch eine Erklärung erhalten hat.« Mit Verweis auf diese Regel hatte Jerrold Post im Präsidentschaftswahlkampf 2016 und in den ersten Jahren der Amtszeit von Donald Trump alle Interviewanfragen zu dessen Geisteszustand abgelehnt. Nun bricht er sein Schweigen unter Berufung auf eine andere Formulierung in den Vorschriften seines Berufsstandes, nach denen Psychiater eine » Verantwortung« hätten, »zu einer verbesserten Gemeinschaft beizutragen« und »der Gesellschaft zu dienen«. Der 84-Jährige hält seine öffentliche Warnung vor Donald Trump, so wie einst vor anderen politischen Machthabern in der Welt, für gerechtfertigt: »Angesichts wachsender Sorgen über die Psychologie und geistige Stabilität des Präsidenten ist es unerlässlich, ja sogar eine ethische Pflicht, meine Erkenntnisse über die komplexe Psychologie des 45. Präsidenten und seiner Anhänger beizusteuern.«

Post ist nicht der einzige Wissenschaftler, der sich verpflichtet fühlt, die Alarmglocke zu läuten und mit fachlichen Einschätzungen an die Öffentlichkeit zu gehen. 2017 hatten 27 Psychiater und Psychologen in einem Buch vor einem »gefährlichen« Geisteszustand von Donald Trump und der fast kulthaften Beziehung seiner Anhänger zum Präsidenten gewarnt. Der Mann im Weißen Haus macht es den Wissenschaftlern durch seine zahlreichen Reden, häufigen Termine vor laufenden Fernsehkameras und nie versiegenden Twitter-Tiraden einfach, seine Persönlichkeitsstruktur zu erforschen. Jerrold Posts Urteil über Donald Trump ist vernichtend und gleichzeitig besorgniserregend. Post beschreibt nicht nur die Psychologie des Präsidenten, sondern auch seine besondere Beziehung zwischen ihm und seinen Anhängern, die vergleichbar sei mit dem Führerkult in den faschistischen Regimen der Dreißigerjahre in Deutschland und Italien. Das mache das Charisma eines Mannes, dessen Ego im Spiegel seiner Anhänger Nahrung und Befriedigung sucht und findet, so gefährlich: »Der spiegel-hungrige Anführer braucht einen kontinuierlichen Strom der Bewunderung von seinen Zuhörern, um sein unstillbares Ego zu ernähren. Entscheidend für seine Fähigkeit, diese Bewunderung hervorzulocken, ist seine Fähigkeit, ein Gefühl von Größe, Allmacht und Stärke zu vermitteln. Solche Individuen, die in sich das Gefühl grandioser Allmacht erweckt haben, sind besonders attraktiv für Individuen, die nach idealisierten Quellen von Stärke suchen. Sie vermitteln jenen ein Gefühl von Überzeugung und Sicherheit, die von Zweifel und Unsicherheit erfüllt sind. (...) Ihr innerer Zweifel ist so tief, dass es einer Mauer aus dogmatischer Sicherheit bedarf, um diese Zweifel zu unterdrücken. Um diese grandiosen Gefühle von Stärke und Allmacht zu erhalten, ist es für sie unmöglich, Schwäche und Zweifel einzugestehen.«

Jerrold Posts Diagnose ist eindeutig: Donald Trump ist ein Narzisst, wie er im Buche steht, und das Verhältnis zwischen ihm und vielen seiner Anhänger entspricht einer klassischen und gefährlichen Verbindung zwischen Führer und willfährigen Gefolgsleuten. Die American Psychiatric Association hat die wichtigsten Merkmale des Narzissmus in einer Veröffentlichung aus dem Jahr 2013 aufgelistet:

- Der Narzisst hat ein übersteigertes Gefühl seiner eigenen Bedeutung. Er übertreibt seine Erfolge und Fähigkeiten, erwartet die Anerkennung seiner Überlegenheit auch ohne entsprechende Leistungen.
- Er ist besessen von Fantasien von uneingeschränktem Erfolg, Macht, Brillanz, Schönheit und idealer Liebe.
- Er glaubt, dass er »besonders« und einzigartig ist und nur von jenen verstanden werden kann und sich mit jenen abgeben sollte, die auch »besonders« und herausgehoben sind.
- Er verlangt exzessive Bewunderung.
- Er glaubt, er habe ein Anrecht zum Beispiel auf besondere Vergünstigungen, eine Vorzugsbehandlung, auf automatische Erfüllung seiner Erwartungen.

Alles, was ich in diesem Buch über Donald Trump geschrieben habe, stimmt mit den aufgelisteten Symptomen eines Narzissten überein. Aber nach seiner Rhetorik und seinem Verhalten ist der amerikanische Präsident ein besonders schwerer Fall: ein pathologischer oder bösartiger Narzisst. Bei diesem ist das Selbstwertgefühl so übersteigert, dass er keine Fähigkeit zur Empathie mit anderen mehr hat, dass er ohne jeden Skrupel handelt, eine paranoide Orientierung und eine ungezügelte Aggression hat, all das auf der Basis einer tief liegenden Unsicherheit, gepaart mit einer extremen Empfindlichkeit gegenüber Kränkungen. Aber ist es wirklich so schlimm? Leidet Donald Trump tatsächlich an »bösartigem Narzissmus«, der »gefährlichsten Persönlichkeitsstörung«, wie der ehemalige CIA-Profiler schreibt? Aus dem Erleben der vergangenen mehr als anderthalb Jahre in Washington kann ich eine Reihe von Beispielen aufzählen, die diese gewagte These bestätigen. Beginnen wir mit der fehlenden Fähigkeit zur Empathie.

Es war ein ganz normaler Tag der Trauer in Amerika. Total normal, alles wie immer: die Gebete, die gegenseitigen Vorwürfe, das Nichtstun des amerikanischen Kongresses, das Warmlaufen der Waffenlobby NRA gegen jede Veränderung der Waffengesetze. Am Wochenende zuvor hatte das Land wieder einmal mehrere tödliche Massaker erlebt. Am 3. August 2019 erschoss ein weißer Rassist in einem Supermarkt in El Paso, Texas 22 Menschen, verletzte 24 weitere. Der Täter, der 21-jährige Patrick C. aus Allen, Texas, war neun Stunden gefahren, um unschuldige Menschen, Männer, Frauen und Kinder zu töten. Er wusste genau, was er tun wollte und warum. Er glaubte an die schon beschriebene Verschwörungstheorie vom angeblichen Bevölkerungsaustausch und rechtfertigte in einem Pamphlet seine Tat als Verteidigung gegen eine »Invasion von Zuwanderern«, von der auch Donald Trump gerne spricht. Der amerikanische Präsident macht sich durch seine Rhetorik mit schuldig, wenn er fast täglich Menschen als »anders« deklariert, sie verächtlich macht, die Angst vor Zuwanderern schürt und den Hasstiraden mancher Anhänger nicht entgegentritt. Am Tag nach dem Terrorakt von El Paso, am 4. August, tötete ein 24-Jähriger in Dayton, Ohio, neun Menschen, verwundete 17 weitere. Angesichts dieser Tragödien würde man von einem amerikanischen Präsidenten vor allem eines erwarten: Empathie mit den Opfern.

Aber Donald Trumps Versuch, wenige Tage danach bei seinen Besuchen in Dayton und El Paso den Anteilnehmenden zu spielen, ging gründlich schief, niedergetrampelt von ihm selbst, per Twitter, wie immer. Dort verbreitete er am Ende des Tages schöne Fotos von sich selbst – mit Opfern, mit Helfern, mit Polizisten. Aber im Mittelpunkt der Bilder stand immer er selbst, meist mit breitem

Grinsen, manchmal mit hochgereckten Daumen, als ginge es nur darum, die schönsten Selfies mit Opfern zu inszenieren. Die meisten fanden es zwar gut, dass er kam, dass er sich interessierte für sie, dass er auch den Helfern Danke schön sagte. Das hätte Donald Trump so stehen lassen können. Ein Präsident, der wenigstens ein einziges Mal das tat, was in Zeiten der Trauer gebraucht wird, um Wunden zu heilen. 24 Stunden Funkstille auf Twitter und vor Kameras – war das zu viel verlangt?

Aber bei seiner Reise nach Ohio und Texas zeigte Trump, dass er sich auch für ein Opfer hält, natürlich das größte, weil alle über ihn herfallen. Das war das Hauptthema seiner Äußerungen beim Einsteigen in den Hubschrauber und beim Flug in der Air Force One. Alle anderen seien dumm, er dagegen großartig. Zum Beleg twitterte sein Social-Media-Koordinator Dan Scavino nach dem Krankenhausbesuch in El Paso: »Der Präsident wurde im Krankenhaus wie ein Rockstar behandelt, das gibt es alles auf Video. Alle liebten es, ihren großartigen Präsidenten zu sehen.« Trump inszenierte sich als Opfer-in-Chief, während die wirklichen Opfer in den Bildern nur Beiwerk waren.

Donald Trumps Angriffe gegen Zuwanderer, die er schon mal Verbrecher und Vergewaltiger nennt, sind ein Beleg für die fehlende Empathie des Präsidenten und damit ein Symptom für seinen bösartigen Narzissmus. Jerrold Post listet eine Reihe weiterer Beispiele auf. Immer wieder habe sich Trump auch über seinen politischen Widersacher John McCain lustig gemacht und ihn öffentlich herabgewürdigt. Der republikanische Senator galt in den USA als Kriegsheld, weil er im Vietnamkrieg in Gefangenschaft geraten und schwer gefoltert worden war. »Er ist kein Kriegsheld«, so tönte Donald Trump im Sommer 2015, »er war ja Kriegsheld, weil er gefangen genommen wurde. Ich mag Leute, die nicht gefangen wurden.« Der Präsident setzte seine Beleidigungen fort, sogar als McCain aufgrund einer schweren Krebserkrankung im Sterben lag. Im Mai 2019 ließ das Weiße Haus bei einem Truppenbesuch Trumps auf einem US-Kriegsschiff vor Japan den Zerstörer USS McCain eigens außer Sichtweite bringen. Trump bestritt zwar einen entsprechenden Befehl, sagte aber dann: »Sie dachten, sie würden mir einen Gefallen tun, weil sie wissen, dass ich kein Fan von John McCain bin.«

Einmal beleidigte Trump die Eltern eines gefallenen US-Soldaten, weil der Vater, Kizr Khan, ihn öffentlich wegen seiner Herabwürdigung des islamischen Glaubens kritisiert hatte: »Schauen Sie sich doch mal seine Frau an«, so Trump in einem Fernsehinterview, »die stand da, sie hatte nichts zu sagen. Wahrscheinlich, vielleicht war ihr nicht erlaubt, etwas zu sagen.« Bei einer Wahlkampfveranstaltung machte sich der Präsidentschaftskandidat über einen Journalisten mit körperlicher Behinderung lustig, über dessen Artikel er sich geärgert hatte. Trump wedelte vor der johlenden Menge seiner Anhänger mit den Armen.

Der Präsident wird, auch das ein Symptom für bösartigen Narzissmus, nicht von seinem eigenen Gewissen zurückgehalten, er hat keinerlei Skrupel. Als Beleg dafür kann man die endlose Kette von Trumps täglichen Ausfällen gegen Politiker und Journalisten anführen. Am 29. Juni 2017 fiel Trump per Twitter über die Moderatoren der Frühsendung *Morning Joe* im Nachrichtensender MSNBC her, nannte Mika Brzezinski und Joe Scarborough, die miteinander verheiratet sind, »verrückte Mika mit niedrigem IQ« und »Psycho-Joe«. Die beiden seien einmal drei Tage zu Besuch in seinem Golfklub Mar-a-Lago in Florida gewesen. Dabei habe Mika »schlimm geblutet wegen eines Face-Liftings«. Im Mai 2020 verbreitete Trump falsche Mordanschuldigungen gegen Scarborough per Twitter weiter, obwohl diese längst widerlegt waren und die Mutter des angeblichen Opfers den Präsidenten flehentlich bat, diese Attacken sofort einzustellen. Das rücksichtslose Auskeilen gegen andere hat auch mit einem weiteren Symptom des bösartigen Narzissmus zu tun, dem Hang zum Verfolgungswahn. In einem seiner Bücher hatte Donald Trump einst selbst als eine Zutat für den Erfolg eine ordentliche Portion Paranoia empfohlen: »Ich habe über die Jahre bemerkt, dass Menschen, die vorsichtig sind oder – kalt ausgedrückt – ein wenig paranoid, meist zu den erfolgreichsten zählen. Ein Hoch auf ein wenig Paranoia! Du musst erkennen, dass du etwas hast, was andere Leute wollen. Lass es dir nicht wegnehmen.« In Trumps Alltag zeigt sich das in seinen ständigen Vorwürfen, man wolle ihn hintergehen, er sei Opfer einer Hexenjagd und der »tiefe Staat« wolle ihn stürzen. Der Präsident fühlt sich verfolgt.

Ein solcher bösartiger Narzissmus stellt schon in sich eine Bedrohung für die Welt dar, die Ermächtigung des Anführers durch eine große Zahl treuer Gefolgsleute erhöht das Risiko noch einmal dramatisch. Jerrold Post vermutet unter den Anhängern Trumps viele, die selbst in ihrer Psyche angeschlagen und von Selbstzweifeln geplagt sind, aber der größere Teil der Verehrer eines narzisstisch-charismatischen Anführers erkläre sich wohl durch die gesellschaftlichen, wirtschaftlichen und politischen Krisen unserer Tage. Eine Desillusionierung aufgrund der Enttäuschung über Politiker und Parteien, das Gefühl, »abgehängt« zu sein von wirtschaftlichen Perspektiven und vom politischen Diskurs, schafft ein Vakuum, in das ein charismatischer Anführer hineinstoßen kann. Genau das tat Donald Trump mit seinem Versprechen, sich um die einfachen Leute zu kümmern, um die »deplorables«, also die »Bedauernswerten«, wie Hillary Clinton sie abfällig genannt hatte. Im Extremfall kann diese besondere Beziehung zwischen einem charismatischen Anführer und seiner willfährigen Gefolgschaft in eine sektenartige Form ausarten, den Kult um eine Person. Die Wörter »wir« und »uns« gegenüber »denen da« und »die anderen« lassen eine gemeinsame Identität entstehen, ein Zugehörigkeitsgefühl zu einer Gruppe von Gleichgesinnten, in der die Gefolgsleute die Standards und Normen ihres großen Vorbilds übernehmen. Das kann so weit gehen, dass viele Anhänger ihre eigenen Standards und ihr eigenes Urteilsvermögen völlig aufgeben – in einem Maß, dass sich Außenstehende fragen, wie sich diese bedingungslose Unterwerfung unter das Diktat des Anführers mit der Selbstachtung des Einzelnen in Einklang bringen lässt. Das frage ich mich auch jedes Mal, wenn gestandene Kabinettsmitglieder ihrem Chef vor laufenden Kameras im Weißen Haus huldigen.

Es ist kein Zufall, dass Donald Trump den Begriff »Volksfeind« aus dem Repertoire von Nazis und Kommunisten übernommen hat und damit sowohl Journalisten als auch politisch Andersdenkende beschimpft. Ein bösartiger Narzisst tut so etwas nicht aus rein politischem Kalkül, sondern aus tiefster Überzeugung. So sei es auch beim amerikanischen Präsidenten, meint der ehemalige CIA-Profiler Post: »Auch wenn es eine gängige politische Taktik ist, eine Bevölkerung gegen einen Feind von außen zu einen, so ist die Polarisierungsrhetorik dann am effektivsten, wenn man absolut daran glaubt, dass ›die‹ die Quelle des Problems sind, dass ›die‹

das Böse sind und dass es ›unsere‹ Probleme eliminiert, ›die‹ zu eliminieren.« Dieser feste Glaube, das »absolut Gute« zu tun, führt auch zum letzten und bedrohlichsten Symptom des bösartigen Narzissten, seiner Bereitschaft zu rücksichtsloser Aggression. Sie schließt ausdrücklich auch die Fähigkeit zur Tötung oder Vernichtung eines Gegners ein, in dem der Aggressor eine existenzielle Bedrohung sieht. Als besonders anfällig dafür gelten Personen, bei denen sich das Charisma mit der Paranoia, ihrem Verfolgungswahn, verbindet. Die beiden Eigenschaften kämen zwar nicht zwangsläufig im Doppelpack daher, so der Psychologe Post, aber »wenn die beiden miteinander verbunden sind, dann kam es in der Geschichte zu den schrecklichsten Exzessen menschlicher Gewalt«. Post verweist auf faschistische Regime unter Hitler in Deutschland, Mussolini in Italien und Franco in Spanien. Sie seien Belege dafür, wie bösartige Narzissten zu einer Bedrohung für die Menschheit werden könnten.

Erfüllt von genau dieser Sorge, meldeten sich zu Beginn des Wahljahres 2020 fast 40 angesehene Psychiater und Psychologen öffentlich zu Wort, unter ihnen auch jene Wissenschaftler, die schon 2017 vor Donald Trump gewarnt hatten. »Wir haben einen US-Präsidenten, der psychisch und mental sowohl gefährlich als auch angeschlagen ist«, so heißt es in der Erklärung der World Mental Health Coalition.[29] Unter dem Eindruck des eskalierenden Konflikts zwischen den USA und Iran forderten die Experten den Kongress auf, den amerikanischen Präsidenten zu einer psychologischen Untersuchung zu verpflichten, so wie sie auch für alle hochrangigen militärischen Anführer in den USA vorgesehen seien. »Nur der oberste Befehlshaber ist von dieser Verpflichtung ausgenommen«, obwohl er sie »am dringendsten« benötige und obwohl er eine »maximale Gefahr« darstelle. Die Wissenschaftler verwiesen auf die außerordentliche Macht des Präsidenten über die zerstörerischsten Waffensysteme und seine Anfälligkeit gegenüber der Manipulation durch fremde Mächte. Es sei unverantwortlich, »länger zu warten« angesichts der Gefahr, die von »einer mental beschränkten Person mit ihrem erratischen, impulsiven, rücksichtslosen und zerstörerischen« Verhalten ausgehe.

Es sind verwegene Thesen in Bezug auf einen demokratisch gewählten amerikanischen Präsidenten. Ist Donald Trump aufgrund einer schweren Geisteskrankheit eine Bedrohung für die Welt? Würde er wirklich so weit gehen, einen Bürgerkrieg in den USA auszulösen? Gewiss, er scheut sich nicht, seine Macht als Präsident der Vereinigten Staaten von Amerika rücksichtslos für seine eigenen Interessen einzusetzen. Er ist davon überzeugt, dass er nach Artikel 2 der amerikanischen Verfassung tun darf, was er will. Im Januar 2016 hatte er bei einer Wahlkampfveranstaltung gesagt: »Ich könnte mitten auf der 5th Avenue stehen und jemanden erschießen und würde keine Wähler verlieren.« Im Oktober 2019 argumentierten Trumps Anwälte in einem Gerichtsverfahren, bei dem es auch um die Immunität des Präsidenten ging, dass Trump während seiner Amtszeit nicht bestraft werden könnte, wenn er tatsächlich einen Menschen auf offener Straße erschießen würde. Nun ist zwischen verbalen Gedankenspielen über eine Mordtat und der tatsächlichen Anwendung von Gewalt ein weiter Weg. Aber wenn jemand solche Worte verwendet, wäre er dann nicht auch bereit, Gewalt als Selbstverteidigung zu rechtfertigen? Wenn er seine Gegner und die Medien zu »Feinden des Volkes« erklärt, nimmt er zumindest billigend in Kauf, dass Anhänger wie die Oath Keepers und die Menschen, mit denen wir bei der Kundgebung in Dallas gesprochen haben, für ihn zu den Waffen greifen.

Bei fast jeder Wahlkampfveranstaltung bezeichnet sich Donald Trump als »stabiles Genie« und beschimpft seine Gegner als »krank«, »geistig zurückgeblieben«, »dement«, »verrückt« und »gefährlich«. Gleichzeitig befeuert und zelebriert er die Euphorie der Masse, von der er als eine Art Übermensch wahrgenommen und fast wie ein Heiliger verehrt wird. Viele der Fans glauben den Äußerungen ihres Anführers blind, folgen seinen Handlungsanweisungen bedingungslos und geben ihm ihre uneingeschränkte emotionale Unterstützung. Sie mögen ihn wohl deshalb so sehr, weil er das darstellt, was sie selbst sein wollen: mutig, verachtungsvoll gegenüber den Eliten, bereit, alle Regeln zu brechen, um Amerika zu dem zu machen, was es einmal war. Wenn Trump sich nach einer knappen Wahlniederlage weigern würde, das Weiße Haus zu verlassen, dann könnten solche Anhänger bereit sein, für ihn zu kämpfen.

Droht ein Bürgerkrieg? Abraham Lincoln hatte einst als größte Gefahr für die Einheit Amerikas den Aufstieg eines Anführers bezeichnet, der sich ohne Gewissen und Anstand selbst über alles stellt. Was wäre, wenn Trump sich tatsächlich weigern würde, am 20. Januar 2021 das Weiße Haus zu verlassen? Die amerikanische Verfassung ist da sehr eindeutig. Denn im 20. Zusatzartikel heißt es wörtlich, dass die Amtszeit des Präsidenten und seines Stellvertreters »um 12 Uhr mittags am 20. Tag im Januar enden« und die Amtszeit ihrer Nachfolger »dann beginnen soll«. Juristisch gesehen hätte der neue Präsident in diesem Augenblick alle Befehlsgewalt. Selbst wenn Donald Trump seinen Personenschützern vom Secret Service oder gar den US-Streitkräften befehlen würde, seinen Nachfolger nicht ins Weiße Haus hineinzulassen, würde wohl niemand seinen Worten Folge leisten – oder doch?

Solch ein Showdown im Weißen Haus würde eine schwere Staats- und Verfassungskrise in den USA auslösen. Man muss schon fast 150 Jahre in die amerikanische Geschichte zurückschauen, um eine einzige, auch nur ansatzweise vergleichbare Situation zu finden. 1873 verlor der republikanische Gouverneur von Texas, Edmund J. Davis, seine Wahl gegen den demokratischen Herausforderer Richard Coke. Coke erzielte doppelt so viele Stimmen wie der Amtsinhaber, aber der weigerte sich einfach, das Ergebnis anzuerkennen, weil es angeblich durch die Einschüchterung von Wählern und Stimmenbetrug zustande gekommen sei. Der Oberste Gerichtshof des Bundesstaates gab Davis recht und annullierte die Wahl. Allerdings hatten alle Richter ihr Amt eben jenem Mann zu verdanken, in dessen Sinn sie ihr Urteil fällten. Das Ganze wäre beinah blutig ausgegangen, denn am Tag der Amtseinführung von Coke, dem 15. Januar 1874, verbarrikadierte sich Wahlverlierer Davis im Capitol. Er hatte einige Beamte der Staatspolizei zu seiner Verteidigung mitgenommen, während der künftige Gouverneur mit bewaffneten Männern des Sheriffs anrückte. Coke leistete seinen Amtseid. Davis gab schließlich drei Tage später auf, nachdem ihm der amerikanische Präsident Ulysses Grant die Unterstützung durch US-Soldaten verweigert hatte.

Würde Donald Trump sich ebenfalls weigern, sein Amt zu verlassen? Trump ist unberechenbar, und genau das gilt auch für jene unter seinen Anhängern, die ihn als Heilsbringer verehren. Selbst einer seiner engen Weggefährten hält eine solche Auseinandersetzung für absolut möglich: »Auf der Basis meiner Erfahrung während meiner Tätigkeit für Herrn Trump befürchte ich, dass es keine friedliche Übergabe der Macht geben wird, wenn er die Wahl 2020 verliert«, so Trumps früherer Anwalt Michael Cohen bei einer Anhörung vor dem amerikanischen Kongress. Der Präsident selbst kokettiert immer wieder mit dem Gedanken, dass er länger als die verfassungsmäßig zulässigen zwei Amtszeiten Amerikas Präsident sein könnte. Bei einer Wahlkampfkundgebung in Pennsylvania im Dezember 2019 verkündete er einer euphorischen Menge, er werde sein Amt erst in »fünf Jahren, neun Jahren, 13 Jahren, 17 Jahren, 21 Jahren, 25 Jahren, 29 Jahren« verlassen. Natürlich, so ergänzte er, wolle er damit nur die Medien in den Wahnsinn treiben. Trump schaut offenbar auch neidisch auf Machthaber wie Wladimir Putin und Xi Jinping, die sich Macht über lange Zeiträume sichern. Nachdem sich der chinesische Präsident auf Lebenszeit in seinem Amt hatte bestätigen lassen, sinnierte sein Amtskollege im Weißen Haus per Twitter: »Denkt ihr, das Volk wünscht sich, dass ich länger bleibe? KEEP AMERICA GREAT.« Auch wenn Trump die Beschränkung der Amtszeit kaum aufheben könnte, ist es durchaus möglich, dass er eine knappe Wahlniederlage nicht akzeptieren und vor Gericht anfechten würde.

Im Wahlkampf 2016 hatte der Kandidat das Versprechen verweigert, bei einer möglichen Wahlniederlage das Ergebnis dennoch zu akzeptieren. Nach seinem Sieg über Hillary Clinton behauptete er, dass ihr Vorsprung in absoluten Zahlen – rund drei Millionen Stimmen – durch die Stimmen von illegalen Zuwanderern zu erklären sei, also durch Wahlbetrug. Dieser Vorwurf ist längst widerlegt. Bei fast jeder Wahlkampfkundgebung streut Trump, dass die Demokraten nur durch Manipulation bei Wahlen gewinnen könnten. Er bestreitet den Wahrheitsgehalt von Meinungsumfragen, in denen er schlechter abschneidet als seine politischen Gegner – das seien alles »gefälschte Umfragen«. Sogar seinem Lieblingssender Fox News wirft Trump vor, dass dessen Umfragen »immer schlecht« für ihn seien, es geschehe »Seltsames bei Fox«, denn seine Umfragen zeigten doch, dass er überall vorne liege.

Darüber hinaus befeuern Donald Trump und sein Führungszirkel mögliche Gewaltfantasien seiner Anhänger mit ihrer kriegerischen Rhetorik. Das Amtsenthebungsverfahren brandmarken sie als Teil eines Kultur- und Glaubenskampfes. »An jeder Front führen die Ultralinken Krieg gegen die Werte, die alle hier teilen«, so Trump bei einer Veranstaltung zu christlichen Werten in Washington im Herbst 2019, »sie wollen Christen und andere Gläubige zum Schweigen bringen und bestrafen.« Justizminister William Barr, treuer Gefolgsmann des Präsidenten, ging in einer seiner Reden noch einen Schritt weiter: »Dies ist organisierte Zerstörung. Die Säkularisten und ihre Verbündeten beherrschen alle Kräfte der Massenkommunikation, der Popkultur, der Unterhaltungsindustrie und des Bildungssystems bei ihrem unermüdlichen Angriff auf religiöse und traditionelle Werte.« Solche Worte sichern Donald Trump auch die Rückendeckung seiner engsten Verbündeten, der Evangelikalen in den USA. Die Anführer dieser fundamentalistischen Strömung im protestantischen Christentum predigten während des Impeachment-Verfahrens eine Botschaft des Hasses und vertieften damit die Spaltung Amerikas: »Wenn die Demokraten den Präsidenten erfolgreich des Amtes entheben, dann befürchte ich eine bürgerkriegsähnliche Spaltung dieser Nation, die nie wieder verheilen wird«, so Pastor Robert Jeffress von der First Baptist Church im texanischen Dallas. Er gilt als Trump-Vertrauter, der bei der Wahlkampfkundgebung in Dallas mit auf der Bühne stand und vom Präsidenten für seine Treue gelobt wurde. Auch Rick Wiles, Pastor der Flowing Streams Church in Florida, drohte all jenen mit Rache, die sich an einer möglichen Amtsenthebung Trumps beteiligten: »Wenn die Hölle losbricht, wenn diese Leute in Washington denken, sie könnten damit davonkommen, dann werden die Trump-Anhänger sie zur Strecke bringen. So wird es sein. Dieses Land wird in die Dunkelheit stürzen.«

Etwas weniger martialisch, dafür aber nicht minder verfassungswidrig klingen die Worte von Jerry Falwell jr., einem der einflussreichsten Prediger innerhalb der evangelikalen Bewegung. Nach dem Abschluss der Sonderermittlungen zu einer möglichen russischen Einflussnahme bei der Präsidentschaftswahl 2016 forderte Falwell per Twitter »Reparationen« für die ungerechtfertigten Verdächtigungen gegen Trump: »Zu seiner ersten Amtszeit sollten zwei Jahre hinzuaddiert werden als Entschädigung für die gestohlene Zeit durch diesen korrupten, gescheiterten Umsturzversuch.« Natürlich verbreitete Trump Falwells Tweet gleich danach auf seinem Twitter-Account mit über 70 Millionen Followern weiter. Mit alldem stacheln der Präsident und seine Handlanger die Emotionen innerhalb der amerikanischen Bevölkerung an. Er setzt alles darauf, dass er vier weitere Jahre im Weißen Haus gewinnt, dabei nimmt er Nebenwirkungen, bis hin zu bürgerkriegsähnlichen Zuständen in den Straßen Amerikas, in Kauf.

Genau das gilt es zu verhindern, so glaubt einer der angesehensten und höchstdekorierten US-Soldaten der letzten Jahre: »Unsere Republik wird angegriffen, vom Präsidenten«, so überschreibt Admiral William McRaven seinen Kommentar[30] in der *New York Times* vom 17. Oktober 2019, jenem Tag, an dem wir bei Trumps Wahlkampfkundgebung in Dallas sind. »Das Amerika, an das wir geglaubt haben, steht unter Angriff, nicht von außen, sondern von innen«, schreibt der einstige Kommandeur der Special Forces. Er erzählt davon, wie einer seiner Freunde, ein Ex-General, ihm bei einer militärischen Feier zuraunte: »Ich mag die Demokraten nicht, aber Trump zerstört die Republik.« Sein Nachdenken darüber mündete in eine glühende Anklageschrift gegen den Präsidenten der Vereinigten Staaten von Amerika. Dieser verrate die Werte, die das Land groß gemacht hätten, Pflicht und Ehre, Hilfe für die Schwachen, das Aufstehen gegen Unterdrückung und Ungerechtigkeit und die Verlässlichkeit gegenüber Verbündeten. »Diese Tugenden haben diese Nation über 243 Jahre erhalten«, schreibt McRaven und fährt fort: »Wenn dieser Präsident ihre Bedeutung nicht versteht, wenn dieser Präsident nicht die Führungsfähigkeit zeigt, die dieses Land braucht, zu Hause und in Übersee, dann ist es Zeit für eine neue Person im Oval Office – Republikaner, Demokrat oder Parteiloser –, je schneller, desto besser. Das Schicksal unserer Republik steht auf dem Spiel.« Diese Worte werden nachhallen – in Washington, in der Politik, in den Medien und bei denen in den amerikanischen Streitkräften, die ihr Leben eingesetzt haben, um Amerika und seine Werte zu verteidigen.

(Ohn)Macht der Medien

Wie Trump uns austrickst

Wer Donald Trumps Tiraden aus nächster Nähe hören will, muss Schlange stehen. Genauer gesagt in einer von drei Schlangen: links die Kamerateams, rechts die Fotografen, in der Mitte die Reporter. Vor mir stehen zwei Dutzend Menschen, hinter mir mindestens die gleiche Zahl. Im Schatten des Weißen Hauses, gleich neben dem Pressetrakt, ist es arg kalt an diesem Freitagmorgen, aber ein wenig Frieren könnte sich lohnen. Denn es ist einiges passiert seit dem Vortag, was der Präsident gleich sicher kommentieren wird: Der Multimilliardär und ehemalige New Yorker Bürgermeister Michael Bloomberg will eventuell als Präsidentschaftskandidat antreten, und neue Details aus den Zeugenaussagen im Amtsenthebungsverfahren sind durchgesickert.

Da wird Donald Trump nicht widerstehen können, wenn er zu seinem Tagestrip nach Georgia aufbricht. Wir nutzen die Gelegenheit zum Chopper-Talk: Eine halbe Stunde vor Abflug des Präsidenten-Hubschraubers Marine One dürfen wir – erst die Kamerateams, dann die Reporter, dann die Fotografen – in den Garten des Weißen Hauses. Gerade landet er mit dröhnenden Rotoren. Der Medienpulk nimmt Aufstellung am Absperrungsseil neben dem Südausgang; direkt gegenüber stehen die Schaulustigen, die Regierungsmitarbeiter und ihre Gäste, darunter offenbar Absolventen einer Militärakademie. Die offizielle Fotografin des Weißen Hauses sucht sich einen Platz auf dem Rasen, um ihren Chef optimal in Szene zu setzen. Und dann kommt er, der lange Mantel offen, die Krawatte so strahlend blau wie der Himmel. Donald Trump schüttelt Hände, signiert »Make America Great Again«-Mützen und hebt ein Kind in die Höhe, damit dessen

Eltern und seine Leibfotografin ein paar schöne Bilder schießen können. Als er sich anschickt, zu uns herüberzukommen, sagt der Präsident etwas, die Menschen lachen, und kurz danach erfahren wir von ihm höchstpersönlich den Grund: »Ich habe ihnen gerade gesagt, dass ich da rüber muss, zu den Fake News«, meint er grinsend, »los geht's. Was hast du, John?« John Roberts, das ist der Korrespondent von Donald Trumps Lieblingssender Fox News. Er darf die erste Frage stellen. Ob er sich Sorgen mache über die öffentliche Befragung von Zeugen im Amtsenthebungsverfahren nächste Woche? »Ich bin über nichts besorgt«, sagt Trump, »die Aussagen sind prima, jedenfalls die meisten. Von diesen Leuten habe ich noch nie gehört. Ich habe keine Ahnung, wer die sind.« Boom, die erste Lüge, mindestens einen der Zeugen muss er gut kennen. Gordon Sondland, Hotelkettenbesitzer und Investor, spendete ja für Trumps Wahlkampf eine Million Dollar und wurde später dann US-Botschafter bei der EU, ohne jede außenpolitische Qualifikation. Aber Trump redet sich schon in Fahrt. Alles Hörensagen, die Zeugen hätten gar kein Wissen aus erster Hand, und sein Telefonat mit dem ukrainischen Präsidenten Selenskyj sei perfekt gewesen. Das habe auch ein Fernsehmoderator gestern Abend so gesagt.

Ich gebe offen zu, dass ich diese Worte des Präsidenten gar nicht hören kann, weil die Motoren des Hubschraubers solchen Lärm machen. Zum Glück halten die Kameras alles fest, und hinterher liefert das Weiße Haus freundlicherweise ein Wortprotokoll des Chopper-Talk. Das Ganze wirkt auf mich wie eine Ego-Show, die Donald Trump einen Riesenspaß macht. Er freut sich sichtlich, dass die Journalisten mit Fingern aufzeigen, mit den Händen winken und »Mr. President!« rufen, um auf sich aufmerksam zu machen. Die Schaulustigen auf der anderen Seite feixen bei diesem Anblick, und mich beschleicht der Eindruck, dass genau das Sinn der ganzen Übung ist. Der Präsident füttert die Meute, lässt sie schlecht aussehen und fühlt sich gut dabei. Er schmeichelt seinem Selbstwertgefühl.

Ein Kollege fragt, ob der Präsident seinen Justizminister William Barr gebeten habe, gegen Joe Biden und seinen Sohn zu ermitteln. Donald Trump weicht aus. Auf hartnäckiges Nachfragen antwortet er fast im Befehlston: »Sei still. Still! ... Still! ... Still! ... Still!«, und fügt dann hinzu, dass er Barr niemals darum gebeten habe. Ein paar Minuten später kommt die Frage, ob er von Barr verlangt habe, seinen Präsidenten bei einer Pressekonferenz öffentlich zu entlasten. Es folgen ein Dementi und Schimpftiraden gegen die Fake News, die Storys erfinden würden: »Die haben keine Quellen. Und dann denken sie sich einfach was aus. Nicht jeder, nicht John, nicht jeder.« Ob sich John Roberts über dieses Lob wohl freuen kann? Trump redet sich in Rage, flucht über die »Hexenjagd«, droht den Anwälten des Whistleblowers, man müsse sie verklagen, »vielleicht wegen Hochverrats«. Diese Worte höre ich sogar unmittelbar, trotz des Krachs von Marine One, denn Donald Trump steht direkt vor uns. Das macht er gern: Wenn ihm Fragen nicht gefallen, geht er einfach drei Meter weiter, weil da auch andere dringend einen O-Ton – so nennen wir Zitate – von ihm wollen.

Ein halbes Dutzend Mal beleidigt er die Demokraten als »verbrecherisch« und »korrupt«. Er sei der Einzige, der diese Korruption bekämpfe, um den »Sumpf« trockenzulegen: »Ich habe sie alle erwischt. Keiner außer mir hätte das geschafft.« Dass Trump selbst gerade zwei Millionen Dollar zahlen muss, weil seine Wohltätigkeitsorganisation Gelder für seine persönlichen politischen Zwecke missbraucht hatte, stört ihn offenbar nicht. Als er danach gefragt wird, schimpft er, wie undankbar doch alle seien. Dankbar ist er dagegen Wladimir Putin, der ihn eingeladen hat, an der Parade zum 9. Mai in Moskau teilzunehmen. Er will vielleicht hin, meint Trump. So etwas gefällt ihm, mag sein möglicher Gastgeber noch so autoritär sein. Immerhin eine Neuigkeit. Und dann natürlich noch sein Kommentar zur möglichen Kandidatur von Michael Bloomberg: »Little Michael wird scheitern. Er wird eine Menge Geld ausgeben«, höhnt der Präsident der Vereinigten Staaten und behauptet dann, dass Bloomberg »einige persönliche Probleme« hat.

Hm, denkt da der Beobachter, wenn man ihn über 30 Minuten beim Chopper-Talk so reden hört, könnte man auf den Gedanken kommen, dass Donald Trump ein paar Probleme mehr hat. Denn das meiste von alldem sagt er fast jeden Tag, sogar mehrfach: wenn er losfliegt vom Weißen Haus; wenn er auf der Andrews Air Force

Base in die Präsidentenmaschine einsteigt; wenn er dann irgendwo eine Rede hält und wenn er wieder aus Marine One aussteigt auf dem Rasen des Weißen Hauses. Immer sind da Kameras und Mikrofone und hungrige Journalisten. Und immer lügt er – an diesem Morgen des 8. November 2019 insgesamt 45 Mal. Als Donald Trump endlich auf seinen Hubschrauber zuläuft, frage ich John Roberts, ob es wirklich Sinn mache, sich immer das Gleiche anzuhören und dann zu senden? Eigentlich, so John, habe er an diesem Morgen gar nicht kommen wollen, weil Trump am Vortag ausnahmsweise kommentarlos in Marine One eingestiegen sei. Aber es habe sich ja doch gelohnt, weil ein paar Neuigkeiten dabei gewesen seien. Neu? Ja, denke ich, aber auch wirklich berichtenswert? Diese Frage hängt mir nach, als die Maschine mit dröhnenden Rotoren abhebt und in Richtung Potomac davonknattert. Wenn wir einfach nicht mehr hingingen, wer würde den Chopper-Talk wohl mehr vermissen – wir Medien oder der Selbstdarsteller Donald Trump? Die ganze Zeit denke ich daran, wie klein sich dieser Mann macht, obwohl er doch eigentlich als großer Präsident in die Geschichte eingehen wollte. Seine Aufgabe, die Lenkung eines Staates, das nannte der römische Philosoph und Politiker Cicero einst den »Ausdruck höchster Tugend«, orientiert am Gemeinwohl, geprägt von Anstand, Würde, Verantwortungsgefühl. Das ist Größe. Von alldem ist bei Donald Trump so gar nichts zu entdecken.

Aber es gibt keinen Anlass zur Überheblichkeit, denn der Aufstieg von Donald Trump ist schließlich zum Teil auch unsere Schuld. Die Polarisierung gab es auch schon früher. Als ich von 1995 bis 2001 schon einmal als ZDF-Korrespondent in Washington war, haben wir das hautnah miterlebt. Der Republikaner Newt Gingrich hatte gerade seine »republikanische Revolution« gewonnen, eine große Mehrheit der Sitze im Repräsentantenhaus des Kongresses. Mit dem beeindruckenden Sieg bei der Zwischenwahl im Herbst 1994 kam eine neue Generation von extrem konservativen Politikern ins Amt. Sie wollten die republikanische Partei zur Waffe in einer Art Kulturkampf gegen die angeblich »breite linke Verschwörung« im Land machen, gegen die aus ihrer Sicht einseitig linke Propagandamaschine der Medien, der Filmindustrie und der reichen Eliten an der Ost- und Westküste der USA. Hauptziel waren dabei Präsident Bill Clinton und seine Frau Hillary, und schon damals spielten die Evangelikalen, die fundamentalistische Strömung im Protestantismus, und streng konservative Katholiken eine wichtige Rolle dabei, Hass und Verachtung zu schüren. Ich erinnere mich noch gut an den alljährlichen Kongress der sogenannten Christian Coalition, einer religiösen Lobbygruppe, die die Leistungen der Politiker im Kampf gegen Abtreibung, Homosexualität und Zuwanderung bewertete. Tausende Besucher flanierten an den Ständen der Clinton-Hasser vorbei. Dort konnte man Bücher kaufen über die Morde, die das Ehepaar angeblich in seiner Heimat Arkansas und in Washington begangen hatte. Besonders beliebt waren kleine Vodoo-Stoffpuppen von Bill und Hillary, die man im Büro oder zu Hause dann mit Nadeln spicken konnte, um seine Wut über die »linke« Politik der Demokraten im Weißen Haus abzureagieren.

Diese Puppen waren damals noch nicht Gegenstand der Berichterstattung in den nationalen Medien, heute würden sie wohl auf den Nachrichtenkanälen Anlass zur Empörung der sogenannten »Pundits« sein, also der Experten, Professoren, ehemaligen Politiker, Behördenmitarbeiter und ihrer journalistischen Gastgeber. Als ich im Februar 2019 nach Washington zurückkehrte, überboten sich die Kabelsender in dem, was man wohl als Erregungsfernsehen bezeichnen muss, fast rund um die Uhr nur »Breaking News«. Dieser Begriff bezeichnet eigentlich nur herausragende Eilmeldungen, während sich ein wichtiges Nachrichtenereignis entwickelt, also zum Beispiel bei Naturkatastrophen, Terroranschlägen oder auch überraschenden politischen Entwicklungen. Seit sich Donald Trump 2015 in das Rennen um die Präsidentschaft eingeschaltet hatte, sahen viele Medien ihn mit seinen Tweets und Tiraden offenbar als ein wichtiges, durchgehendes Nachrichtenereignis an, als »Breaking News«. Trump selbst inszenierte sich genauso wie in seiner Fernsehshow The Apprentice und sorgte damit für den notwendigen Unterhaltungswert, um die Einschaltquoten in die Höhe zu treiben. Gleichzeitig wurde der Präsidentschaftskandidat nicht nur einem landesweiten Publikum immer vertrauter, sondern vielen auch sympathischer, weil sein unkonventionelles, polterndes, oft auch dreistes und verletzendes Verhalten in der politischen Auseinandersetzung akzeptiert wurde, ja geradezu authentisch erschien.

Mit alldem war Donald Trump so »anders« als seine Widersacherin Hillary Clinton und auch seine Mitbewerber in der republikanischen Partei, dass viele ihn genau deshalb wählten: als Versuch, nach den Enttäuschungen der vergangenen Jahrzehnte mal einem ganz anderen Politikstil die Chance zu geben, es besser zu machen als seine Vorgänger. Ungewöhnliche Kandidaten waren ja auch in anderen Ländern erfolgreich, Komiker in Italien und später der Ukraine, Jungpolitiker in Kanada, Frankreich und später in Österreich und dann noch ein etwas spleeniger Populist in Großbritannien. Die Verantwortung für diese Entwicklung liegt aber nicht allein bei Politikern und Massenmedien, sondern auch beim Publikum, das mit seinem unersättlichen Hunger nach Spektakel die Erregungskultur befeuert. Im Zeitalter der endlosen »Breaking News« blieben journalistische Grundprinzipien immer häufiger auf der Strecke. Das zeigte sich auch an jenem Sonntag im März 2019, als die vierseitige Zusammenfassung von Muellers Abschlussbericht an die Öffentlichkeit gelangte. Bei CNN saßen sieben Moderatoren, Reporter und Experten im Studio, alle mit dem Mobiltelefon in der Hand, um auf den winzigen Displays das Schriftstück aus dem Justizministerium zu entziffern. Es war die Jagd nach dem wichtigsten Satz selbst im Kleinstformat, die Teilnehmer der Runde fielen sich gegenseitig ins Wort, überboten sich beim Vorlesen, was ihrer Meinung nach das Entscheidende im Text war, ohne ihn in Ruhe erst mal ganz zu lesen und dann zu bewerten. Deutlich wird vor allem eins: Die Verfügbarkeit von Daten in Echtzeit ist der Feind des sorgfältigen Journalismus. Immer wieder kann man auf den Nachrichtensendern sehen, wie selbst erfahrene Reporter Kurzmitteilungen von ihren Quellen auf ihren Mobiltelefonen live in die Kameras lesen, ohne die Absender noch einmal verifiziert oder die Inhalte in Ruhe überprüft zu haben. Das Prinzip, dass man mindestens zwei Quellen haben sollte, bevor man etwas berichtet, gilt im Erregungswahn nicht mehr. Die atemlose Analyse verspricht höchste Einschaltquoten.

Schlimmer noch: Die Beteiligten verdienen ihr Geld mit dem täglichen Drama und der Empörung über diesen Präsidenten. Wenn Trump bei einer Pressekonferenz auf kritische Fragen von Journalisten ausfällig wird, dann erhöht das den Marktwert der Kollegen, weil sie als mutige Kämpfer für Wahrheit und Pressefreiheit ein Aushängeschild für ihr Medium sind. Bitte nicht falsch verstehen: Das ist kein Vorwurf an den einzelnen Reporter, der mit kritischen Fragen seine Arbeit macht. Aber sein Sender gewinnt dadurch mehr Zuschauer, seine Zeitung mehr Leser, und dadurch – das ist eine reine Feststellung – steigen auch die Karriere- und Verdienstchancen für Journalisten.

Sehr gern beschimpft Donald Trump den CNN-Kollegen Jim Acosta, so zum Beispiel bei einer Pressekonferenz mit diesen Worten: »CNN sollte sich schämen, dass es Sie beschäftigt, Sie sind eine rüde, schreckliche Person.« Trumps einstige Pressechefin Sarah Huckabee Sanders giftete Journalisten an, sie seien eine Schande für ihren Berufsstand: »Sie haben nicht nur eine verleumderische, bösartige Lüge verbreitet, Sie hoffen auf die Entmachtung des Präsidenten der Vereinigten Staaten.« Manche Reporter lassen sich nur zu schnell in das Gefecht hineinziehen. Bei einer Pressekonferenz wurde Sanders Ziel einer persönlichen Attacke eines Kollegen: »Sie haben doch auch Kinder, haben Sie überhaupt kein Mitgefühl?« Und nicht selten greifen auch Moderatoren schnell zum verbalen Fallbeil, so der CNN-Star Anderson Cooper. Unmittelbar nach der Übertragung der gemeinsamen Pressekonferenz von Wladimir Putin und Donald Trump im Juli 2018 sagte Cooper: »Das ist vielleicht einer der schändlichsten Momente eines amerikanischen Präsidenten auf der Weltbühne mit einem russischen oder sowjetischen Staatschef in meiner Lebenszeit.« Das Präsidentenlager dürstet ständig nach Vergeltung. In einem Memo an die Medien verlangte sein Wahlkampfteam im Frühjahr 2019, gewählte Abgeordnete nicht mehr in ihre Sendungen und Redaktionen einzuladen, weil sie nur Lügen über Donald Trump verbreitet hätten. Flankiert wird das von den täglichen Tiraden eines engen Trump-Verbündeten, Sean Hannity. Im April 2019 tönte der Fernsehmoderator bei Fox News: »Sie haben uns, das Volk, Tag für Tag angelogen. Die großen Lügen-Sender werden sich niemals entschuldigen.« Dann drohte Hannity den politischen Gegnern Trumps und kritischen Journalisten mit schonungsloser Abrechnung. »Wir werden jeden Lügner, jeden Propagandisten, jeden Verschwörungstheoretiker zur Rechenschaft ziehen.«

Auch Donald Trump selbst belässt es nicht bei den Beschimpfungen missliebiger Medien mit Begriffen wie »Fake News« und

»Volksfeinde«. Bei einem Pressetermin deutete er im vergangenen Jahr mit düsteren Worten Vergeltung an: »Sie haben böse Dinge getan. Ich liebe mein Land, meine Familie und meinen Gott. Aber sie haben falsche Anschuldigungen gemacht. Eine schreckliche Sache. Wir dürfen nicht zulassen, dass dies einem künftigen Präsidenten noch mal widerfährt.« Es ist offen, ob Trump dabei eine gesetzliche Einschränkung der Pressefreiheit vorschwebt. Aber immer wieder fordert er öffentlich dazu auf, die Hintergründe der kritischen Berichterstattung zu untersuchen.

Bei meiner Reise über die »Blue Highways« im Oktober 2018, die ich zu Anfang beschrieben habe, war ich häufig auf die Folgen dieser Entwicklung gestoßen. Der fruchtbare Boden für diesen Frust ist – es hört sich seltsam an – eine wachsende Wüste in Amerika. An einem Nachmittag im Frühjahr 2019 stehen wir mitten in der Wüste von North Carolina. »Moment mal«, mögen die Amerikakenner da sagen, »seit wann hat der Bundesstaat an der amerikanischen Ostküste denn bitte schön eine Wüste?« Wörtlich genommen wäre diese Behauptung tatsächlich Fake News, aber Penelope Abernathy, kurz Penny, besteht darauf, es so zu nennen, und sie kann ihre Behauptung sogar mit Zahlen belegen. Wir sind in Abernathys Heimatstadt Laurinburg im Herzen North Carolinas, vor einem Gebäude, aus dem dieser Ort einmal mit einem unverzichtbaren Grundstoff für die Teilnahme an der pluralistischen Gesellschaft versorgt wurde – mit Informationen, Nachrichten. Aber die sind nun versiegt, die Lokalzeitung hat – bis auf einen überregionalen Mantelteil – dichtgemacht. Seitdem ist das hier, so sagt Abernathy, eine »news desert«, also Nachrichtenwüste.[31] Das ist kein Einzelfall, denn im ganzen Land sind in den vergangenen zehn Jahren 1800 Zeitungen verschwunden – aufgekauft, kaputtgeschrumpft, abgewickelt. Penny Abernathy hat die bedrohliche Entwicklung wissenschaftlich erforscht und die Folgen für die unterschiedlichen Regionen der USA dokumentiert. Die Journalismus-Professorin an der Universität von Chapel Hill sieht in den Nachrichtenwüsten eine große Gefahr für die amerikanische Demokratie: »Wenn es keine Regional- und Lokalzeitungen mehr gibt, dann ist das fruchtbarer Boden nicht nur für fehlende Transparenz, sondern auch für mögliche Korruption.«

Laurinburg ist ein gutes Beispiel dafür. Im 9. Wahlbezirk von

North Carolina hatten die Menschen für mehr als ein Jahr keinen Abgeordneten mehr im Kongress in Washington, weil der siegreiche Kandidat bei der Wahl im November 2018 – ein Republikaner – hinter einem breit angelegten Stimmenbetrug steckte. Der Skandal wäre wohl schon vor dem Wahlabend aufgeflogen, wenn es in der Region noch einen ortskundigen, politisch kenntnisreichen und kritischen Journalismus gegeben hätte, aber die wenigen Zeitungen des Bezirks sind mittlerweile zu Werbeblättern mit Kurznachrichten über Veranstaltungen und Ereignisse verkommen. Sie waren von größeren Verlagen aufgekauft worden, die Redaktionen fielen der Effizienzsteigerung zum Opfer. Aber es fehlt nicht nur an der Kontrolle der Politiker, sondern auch an Kenntnissen über sie. Im Vorfeld der Wahl hatten die Wähler keine Chance, sich umfassend über die Kandidaten zu informieren, weil niemand über ihre Ideen und Vorhaben berichtete, niemand ihre Hintergründe und ihre Charaktereigenschaften unter die Lupe nahm. Wer teilnehmen wollte an der politischen Willensbildung in der Nachrichtenwüste von North Carolina, fällte seine Entscheidung an der Wahlurne auf Basis von Gerüchten, Empfehlungen oder Parteisympathien, nicht aber mit dem Ziel, den bestmöglichen Vertreter für die eigenen Anliegen zu unterstützen.

Dabei bräuchten gerade die Menschen in den ländlichen Gegenden des Landes gute Abgeordnete, die in den Regionalparlamenten und im Kongress in Washington die Interessen derer, die sich abgehängt fühlen, vertreten, meint Penny Abernathy: »Die Menschen hier trifft das besonders hart, weil sie älter, viel ärmer als der Durchschnitt im Land und auch weniger gebildet sind. Das sind exakt die Gemeinden, die eine starke Stimme brauchen.« Hm, denke ich, eine starke Stimme wie Donald Trump. Denn er hatte ja im Wahlkampf 2016 immer wieder versprochen, sich um die »Bedauernswerten« zu kümmern, wie Hillary Clinton sie abschätzig genannt hatte. Da, wo Menschen arm sind, sich die Angst davor ausbreitet, im Alter nicht mehr in Würde leben zu können, wo das Bildungsniveau niedriger ist als in den Städten und wo sie sich nicht mehr aus verlässlichen Quellen, sondern nur aus den dröhnenden, polarisierenden Kabelnachrichten informieren können, da ist der Boden fruchtbar für den Trumpismus.

Studien belegen das. Wo es keine Lokalzeitungen mehr gibt,

sondern nur noch die Kabelsender und Talkradios, sind die Menschen schlechter informiert, folgen eher populistischer Propaganda und gehen gar nicht mehr wählen.

In Whiteville, North Carolina, rund zweieinhalb Stunden Autofahrt von Laurinburg entfernt, verteilt Toni George schwarze Farbe auf die Rollen einer Druckerpresse, die noch nicht stillgelegt wurde. Die Farbe ist das beste Mittel gegen Unwissenheit und Lügen, denn dann können die Menschen schwarz auf weiß lesen, was wirklich vor sich geht. Toni ist einer der ältesten Mitarbeiter beim *News Reporter*[32], der Lokalzeitung von Whiteville. Aber auch er muss um seinen Arbeitsplatz bangen, denn die Zeitung kämpft ums Überleben. Die Papierpreise sind um 40 Prozent gestiegen, wegen der Strafzölle von Donald Trump. Aber noch erscheint das Blatt zuverlässig jeden Dienstag und Freitag, denn Verlässlichkeit, so sagt Les High, stolzer Eigentümer in dritter Generation, sei das Wichtigste: »Wenn es uns nicht mehr gäbe, dann würde das Vakuum gefüllt von Nachrichtenquellen, die nicht verlässlich sind, und die machen alles noch viel, viel schlimmer.«

Seit 124 Jahren gibt es den *News Reporter* schon. Seine Redakteure, weniger als ein Dutzend, spiegeln das Leben der rund 6000 Menschen in Whiteville wider. Einige sind seit Jahrzehnten dabei und müssen sich jetzt auch auf neue, digitale Arbeitsweisen einstellen. Der Chefredakteur, Justin Smith, zieht selbst mit der Kamera los und liefert täglich Nachrichten im Netz, die man online abonnieren kann. Denn die Zahl der Zeitungsabonnenten und Werbeanzeigen schrumpft, weil Geschäftskunden pleitegehen und viele Menschen sich, wenn überhaupt, nur digital informieren. »Wir sind der Herzschlag unseres Ortes. Das ist gut und schlecht«, sagt Justin. »Gut, weil uns die Menschen wertschätzen, und schlecht, weil manche Menschen vergessen, dass es eben auch ein Geschäft ist, das sich rechnen muss. Wir brauchen ihre Unterstützung.« Die kontinuierliche digitale Belieferung in Kombination mit den zwei Printausgaben pro Woche zeigt Wirkung, erstmals seit Jahren sind die Einnahmen des *News Reporter* dank des Digitalabos leicht angestiegen.

Aber für den Eigentümer Les High ist es der letzte Versuch, gegen eine Stimmung im Land anzugehen, die den Medien gleichgültig bis feindselig gegenübersteht. Wir stehen im Besprechungsraum der Redaktion, der gleichzeitig auch als Archiv dient. In den Regalen an den Wänden liegen große, schwarze Bücher, in ihnen jede Ausgabe der Zeitung aus mehr als einem Jahrhundert. Les hat einen dieser Wälzer aufgeschlagen und zeigt mir die Berichte über den Ku-Klux-Klan, mit denen sein Großvater Leslie Thompson und seine Reporter 1953 den Pulitzerpreis, die höchste Journalistenehre in den USA, gewonnen haben. Die Enthüllungen in der Zeitung führten zur Verhaftung der brutalen Rassisten. Die Fünfzigerjahre waren gefährliche Zeiten für Journalisten. Der Polizeichef im Nachbarort, so erzählt Les, war Großmeister des Klans für die ganze Gegend. Wenn der Polizeichef von Whiteville, selbst Mitglied des Klans, den Zeitungsbesitzer Leslie Thompson nicht vor geplanten Anschlägen gewarnt hätte, wäre es für die Reporter schlimm ausgegangen. Heutzutage drohe Ähnliches, meint Les, wenn Medien als Fake News beschimpft und Journalisten mit Hasstiraden überschüttet würden:»Es beginnt immer mit Angriffen auf die Presse«, sagt Les.»Autoritäre Regime weltweit wollen Nachrichten diskreditieren. Journalisten werden verfolgt. Hoffentlich passiert das hier nicht, aber es könnte passieren. Deshalb müssen wir sorgfältig arbeiten.« Les ist deutlich und doch vorsichtig. Wenn er offen sagen würde, was er persönlich von Donald Trump hält, dann wäre ein Teil seiner Kundschaft verärgert und seine Zeitung vermutlich endgültig erledigt. Aber seine Empfehlung ist eigentlich genau die richtige: sorgfältig arbeiten.

Das wirft eine wichtige Frage auf: Wie sehr machen wir Medien uns zu Werkzeugen eines verlogenen, rassistischen Hetzers, wenn wir über seine Veranstaltungen berichten, ohne auf all die bizarren, menschenverachtenden und erfundenen Äußerungen des Präsidenten einzugehen? Es dauerte drei Jahre während der Präsidentschaft von Donald Trump, bis ein Kollege von *Vox* – eines eher links orientierten Nachrichtenportals – diese Frage aufwarf. Aaron Rupar griff dabei ausgerechnet die Berichterstattung des angesehenen öffentlich-rechtlichen National Public Radio an.»NPRs beschönigende Darstellung von Trumps Kundgebung in Milwaukee zeigt, wie er die Medien gebrochen hat«, so die Überschrift des Artikels[33] vom 15. Januar 2020, in dem Rupar unser gemeinsames Dilemma klar formuliert:»Wenn wir Trump beschreiben, wie er wirklich ist, könnte das so aussehen, als wäre der Bericht ›Anti-

Trump‹ und als versuchte der Reporter, den Präsidenten dumm aussehen zu lassen. Aber für die Medien, die sich selbst als unparteiisch sehen, führen Versuche, einen sachlichen, ausgewogenen Blick auf die Reden des Präsidenten zu geben, oft dazu, etwas als normal darzustellen, was definitiv nicht normal ist.«

Als Beleg führt Rupar den Bericht des NPR-Kollegen an, in dessen Einleitung Trumps teils wüste Beschimpfungen als breit gefächerte politische Rede dargestellt werden. Der Reporter vor Ort beschreibt dann, wie Trump »die Demokraten wegen der Einleitung des Amtsenthebungsverfahrens angemault« und sie »auf ihrem eigenen Gebiet angegangen« habe. Die Wortwahl wird der Rede des Präsidenten in Milwaukee am 14. Januar nicht im Geringsten gerecht. Hier ein paar Highlights, die man jederzeit im Internet nachlesen kann. In den ersten Minuten feiert Trump sich erst einmal selbst für seine Erfolge, den Handelsdeal mit China, die beste Wirtschaft in der ganzen Welt, die Tötung des IS-Chefs al-Baghdadi und des iranischen Generals Soleimani.

Dann fallen die Worte »in zehn Jahren, wenn ich noch einmal antrete«, gefolgt von einer beschwichtigenden Geste, »ich scherze nur, ich scherze nur, wir machen sie verrückt, wir machen sie verrückt, wisst ihr, sie sagen, er wird niemals gehen«. Weiter geht es mit Beschimpfungen, Bernie Sanders könne und wolle »eure Familien und unser Land nicht beschützen«, Elizabeth Warren nennt er einmal mehr »Pocahontas«, beleidigt Bill und Hillary Clinton, insinuiert, dass Lyndon B. Johnson in der Hölle schmore. Jimmy Carter, Ronald Reagan und Barack Obama hätten den Iran gewähren lassen. Seinen Vorgänger nennt er Barack Hussein Obama. George W. Bush habe all die Soldaten in den Irak geschickt, obwohl dieser »mit dem World Trade Center« nichts zu tun gehabt habe. Und er sorge nun dafür, dass die USA in Syrien »das Öl kontrollieren«, das hätte man »vor langer Zeit auch im Irak tun sollen«.

Dann wird es einfach nur wunderlich. Er rühmt sich, die »alte Glühbirne« wieder eingeführt zu haben, »besseres Licht für weniger Geld«. Die neuen Glühbirnen kosteten ja »fünfmal so viel und ließen einen immer sehr orange aussehen«. Es ist eines von Trumps Lieblingsbeispielen, wie er den Kampf gegen die Umweltlobby führt, indem er strengere Vorschriften zum Energiesparen wieder aufhebt. Jetzt werde er »neue Geschirrspüler erlauben, die mehr

Wasser fürs Geld verwenden, damit man sein Geschirr spülen kann, ohne es zehnmal zu machen«. Die Umweltvorschriften sorgten dafür, dass man am Ende »die Teller dann doch wieder auf altmodische Art spülen« müsse und »zehnmal so viel Geld für Strom« ausgebe. Bei anderen Reden folgen dann meist seine Tiraden über Toiletten, die nicht mit genügend Wasser spülten, wenn man abziehe. Darüber ärgert er sich offenbar. Diesmal umgeht er das Thema – fast: »Die reden immer nur von den Toiletten« – gemeint sind die Medien – »also erwähne ich das nicht.« Aber er macht die Handbewegung beim Abziehen – mehrmals hintereinander. Dann fährt er fort: »Was ist mit der Dusche? Du steigst in die Dusche. Ich habe diesen wunderbaren Haarschopf, ich brauche eine Menge Wasser. Dann drehe ich es auf, und tropf, tropf, tropf. Ich rufe den Klempner, stimmt da was nicht? Aber wir sind nicht mehr wehrlos, endlich, ihr habt einen Präsidenten, der Amerika an die erste Stelle setzt.«

Weiter geht die wilde Jagd, die Republikaner kämpften für jeden, sie seien eine Bewegung, wie es sie noch nicht gegeben habe. Auf dem Spiel in dieser »Schlacht steht das Überleben der Nation. Was diese Leute machen? Sie zerstören unsere Nation.« Er, und nur er, könne und wolle Amerika »größer machen als je zuvor«. Von alldem keine Rede im Bericht des NPR-Kollegen. Tatsächlich wählen Fernseh-, Radio- und Zeitungsreporter meist nur jene Zitate – sogenannte »Sound Bites« – aus, die verständlich und einigermaßen rational erscheinen.

Nun mag man das Gerede von Donald Trump über Geschirrspüler, Duschen und Toiletten nicht für wirklich wichtig erachten, aber es ist genau diese Mischung aus harmlos skurrilen, frei erfundenen, teils sachlich korrekten, oft herabwürdigenden, rechtlich fragwürdigen, manchmal auch hasserfüllten Tiraden, die Trump als gefährlichen Demagogen entlarvt.

Spätestens mit dem Freispruch im Amtsenthebungsverfahren, so argumentiert die Medienkolumnistin der *Washington Post,* sei dieser Demagoge Trump völlig »entfesselt«. Journalisten müssten deshalb umso mehr ihrer Verantwortung gerecht werden, fordert Margaret Sullivan in ihrem glühenden Plädoyer[34] vom 23. Februar 2020. Zu lange hätten sie »Trump normaler dargestellt, als er ist, und der Öffentlichkeit kein klares und anschauliches Bild davon vermittelt, wie er demokratische Normen geschliffen und das Land in Richtung Autokratie geführt« habe. Nach dem überstandenen Impeachment verschärfe der Präsident seine Angriffe auf den Rechtsstaat in einem Ausmaß, dass es nicht mehr ausreiche, seine Reden auf Lügen zu prüfen und diese dann auch so zu benennen. Sullivan empfiehlt den Abschied von einem Journalismus, der um jeden Preis neutral sein wolle. Stattdessen müsse eine faire Berichterstattung seine »zunehmend extremen Taten und Äußerungen« mit »ehrlichen und direkten Worten« reflektieren. Viel zu oft sei die Wortwahl bei essenziell wichtigen Themen im Bemühen um Neutralität zu »weichgespült«, in ihrer Wirkung dadurch zu »abgestumpft«. Die Medienkolumnistin fordert eine höhere Bereitschaft, »für die Demokratie einzutreten«, weil zu viel auf dem Spiel stehe.

Aber verletzen wir dann nicht die wichtigsten Grundprinzipien unserer Arbeit als Journalisten? »Wir sind nicht Teil des Widerstands«, so beschrieb es einmal der Chefredakteur der *New York Times,* Dean Baquet. So ähnlich hat es auch der Chefredakteur der *Washington Post* formuliert, dessen Zeitung und ihre Reporter vom amerikanischen Präsidenten direkt als »Volksfeinde« attackiert werden. »Wir ziehen nicht in den Krieg«, meinte Martin Baron trocken, »wir machen uns an die Arbeit.« Und das tun die Kolleginnen und Kollegen der *Washington Post,* der *New York Times* und zahlreicher anderer Medien, einschließlich des ZDF, jeden Tag. Aber wenn wir dann belegen können, dass der Präsident der Vereinigten Staaten von Amerika die Öffentlichkeit belügt, täuscht und spaltet, Menschen herabwürdigt, bedroht und lächerlich macht und sich aus der Verantwortung stiehlt, dann sagen, schreiben und senden wir das, weil die Wahrheit unverzichtbar ist für den Erhalt unserer Demokratie.

Donalds Trolle

Wie Trump die Fakes verbreitet

»Wer niemals in eine Zeitung schaut, ist besser informiert als derjenige, der sie liest. Denn wer nichts weiß, ist der Wahrheit näher als derjenige, dessen Geist angefüllt ist mit Unwahrheiten und Fehlern.« Wenn diese Sätze nicht so fein formuliert wären, wir würden sie vielleicht Donald Trump zuordnen. Tatsächlich aber war es ein anderer US-Präsident, der seinem Frust über die Medien seiner Zeit mal richtig Luft machte – Thomas Jefferson. Ausgerechnet der Mann, der die Meinungs- und Pressefreiheit in der Verfassung mit verankerte, aber Jahre später als Präsident davon genervt war, dass die Zeitungen die Kontrolle der Mächtigen so ernst nahmen, wie es die Gründungsväter der amerikanischen Demokratie beabsichtigt hatten. Jeffersons Worte zeigen vor allem eines: Der Streit über die angeblichen Lügen der Medien ist nicht neu, sondern steinalt. Er tobt immer dann besonders heftig, wenn Ereignisse und Veränderungen unsere Gesellschaften polarisieren, wenn Emotionen die politische Debatte überlagern. Der Populismus dieser Tage gebiert neue Begriffe wie »Fake News« und »alternative Fakten«, aber er bedient sich alter Werkzeuge wie Delegitimierung, Zensur und gewalttätiger Übergriffe. Allein, eines ist anders: Die Vervielfältigung der Informationsmöglichkeiten dank Neuer Medien erzeugt eine Flut von Informationen, unter denen sich die falschen, die Lügen, noch besser verstecken und verbreiten können. Nie waren die Möglichkeiten zur Manipulation der öffentlichen Meinung so groß wie heute. Es ist die größte Bedrohung für unsere Demokratie.

Auch Donald Trump verfügt über eine ganze Armee von Trollen, die – wenn auch nicht in seinem Auftrag, so doch zumindest in seinem Sinne und mit seinem Segen – die Lügen des Präsidenten so tief in die Seele des Volkes einreiben, dass die Menschen sie für wahr halten. Trumps crossmediale Handlanger sind keine Einzelkämpfer, sondern Teil einer ganzen Kriegsmaschinerie, die mit großen Geldmengen geschmiert wird. »Die Milliarden-Dollar-Desinformationskampagne zur Wiederwahl des Präsidenten«, so überschreibt McKay Coppins seinen Enthüllungsartikel[35] in der Monatszeitschrift *The Atlantic*. Der Investigativjournalist hatte ein Facebook-Profil mit falschem Namen und verschwommenem Profilbild angelegt, der offiziellen Wahlkampfseite von Donald Trump einen Like-Klick gegeben und artig die Empfehlungen von Facebook befolgt, welche Trump-Fanseiten er abonnieren und welchen geschlossenen Facebook-Gruppen er beitreten sollte, um Gleichgesinnte zu finden. Dann gab er noch seine Handynummer an das Wahlkampfteam des Präsidenten. Schon breitete sich vor ihm ein Sumpf der rechten Meinungsmache und alternativer Wirklichkeiten aus.

Coppins wurde bombardiert mit Propagandaclips zu den Anhörungen des Amtsenthebungsverfahrens im Repräsentantenhaus. Slogans wie »Der Umsturz beginnt«, »Die radikalen Sozialisten und Extremisten verstehen nur die Sprache der Gewalt« und »Nur ein Mann kann das Chaos stoppen« fluteten seinen Facebook-Feed, immer kombiniert mit sorgfältig ausgewählten Ausschnitten aus dem Verfahren, die die Thesen zu bestätigen schienen. Dann geschah etwas Überraschendes, wie McKay Collins schreibt: »Bald hinterfragte ich reflexhaft jede Schlagzeile.« Auch jene aus verlässlichen Medien, denen er bis dahin immer vertraut hatte. Coppins zweifelte, nicht weil er glaubte, »dass Trump und seine Unterstützer die Wahrheit sagten, sondern weil man die Wahrheit selbst, in diesem Zustand erhöhten Misstrauens, immer schwieriger zu finden schien. Bei jedem Wischen mit dem Finger geriet die Wahrnehmung einer beobachtbaren Wirklichkeit immer mehr außer Reichweite.« Es ist ein Phänomen, das durch den Gebrauch von Social-Media-Plattformen immer häufiger zu beobachten ist. Weil mittlerweile jeder über Nachrichten berichten kann, gibt es eine unendliche Menge Lärm. Umso wichtiger wären jene, die aus all dem Lärm das Signal herausfiltern, auf das man sich verlassen kann und das zum Verständnis dieser Welt beiträgt. Aber im trumpschen Populismus werden verlässliche Medien und sorgfältig arbeitende Journalisten als »Fake News« und »Lügenpresse« diskreditiert, sodass die Verbreitung von Unwahrheiten per Social Media maximale Wirkung entfalten kann.

Man gründe Facebook-Gruppen, in denen die Menschen die Situation in ihrer jeweiligen Umgebung diskutieren können, dann ergänze man tatsächliche Vorkommnisse, wie zum Beispiel Gewalttaten und sexuelle Übergriffe, mit Falschinformationen und Übertreibungen, einschließlich grausiger Details und voreiliger Schuldzuweisungen – und schon entsteht eine Spirale von Gerüchten und Emotionen, die für politische Zwecke missbraucht werden können. Tatsächlich verbreiten sich im Zeitalter der Social Media Lügen und Fälschungen weiter, breiter und tiefer als die Wahrheit. Das ergab eine wissenschaftliche Untersuchung, die im März 2018 im angesehenen Magazin *Science* veröffentlicht wurde.[36] Demnach gibt es eine um 70 Prozent höhere Wahrscheinlichkeit, dass Menschen eher Unwahrheiten retweeten als Fakten. Das hängt in erster Linie mit der menschlichen Natur zusammen. Wir machen unsere Entscheidung zur Weitergabe einer Information davon abhängig, ob sie neu und andersartig ist. Wenn sie abweicht vom Normalen, wenn sie vorher noch nicht irgendwo aufgetaucht ist, dann teilen wir sie unabhängig von ihrem Wahrheitsgehalt schneller mit anderen. Die Verbreitung von Falschnachrichten schreitet voran, selbst wenn die Verbreiter oder die benutzten Netzwerke sich der Wahrheit verpflichtet fühlen.

Wie man dies perfekt für seine Zwecke nutzen kann, zeigt das Social-Media-Team von Donald Trump, dessen Kriegskasse für die breit angelegte Desinformationskampagne prall gefüllt ist. Rund eine Milliarde Dollar stehen Trumps Wiederwahlteam für eigene Aktivitäten und die Unterstützung verbündeter Medien, Gruppen und Einzelpersonen im rechten politischen Spektrum zur Verfügung.

Gesteuert wird das Ganze vom sogenannten »Todesstern«, einer Büroetage im 14. Stockwerk eines Hochhauses im Rosslyn, Virginia, schräg gegenüber von Washingtons ältestem Stadtteil Georgetown. Brad Parscale ist der Chef, ein Zweimetermann mit Glatze und Bart, der seit 2011 für Trump arbeitet und schon in der Frühphase des letzten Präsidentschaftswahlkampfes die ausländerfeindlichen und polarisierenden Ansichten des Kandidaten über alle Social-Media-Plattformen weiterverbreitete. Während Hillary Clintons Wahlkampfteam nur rund 66 000 Anzeigen auf Facebook schaltete, verbreiteten Parscale und seine rund 100 Mitarbeiter fast sechs Millionen Anzeigen, deren Wirkung durch die Unterstützung rechter Medien in den USA und russischer Trolle vervielfacht wurde. Mithilfe »alternativer Fakten«, in Wahrheit Lügen, entstand eine »alternative Wirklichkeit«, die umso mehr Wirkung entfaltete, je gezielter sie auf einzelne Bevölkerungsgruppen ausgerichtet war. Das sogenannte »Micro-Targeting«, das auch schon von Barack Obama eingesetzt wurde, ist für den Erfolg der Kampagnen von herausragender Bedeutung und wurde von Parscale in erster Linie für destruktive Taktiken verwendet.

Die Welle der Desinformation schwillt immer weiter an. Ein und derselbe Inhalt wird in den unterschiedlichsten Formen verbreitet, sodass es für Social-Media-Plattformen schwierig wäre, falsche Inhalte schnell herauszufiltern. Während des Impeachment-Verfahrens verschickte das Trump-Wahlkampfteam 14 000 Elemente in vielfältigen Farben, wechselnder Musik und variierender Wortwahl, immer zugeschnitten auf eine ganz spezifische Zielgruppe. Die republikanische Partei stellt dafür eine riesige Datenbank zur Verfügung, in der zu jedem Wähler bis zu 3000 Einzelinformationen von Alter und Geschlecht über Hobbys bis zu den Surfgewohnheiten im Internet abgespeichert sind. Beliebte Schlüsselwörter werden wohl auch in diesem Wahlkampf wieder »illegale Einwanderer« und »Sumpf« sein. Mithilfe neuer Apps ist es möglich, Zigtausende von anonymen Kurznachrichten zu versenden, von denen in der Regel 90 Prozent dann auch aus Neugier geöffnet werden. Im Februar 2020 hieß es in einer dieser Kurznachrichten: »Sie haben nichts! Impeachment ist vorbei!«, verbunden mit einem Spendenaufruf für Trumps Wahlkampf.

Donald Trump nutzt die Werkzeuge des Micro-Targeting und der Verbreitung von Lügen auch gezielt als Waffe gegen missliebige Journalisten, das zeigen die Recherchen des *Atlantic*. Im März 2019 wurde der Reporter des *Business Insider,* John Haltiwanger, Ziel eines solchen Angriffs, der seine Glaubwürdigkeit untergraben sollte. Anlass war ein Trump-kritischer Tweet des Journalisten; bald danach veröffentlichte das Onlineportal *Breitbart News* einen Artikel, in dem Haltiwanger als Trump-Hasser dargestellt wurde.

Er hatte sich in mehreren Instagram-Posts offenbar spöttisch über den Präsidenten geäußert. Dessen Sohn Donald jr. verbreitete den *Breitbart*-Text an seine drei Millionen Twitter-Freunde, beschimpfte Haltiwanger als »tobenden Linken« (»raging lib«) und entfesselte in der rechten Szene damit einen medialen Sturm von Entrüstung, Beleidigungen und Drohungen. Auch wenn sich jeder Journalist gut überlegen sollte, inwieweit er mit vorschnellen und meinungsstarken Posts auf den Sozialen Medien seine unabhängige und kritische Berichterstattung beschädigt: Eine solche Diffamierungskampagne ist nichts anderes als ein massiver Einschüchterungsversuch und ein Angriff auf die Presse- und Meinungsfreiheit. Die Munition für solche Attacken stammt aus einem Dossier, elektronisch zusammengestellt von Trump-Helfern, die in mühevoller Kleinarbeit aufgelistet haben, was mehr als 2000 kritische Journalisten, Wissenschaftler, Politiker und prominente Persönlichkeiten in klassischen Medien, auf Twitter, Facebook und in anderen Social Media in den vergangenen Jahren verbreitet haben. Tauchen irgendwo eine Äußerung oder ein Artikel auf, über die sich enge Berater des Präsidenten, vielleicht gar er selbst, ärgern, durchsuchen seine Handlanger die Datenbank nach politisch brisanten Äußerungen aus früheren Jahren und schlagen zurück. Dabei reißen sie die Originalzitate ihrer Opfer genauso aus dem Zusammenhang oder verfälschen sie, wie sie es im Fall von Hillary Clinton taten. Rechte Plattformen verbreiten dann über die unliebsamen Kritiker Negativgeschichten, die von den offiziellen Kanälen des Weißen Hauses geteilt werden. Zu diesen Handlangern zählte auch Richard Grenell, der ehemalige amerikanische Botschafter in Deutschland, der vorübergehend auch der Koordinator aller US-Geheimdienste war. Er rief dann gern mal selbst in Redaktionsstuben an oder ließ anrufen, um sich zu beschweren. Wir seien einseitig, missverstünden den Präsidenten, sollten gefälligst von ihm, Grenell, oder anderen Trump-Anhängern auch noch ein Statement einholen, damit klarer werde, was Donald Trump denn eigentlich meine. Dabei könnten die Äußerungen seines Herrn klarer gar nicht sein: Sie sind nicht »authentisch« oder »kontrovers«, wie manche gern verharmlosend sagen, Trumps Worte sind häufig vulgär, sexistisch, selbstherrlich, rassistisch, anstandslos und menschenverachtend.

Als Drahtzieher gelten Sergio Gor und Arthur Schwartz von der republikanischen Partei, der rechte Buchautor Charlie Kirk und der *Breitbart*-Journalist Matthew Boyle. Ihr Ziel ist die Zerstörung der Glaubwürdigkeit herkömmlicher Medien zugunsten rechtskonservativer und teils extremistischer Plattformen. Immer und immer wieder redet Donald Trump seinen Anhängern bei den Kundgebungen ein, dass das, »was ihr seht und was ihr lest, nicht das ist, was wirklich geschieht«. Nur 11 Prozent seiner Anhänger halten die nationalen Fernsehsender und großen überregionalen Zeitungen wie *New York Times* und *Washington Post* für glaubwürdig.

Nach dem Willen von Brad Parscale, dem Chef des »Todessterns« vor den Toren von Washington, wird das Schlachtfeld im Wahljahr 2020 massiv ausgedehnt. Eine große Zahl von Helfern im ganzen Land soll trainiert und mit technischen Hilfsmitteln wie Handys und Laptops ausgestattet werden, um auch regionale und lokale Medien ins Visier zu nehmen, die irgendetwas berichten, was dem Narrativ des Trump-Wahlkampfes widerspricht. Bei einer Veranstaltung mit potenziellen Spendern in Florida kündigte Parscale an: »Wir können uns entsprechend vergrößern und die lokalen Zeitungen bekämpfen.« Damit werde man dann noch viel wirkungsvoller sein als bei den »700 000 Zuschauern« auf nationalen Nachrichtensendern wie Fox, CNN und MSNBC. Ziel ist es, das Vertrauen der Wähler in genau jene Nachrichtenquellen zu erschüttern, denen sie bisher noch am meisten vertraut haben. Parallel dazu haben republikanische Lobbygruppen und eine Firma namens Locality Labs, gesteuert von einem rechten Aktivisten, lokale Onlineportale gestartet, die ihre Webseiten ähnlich wie Lokalzeitungen gestalten und örtliche Informationen über Veranstaltungen und amtliche Bekanntmachungen beinhalten. In Wahrheit aber sind der *Arizona Monitor,* die *Kalamazoo Times* und ähnliche Machwerke nur Propagandaplattformen der rechtskonservativen Bewegung und werden mithilfe von Werbeagenturen dafür benutzt, um Falschmeldungen über politisch Andersdenkende oder Wahlkampfgegner zu platzieren.

Die Desinformationskampagnen sind seit Herbst 2019 in vollem Gange. Am Tag der Gouverneurswahl in Kentucky im November verbreiteten Tausende von Bots die Behauptung von »Overlordkraken1« weiter, er habe »gerade eine Kiste mit republikanischen Briefwahlzetteln geschreddert«. Twitter hatte den Tweet des anonymen Nutzers sofort gelöscht, aber die nachfolgende Welle mit dem Hashtag »#StopTheSteal« entfaltete breite Wirkung, je mehr der republikanische Amtsinhaber, Matt Bevin, bei der Stimmenauszählung ins Hintertreffen geriet. Zahlreiche konservative Medien griffen die Gerüchte auf, Bevin sprach von »Unregelmäßigkeiten« und verlangte eine Neuauszählung der Stimmen. Erst Tage nach der Wahl gestand er seine Niederlage ein. Gesteuert wurden die Bots nach Erkenntnissen von Twitter offenbar über Computerserver innerhalb der USA, ein Hinweis auf die Nutzung alter russischer Desinformationstaktiken durch rechte Aktivisten, auch ohne jede Beteiligung von Brad Parscale und seiner Social-Media-Armee. Auch Joe Biden, der demokratische Widersacher von Donald Trump, wird zum Ziel solcher verdeckten Attacken. Eine Webseite, die der seines Wahlkampfteams sehr ähnlich ist, verbreitet frühere politische Entscheidungen des Kandidaten, die ihm auch innerhalb seiner Partei viel Kritik eingetragen haben. Hinter der Aktion steckt ein Berater von Donald Trump.

Auf der demokratischen Seite gab es ebenfalls eine kleine Zahl vergleichbarer Aktionen, die sich gegen Kandidaten in einzelnen Bundesstaaten richteten. Mithilfe einer kandidatenunabhängigen Organisation und einem Etat von 75 Millionen Dollar zog die demokratische Strategin Tara McGowan in den Kampf gegen die rechten Aktivisten. Sie gründete eine Medienfirma, die ebenfalls lokale Zeitungsartikel verfassen und dann auf Facebook an ein durch Micro-Targeting gezielt angesprochenes Publikum verbreiten sollte, ohne die Menschen über die wahre Quelle der ideologisch gefärbten Artikel aufzuklären. McGowan will, wie sie sagt, jede Strategie verfolgen, die »innerhalb der gesetzlichen Grenzen« liege, sieht aber die Rechtfertigung für ihre Pläne in der Bedeutung dieser Wahl. Der Präsident wolle »so verzweifelt die Wahl gewinnen, dass er alles dafür tut«. Offenbar hat die demokratische Partei Sorge, Trumps Arsenal digitaler Waffen wehrlos gegenüberzustehen. Nur so erklärt sich die Weigerung des Democratic National Committee, den völligen Verzicht auf den Einsatz von Bots, Trollen und sogenannten »Deep Fakes« – also perfekt manipulierten Videos – zu erklären.

Dabei halten die meisten Wahlkampfstrategen der Demokraten solche Werkzeuge und Maßnahmen für überflüssig und kontraproduktiv. Es entspreche eben nicht »den Werten, loszuziehen, irgendwelchen Mist zu erfinden und Wähler zu täuschen«, so Rob Flaherty, der den Präsidentschaftskandidaten Joe Biden berät. »Ich weiß, dass da eine Gruppe ist, die Feuer mit Feuer bekämpfen will, aber wenn du sie nach dem ›Wie‹ fragst, dann sagen sie ›lügen‹«. Das wiederum sei völlig überflüssig in der Auseinandersetzung mit einem Präsidenten, dessen eigene Lügen man ja nur wahrheitsgemäß hervorheben müsse. Aber die Demokraten haben formidable Gegner in diesem Präsidentschaftswahlkampf, nicht nur Brad Parscale mit seiner milliardenschweren Desinformationsmaschine. Auch Russland mischt sich wieder intensiv in die amerikanische Demokratie ein, wie eine Studie der University of Wisconsin in Zusammenarbeit mit dem Brennan Center for Justice belegt.[37] Demnach haben russische Trolle ihre Techniken so verfeinert, dass sie noch wirkungsvoller und noch schwerer zu entdecken sind als im Jahr 2016.

»Ihre Trolle sind noch besser darin, sich als Kandidaten und Parteien auszugeben und dabei die Logos und offiziellen Wahlkampforganisationen zu imitieren«, so schreibt die Autorin der Studie, die Professorin Young Mie Kim. »Sie haben den Einsatz von scheinbar nicht politischen Inhalten und kommerziellen Konten verstärkt, um ihre Versuche zu verbergen, Einflussnetzwerke aufzubauen.« Kim und ihr Forschungsteam haben nun vor allem 31 Instagram-Accounts identifiziert, die der Internet Research Agency zugeordnet werden, jener IRA, die dem Kreml nahesteht und im letzten US-Wahlkampf die Verbreitung von Falschinformationen koordiniert hatte.

Auch 2020 geht es um die gleichen kontroversen Themen wie im Wahlkampf 2016, allen voran Rassenbeziehungen, Waffengesetze und Zuwanderung. Ein Konto richtet seine Botschaft beispielsweise an konservative Frauen: »Ich brauche keinen Feminismus, weil es bei echtem Feminismus um Gleichberechtigung und Respekt für Frauen geht, NICHT um Abtreibung, freie Geburtenkontrolle oder die Fähigkeit, wie eine schamlose Schlampe herumzulaufen und die männliche Bevölkerung zu verdammen.« Einige Accounts verbreiten liberale, feministische Inhalte rund um die

#MeToo-Bewegung und deren Vorwürfe von sexuellen Übergriffen durch prominente Männer. Aber die Trolle nehmen mit Fotomontagen, negativen Behauptungen und kurzen Slogans auch die Präsidentschaftskandidaten unmittelbar ins Visier. Auf dem Konto »Iowa.Patriot« zeigt ein Meme die Gesichter von Donald Trump und Joe Biden mit der jeweiligen Unterschrift: »Like for Trump« und »Ignore for Biden«. Eine andere Fotomontage empfiehlt höhnisch: »Keep reaching humble goals, stop touching little girls« – »Erreiche ruhig weiter bescheidene Ziele, hör auf, kleine Mädchen anzufassen« – in Anspielung auf die Vorwürfe einiger erwachsener Frauen, wohlgemerkt nicht kleiner Mädchen, dass Biden sie bei öffentlichen Terminen unangemessen berührt habe. Ein Foto zeigt zwei Trump-Anhänger bei einer Kundgebung mit dem Aufdruck »Lieber Russe als Demokrat« auf ihren T-Shirts. Es gibt auch Trump-feindliche Accounts wie »stop.trump2020« mit Slogans wie »not my president«, um die Bevölkerung zu polarisieren. Die gefälschten Konten und ihre emotionalisierenden Botschaften richten sich insbesondere an Wähler in den sogenannten »Swing States«, bei denen Wahlen zwischen dem demokratischen und dem republikanischen Kandidaten traditionell sehr knapp ausgehen.

Angesichts dieser Taktiken müssten die Social-Media-Plattformen dringend Gegenmaßnahmen ergreifen. Twitter, Facebook und YouTube müssten die Verifizierung von Konten und Inhalten einfacher und transparenter machen und gegen Desinformationskampagnen vorgehen. Immerhin hat der Facebook-Konzern, zu dem Instagram gehört, in den vergangenen Monaten mehr als 100 Konten gelöscht, die mit der versuchten Manipulation durch Russland in Verbindung gebracht werden konnten.

Ohne Social Media wären die heutigen Populisten nur halb so erfolgreich, denn große Plattformen wie Facebook, Twitter und YouTube ermöglichen die ungebremste Verbreitung von Lügen. Während im Präsidentschaftswahlkampf im Jahr 2016 nur einige Hundert gefälschte Facebook-Konten zumindest teilweise dazu beitrugen, Donald Trump zum amerikanischen Präsidenten zu machen, werden mittlerweile Zehntausende solcher Profile genutzt, um die westlichen Gesellschaften bei unterschiedlichsten politischen, wirtschaftlichen und gesellschaftlichen Themen zu polarisieren und zu destabilisieren. Die technischen Methoden werden dabei immer raffinierter, sodass sich am Ende die Fälschung nicht mehr vom Original, das Fake nicht mehr von der Wahrheit unterscheiden lässt. Noch schwieriger wird es, wenn Politiker wie Donald Trump dann selbst ständig lügen und damit ein gesellschaftliches Klima erzeugen, in dem manche gar nichts mehr und andere alles glauben wollen.

Ein Wissenschaftler hat das einmal »Infokalypse« genannt, weil die Folgen dramatisch sein können. Die Überflutung mit Falschinformationen bringt unsere Welt jetzt schon an den Abgrund, die Manipulation der Wahrnehmung von dem, was gerade geschieht, könnte sogar zu Kriegen führen. Schon jetzt schrumpft die Bereitschaft, für Demokratie und Freiheitswerte einzutreten und den Populismus zu bekämpfen. In dieser Wirklichkeitsapathie wollen sich die Menschen nicht mehr damit beschäftigen, was echt ist und was nicht. Sie igeln sich ein in ihre lokale Umgebung, in der sie jeden kennen und wissen, was vor sich geht. Die neuesten technischen Werkzeuge in den Händen von Populisten und die Gleichgültigkeit von Bürgern gegenüber den Gefahren für die Eckpfeiler der freiheitlich-demokratischen Grundordnung – das ist eine bedrohliche Mischung. Die wirksamste Medizin gegen diese Bedrohung ist eine bessere Aufklärung über die Gefahren des digitalen Zeitalters. Es gilt, den Umgang mit Sozialen Medien und Internet zu schulen, das Gespür der Menschen zu schärfen, wie sie verlässliche Informationen von Lügen und Unwahrheiten unterscheiden können. Dazu können Qualitätsmedien einen unverzichtbaren Beitrag leisten, wie auch Thomas Jefferson, der Mitbegründer der amerikanischen Demokratie, einmal schrieb: »Wenn ich entscheiden müsste, ob wir eine Regierung ohne Zeitungen haben sollten oder Zeitungen ohne eine Regierung, würde ich mich ohne Zögern für Letzteres entscheiden.« Jefferson war in seinen späteren Jahren als Präsident zwar genervt von der freien Presse, wie das erwähnte Zitat zu Beginn dieses Kapitels belegt. Aber er und andere waren klug genug, die Unverzichtbarkeit von Meinungs- und Pressefreiheit in einer Demokratie zu erkennen und sie in der Verfassung der Vereinigten Staaten von Amerika zu verankern. Es ist ein ehernes Prinzip der freiheitlichen Gesellschaft, das sich heute nicht nur in den USA, sondern auch bei uns in Europa und in der übrigen Welt in höchster Gefahr befindet.

Der Unverantwortliche
Wie Trump sein Land im Stich lässt

Der Held dieses Jahres ist ein kleiner, unscheinbarer Mann, den ich 1999 einmal kennenlernen durfte. Schon damals war Dr. Anthony Fauci einer der wichtigsten Experten für Infektionskrankheiten. Als ich ihn in seinem Büro beim Nationalen Gesundheitsinstitut NIH besuchte, sprachen wir über den Wettlauf der Forscher mit einem Virus, das in den Achtziger- und Neunzigerjahren rund um den Erdball 35 Millionen Menschenleben gefordert hatte: HIV. Fauci erklärte mir, dass Aids immer stärker eine Krankheit der Besitzlosen werde, da sich aufgrund der Preispolitik der großen Pharmakonzerne nur reichere Leute den teuren Medikamentenmix gegen einen Ausbruch der Viruserkrankung leisten könnten. Fauci arbeitete mit seinem Team unter Hochdruck an einem Impfstoff gegen die weltweite Seuche. Damals hat mich der Wissenschaftler beeindruckt, weil er mit verständlichen, leisen, gleichzeitig aber eindringlichen Worten Klartext redete und sich auch nicht scheute, die großen Medizinkonzerne in den USA zu kritisieren – sachlich, faktenorientiert, ohne Beschimpfung, kurz gesagt: das perfekte Gegenbild von Donald Trump.

Und nun findet sich an jenem 20. März 2020 ausgerechnet dieser Dr. Fauci im Briefing-Raum des Weißen Hauses wieder und hört seinem Präsidenten zu, der Dinge in die Welt hinausposaunt, die weder mit Wissenschaft noch mit klugem Krisenmanagement in Einklang zu bringen sind. Amerika steckt zu diesem Zeitpunkt, wie der Rest der Welt, mitten in der Coronapandemie und braucht so jemanden wie Anthony Fauci mehr denn je – als verlässliche und glaubwürdige Stimme in einer Lage, wie es sie in den USA seit der Spanischen Grippe 1918 nicht mehr gegeben hat. Seit Wochen können wir fast täglich bei diesen Pressekonferenzen bewundern, wie der vermeintlich unscheinbare Wissenschaftler die Äußerungen des Präsidenten auf den Boden der Tatsachen herunterholt. Auch diesmal: Gerade erst hat Fauci darauf hingewiesen, dass es zu diesem Zeitpunkt keine Beweise für die Wirksamkeit des Malariamedikaments Hydroxychloroquin gegen das Coronavirus gebe. Es bedürfe eines klinischen Tests, und der könne dauern. Trump unterbricht ihn: Er sei »ein großer Fan« dieses Medikaments, das gegen Malaria ja »sehr wirksam sei«, eine starke Arznei.

Wenig später hakt der NBC-Kollege Peter Alexander nach: »Dr. Fauci sagt, es gibt derzeit kein magisches Medikament gegen das Coronavirus, dem stimmen Sie ja zu. In dieser Sache also ...« Der Präsident daraufhin: »Tja, wissen Sie, da sind wir unterschiedlicher Ansicht.« Der Reporter: »... dann lassen Sie mich nur fragen, ist es möglich, dass, sorry ...« Dann wieder Trump: »Ich bin anderer Meinung. Vielleicht, vielleicht auch nicht. Vielleicht ist da etwas, vielleicht auch nicht. Wir werden sehen. Wir werden es erfahren. Wir werden es bald erfahren.« Auch auf mehrmalige Nachfrage bleibt Donald Trump dabei: »Sie wissen, dass ich ein kluger Kerl bin. Ich habe ein gutes Gefühl, und wir werden sehen.«

An dieser Stelle sei angemerkt, dass ein älteres Ehepaar in Arizona die Pressekonferenz verfolgt und kurz darauf ein Mittel mit dem Wirkstoff Chloroquin zum Schutz vor Covid-19 an sich ausprobiert. Der Mann stirbt, die Frau muss ins Krankenhaus. Der Präsident hatte seine Empfehlung mit den Worten beendet: »Wir haben nichts zu verlieren. Sie kennen ja den Ausspruch: Was zur Hölle haben wir zu verlieren?« Der NBC-Reporter stellt eine weitere Frage. Angesichts der Toten und Infizierten seien Millionen von Menschen ja in Furcht, so Peter Alexander: »Was sagen Sie den Amerikanern, die jetzt zuschauen und Angst haben?« Da bricht es aus dem Präsidenten heraus: »Ich sage, dass Sie ein schrecklicher Reporter sind, das sage ich. Das ist eine sehr gemeine Frage, ein schlechtes Signal, das Sie dem amerikanischen Volk senden. Das amerikanische Volk sucht nach Antworten und nach Hoffnung. Sie machen Sensationsjournalismus.«

Die ganze Zeit über versucht man, im Gesicht von Dr. Anthony Fauci zu lesen, wie er all das findet. Seinen Taten nach zu urteilen, hält er NBC und die anderen großen Fernsehsender für unverzichtbar in dieser Krise, denn er selbst nutzt sie in jenen Wochen immer wieder, um so manchen wilden Behauptungen des Präsidenten eine wissenschaftlich fundierte Einschätzung entgegenzusetzen. Bei den Pressekonferenzen bleibt seine Miene unbewegt, wohl auch, weil er seinen Einfluss auf das Handeln des Weißen Hauses nicht aufs Spiel setzen will. Aber an jenem 20. März verliert auch er für eine Sekunde die Fassung. Donald Trump fordert die Journalisten auf, doch ein paar Fragen an den Außenminister zu stellen, weil Mike Pompeo genügend andere Dinge zu tun habe: »Ich möchte, dass er ins State Department zurückfährt oder, wie sie es nennen, ins ›Deep State Department‹«. Es ist eine Anspielung auf den »tiefen Staat«, angebliche Trump-Feinde in der Ministerialbürokratie, die den Präsidenten im Amtsenthebungsverfahren stürzen wollten. Davon ist Trump jedenfalls überzeugt. Rechts hinter ihm huscht ein Lächeln über Faucis Gesicht, das er dann gleich hinter seiner Hand verbirgt. Es wirkt, als könnte er diesen Auftritt nicht fassen.

Es ist dieselbe Fassungslosigkeit, mit der viele Amerikaner in diesen Monaten das Krisenmanagement dieses Präsidenten verfolgt haben. Und doch steht die Frage im Raum, ob Donald Trump gerade wegen oder trotz seines Verhaltens in der schlimmsten Notsituation des Landes seit vielen Jahrzehnten im November wiedergewählt werden wird. Oder doch nicht? Es gibt kein besseres Beispiel, an dem sich die Gefährlichkeit dieses Mannes für sein Land und die ganze Welt so anschaulich erklären lässt, wie die Pandemie von 2020. In seinen Worten und Taten spiegeln sich die psychischen und menschlichen Defizite Donald Trumps in allen Facetten, von der krankhaften Sucht nach Anerkennung über seine fehlende Empathie, manchmal gar überbordende Menschenverachtung, bis zu seiner hanebüchenen Ignoranz gegenüber den medizinischen Fakten und den gesundheitlichen Notwendigkeiten zum Schutz der Menschen, die ihm qua Amt anvertraut sind. Donald Trumps Amtsführung tötete Zehntausende Menschen.

Ich meine das nicht figurativ, sondern durchaus wörtlich. Denn die Trump-Administration war schon kurz nach dem Ausbruch der Seuche in China durch die eigenen Geheimdienste CIA und NSA vor der Bedrohung durch das Virus gewarnt worden. Die Verantwortung für das Versagen trägt vor allem Donald John

Trump, auch wenn die Reihe der politischen Fehler in Bezug auf die Bedrohung durch eine weltweite Pandemie bereits viel früher beginnt.[38]

Das Frühwarnsystem

Wir stehen im Dreck auf einem Fleischmarkt in den Slums einer Kleinstadt im Norden des indischen Bundesstaates Bihar. Neben uns der Brahmane, der ranghöchste Arzt des Bezirks, der aufgrund seiner vornehmen Stellung aber noch niemals im Elendsviertel seines Ortes gewesen ist. Weil er mein Team und mich nicht allein dort filmen lassen will, ist er widerwillig mitgekommen und besichtigt mit uns gemeinsam das Schlachtfeld des 21. Jahrhunderts: die Brutstätte von Viren und Bakterien, die zwischen Tier und Mensch hin- und herspringen und die Weltbevölkerung bedrohen können. Überall sitzen Fliegen auf den angebotenen Fleischstücken, in Käfigen lebendiges Geflügel und anderes Getier, zwischen den Ständen ein Rinnsal aus Abfällen, Blut und menschlichen Exkrementen. Im Frühjahr 2000 sind wir mit Ärzten des Center for Disease Control (CDC), der amerikanischen Seuchenkontrollbehörde, in Indien unterwegs für unsere Dokumentation »Die Seuchenjäger«. Weltweit hat das CDC zu dem Zeitpunkt Wissenschaftler im Einsatz, um eine Art Frühwarnsystem gegen Epidemien aufzubauen.

Es ist eine der Lehren aus dem Jahr 1997, als der Vogelgrippe-Erreger H5N1 in Hongkong von Hühnern auf achtzehn Menschen übersprang und sechs von ihnen tötete. Auch wenn sich das Virus offenbar nur schwer von Mensch zu Mensch weiterverbreitete, ließ die hohe Sterblichkeitsrate die Alarmglocken weltweit schrillen. Im Jahr 1998 exhumierten Forscher des CDC Opfer der Spanischen Grippe 1918 aus dem auftauenden Permafrostboden nahe dem norwegischen Spitzbergen, um den genetischen Code des tödlichen Virus zu entschlüsseln und dadurch bessere Schutzmaßnahmen für künftige Pandemien zu entwickeln. Gleiches versuchten Epidemiologen im Forschungsinstitut der US-Armee USAMRID nahe Washington anhand von Gewebeproben jener US-Soldaten, die 1918 an der Spanischen Grippe gestorben waren. Anne Reid, eine der Forscherinnen, erzählte mir damals im Interview, dass die US-Regierung dem Programm höchste Priorität eingeräumt hatte. Tatsächlich gab es in der Clinton-Administration eine Pandemie-Arbeitsgruppe mit Vertretern von Bundesbehörden, Gesundheitswesen, Pharmaindustrie und der US-Streitkräfte, deren Leiter Martin Myers uns bei einer der Sitzungen drehen ließ und uns für unsere Dokumentation eine Videosimulation der katastrophalen Auswirkungen einer globalen Virenseuche zur Verfügung stellte. Die zuständige Staatssekretärin im amerikanischen Gesundheitsministerium Margaret Hamburg sagte mir, das Auftauchen eines neuen Erregers ähnlich dem der Spanischen Grippe sei sehr wahrscheinlich. Die Ausbreitung werde aber im Zeitalter der Globalisierung und des Massentourismus viel schneller erfolgen als 1918. Wir hatten den Eindruck, dass die USA diese Bedrohung wirklich ernst nahmen. Sie übernahmen eine Führungsrolle im sogenannten »Global Outbreak Alert and Response Network«, das die Weltgesundheitsorganisation WHO im April 2000 etablierte, um frühzeitig auf die Ausbrüche von Epidemien zu reagieren. In den Folgejahren wurde das globale Frühwarnsystem der Seuchenjäger weiter ausgebaut. Das CDC stationierte durchgehend Dutzende von Experten in den Seuchenkontrollbehörden jener Länder, in denen am ehesten der Ausbruch einer solchen Pandemie erwartet wurde, darunter China.

2002/2003 infizierten sich über 8000 Menschen weltweit mit dem SARS-Virus, das offenbar von Fledermäusen in der chinesischen Provinz Hunan stammte, 800 Erkrankte starben. Es liegt auf der Hand, dass solch eine Bedrohung für die USA eine Frage der nationalen Sicherheit ist. Folgerichtig entwickelte die Bush-Administration eine Art Leitfaden für das Vorgehen der amerikanischen Bundesregierung, der von der Obama-Regierung noch einmal auf den neuesten Stand gebracht wurde. Die Beteiligten standen dabei unter dem Eindruck dreier Ausbrüche. Im April 2009 traten bei zwei Kindern in Kalifornien erstmals Infektionen mit dem Virus H1N1 auf, das sich in den Monaten danach von den USA aus über Mexiko in der ganzen Welt verbreitete. Insgesamt starben rund 18 500 Menschen, davon rund 12 500 in den Vereinigten Staaten, an der sogenannten Schweinegrippe, die eng verwandt mit der Spanischen Grippe von 1918 ist. In Deutschland forderte der neue Erreger 250 Todesopfer. Die Obama-Administration griff damals auf den Pandemieplan zurück, der in der Regierungszeit von George W. Bush erarbeitet worden war. Obama delegierte die Ausführung an sein Kabinett, machte aber nach innen und außen klar, dass die Bekämpfung der Seuche höchste Priorität haben sollte.

Auch nach der Schweinegrippe zeigten weitere Ausbrüche, wie wichtig ein gutes Krisenmanagement war. Zwischen 2012 und 2016 erkrankten in Asien und im Nahen Osten 1698 Menschen am MERS-Coronavirus, mindestens 609 von ihnen starben. 2014/15 infizierten sich fast 30 000 Menschen in Afrika mit einem neuen Strang des Ebolavirus, mehr als 11 000 starben. Für genau solche Fälle und weitere, noch größere Katastrophen war das 69-seitige Dokument mit dem Namen *Playbook for Early Response to High-Consequence Emerging Infectious Disease Threats and Biological Incidents* vorgesehen.[39] Entwickelt von der Obama-Administration, würde es künftigen US-Präsidenten eine überlegte Gesamtstrategie bei der Bekämpfung einer Pandemie ermöglichen, statt, von den Ereignissen getrieben, mit Entscheidungen zu Einzelaspekten zu reagieren. Auf Seite 31 heißt es, dass »die amerikanische Öffentlichkeit von ihrer Regierung Taten erwartet«, sollte es zu einem solchen Krisenfall kommen. »Die US-Regierung wird dann all die ihr zur Verfügung stehende Macht einsetzen, um die Ausbreitung der neuen Infektionserkrankung zu verhindern, zu verlangsamen oder abzumildern«. Für diesen Zweck ist das *Playbook* im Grunde eine Checkliste, verbunden mit einem konkreten Zeitplan, der mithilfe einfacher und verständlicher Fragen und Antworten vorgibt, mit welchen Schritten und in welchen zeitlichen Intervallen eine Regierung auf die erwarteten Herausforderungen reagieren sollte. »In jedem Abschnitt«, so heißt es auf Seite 16, »gibt es Schlüsselfragen, gefolgt von Schlüsselentscheidungen. Die Schlüsselfragen müssen an die aufgelisteten Ministerien und Behörden gestellt werden, als Grundlage für die Schlüsselentscheidungen, die gefällt werden, und die Maßnahmen, die ergriffen werden können.«

Abhängig sind die Fragen und Entscheidungen immer von den Risikokategorien, denen zur besseren Übersicht unterschiedliche Farben zugeordnet werden – von Grün für den Normalzustand über Gelb und Orange für erhöhte und ernste Bedrohung bis Rot für den Gesundheitsnotstand. Im ersten Teil des Leitfadens geht es um die Reaktion auf einen Ausbruch in anderen Teilen der Erde, im zweiten um einen Ausbruch in Amerika beziehungsweise das Übergreifen der internationalen Epidemie auf die USA. Alle beteiligten internationalen beziehungsweise nationalen, bundesstaatlichen und regionalen Behörden sind säuberlich aufgelistet. Für die Koordinationstreffen gibt es gar die passenden Protokollentwürfe. Hier ein Beispiel für die Vorgehensweise bei der Materialversorgung für das inneramerikanische Gesundheitssystem im Falle einer Pandemie. Frage: »Gibt es ausreichend Schutzkleidung für Mitarbeiter im Gesundheitssystem, die die Patienten versorgen?« Lautet die Antwort »ja«, folgt die Frage: »Was wäre das Anzeichen, dass die Vorräte zur Neige gehen?« Lautet die Antwort »nein«: »Sollte die Strategische Nationale Reserve Schutzausrüstungen an die Bundesstaaten verteilen?«

Dies ist einer der wichtigsten Punkte im ganzen Plan. Die Obama-Administration griff schon während der Schweinegrippe auf die Strategische Reserve zurück. In großen Lagerhäusern, deren genaue Adressen geheim sind, hält die US-Regierung vor, was bei Katastrophen gebraucht wird, von Medikamenten über Maschinen und Werkzeuge bis zu Nahrungsmittelreserven im Wert von sieben Milliarden Dollar. Bei der Pandemie von 2009 wurden 85 Millionen Masken und 20 Millionen Schutzanzüge an medizinisches Personal landesweit ausgegeben. Dann aber lief etwas schief: Die Bestände wurden nicht wieder aufgefüllt. Präsident Obama beantragte zwar beim Kongress mehr Geld für die Reserve, 59 Millionen Dollar zusätzlich. Aber die republikanische Mehrheit im Repräsentantenhaus lehnte die Erhöhung nicht nur ab, sondern kürzte die Mittel sogar um 10 Prozent. 2013 schlug die Regierung dann selbst Kürzungen vor. Das hatte Folgen. Der Direktor der Strategischen Reserve, Greg Burel, musste damals entscheiden, was innerhalb des gekürzten Budgets neu angeschafft werden konnte und was nicht. Er legte den Schwerpunkt auf Medikamente, die im Krisenfall nicht schnell genug beschafft werden könnten. Normale Handelswaren wie Masken und Schutzkleidung wollte er bei Bedarf auf dem offenen Markt kaufen. Was, wenn solche Ausrüstung ausgerechnet in Ländern hergestellt wird, in denen eine Pandemie die Produktion lahmlegt? Genau das sollte ja dann in der Coronakrise 2020 geschehen und zu massiven Engpässen führen. Aber das *Playbook* der Obama-Administration sieht für alle Eventualitäten eine Lösung vor, es gibt keinen Bereich, an den man in dem Leitfaden nicht gedacht hat: von der Epidemiologie, also den medizinischen Erkenntnissen über Beschaffenheit, Wirkungsweise und Ausbreitung des Krankheitserregers, über die Gegenmaßnahmen, die klinische Versorgung, Politik- und Sicherheitsanalysen, staatliche Unterstützungsmaßnahmen, Einreisebeschränkungen, Auflagen zum Erhalt der öffentlichen Ordnung, Aufstockung und Verteilung von Reserven und Kommunikation bis zum Notfallmechanismus zur Stützung des amerikanischen Wirtschafts- und Finanzsystems. An einer Stelle findet sich der Verweis auf die Möglichkeit für den Präsidenten, den sogenannten »Stafford Act« zu aktivieren. Nach dieser Verordnung für den Verteidigungs- oder Kriegsfall kann die US-Regierung Unternehmen zwingen, bei Versorgungsengpässen die notwendigen Güter herzustellen. Der Leitfaden sieht dies insbesondere bei der Ausstattung für die Mitarbeiter im Gesundheitswesen vor und fordert die »Koordinierung von Aktivitäten zum Schutz der Arbeitskräfte, einschließlich der Festlegung, Beschaffung und Verteilung der persönlichen Schutzausrüstung«. Das alles wird eng verwoben mit einem konkreten Zeitplan, der vom Verlauf der Pandemie abhängig ist: »Während sich jede Bedrohung durch eine neue Infektionserkrankung in einer einzigartigen Form zeigen wird, sind durch eine konsistente, auf Fähigkeiten beruhende Vorgehensweise gegenüber diesen Bedrohungen schnellere Entscheidungen basierend auf der gezielten Expertise der Bundesministerien und -behörden möglich.«

Gesteuert werden sollte das alles unmittelbar aus dem Weißen Haus. Präsident Obama hatte dafür eine eigene Abteilung für Pandemieplanung im Nationalen Sicherheitsrat geschaffen, das Direktorat für »Globale Gesundheitssicherheit und Bioverteidigung«. Als Donald Trump im Januar 2017 sein Amt antrat, lag eigentlich alles parat für den Umgang mit künftigen Pandemien. Der scheidende Präsident Barack Obama warnte seinen Nachfolger vor der Bedrohung durch globale Seuchen. Im Rahmen der Amtsübernahme waren führende Verantwortliche der neuen Administration auch über die Existenz des *Playbook* informiert worden. Aber die neue Regierung sah darin keinerlei Priorität, sondern zerstörte im Gegenteil systematisch die Strukturen der amerikanischen Reaktionsfähigkeit.

Für den Verlust des wertvollen Know-hows gibt es eine plausible Erklärung. Eine wesentliche Rolle bei der Erstellung des *Playbook* hatte ja das eigenständige Direktorat im Nationalen Sicherheitsrat gespielt, das Barack Obama eingerichtet hatte. Aber im Frühjahr 2018 ernannte Donald Trump mit John Bolton einen neuen Nationalen Sicherheitsberater, der das National Security Council neu ausrichten wollte. Er integrierte den Bereich als kleines Referat in die Abteilung für Massenvernichtungswaffen. Für Bolton war der Fokus auf Rüstungsfragen und möglichen Konflikten mit Nordkorea und Iran wichtiger als globale Gesundheitsfragen. Der Schwerpunkt der Arbeit lag fortan auf der Abwehr von und dem Schutz vor biologischen Terroranschlägen.

Wie sehr die Gefahr einer Pandemie aus dem Blick geriet, zeigte der Bericht über die weltweite Bedrohungslage, den der Koordinator aller Geheimdienste der USA, Dan Coats, im Februar 2019 veröffentlichte. In dem Papier hieß es auf Seite 29: »Die Vereinigten Staaten bleiben verwundbar für die nächste Grippepandemie oder den massiven Ausbruch einer ansteckenden Krankheit, die zu hohen Todes- und Behinderungsraten führen, die Weltwirtschaft schwer treffen, die internationalen Ressourcen stark beanspruchen und die Rufe nach Unterstützung durch die Vereinigten Staaten erhöhen könnte.« Coats deutliche Botschaft blieb auch danach noch ungehört, denn im März 2019 schlug die Trump-Regierung in ihrem Haushaltsentwurf für 2020 eine Kürzung der Mittel der Seuchenkontrollbehörde CDC um 10 Prozent vor, Einsparungen in Höhe von rund 750 Millionen Dollar, davon allein 30 Millionen im Bereich der Gesundheitsvorsorge und Gefahrenabwehr. Vielleicht wären die drastischen Auflagen auch so umgesetzt worden, wenn nicht etwas dazwischengekommen wäre.

»Purpurne Seuche«, so hieß das Geschehen, das – angeblich – im Sommer 2019 die Welt ergriff. Es begann mitten in China, als sich ein Tourist mit einem neuartigen Virus ansteckte und es dann in andere chinesische Großstädte trug; von dort aus verbreitete es sich in alle Welt und überrollte auch die USA. Allein hier 110 Millionen Erkrankte, über eine halbe Million Tote. Sie starben nicht an Covid-19 und auch nicht in Wirklichkeit, sondern nur in einer

Übung der amerikanischen Regierung mit dem klangvollen Namen »Crimson Contagion«. Was da vom 13. bis zum 16. August 2019 bei einer Tagung des US-Gesundheitsministeriums mit Behörden von zehn Bundesstaaten durchgespielt wurde, würde 2020 Wirklichkeit werden. Nach dem Entwurf eines vertraulichen Abschlussberichts, den die *New York Times* im März 2020 veröffentlichte, offenbarte die Übung desaströse Mängel im amerikanischen Gesundheitssystem und in den Strukturen für den Fall einer globalen Pandemie. Von »Konfusion« und zahlreichen »Konflikten« zwischen den Behörden ist die Rede, von »fehlender Klarheit« über die Zuständigkeiten, »unzulänglichen« Finanzierungsquellen, »uneinheitlichen« und »fehlerhaften« Leitfäden. Die Ministerien für Gesundheit und Heimatschutz, der Katastrophenschutz und die Seuchenkontrollbehörde CDC konnten »keinen Überblick über die Lage« geben, es gab nicht einmal eine gemeinsame Datenbasis. Bundesstaatliche und regionale Verwaltungsstellen hatten keine Ahnung, welche Informationen sie im Ernstfall erheben und weitergeben müssten. Und dann steht da der Satz: »Die derzeitige medizinische Versorgungskette und Produktionskapazität kann die Nachfrage von Staaten während einer globalen Grippepandemie nicht decken.«

In einer normalen US-Bundesregierung hätte ein nationaler Koordinator mit einem ganzen Stab von Mitarbeitern nach der Übung der »purpurnen Seuche« den entdeckten Defiziten den Kampf angesagt, aber das eigenständige Direktorat beim Nationalen Sicherheitsrat des Präsidenten war ja wie beschrieben bei der Reorganisation des NSC verschwunden. Immerhin führte der Geheimbericht zur Übung im Spätsommer 2019 dazu, dass der amerikanische Kongress die von der Trump-Administration für das Haushaltsjahr 2020 vorgesehenen Kürzungen bei der Seuchenkontrollbehörde ablehnte. Dies sorgte aber nicht etwa für ein Umdenken in der US-Regierung, denn im Haushaltsentwurf für das Jahr 2021, den das Weiße Haus in der zweiten Märzwoche 2020 vorlegte – also mitten in der Coronakrise –, war wiederum eine massive Kürzung des CDC-Etats vorgesehen. Erst auf öffentlichen Druck wurden die Vorgaben korrigiert: Der Entwurf für 2021 sah nun eine Erhöhung der Mittel für das Center for Disease Control um rund 100 Millionen Dollar vor. Gleichzeitig bestand die Regierung aber weiter auf Kürzungen von drei Milliarden Dollar bei den Ausgaben für das globale Gesundheitssystem. Das beträfe zahlreiche Programme der amerikanischen Entwicklungshilfeagentur USAID und Zuschüsse für die Weltgesundheitsorganisation WHO für die Bekämpfung von Malaria, Ebola und anderen Infektionskrankheiten. Schon in den Jahren 2017 bis 2019 hatte Trump solche drastischen Einschnitte vorgeschlagen, war aber immer am Kongress gescheitert.

Aber die Administration hatte andere Wege gefunden, um das Frühwarnsystem gegen globale Seuchen weiter zu schwächen. Im Zuge des Handelskrieges mit China wurden 2018 die Pekinger Außenbüros der National Science Foundation NSF und der Entwicklungshilfeagentur USAID dichtgemacht, die die chinesischen Behörden auch im Kampf gegen Infektionskrankheiten unterstützen sollten. Seit mehr als 30 Jahren ist auch das CDC mit einer großen Zweigstelle in Peking vertreten. Doch während der Trump-Regierung wurde die Zahl der Mitarbeiter, darunter vor allem chinesische Ortskräfte, von 47 im Jahr 2017 auf nur noch 14 im Jahr 2020 reduziert. Von den ursprünglich acht Amerikanern im Team sind fünf in die Heimat zurückgekehrt, darunter vor allem Epidemiologen und Mediziner. Auch die allerletzte Verteidigungslinie für den Fall eines Outbreak fiel im Jahr 2019 der trumpschen Handelspolitik zum Opfer.

Linda Quick ist eine Seuchendetektivin. Sie gehörte zu einer Art Eliteeinheit des CDC, die wir bei unseren Dreharbeiten für die Fernsehdokumentation im Jahr 2000 in Atlanta in der Ausbildung filmen durften. Der sogenannte Epidemic Intelligence Service (EIS) ist die schnelle Eingreiftruppe der amerikanischen Seuchenkontrollbehörde, bestehend aus einigen Dutzend Epidemiologen, Virologen und Medizinern, die gewissermaßen auf gepackten Koffern sitzen und im Falle eines Outbreak sofort an den Ort des Geschehens – die sogenannte »Hot Zone« – reisen, um dort die Ursache des Ausbruchs zu finden. Wie Detektive erkunden die Experten möglichst schnell den Infektionsherd, spüren die ersten Infizierten auf, um dann die Ansteckungskette zu identifizieren und wenn möglich zu unterbrechen. Seit Gründung des EIS im Jahr 1951 waren die Seuchenjäger in aller Welt unterwegs im Kampf gegen Ebola, Hantavirus, Lassafieber, Vogel- und Schweinegrippe, eine gefährliche Arbeit im Dienst der Menschheit. Genau das war der Auftrag von Dr. Linda Quick, die chinesische Epidemiologen für ihren Einsatz nach dem Vorbild des EIS-Programms trainierte.

Ihr Posten in Peking wurde vom CDC finanziert und war Teil des globalen Frühwarnsystems, das die Weltgesundheitsorganisation im Jahr 2000 aufgrund der Erfahrungen mit der Vogelgrippe in Hongkong etabliert hatte. Die amerikanische Wissenschaftlerin hätte vermutlich als eine der Ersten vom Ausbruch eines neuen Coronavirus in der chinesischen Millionenmetropole Wuhan im November oder Dezember 2019 erfahren, weil ihre Schüler mit höchster Wahrscheinlichkeit ins Feld geschickt wurden, um die seltsame Lungenerkrankung zu erforschen und einzudämmen. Aber Linda Quick war schon im Juli in die USA zurückgekehrt, nachdem sie erfahren hatte, dass ihr Posten wegen des Handelskrieges zum Ende des Haushaltsjahres im Herbst wegfallen würde. Es lässt sich darüber streiten, ob Linda Quicks Anwesenheit die Lage verändert hätte. Dennoch war es ein katastrophaler Fehler, denn so waren die Vereinigten Staaten auf die Informationen angewiesen, die China der Welt freiwillig mitteilen würde. Angesichts eines Regimes, das offenbar vor nichts zurückschreckt, um unliebsame Informationen zu vertuschen, eine schlechte Ausgangsposition. Die Trump-Administration hatte alles getan, um die Chancen auf eine frühzeitige und wirksame Bekämpfung einer neuen, gefährlichen Infektionskrankheit zu verringern. Als in Wuhan die ersten Fälle einer seltsamen Atemwegserkrankung auftraten, da hätten eigentlich alle Alarmglocken läuten können und müssen. Verrückterweise war das sogar der Fall. Donald Trump hatte noch eine letzte Chance, das Schlimmste für sein Land zu verhindern. Sie kam ausgerechnet von dem Teil seiner Administration, den er selbst immer wieder als »Deep State« beschimpft hatte: Amerikas Nachrichtendienste.

Chronik des Versagens

Die ersten Alarmzeichen gibt es im November 2019. Der Geheimdienst des Pentagons entdeckt auf Satellitenbildern und in abgefangenen Mails erhöhte Aktivitäten an und in Krankenhäusern der chinesischen Millionenstadt Wuhan. Die Regierung in Peking

248

scheint besorgt über den Ausbruch einer Krankheit. Der Medizinische Nachrichtendienst der USA warnt intern vor einer möglichen Katastrophe, einer globalen Pandemie. Für Amerikas Nachrichtendienste ist China eines der wichtigsten Beobachtungsziele. Deshalb fließen die Erkenntnisse über eine bedrohliche Entwicklung in Wuhan im Januar und Februar 2020 in die täglichen Warnmeldungen und die Berichte an das Weiße Haus ein. Amerikas Spionagebehörden verfolgen die Ausbreitung des Virus sehr genau und berichten auch über die ersten Fälle in anderen Ländern. »The system was blinking red« – Alarmstufe Rot: So beschreibt ein Geheimdienstmitarbeiter, der anonym bleiben will, gegenüber der *Washington Post*[40] die Lage im Januar und Februar 2020. Es ist die gleiche Formulierung, die einst der CIA-Chef George Tenet benutzte, als er nach dem 11. September 2001 erklären musste, wie und warum die US-Regierung alle Warnungen des Geheimdienstes vor möglichen Terroranschlägen der Al-Qaida in den USA ignoriert hatte. Damals hatten Amerikas Nachrichtendienste eine Vielzahl von Hinweisen auf die Pläne der Terroristen, Kämpfer zu Piloten ausbilden zu lassen und Flugzeuge als Waffen einzusetzen. Sie hatten sogar die Einreise von zweien der späteren Flugzeugterroristen registriert, aber dann aufgrund schlechter Zusammenarbeit der Behörden ihre Spur in den USA verloren. Bei den Anschlägen von 9/11 starben mehr als 3000 Menschen. Covid-19 wird eine vielfach höhere Zahl töten. Es könnten deutlich weniger sein, wenn die Trump-Administration schon im Januar, spätestens aber im Februar 2020 dringend notwendige Maßnahmen wie die Produktion von Schutzmasken, Atemgeräten und die Entwicklung eines Tests und eines Impfstoffs angegangen wäre. Aber die Experten haben es schwer, den Präsidenten für ihre Warnungen zu interessieren. »Donald Trump mag das nicht erwartet haben, aber eine Menge Leute in der Regierung haben es erwartet«, so der Geheimdienstmitarbeiter gegenüber der *Washington Post*, »sie schafften es nur nicht, ihn zum Handeln zu bewegen.«

Die Chronik des Versagens setzt sich nahtlos fort. Im Folgenden will ich die Vorgänge hinter den Kulissen des Weißen Hauses mit den öffentlichen Äußerungen des Präsidenten, die in den Wortprotokollen vorliegen, und den jeweiligen Zahlen der amerikanischen Johns Hopkins Universität zur Entwicklung der Pandemie verbinden, um das ganze Ausmaß der Täuschung des amerikanisches Volkes klarzumachen.

Am 3. Januar 2020 erfährt Robert Redfield, der Leiter des Center for Disease Control in Atlanta, in einem Telefonat mit seinem chinesischen Gegenpart in Peking erstmals offiziell von der mysteriösen und gefährlichen Lungenerkrankung. Redfield informiert sofort den Gesundheitsminister Alex Azar, der postwendend den Nationalen Sicherheitsrat im Weißen Haus alarmiert. Am 5. Januar geht eine dringende Warnung der Weltgesundheitsorganisation WHO ein. Am 6. Januar bietet das CDC den chinesischen Gesundheitsbehörden Unterstützung an, ein Team des Epidemic Intelligence Service. Aber China lehnt ab. Am 7. Januar erklärt ein führender Wissenschaftler der Seuchenkontrollbehörde in Atlanta bei einer Telefonkonferenz von Experten des amerikanischen Gesundheitssystems: »Wir planen für das Schlimmste und hoffen das Beste.« Der Mikrobiologe Stephen Lindstrom will mit seinem Team einen Diagnosetest für das Coronavirus entwickeln, um eine mögliche Ausbreitung in den USA schnell entdecken und die Infektionsketten unterbrechen zu können. Zu Hilfe kommt ihm dabei die Veröffentlichung der Gensequenz von SARS-CoV-2 durch die chinesische Regierung am 10. Januar. Es ist auch für eine Reihe von Laboren an Universitäten und kommerziellen Forschungseinrichtungen der Startschuss für die Arbeit an einem möglichen Testverfahren.

Donald Trump beschäftigt sich in dieser Zeit gerade mit einer anderen Bedrohung. Er rechtfertigt die gezielte Tötung des Anführers der iranischen Revolutionsgarden Qasem Soleimani durch einen Drohnenangriff wenige Tage zuvor. Außerdem steckt er schon im Wahlkampf, mobilisiert bei einer Reihe von Kundgebungen seine Basis, während in Washington das Amtsenthebungsverfahren läuft. Zu diesem Zeitpunkt, Mitte Januar, haben ihn die Geheimdienste schon mehrfach auf die drohende Gefahr hingewiesen. Das wäre die ideale Gelegenheit, mit China Tacheles zu reden. Der chinesische Vizepremier ist am 15. Januar im Weißen Haus zur Unterzeichnung des Handelsdeals. Aber niemand fragt ihn, was da los ist. Eine verpasste Chance. Die Chinesen haben zwar mehrere Wochen versucht, den Ausbruch zu vertuschen, aber so war es auch schon Jahre zuvor bei der SARS-Epidemie gewesen.

Die US-Regierung müsste die chinesische Führung zur Rede stellen, da sie ja von ihren Geheimdiensten gewarnt wurde. Stattdessen glaubt Donald Trump den Beschwichtigungen seines Amtskollegen Xi.[41] Das US-Außenministerium traut offenbar eher den Geheimdiensten. Der Ausbruch in China ist Mitte Januar Thema bei einer Beratung. Das State Department nimmt die Entwicklung sehr ernst, es lässt eine Reihe von Diplomaten aus Wuhan mit eigens gecharterten Flugzeugen in die USA zurückbringen. Im Gesundheitsministerium finden die ersten Krisentreffen mit CDC-Chef Redfield, dem Leiter des Nationalen Instituts für Infektionskrankheiten Anthony Fauci und dem Gesundheitsminister Alex Azar statt. Der zuständige Staatssekretär für Notfallvorsorge, Robert Kadlec, lässt ein Konzept für die Aktivierung des sogenannten »Stafford Act« erstellen, sodass der amerikanische Präsident Wirtschaftsunternehmen zur Produktion wichtiger Güter verpflichten könnte. Bis hierher läuft noch alles so, wie es auch der Pandemieplan aus Obamas Zeiten, das *Playbook*, vorgesehen hat. Doch dann geht einiges schief. Azar bittet mehrfach dringend um einen Termin beim Präsidenten, um ihn direkt auf die Bedrohung aufmerksam zu machen, aber sein Chef hat keine Zeit für ihn.

Erst am 18. Januar kann er Donald Trump zumindest telefonisch erreichen, beim Golfspielen in Florida. Bevor der Minister sein Anliegen vortragen kann, muss er sich eine Tirade des Präsidenten anhören. Trump ist unzufrieden über Azars Umgang mit einem erst geplanten und dann wieder abgesagten Verbot von Vaping, also dem Rauchen mit E-Zigaretten. Die Warnung vor einer Pandemie verpufft, weil der Gesundheitsminister jetzt in der Defensive ist und nur noch anmerkt, man habe die Entwicklung im Blick. Hätte Trump hingehört, die Bedrohung ernst genommen, es wären keine zwei Monate verschwendet worden. Zehntausende von Menschen wären vielleicht noch am Leben.

Drei Tage später, am 21. Januar, wird die erste Infektion mit SARS-CoV-2 im US-Bundesstaat Washington bestätigt, ein 35-jähriger Mann, der wenige Tage zuvor aus Wuhan zurückgekehrt war. Seine Probe wurde mit dem frisch entwickelten Diagnosetest des CDC analysiert. Aber die Behörde in Atlanta darf ihn noch nicht an alle Bundesstaaten verteilen, solange der Test nicht von der

FDA, Amerikas Lebensmittel- und Medikamentenaufsicht, formell zugelassen ist. Am 22. Januar erweckt Donald Trump am Rande des Weltwirtschaftsforums im schweizerischen Davos den Eindruck, als gäbe es nicht den geringsten Grund zur Sorge: »Wir haben es total unter Kontrolle. Es ist nur eine Person, die aus China kam. Das haben wir unter Kontrolle. Alles wird gut gehen«, so der Präsident im Interview mit dem US-Fernsehsender CNBC. Bei den Kollegen von CBS ergänzt er: »Wir haben einen Plan und glauben, dass dies sehr gut gehandhabt wird. Wir haben das bereits gut gemacht.« Zu diesem Zeitpunkt gibt es keinen Plan, sondern »Chaos«, wie Gesundheitsminister Azar dem Nationalen Sicherheitsberater, Robert O'Brian, per Telefon mitteilt. O'Brian, mit Trump in Davos, solle bitte sofort mit dem NSC die Koordination übernehmen.

Am 23. Januar verhängt China eine totale Ausgangssperre über Wuhan, mehr als elf Millionen Menschen werden eingesperrt in ihrer Stadt. Ein Forscherteam der Weltgesundheitsorganisation ist in Wuhan und meldet eine Sterberate von 4 Prozent der Erkrankten. Wieder ein Alarmsignal. In diesem Moment hätte die US-Regierung die Bestände in der Strategischen Reserve und die Kapazitäten der Krankenhäuser prüfen müssen, so jedenfalls hätten es die Pandemiepläne aus den Zeiten von Bush und Obama vorgesehen. All das geschieht nicht. Wenigstens sind die Experten im Gesundheitsministerium angesichts der Meldungen aus Wuhan schockiert. Minister Azar weist sein Team an, ein Überwachungssystem in den USA für mögliche Ausbrüche zu etablieren. An den internationalen Flughäfen sollen einreisende Passagiere aus China genau kontrolliert werden. Am 24. Januar werden zwei weitere Infektionen in den USA bekannt. Der US-Präsident lobt derweil seinen chinesischen Amtskollegen Xi Jinping per Twitter: »China hat sehr hart gearbeitet, um das Coronavirus einzudämmen. Die Vereinigten Staaten schätzen seine Bemühungen und seine Transparenz. Es wird alles gut ausgehen. Ganz besonders will ich mich im Namen des amerikanischen Volkes bei Präsident Xi bedanken.« Transparenz? Die US-Geheimdienste verbinden ihre Warnhinweise an das Weiße Haus in jenen Tagen immer mit dem Hinweis, dass die Chinesen das wahre Ausmaß der Epidemie vertuschen. Das CDC hat zu diesem Zeitpunkt erhebliche Schwierigkeiten, verlässliche

Informationen aus China zu bekommen. Die immer wieder angebotene Unterstützung der amerikanischen Seuchenkontrollbehörde und die Wünsche nach Zulieferung von weiteren wissenschaftlichen Daten aus den chinesischen Laboren lehnt das Regime in Peking ab. Ein Versuch, das Material auf Arbeitsebene von einem chinesischen Labor in Wuhan zu bekommen, scheitert an einem Verbot in letzter Minute durch die Regierung in Peking. Ohne Details zur Struktur und Wirkungsweise des tödlichen Virus ist die Entwicklung eines Impfstoffs nicht möglich. Statt ihn zu loben, hätte Donald Trump sich bei seinem vermeintlichen Freund, Präsident Xi, telefonisch beschweren sollen.

An jenem 24. Januar versammeln sich auch Senatoren des Gesundheitsausschusses im amerikanischen Kongress und werden hinter verschlossenen Türen vom Chef des CDC, Robert Redfield, und Dr. Anthony Fauci zur Coronagefahr gebrieft. Mit dabei ist Senator Richard Burr, der durch sein Amt als Vorsitzender des Geheimdienstausschusses zusätzlich in diesen Tagen auch Einblick in die geheimen Erkenntnisse der Nachrichtendienste hat. Fast täglich bekommt er Updates über den SARS-CoV-2-Ausbruch. Während sich der Präsident offenbar für die Verharmlosung der Gefahr entschieden hat, kommt Burr zu einem anderen Schluss, von dem noch die Rede sein wird. Am 27. Januar treffen sich einige Berater des Präsidenten im Büro des damaligen Stabschefs Mick Mulvaney. Der Chef des Innenpolitischen Rats innerhalb des Machtzentrums, Joe Grogan, holt den größtmöglichen Hammer heraus, um die Entscheidungsträger zum Handeln zu bewegen. Wenn die Regierung das Virus nicht ernst nehme, könne dies Donald Trump seine Wiederwahl kosten. Die Auswirkungen einer Epidemie würden sich über viele Monate hinziehen. Trotz der Dringlichkeit ist der Diagnosetest des CDC am 28. Januar, eine Woche nach der ersten erfolgreichen Anwendung, immer noch nicht von der FDA genehmigt. In einer weiteren Telefonkonferenz versichert der CDC-Experte Stephen Lindstrom den Bundesstaaten, man rechne mit der Freigabe »innerhalb von zwei Wochen, möglicherweise früher«. Bis dahin müssten die Proben von Patienten an das Labor in Atlanta geschickt werden.

Aber Dutzende leitender Mitarbeiter in Ministerien, führende Wissenschaftler an Universitäten und Behördenchefs in den Bundesstaaten sind in heller Aufregung. Sie haben sich in einem E-Mail-Verteiler vernetzt. Mit dabei sind auch Robert Kadlec, der Staatssekretär im Gesundheitsministerium, und Anthony Fauci vom Nationalen Gesundheitsinstitut.[42] Die Nachrichten aus aller Welt klingen schlimm. Einer der Teilnehmer schreibt am 28. Januar 2020: »Es sieht schlecht aus. (…) Die vorhergesagte Größe des Ausbruchs ist schon jetzt schwer zu glauben.« Ein anderer Wissenschaftler zieht einen zynischen Vergleich: »Große Untertreibungen der Geschichte: Napoleons Rückzug aus Moskau – ein schiefgegangener Spaziergang. Pompeji – ein kleiner Staubsturm. Hiroshima – eine schlimme Sommerhitzewelle. Wuhan – nur eine schlimme Grippesaison.« Der Präsident weiß davon nichts. Oder will er davon nichts wissen? Einer seiner wichtigsten Berater verfasst in dieser Nacht ein Memo, das am Morgen des 29. Januar im Weißen Haus verteilt wird.[43]

Das Papier belegt, dass China mehr Informationen geteilt hat, als es Trump bis heute behauptet: »Das Risiko eines worst-case pandemischen Szenarios sollte nicht übersehen werden, angesichts der Informationen, die die chinesische Regierung übermittelt hat.« Der Autor, Trumps Wirtschaftsberater Peter Navarro, geht ins Detail: »China meldet einen möglichen Reproduktionswert von 3–5. Das ist höher als bei der Schweinegrippe (1,5), der Spanischen Grippe (2,2), SARS (2,8) und in der Nähe der Pest (3,5).« Die Spanische Grippe hatte 1918 rund 50 Millionen Menschen getötet. Navarro schreibt: »möglicher Verlust von einer halben Million amerikanischer Leben«. Er fordert eine »aggressive Eindämmung« mithilfe einer ganzen Reihe von drastischen Maßnahmen. Ein Stopp für Einreisen aus China ist nur eine davon. Trump, der an diesem 29. Januar ein Handelsabkommen unterschreibt, wird später sagen, er habe das Memo nicht gelesen. Hierin liegt eine doppelte Ironie: Ausgerechnet ein Wirtschaftsmensch ohne jede Erfahrung im Gesundheitswesen hat die Bedrohung anders als der Präsident sofort erkannt. Und er warnt, weil er katastrophale Folgen für die Wirtschaft befürchtet, die Trump doch sonst immer so wichtig erscheint. Immerhin etabliert das Weiße Haus an diesem Tag, an dem insgesamt fünf Ansteckungsfälle in den USA gemeldet sind, eine Coronavirus-Taskforce, die »die Anstrengungen der Administration zur Überwachung, Vorbeugung, Eindämmung und Abmilderung der Ausbreitung von Covid-19 koordinieren und beaufsichtigen« soll. Leiter wird zunächst Gesundheitsminister Azar, mit dabei die ausgewiesene Expertin und Diplomatin Dr. Deborah Birx und der Leiter des Nationalen Instituts für Infektionskrankheiten, Dr. Anthony Fauci. Der Präsident twittert: »Gerade ein Briefing zum Coronavirus in China von all unseren GROSSARTIGEN Behörden bekommen, die auch eng mit China zusammenarbeiten. Wir werden die laufenden Entwicklungen weiter beobachten. Wir haben die besten Experten der ganzen Welt, und die sind dran – 24 Stunden, 7 Tage (die Woche)!« Tatsächlich aber beschäftigt sich die Taskforce zunächst nur mit der Frage, wie die Einreisen aus China beschränkt und gleichzeitig doch Amerikaner von dort in die Heimat zurückgeholt werden könnten. Niemand kümmert sich um die Auffüllung der Bestände in der Strategischen Reserve, niemand bittet den Präsidenten um ein Machtwort gegenüber China, um das Material zur Entwicklung eines möglichen Impfstoffs zu bekommen.

Am 30. Januar gibt es sieben Fälle in den USA, China verhängt eine Ausgangssperre über die komplette Provinz Hubei, die Weltgesundheitsorganisation WHO ruft den Gesundheitsnotstand aus. Donald Trump besichtigt eine Fabrik in Michigan und sagt in seiner Rede: »Wir denken, dass wir es sehr gut unter Kontrolle haben. Wir haben in diesem Land ein sehr kleines Problem, fünf (sic!) Leute, und die erholen sich gerade erfolgreich. Aber wir arbeiten sehr eng mit China und anderen Ländern zusammen. Wir denken, dass dies alles ein sehr gutes Ende für uns nehmen wird, das kann ich Ihnen versichern.« Am Folgetag, dem 31. Januar, es gibt acht Positivfälle, lässt Trump durch seinen Minister Alex Azar den Gesundheitsnotstand ausrufen, ohne zu ahnen, dass ein ungewollter Nebeneffekt die Handlungsfähigkeit der Wissenschaftler in den USA massiv ausbremst. Normalerweise dürfen alle amtlich zugelassenen Labore und Gesundheitseinrichtungen in den USA einen möglichen Diagnosetest selbst entwickeln und in ihren eigenen Bereichen, zum Beispiel Universitätskrankenhäusern, auch einsetzen. Bei Ausrufung des Gesundheitsnotstands aber sind sie verpflichtet, ihre Tests von der FDA, also der Lebensmittel- und Medikamentenaufsicht, genehmigen zu lassen. Forscher und Mediziner im ganzen Land sind empört, auch an der University of Washington, wo die ersten Covid-19-Fälle aufgefallen waren. Von da an müssen alle auf den Test vom CDC warten, der immer noch nicht zugelassen ist.

Mit dem Gesundheitsnotstand hat Trump auch einen Einreisestopp für Personen verhängt, die sich vorher in den betroffenen Gebieten in China aufgehalten haben. Fortan wird der Präsident behaupten, dass die USA als Allererste solch eine Sperre angeordnet hätten. Tatsächlich aber hat Italien am gleichen Tag eine viel weitreichendere Maßnahme in Kraft gesetzt: keinerlei Einreisen aus China. Donald Trump lässt Ausnahmen für US-Bürger und Familienangehörige von US-Bürgern und Personen mit ständiger Aufenthaltsgenehmigung in den Staaten zu. Die Maßnahme ist eine grandiose Selbsttäuschung eines Präsidenten, der die Schließung von Grenzen schon immer als bestes Mittel ansieht, um Bedrohungen von außen zu begegnen. Dabei ist das Virus längst da, mehr als 400 000 Menschen sind in den Wochen zuvor aus China in die USA eingereist. Was Trump immer wieder als schnelles und entschlossenes Handeln preist, mit dem er vielen Amerikanern das Leben gerettet habe, ist ein kapitaler Fehler, geboren aus Ignoranz und Arroganz. Die Regierung glaubt, mehr müsse man nicht tun.

Dabei realisieren die Gesundheitsexperten innerhalb der Administration zu diesem Zeitpunkt erstmals, dass Amerika nicht über genügend Schutzkleidung und Beatmungsgeräte verfügen wird, wenn sich die Krise zu einer Pandemie auswächst. Die Trump-Administration hat – wie die Obama-Regierung – die Bestände nicht wieder aufgefüllt, auch weil der republikanische Kongress die notwendigen Gelder im Jahr 2018 nicht genehmigt hatte. Nachschub aus dem Ausland wäre kaum zu beschaffen, denn der müsste vor allem aus dem beliebtesten Produktionsland China kommen, und da sind die Fabriken größtenteils geschlossen. Auch die Gelder für Maßnahmen innerhalb der USA – zum Beispiel Gesundheitskontrollen an den Grenzen – werden knapp. Am 4. Februar spricht der Gesundheitsminister am Rande von Trumps Rede zur Lage der Nation direkt mit dessen Haushaltsdirektor, Russell Vought. Am Tag danach – bei elf Fällen in Amerika – wird der CDC-Diagnosetest endlich von der Aufsichtsbehörde zugelassen und an Labore im ganzen Land verschickt. Alex Azar schlägt an diesem 5. Februar, ermutigt durch sein Gespräch mit dem Haushaltsdirektor am Vorabend, eine Erhöhung des Gesundheitsetats um vier Milliarden Dollar vor und hofft auf die gute Laune des Präsidenten, denn dieser wird im Amtsenthebungsverfahren freigesprochen. Trumps Mitarbeiter schreien Gesundheitsminister Azar bei der Haushaltsbesprechung im Weißen Haus an, weil sie die geforderte Finanzspritze für das Krisenmanagement gigantisch finden. Abgelehnt. Am Morgen des 7. Februar lobt Senator Burr, der Vorsitzende des Geheimdienstausschusses, gemeinsam mit seinem Kollegen Lamar Alexander in einem Meinungsartikel auf der Internetseite von Fox News den Präsidenten: »Dankenswerterweise sind die Vereinigten Staaten heute besser als je zuvor vorbereitet, um Bedrohungen für die öffentliche Gesundheit wie dem Coronavirus zu begegnen, in großen Teilen aufgrund der Arbeit des Gesundheitsausschusses, des Kongresses und der Trump-Administration.« Das ist eine glatte Lüge, denn die Senatoren wissen um die dramatischen Hilferufe aus dem Gesundheitsministerium und die teils leeren Regale in der Strategischen Reserve des Landes. Als gäbe es all diese Mängel nicht, gibt das US-Außenministerium an jenem Tag in einer Pressemitteilung bekannt, dass die USA 17,8 Tonnen an »Masken, Schutzanzügen, Beatmungsgeräten und anderen lebenswichtigen Materialien« nach China liefern, als »Beweis für die Großzügigkeit des amerikanischen Volkes«. Material, das Amerika später so dringend brauchen würde. Statt sich intensiv um die Gefahr für sein eigenes Land zu kümmern, preist der Präsident China per Twitter: »Hatte gerade ein langes und gutes Telefonat mit dem chinesischen Präsidenten Xi«, so Trump ebenfalls am 7. Februar, »er ist stark, klug und machtvoll fokussiert und führt den Gegenangriff auf das Coronavirus. Er denkt, dass sie es gut machen, sogar Krankenhäuser in wenigen Tagen bauen. Nichts ist einfach, aber er wird erfolgreich sein, besonders wenn das Wetter warm wird & das Virus hoffentlich schwächer wird und dann verschwindet.«

Am 8. Februar probieren die ersten Labors den neuen Diagnosetest des CDC aus und sind erschüttert. Offenbar zeigt er nicht nur bei Proben von Patienten, sondern auch bei einer Reihe von Gegenproben an destilliertem Wasser die Existenz von SARS-CoV-2 an. Irgendetwas stimmt mit dem Test nicht. Aus mehreren Laboren bekommt das CDC Rückmeldungen über die mangelnde Zuverläs-

sigkeit des Tests. Der Chef des Verbands der staatlichen Gesund-
heitslabore, Scott Becker, schreibt an einen Ansprechpartner bei
der Seuchenkontrollbehörde: »Die Bundesstaaten und die Gouverneure werden die Fassung verlieren. Wenn das CDC das nicht
in den Griff kriegt, wird das ein Desaster.« Tagelang gibt es keine
Antwort von den Bundesbehörden. Der Fehler macht das Testen
für Wochen unmöglich. Am 9. Februar twittert der Präsident: »Die
Grippe tötet in unserem Land 25 000 bis 69 000 Menschen pro
Jahr.« Am gleichen Tag erfahren die Gouverneure der Bundesstaaten bei einem Treffen mit CDC-Chef Redfield und Anthony Fauci,
wie ernst die Lage wirklich ist. Am 10. Februar erzählt Trump eben
jenen Gouverneuren bei ihrem Besuch im Weißen Haus: »Ich hatte
ein langes Gespräch mit Präsident Xi (…). Er ist sehr zuversichtlich und denkt, wie ich erwähnt hatte, dass zum April oder im
Monat April die Hitze, allgemein gesagt, diese Art von Virus töten
wird.« Am Abend wiederholt er vor Tausenden von Anhängern bei
einer Wahlkampfveranstaltung in New Hampshire: »Im April, in
Theorie, wenn es ein wenig wärmer wird, wird es wundersamer-
weise verschwinden.«

Am 12. Februar 2020 wäre der neueste Jahresbericht des obersten Geheimdienstkoordinators über die weltweiten Bedrohungen
für die USA wieder fällig gewesen. Aber Trump hat den Director of
National Intelligence (DNI), Dan Coats, gefeuert. Sein Nachfolger
Joseph Maguire soll an diesem Tag vor dem Geheimdienstausschuss des Repräsentantenhauses zu den Inhalten des Berichts
aussagen und Fragen beantworten. Die Kongressanhörung wird
kurzfristig abgesagt. In einem geheimen Entwurf soll zum Thema
Pandemie in etwa die gleiche Formulierung stehen wie im Vorjah-
resbericht: »Die Vereinigten Staaten bleiben verwundbar für die
nächste Grippepandemie.« Einer weiß genau, dass dies immer
noch stimmt und dass sein Parteifreund, der Präsident, öffentlich
Blödsinn redet – der Vorsitzende des Geheimdienstausschusses im
Senat. Senator Richard Burr verkauft am 13. Februar 2020 in 33 Ein-
zelaufträgen Aktien und Fondsanteile aus seinem Vermögen im
Wert von bis zu 1,72 Millionen Dollar, darunter einige Hunderttau-
send Dollar in Hotel-Wertpapieren. Auch einige andere Senatoren,
darunter Kelly Loeffler, die Ehefrau des Chefs der New Yorker
Börse, und die demokratische Senatorin Dianne Feinstein haben

in dieser Zeit Aktien im Wert von mehreren Millionen Dollar verkauft, aber Burr ist der Einzige, der durch die täglichen Updates der Geheimdienste über den Verlauf der Pandemie unmittelbar und bestens informiert ist. So kann er auch mit dem Absturz der globalen Aktienmärkte rechnen, sobald das Ausmaß der Bedrohung bekannt würde.

Am 15. Februar verlassen in Yokohama, Japan, über 300 US-Bürger das Kreuzfahrtschiff *Diamond Princess*. 3700 Menschen sind an Bord. In Quarantäne haben sich 700 Passagiere infiziert, sieben sterben. Die Amerikaner müssen auf einem Luftwaffenstützpunkt in Kalifornien wieder in Quarantäne. Fast gleichzeitig kommt eine dramatische Warnung aus Wuhan. Ein Team der Weltgesundheitsorganisation, mit dabei Experten der US-Seuchenbehörde, meldet in seinem Bericht, das Virus breite sich rasend schnell aus. Die Empfehlung: »Sofortige Aktivierung der höchsten Stufe der nationalen Reaktionsmanagementpläne, um eine Herangehensweise mit der gesamten Regierung und der gesamten Gesellschaft sicherzustellen.« Klarer hätte man es gar nicht formulieren können, aber Donald Trump macht stattdessen lieber Wahlkampf, als würde das Problem verschwinden, wenn man es zu Fake News erklärt.

Fakten lassen sich nicht wegleugnen. Sie spiegeln sich auch in den E-Mails der Regierungsbeamten und Wissenschaftler im ganzen Land wider. Sie diskutieren über den ersten Fall – in Kalifornien –, bei dem die Ansteckungskette nicht nachvollziehbar ist. Die Experten sind in Panik: »Eine sehr weite Ausbreitung ist unvermeidlich, weil es diese sehr gesunden Personen gibt, die es sehr effektiv weiterverbreiten.« – »Ist das wahr? Wenn ja, haben wir ein Riesenloch in unseren Anstrengungen.« Der Frust ist auch deshalb so groß, weil sie immer noch nichts von einem »reparierten« CDC-Test gehört haben. Die Weltgesundheitsorganisation hat mittlerweile eine Viertelmillion Diagnosetests, entwickelt von einer deutschen Firma, an 70 Laboratorien in aller Welt verschickt. Amerikanische Forscher prüfen das deutsche Verfahren und finden es überzeugend, aber sie dürfen es in den USA ohne Zulassung durch die FDA nicht anwenden. Der Antragsweg ist komplex und personalaufwendig, die Behörde verlangt sogar, dass die Formulare nicht nur per E-Mail, sondern auf CD mit der normalen Post an sie geschickt werden, bevor sie mit der Bearbeitung beginnt. Einige amerikanische Krankenhäuser halten sich nicht mehr an die Vorgaben, beginnen mit der Entwicklung eigener Tests.

Am 23. Februar – es gibt inzwischen 51 Coronafälle in den USA – lässt Trumps Handelsberater, Peter Navarro, seinem Alarmmemo von Ende Januar ein zweites Memorandum folgen, das deutlicher nicht sein könnte. Es gebe eine »wachsende Wahrscheinlichkeit«, so Navarro, »für eine ausgewachsene Covid-19-Pandemie, bei der sich bis zu 100 Millionen Amerikaner anstecken und bis zu 1,2 Millionen Seelen (sic!) ihr Leben verlieren könnten.« Der Wirtschaftsexperte plädiert in dem Papier für ein massives und großzügiges Hilfspaket: »Dies ist NICHT die Zeit für Pfennigfuchserei oder Pferdehandel mit dem Kongress.« Navarro fordert Finanzmittel für die Anschaffung von Schutzkleidung und »mindestens einer Milliarde Schutzmasken« für Ärzte, Pflege- und Rettungspersonal und greift zu heftigen Formulierungen: »Jedes Mitglied der Taskforce, das vorsichtig sein will bei der Vergabe von Mitteln für eine Krise, die Billionen von Dollar wirtschaftliche Schäden anrichten und Millionen von Menschenleben fordern könnte, ist in dieser Regierung fehl am Platz.«

Trump lässt sich derweil beim Staatsbesuch in Indien von Hunderttausenden feiern. Dass – wie er auch dort weiter behauptet – »alles unter Kontrolle« ist, glauben ihm nicht einmal die Börsen in der Heimat. Der Aktienmarkt in New York stürzt um 1000 Punkte. Aber der Präsident wiederholt bei seiner Abschlusspressekonferenz: »Das Virus ist sehr unter Kontrolle.« Vielleicht hat sich ja niemand getraut, Trump die schonungslose Analyse seines Wirtschaftsberaters Navarro weiterzugeben, weil in dieser Administration Angst umgeht, gefeuert zu werden. So bekommt der Präsident nur das zu hören, was er hören will.

Wenn seine Mitarbeiter nicht mit ihm reden können, wenden sie sich eben an andere. Als Trump sich auf den Heimweg aus Indien macht, spricht sein Gesundheitsminister im Capitol in einer geheimen Ausschusssitzung von einem möglichen »extrem ernsten Ausbruch des Coronavirus in den Vereinigten Staaten«. Mit dabei ist Richard Burr, der Vorsitzende des Geheimdienstausschusses, der erleichtert gewesen sein muss, dass er sein Vermögen noch vor dem ersten Börsensturz in Sicherheit bringen konnte. Doch am Morgen dieses 25. Februar – 57 Fälle – bricht sich die

Wahrheit erstmals Bahn, erfahren eine Reihe von Journalisten doch, was dem Land wirklich droht. Nancy Messonnier, Direktorin der CDC-Abteilung für Immunisierung und Atemwegserkrankungen, prophezeit bei einer Telefonkonferenz mit Reportern: »Die Störung für das tägliche Leben könnte sehr ernst sein.« In anderen Ländern habe man gesehen, »dass es sich sehr schnell ausbreitet. Wir wollen sicherstellen, dass die amerikanische Öffentlichkeit vorbereitet ist.« Die Wissenschaftlerin fordert Firmen auf, sich auf einen größeren Ausbruch einzustellen. Große Konferenzen müssten wohl abgesagt, Mitarbeitern die Möglichkeit zur Heimarbeit angeboten werden. Familien sollten schon mal Pläne erstellen, wie sie mit der Schließung von Schulen umgehen würden. Messonnier ist die Einzige in der gesamten Trump-Administration, die öffentlich die Wahrheit sagt.

Prompt reagieren die Börsen, nach dem Absacken am Tag zuvor, wieder mit Einbrüchen. Der Präsident, noch auf dem Rückflug aus Indien, ist stinksauer. Er greift zum Telefon und schreit seinen Gesundheitsminister an, der für das CDC zuständig ist. Er fürchtet negative Auswirkungen für Wirtschaft und Finanzmärkte, ärgert sich über Kritiker, die ihm vorwerfen, das amerikanische Volk zu täuschen. Trump verdonnert seinen Wirtschaftsberater Larry Kudlow zu einem Dementi vor laufenden Kameras. In mehreren Interviews beteuert Kudlow: »Wir haben es eingedämmt. Ich würde zwar nicht luftdicht sagen, aber fast luftdicht.« An eben diesem Tag ändert der medizinische Nachrichtendienst des Pentagons, der im November 2019 die ersten Anzeichen für einen Ausbruch in Wuhan registriert hatte, die Alarmstufe von WatchCon 2 auf WatchCon 1 – eine Pandemie steht unmittelbar bevor.

Aber Donald Trump will keine weiteren Ausbrüche der bitteren Wahrheit. Zurück in Washington, ernennt er Vizepräsident Mike Pence am 26. Februar zum Chef der Corona-Taskforce. Ab sofort müssen alle Interviews vom Pence-Büro genehmigt werden. Der Präsident verharmlost weiter und vergleicht das Virus beim Pressebriefing mit der Grippe: »Ich glaube, die meisten Leute sind überrascht, wenn sie das hören, die Grippe tötet zwischen 25 000 und 69 000 Menschen in diesem Land pro Jahr. Das war schockierend für mich. Und bisher, wenn Sie sich anschauen, was wir mit den 15 (sic!) Leuten hier haben, und ihre Genesung – einer ist ziemlich krank, wird sich aber hoffentlich erholen – aber die anderen sind in großartiger Verfassung. Denk mal an, 25 000 bis 69 000. (…) Wenn du 15 Leute hast, und diese 15 gehen in ein paar Tagen runter auf nahe null, dann haben wir da einen ziemlich guten Job gemacht.«

Am 27. Februar gibt es 60 bestätigte Infizierte in den Vereinigten Staaten. Vizepräsident Pence erläutert beim ersten Taskforce-Treffen unter seiner Führung, dass er es »als seine Aufgabe ansieht, sich mit den Gouverneuren, den örtlichen Verantwortlichen einschließlich der Bürgermeister im ganzen Land auszutauschen, mit den Kongressmitgliedern auf Capitol Hill zusammenzuarbeiten, um sicherzustellen, dass alle Behörden, die im Staat vertreten sind, und alle lokalen Partner die Ressourcen haben, die sie brauchen.« Pence sagt aber auch, das »Risiko für Amerikaner ist niedrig« und »unsere Eindämmungsstrategie funktioniert«. Er liegt damit ganz auf der Linie seines Herrn.

Fast gleichzeitig aber straft Senator Richard Burr an eben diesem 27. Februar hinter verschlossenen Türen seinen Präsidenten Lügen. Burr ist Redner beim Lunch der Mitglieder des sogenannten Tar-Heel-Clubs, einer Gruppe, die Geschäftsleute aus North Carolina mit Politikern in der Hauptstadt zusammenbringt. Einige der Teilnehmer haben die Wiederwahl des Senators in seinem Heimatstaat mit großen Summen unterstützt. Nun bedankt sich der Vorsitzende des Geheimdienstausschusses mit seinem Insiderwissen über die Coronapandemie, das er und das Weiße Haus der amerikanischen Öffentlichkeit weiter vorenthalten: »Eins kann ich Ihnen dazu sagen. Es ist viel aggressiver in seiner Verbreitung als alles, was wir in der jüngeren Geschichte gesehen haben. Es ist wohl eher vergleichbar mit der Pandemie von 1918.« Zur Erinnerung, damals starben rund 50 Millionen Menschen rund um den Globus, fast 700 000 davon in den USA. Der Senator gibt den Unternehmern und reichen Gönnern eine Vorschau auf das, was ihm unvermeidlich scheint: »Jede Firma sollte sich der Tatsache bewusst sein, dass sie vielleicht die Reisetätigkeit ändern muss. Sie muss sich möglicherweise ihre Mitarbeiter anschauen und dann entscheiden, ob der Trip nach Europa wirklich essenziell ist oder auch über Videokonferenz stattfinden kann.«

Ähnlich wie die CDC-Expertin Messonnier zwei Tage zuvor

prophezeit auch Burr tiefe Einschnitte in das Alltagsleben: »Ich bin sicher, es wird Zeiten geben, wo Gemeinden eine solche Ansteckungsrate haben, dass sie sagen: ›Lasst uns die Schulen für zwei Wochen schließen. Jeder soll zu Hause bleiben.‹« Der Senator beschreibt einen Ausnahmezustand, in dem die Regierung sogar die US-Streitkräfte einsetzen müsste: »Wir werden dann ein Militärkrankenhaus schicken. Das besteht aus Zelten, die irgendwo auf einem Gelände aufgestellt werden. Diese Entscheidung wird vom Präsidenten und vom Verteidigungsministerium gefällt. Und dann werden wir Profimediziner haben, ergänzt durch lokale Kräfte, um die Menschen zu behandeln, die es brauchen.« Das alles sagt Burr nur hinter verschlossenen Türen. Öffentlich wird er wenige Tage danach twittern, dass die »Vereinigten Staaten besser als jedes andere Land auf einen Gesundheitsnotstand vorbereitet sind«. Einen Monat später werden die Aktienverkäufe des Kongressabgeordneten vom Onlineportal *ProPublica* enthüllt. Burr tritt die Flucht nach vorn an. Er habe die Transaktionen auf der Grundlage öffentlich verfügbarer Informationen getätigt. Später werden FBI-Ermittlungen zu seinem Rückzug aus dem Amt führen. Seine Ausführungen beim Lunch, wo er Tacheles geredet hat, kann er nicht wegerklären, denn der öffentliche Radiosender NPR hat einen Tonmitschnitt ins Internet gestellt.[44] Er belegt, dass der Volksvertreter einem erlesenen Verein reinen Wein einschenkt, während er nach außen hin die Lügen des amerikanischen Präsidenten deckt.

Der empfängt am 27. Februar im Weißen Haus ebenfalls eine Besuchergruppe. Märchenstunde mit Donald Trump: »Wir haben einen unglaublichen Job gemacht«, so der Präsident, »es wird verschwinden, wie durch ein Wunder wird es verschwinden.« Am 28. Februar spricht Trump vor Tausenden von Anhängern bei einer Wahlkampfkundgebung in South Carolina und bläst zum Generalangriff auf die Opposition: »Die Demokraten politisieren jetzt das Coronavirus«, so der Präsident, der das Land in gefährlichen Zeiten eigentlich einen müsste. »Wir haben einen großartigen Job gemacht. (…) Sie haben es mit dem Impeachment-Trick probiert. Da ging es um ein perfektes Telefongespräch. Das haben sie alles versucht, immer und immer wieder. Das haben sie gemacht, seit ich im Amt bin. Aber es dreht sich alles, sie verlieren. (…) Und das ist ihr neuer Trick.« Eine Pandemie, verursacht durch ein Virus, ist ein Trick des politischen Gegners?

Am 29. Februar – die Zählung steht bei 74 Fällen – lobt Donald Trump sich selbst vor begeisterten Anhängern bei der Jahrestagung konservativer Gruppen, der Conservative Political Action Conference: »Wir haben großartige Arbeit geleistet, und ich habe diese Profis kennengelernt. Die sind unglaublich, und alles ist unter Kontrolle. Ich meine, die sind sehr, sehr cool. Sie haben es gemacht, und zwar sehr gut. Es ist wirklich alles unter Kontrolle.« Ganz offenbar nicht, denn mitten im Publikum sitzt eine Person, die kurz darauf positiv auf Covid-19 getestet wird. Mehrere Politiker, die an der Tagung teilgenommen haben, müssen daraufhin in Quarantäne. Am Tag des Auftritts von Donald Trump fordert der Coronaausbruch das erste Todesopfer in den USA, einen Mann in den Fünfzigern im US-Bundesstaat Washington. Aus einem Pflegeheim dort kommt die Meldung, dass sich 50 Menschen infiziert haben, 36 werden später sterben. Nichts ist unter Kontrolle, heißt es im E-Mail-Verteiler der Experten in Regierung und Wissenschaft: »Wir brauchen Taten, Taten, Taten und noch mehr Taten. (…) Unsere politischen Anführer müssen handeln, jetzt. Bitte sorgt dafür!«

Am 2. März beginnt die University of Washington mit eigenen Tests, erst 30 Patienten am Tag, bald danach sind es schon 2800 pro Tag. Die Aufsichtsbehörde FDA hat kurz zuvor die Freigabe erteilt. Wenige Tage später beginnen große Pharmakonzerne mit der Massenfertigung von Tests. Aber die Vereinigten Staaten von Amerika hinken um Wochen anderen großen Industrienationen hinterher. Der ursprüngliche Test des CDC war, trotz seiner Fehler, schon am 21. Januar verfügbar, aber dann sorgten eine fehlende Prioritätensetzung, bürokratische Hindernisse und schlechtes Krisenmanagement dafür, dass mehr als ein Monat nutzlos vertan wurde. Seit Jahresanfang hat Donald Trump zehn Wahlkampfveranstaltungen in allen Teilen des Landes mit Zehntausenden von Menschen besucht. Während seine Fans an diesem Abend bei der elften Kundgebung in Charlotte, North Carolina, Popcorn und Chicken Fingers aus riesigen Pappeimern miteinander teilen, steht die Zählung bei mehr als 100 positiv Getesteten und sechs Todesopfern im Land. Trump tönt vom Podium: »Meine Administration hat die aggressivsten Schritte in der modernen Geschichte unternommen, um die Amerikaner vor dem Coronavirus zu schützen. (…) Mein Job ist es, die Gesundheit der amerikanischen Patienten und der Amerikaner als Erstes zu schützen, und genau das werde ich tun. (…) Die Vereinigten Staaten sind derzeit mit großem Abstand die Nummer eins in der Welt bei der Katastrophenvorsorge.«

In New Rochelle im Bundesstaat New York entsteht ein Hotspot mit über 100 Infektionsfällen. Mehr als 1000 Menschen müssen in Quarantäne. Donald Trump besucht am 6. März – 402 Fälle – die Opfer einer Katastrophe, deren Verursacher sichtbar war, ein Tornado. Anschließend will er sich über den unsichtbaren Gegner informieren. Er fliegt weiter zum CDC nach Atlanta. Dort weiß er alles besser als die Experten: »Jeder, der einen Test will, kann einen Test bekommen. (…) Die Tests sind alle perfekt.« Beides stimmt nicht. Der Präsident nutzt die Gelegenheit, um sich einmal mehr als Besserwisser zu präsentieren: »Wissen Sie, mein Onkel war ein großartiger Professor, er unterrichtete am MIT über eine Rekordzeit von Jahren. Er war ein großes Supergenie, Dr. John Trump. Ich mag diese Dinge, ich verstehe sie wirklich. Die Leute sind überrascht, dass ich das verstehe. Jeder von diesen Doktoren fragte, woher ich so viel darüber wisse. Vielleicht bin ich ein Naturtalent. Vielleicht hätte ich lieber das machen sollen, statt mich als Präsident zu bewerben.« Die Szene ist urkomisch und bedrückend zugleich, denn um ihn herum in einem Labor stehen der CDC-Chef Robert Redfield und der Gesundheitsminister Azar fröhlich lächelnd, obwohl sie genau wissen, dass die Ignoranz und Arroganz ihres obersten Vorgesetzten das Leben von Millionen von Amerikanern gefährdet.

Am 9. März – 959 Fälle – vergleicht Trump die Epidemie auf Twitter erneut mit einer Grippewelle: »Da wird auch nichts geschlossen, das Leben und die Wirtschaft laufen weiter.« Am 10. März – 1300 Fälle – sagt er nach einem Treffen mit republikanischen Senatoren im Capitol: »Wir sind vorbereitet und machen einen großartigen Job. Es wird verschwinden. Bleibt einfach ruhig. Es wird verschwinden.« Am Abend des 11. März – 1700 Fälle – will Donald Trump das Virus einmal mehr aussperren, obwohl es längst da ist, er wendet sich in einer Fernsehansprache an die

Nation: »Um neue Fälle von unseren Küsten fernzuhalten, werden wir alle Reisen von Europa in die Vereinigten Staaten für die nächsten 30 Tage aussetzen.« Er hat sich vorher nicht mit den Regierungschefs der betroffenen Länder beraten. Er behauptet, dass die Europäer am Ausbruch der Seuche in den USA schuld seien. Er bietet dem eigenen Volk nur eine kurzfristige Maßnahme, aber kein Gesamtkonzept für den Kampf gegen das Virus. Im E-Mail-Verteiler der Experten in Regierung und Wissenschaft reichen die Reaktionen von empört bis verzweifelt: »Das ist die absolut falsche Maßnahme.« – »Es gibt schon genug Fälle hier, dass es sich im Inland ausbreitet.« Eine Wissenschaftlerin schreibt: »Ich hatte gehofft, er würde Schule, Telearbeit, Versammlungen ansprechen (...) und Extraressourcen für unser Pflegepersonal. Wir müssen es schützen und haben nicht genug.«

Der Einreisestopp löst später ein Chaos an den internationalen Flughäfen der USA aus, wo an den Folgetagen Tausende von Amerikanern schnell noch in die Heimat zurückkehren wollen, aber dabei auf personell völlig unterbesetzte Einreisestellen treffen. Dicht gedrängt warten die Menschen bis zu zwölf Stunden. Am 12. März – 2200 Fälle – gibt Dr. Anthony Fauci bei einer Anhörung im Kongress offen zu, dass das staatliche Gesundheitssystem tiefe strukturelle Mängel aufweist, das habe das Debakel um die Diagnosetests gezeigt: »Ja, das ist ein Versagen, das sollten wir zugeben. Die Idee, dass jeder ihn (den Test, Anm. d. Red.) hier so einfach bekommen kann wie die Menschen in anderen Ländern – darauf sind wir nicht vorbereitet. Sollten wir es sein? Ja, aber wir sind es nicht.«

Am 13. März – 2700 Fälle – ruft Trump bei einer Pressekonferenz im Rosengarten des Weißen Hauses zwar den nationalen Notstand aus, erklärt dann aber, warum die USA mit 40 Todesopfern so viel besser dastünden als »andere Länder, die um ein Vielfaches höhere Zahlen« hätten: »Wir haben einen großartigen Job gemacht, weil wir schnell gehandelt haben. Wir haben früh gehandelt. Und es gibt nichts, was wir besser hätten tun können, als unsere Grenzen gegenüber hochinfizierten Gebieten zu schließen.« Eine Reporterin fragt den Präsidenten nach dem Desaster um die unbrauchbaren Tests. Trump antwortet: «Ich übernehme keinerlei Verantwortung.« Es seien halt bestimmte »Umstände« gewesen und »Regeln,

Beschränkungen und Vorgaben aus einer anderen Zeit«. Einmal mehr schiebt er damit die eigene Verantwortung auf seinen Vorgänger Barack Obama ab.

Was der Präsident an diesem Tag verschweigt: Seine Mitarbeiter vom National Security Council und die Corona-Taskforce haben – endlich – einen eigenen Pandemieplan fertiggestellt, der in vielen Punkten aussieht wie das *Playbook* aus der Obama-Administration, nur konkret angewendet auf die Covid-19-Pandemie. Das beeindruckende Papier mit dem Titel »U.S. Government COVID-19 Response Plan« basiert tatsächlich auf einem Konzept mit dem Namen PanCAP der amerikanischen Katastrophenschutzbehörde FEMA, das etwa im gleichen Zeitraum wie das *Playbook* des Nationalen Sicherheitsrats – also vor der Trump-Präsidentschaft – entstanden ist. Die Corona-Taskforce geht in dem neuen Dokument nun von einer Dauer der Krankheitswelle bis zu 18 Monaten aus und listet auf rund 100 Seiten detailliert auf, was geschehen muss und welche Entscheidungen die Regierung zu fällen hat. Die Maßnahmen sollen die »Ausbreitung und Beschleunigung der Krankheit bremsen, die Sterblichkeitsrate minimieren, die Funktionsfähigkeit des Gesundheitswesens, seines Personals und seiner Infrastruktur erhalten sowie die sozialen und wirtschaftlichen Auswirkungen minimieren«. Dazu soll der Präsident all seine verfügbare Macht einsetzen, einschließlich der Aktivierung des »Stafford Act«, um der Industrie die Herstellung kritischer Materialien anzuweisen. Ganz offenbar hat Vizepräsident Mike Pence kurz nach Übernahme der Taskforce Ordnung ins Chaos gebracht und die Obama-Papiere als Grundlage akzeptiert.

Aber warum erfährt die Öffentlichkeit nicht durch das Weiße Haus von dem Gesamtplan? Er gelangt eher inoffiziell an die Öffentlichkeit, durch einen Bericht der *New York Times* am 17. März.[45] Dabei würde es doch – vorgestellt durch das Weiße Haus selbst – erheblich zur Beruhigung beitragen und wäre eine Möglichkeit, dem Land die Führungsstärke des Präsidenten und seiner Regierung zu demonstrieren. Aber vielleicht scheitert die gute Absicht einmal mehr am Naturell Donald Trumps. Der Präsident will sich nicht in das Korsett eines Plans pressen lassen, der ihm bei bestimmten Entwicklungen klare Entscheidungen empfiehlt. Sein Handeln könnte auch in vielen Einzelpunkten an dem ausgefeilten

Papier gemessen werden. Obendrein weiß er selbst es ja sowieso immer besser als die Experten. Außerdem findet sich hinter dem Begriff »Kommunikation und Erreichen der Öffentlichkeit« auf Seite 12 des Plans folgende Formulierung: »Zeitnahe, akkurate, klare, konsistente, glaubwürdige und nutzbare Informationen sowie Sicherheits- und Gesundheitsnachrichten vermitteln, die die Öffentlichkeit schützen und das Management dieses Ausbruchs auf allen Regierungsebenen erleichtern.« Die Verstöße Donald Trumps gegen diese Vorgabe auch in den nachfolgenden Wochen lassen sich kaum zählen.

Am 16. März – 6400 Fälle, 98 Tote – immerhin eine scheinbare Kehrtwende. Der Präsident gibt Empfehlungen heraus, nach denen Menschen mindestens sechs Fuß, also rund zwei Meter, voneinander Abstand halten sollten – Social Distancing. Der Ausbruch, so sagt Trump, könne »bis Juli oder August« andauern, obwohl in seinem geheimen Pandemieplan doch 18 Monate steht. »Ich habe mit meinem Sohn gesprochen«, sagt Trump, »der fragt: Wie schlimm ist das? Es ist schlimm, es ist schlimm. Aber wir werden – hoffentlich – den besten Verlauf haben, nicht den schlimmsten. Dafür arbeiten wir.« Aber am Nachmittag des 17. März – 8254 Fälle, 120 Tote – zeigt Donald Trump beim Briefing, dass er seine Äußerungen vom Vortag gar nicht als Sinneswandel begreift: »Das ist eine Pandemie. Ich habe das schon als Pandemie empfunden, lange bevor es so genannt wurde.« Ein Reporter fragt nach, warum er denn so plötzlich seine Meinung geändert habe. »Nein«, so der Präsident, »ich habe das immer schon als sehr ernst angesehen.«

In Wirklichkeit haben es nur die Wissenschaftler ernst genommen und unermüdlich gewarnt, auch wenn der Präsident nicht wirklich hinter ihnen steht. Ständig untergräbt er ihre Botschaft, verspricht Impfstoffe in kurzer Frist und Wundermittel. Im Land merken die Menschen ab Mitte März längst, was die Stunde geschlagen hat. Die Gouverneure haben mobile Teststationen eingerichtet. Die Schlangen werden länger, auch an den Supermärkten. Bilder aus Italien haben ihre Wirkung hinterlassen. Mit Schulbussen fahren Helfer Lebensmittel aus, weil viele Schulkinder sonst kein Mittagessen bekämen. Zahlreiche Bundesstaaten haben Schulen und Geschäfte geschlossen. All das aber sorgt für einen erneuten Kurswechsel des Präsidenten, denn der Absturz der Wirtschaft kann ihn die Wiederwahl kosten.

Am 24. März – 57179 bestätigte Fälle, 725 Tote in den USA – erzählt Trump der verwunderten Nation von seiner Vision für eine Normalisierung der Lage im Land und für die Aufhebung des Social Distancing bis Mitte April. »Ostern ist ein besonderer Tag für mich, und an diesen Zeitraum denke ich. An Ostersonntag volle Kirchen im ganzen Land. Das wäre eine schöne Zeit«, so Trump in einem Interview mit seinem Lieblingsfernsehsender Fox News, »vor Ostern möchte ich das Land gern wiedereröffnet haben.« Aber an diesem Tag folgt Amerikas Wirtschaft weiter den Empfehlungen der Wissenschaftler. Weitere Bundesstaaten verhängen Ausgangssperren. Die Fluglinien bereiten die Einstellung aller Inlandsflüge vor. Das alles, so glaubt der Präsident, vernichte die Wirtschaftsmacht USA: »So kann man ein Land zerstören. Durch eine massive Rezession verlieren sie mehr Leute. Dann gibt es Tausende von Selbsttötungen.« Ein Aufrechnen der Opfer, die Opposition ist empört. »Der Vorschlag des Präsidenten ist ein Konzept für mehr Unsicherheit, mehr Infektionen und mehr wirtschaftlichen Schaden«, so Nancy Pelosi, die demokratische Sprecherin des Repräsentantenhauses.

Über 40 Millionen Menschen werden sich in den Folgewochen arbeitslos melden. Für sie, für Geschäfte, kleine Firmen, aber auch für Großkonzerne gibt es ein Hilfspaket über mehr als zwei Billionen Dollar, das die Regierung mit beiden Parteien im Kongress aushandelt. Der amerikanische Präsident zeigt endlich Führungskraft und schrumpft gleich wieder auf normale Größe herunter, denn zur Unterzeichnng des Hilfspakets im Weißen Haus hat Trump – kleinkariert – nur die Republikaner eingeladen. Er nennt sich nun »Kriegspräsident«, aber er spielt diese Rolle nur, weil er sich in ihr selbst so gut gefällt – wie an diesem 28. März in Norfolk, Virginia. »Hail to the Chief« erklingt zu seinem Auftritt, dann marschiert Donald Trump an der Seite seines Verteidigungsministers Mark Esper in einem schwungvollen Bogen an einer riesigen US-Flagge vorbei zum Podium. Auch wenn das Musikstück »Hail to the Chief« seit 1954 die offizielle Hymne der US-Präsidenten ist, ist sie diesmal doch nur Teil eines Gesamtkunstwerks. Trump vor dem Sternenbanner, der linke Bildrand garniert mit kleineren

Flaggen und hinter allem – alles überragend – der Bug des Hospitalschiffs der US-Navy, mit strahlendem roten Kreuz auf weißem Grund. Perfekt, die Inszenierung eines Kriegspräsidenten, der einer wunden Nation »Trost« spendet. Genauso heißt das schwimmende Krankenhaus, »Comfort« steht in großen Lettern auf der Schiffswand, gleich hinter Donald Trump bei seiner Ansprache. Die Nation hat 124 815 erkannte Covid-19-Fälle, mehr als jedes andere Land der Welt, 2038 Tote. Erst jetzt, mehr als drei Monate nach den ersten Geheimdienstwarnungen, macht der Präsident Gebrauch vom »Stafford Act«, dem Kriegswirtschaftsgesetz: Er befiehlt die Produktion von Beatmungsgeräten. Wenn seine Regierung schon ab Mitte Februar als eine Art Beschaffungsamt für die Bundesstaaten alle notwendigen Geräte und Schutzausrüstungen in Auftrag gegeben hätte, wäre es wohl nie zu Engpässen gekommen.

Am 31. März, angesichts von 189 998 Fällen und 3877 Todesopfern, scheint der Präsident die Lage endlich wirklich ernst zu nehmen. »Dies könnte eine Hölle von zwei schlimmen Wochen werden«, so Trump beim Taskforce-Briefing, »oder vielleicht sogar drei Wochen. Drei Wochen, wie wir sie noch nie gesehen haben.« Die Prognosen des Weißen Hauses deuten auf 100 000 bis 240 000 Tote hin, selbst wenn alle notwendigen und drastischen Maßnahmen ergriffen würden. »Das ist keine Grippe. Das ist bösartig«, sagt Trump. Endlich, 70 Tage nachdem das CDC am 3. Januar von der Bedrohung erfahren hat, erkennt der Präsident, dass seine Wiederwahl stärker von der Opferzahl der Pandemie abhängt als von einer schnellen Normalisierung der Wirtschaft: »Es ist absolut entscheidend, dass das amerikanische Volk die Richtlinien für die nächsten 30 Tage einhält. Es ist eine Frage von Leben und Tod.«

Immer die anderen

Was war in der zweiten Märzhälfte passiert? Hatte Donald Trump wirklich eingesehen, dass dieses Virus kein Feind ist, den man mit Grenzschließungen und Schönreden verschwinden lassen kann? Tatsächlich läuteten in dieser Zeit in der Führung der republikanischen Partei die Alarmglocken. Sie hatte Meinungsumfragen machen lassen und sah nun die katastrophalen Auswirkungen der erratischen, verharmlosenden Signale aus dem Weißen Haus. Vor allem republikanische Wähler befolgten nicht die Empfehlungen der Wissenschaftler, eigene Reiseaktivitäten einzuschränken, Social Distancing zu praktizieren und Ausgangssperren einzuhalten. »Leugnen ist wahrscheinlich keine erfolgreiche Überlebensstrategie«, schrieb der republikanische Meinungsforscher Neil Newhouse in seiner Analyse, die der *Washington Post* vorliegt. Ausgerechnet die glühendsten Trump-Anhänger »gefährden sich und ihre Lieben«. Mit anderen Worten: Die steigenden Opferzahlen könnten Trumps Wiederwahl gefährden, wenn genügend Wähler aus seinem eigenen Lager aufgrund von Erkrankungen und Todesfällen in ihrem Umfeld zu dem Schluss kommen, dass der Präsident eine Mitverantwortung dafür trägt. In diesen Tagen sickerten immer mehr Details des Versagens seiner Administration an die Öffentlichkeit. Er hatte Mühe, sie kleinzureden.

Als die *Washington Post* für ihre Enthüllungsstory am 20. März über Warnungen der Geheimdienste vor einer Pandemie vom Januar um eine Stellungnahme des Weißen Hauses bat, bekam sie von Trumps Sprecher Hogan Gidley eine saftige Antwort: »Präsident Trump hat historische, aggressive Maßnahmen ergriffen, um die Gesundheit, den Wohlstand und die Sicherheit des amerikanischen Volkes zu schützen. Er tat dies, während sich die Medien und die Demokraten ausschließlich auf die dumme Politik eines heuchlerischen, illegitimen Amtsenthebungsverfahrens fokussierten. Es ist mehr als ekelhaft, widerwärtig und schändlich, wenn feige, namenlose Quellen versuchen, die Geschichte umzuschreiben – es ist eine klare Bedrohung für dieses großartige Land.« Am Abend der Veröffentlichung setzte Donald Trump beim Taskforce-Briefing nach: »Ich habe die Geschichte gesehen. Ich finde, es ist eine Schande, aber es ist eben die *Washington Post,* und ich vermute, wir müssen damit leben. Es ist sehr unsauber.« Ein Reporter will nachfragen, aber Trump fährt ihn an: »Still, still.« Es ist dasselbe Briefing vom 20. März 2020, bei dem der Präsident seinen Scherz über den »Deep State« reißt und Anthony Fauci sein Gesicht in der Hand verbirgt.

Wenn Donald Trump am 20. Januar 2021 nicht wieder als Präsident vereidigt wird, dann hat er das mit höchster Wahrscheinlichkeit genau jenen Eigenschaften zu verdanken, die ihn als bösartigen und gefährlichen Narzissten kennzeichnen. Denn er selbst hat mit seinen Auftritten beim Briefing der Corona-Taskforce dafür gesorgt, dass sie monatelang fast allabendlich live im amerikanischen Fernsehen zu besichtigen waren. Im normalen politischen und wirtschaftlichen Alltag der USA hätte ihm das sicher wenig geschadet. Aber in diesem Fall sahen die Menschen seine manchmal mehrstündigen Auftritte in unmittelbarer Verbindung mit einer unheimlichen, lebensbedrohlichen, existenziellen Gefahr für ihre eigene Gesundheit, für ihre Familien, ihre wirtschaftliche und soziale Sicherheit und für den Zusammenhalt ihrer Nation – kurz für ihre Zukunft. Wenn so viel auf dem Spiel steht, wirken die trumpschen Zumutungen, seine Arroganz, seine Herabwürdigungen, seine Beleidigungen und Schimpftiraden, seine peinlichen Selbstbeweihräucherungen und sein unersättlicher Hunger nach Anerkennung unendlich klein und krank im Angesicht einer so großen Herausforderung.

Trump untergrub die Glaubwürdigkeit der Regierungskommunikation und ist deshalb selbst für die Folgen, einschließlich einer höheren Zahl von Todesopfern, verantwortlich. Hinzu kam noch die Fadenscheinigkeit seiner Ausreden. Als er am 31. März erstmals das ganze Ausmaß der Pandemie zugab, wurde er gefragt, warum er die Gefahr erst jetzt richtig wahrnehme. Trump gab kurzerhand den Demokraten im Kongress mit ihrem Amtsenthebungsverfahren die Schuld für seine fehlende Aufmerksamkeit in den ersten zwei Monaten des Jahres: »Na ja, ich wurde impeached. Ich denke, wissen Sie, dass ich sicher für einige Zeit meine Gedanken darauf verwendet habe, stimmt's?« Aber das Verfahren war bereits mit dem Freispruch am 5. Februar beendet. Und Trump hatte offenbar von Januar bis März genügend Zeit für elf Wahlkampfkundgebungen und zehn Golfplatz-Besuche. Eben durch seine Sichtbarkeit bei den Pressekonferenzen, durch den Missbrauch dieser wichtigen Plattform zur Information der Öffentlichkeit in einer schweren Krise kettete sich der Präsident an die Verantwortung für das Versagen und Scheitern seiner Administration. Eine Kollegin vom Magazin *New Yorker,* Susan B. Glasser, zog Ende März einen treffenden Vergleich mit den sogenannten »Five O'Clock Follies«[46] »Die 5-Uhr-Torheiten« nannten die

Journalisten damals das alltägliche Briefing der US-Generäle, die – so schreibt Glasser – »mithilfe von gefälschten Statistiken, Halbwahrheiten und irreführenden Frontberichten behaupteten, den Krieg zu gewinnen, den sie in Wirklichkeit gerade verloren«. Auf diese Analogie kann man kommen bei der täglichen Betrachtung von Trumps »Torheiten« – ebenfalls meist um fünf Uhr.

Immer wieder nutzte der Präsident die Pressekonferenzen auch zur Beschimpfung all jener, die von ihm mehr Führungsstärke und mehr Unterstützung für die Bekämpfung der Coronakrise einforderten. Einige Gouverneure hatten Nachschub von Masken und Schutzkleidung aus der Strategischen Reserve verlangt. Wenn dort die Regale leer seien, solle der Präsident doch seine Sondervollmacht nach dem »Stafford Act«, der Verordnung für Kriegs- und Krisenfälle, nutzen, um den Unternehmen in den USA die Produktion der entsprechenden Ausrüstung und von Beatmungsgeräten anzuweisen. Trump wies die Forderung über Wochen zurück und beschuldigte die Gouverneure, sie seien selbst für fehlende Bestände verantwortlich. Mehrfach deutete er bei seinen Briefings an, dass die Bundesstaaten mehr Beatmungsgeräte wollten, als sie eigentlich bräuchten. Am 27. März forderte er, die Gouverneure sollten gefälligst dankbar sein: »Ich will, dass sie dankbar sind. Ich will nicht, dass sie unwahre Dinge verbreiten. Ich will, dass sie dankbar sind. Wir haben einen großartigen Job gemacht.« Bei einem Interview mit dem Fernsehsender Fox News nannte er den Gouverneur des Bundesstaates Washington, Jay Inslee, einen »gescheiterten Präsidentschaftskandidaten«, der »sich immer nur beschwert«. Er solle gefälligst »selbst mehr machen«. Er, Trump, habe keine Lust, sich mit Gouverneuren zu beschäftigen, die immer nur »nehmen und sich dann beschweren«. Besonders heftig war sein Urteil über die Regierungschefin von Michigan, Gretchen Whitmer, deren Name ihm im Interview nicht mehr einfiel: »Wir haben ein großes Problem mit der Frau Gouverneur, Sie wissen, von wem ich rede, von Michigan. Alles, was sie tut, ist rumsitzen und der Bundesregierung die Schuld geben. Sie kriegt es nicht hin, und wir haben ihr viel geschickt.«

Als die PBS-Korrespondentin Yamiche Alcindor Trump beim Taskforce-Briefing am 29. März nach diesen Äußerungen fragte, bestritt er sie zunächst. Alcindor fasste nach, darauf der Präsident:

»Come on, come on, wissen Sie, warum könnt ihr Leute nicht ein wenig positiver sein. Es geht immer nur um ›Wir kriegen dich, wir kriegen dich, wir kriegen dich‹. Und wissen Sie was? Das ist der Grund, weshalb niemand mehr den Medien traut.« Danach forderte Trump sie auf, sie solle doch »nette« Fragen stellen, keine »drohenden«. Am 30. März fragte Jim Acosta von CNN den Präsidenten nach einer Reihe seiner verharmlosenden Statements zur Bedrohung durch das Coronavirus. Trump antwortete: »Statt einer so gemeinen, sarkastischen Frage sollten Sie eine echte Frage stellen.« Am 6. April beschimpfte der Präsident den ABC-Korrespondenten im Weißen Haus, Jonathan Karl, den er zuvor schon einmal bei einer kritischen Frage als »süßen Fratz« bezeichnet hatte: »Sie sind ein drittklassiger Reporter. Was Sie gerade gesagt haben, ist eine Schande.«

Es ist eine Art Hassliebe des Präsidenten gegenüber den Journalisten. Er genießt es, von ihnen befragt zu werden und fast jeden Abend in den Nachrichten aufzutauchen. Gleichzeitig ergeht er sich in Schimpftiraden, weil er von den Reportern das Gleiche erwartet wie von seinem Beraterumfeld – absolute Unterwürfigkeit und lobende Worte für seine vermeintliche Großartigkeit. Die Kolleginnen und Kollegen der seriösen Medien tun ihm diesen Gefallen nicht, aber es gibt Ausnahmen. Eindrucksvolles Highlight ist das Pressebriefing der Corona-Taskforce am 19. März 2020. Die Korrespondentin von OANN, einem Sender, der sich offenbar als verlängertes Sprachrohr Trumps versteht, liefert Stichworte für den Präsidenten. »Halten Sie den Begriff ›chinesisches Essen‹ für rassistisch?«, fragt Cheni Rion und ergänzt: »Weil es Essen ist, das aus China stammt oder chinesische Wurzeln hat?« – »Nein, das ist überhaupt nicht rassistisch«, antwortet Trump. Dann legt Rion erst richtig los: »Große links gerichtete Medien, einige davon hier im Raum, haben sich mit dem Narrativ der chinesischen Kommunistischen Partei gemein gemacht und behaupten jetzt, dass Sie ein Rassist sind, weil Sie immer von einem ›chinesischen Virus‹ reden. Ist es alarmierend, dass große Medien, nur um gegen Sie zu agieren, sich ständig mit der Propaganda eines ausländischen Staates, dem Radikalismus des Islamischen Staates, mit Latino-Banden und Kartellen verbünden? Und sie arbeiten direkt hier mit direktem Zugang zu Ihnen und Ihrem Team.« Daraufhin ein begeisterter Trump: »Es erstaunt mich, wenn ich das lese, was ich lese. Wenn ich das *Wall Street Journal* lese, das immer so negativ ist. Es erstaunt mich, wenn ich die *New York Times* lese, was ich selten mache. (…) Ich kenne die Wahrheit. Und die Leute draußen in der Welt, die kennen die Wahrheit wirklich nicht. Sie wissen nicht, was wahr ist. (…) Letzte Woche da war (der Slogan) ›Chaos‹. Sie sehen mich doch, hier gibt es kein Chaos. Kein Chaos. Ich bin derjenige, der jedem sagt, ruhig zu bleiben. Es gibt kein Chaos im Weißen Haus. (…) Das sind Fake News, mehr als falsche Nachrichten, es sind korrupte Nachrichten.« Als Trump dann noch einmal wiederholt, die Presse sei »sehr unehrlich«, sekundiert Reporterin Rion: »Mehr als unehrlich. Sie machen sich mit Staatspropaganda gemein.« Trump stimmt ihr zu: »Ich glaube auch. Sie schlagen sich auf Chinas Seite. Sie machen Dinge, die sie nicht machen sollten. Sie verbünden sich auch mit vielen anderen, China noch am wenigsten. Warum machen sie das? Das müssen Sie die fragen. Aber wenn wir ehrliche Medien hätten in diesem Land, dann wäre unser Land ein noch großartigerer Ort.«

Großartig ein Land, in dem es nur noch so etwas wie OANN oder Fox News gäbe? Die rechten Fernsehsender, Radio-Talkshows und Internetplattformen betätigen sich während dieser existenziellen Krise Amerikas als Giftspritzen und Brandbeschleuniger. Sie schüren Vorurteile und Hass und tragen aktiv dazu bei, dass am Ende wohl mehr Menschen am Coronavirus sterben, als es sonst der Fall gewesen wäre. Hier eine kleine Auswahl aus der Chronologie der geballten, pseudojournalistischen Dummheit, die die teils hanebüchenen Äußerungen des Präsidenten papageienhaft wiederholt oder sogar verstärkt und – leider – in weiten Teilen Amerikas auf fruchtbaren Boden fällt. Am 24. Februar – einen Tag nachdem innerhalb der Regierung das zweite Alarmmemo von Peter Navarro die Runde machte und der Präsident einmal mehr erklärt hatte, es sei alles unter Kontrolle – tönt der rechtsextremistische Radiotalker Rush Limbaugh: »Ich habe absolut recht, das Coronavirus ist die normale Erkältung, Leute. Das ist Übertreibung, dieses Dings sei eine Pandemie (…), ein ›oh mein Gott, wenn du es bekommst, bist du tot‹.« Am 27. Februar verkündet Moderator Sean Hannity auf Fox News: »Heute Abend kann ich berichten, dass der Himmel wirklich einstürzt, wir sind alle verdammt, das Ende ist nah, die Apokalypse steht bevor, und ihr werdet alle sterben, zumindest ist es das, was der Medienmob euch glauben machen will.« Dann wird neben ihm eine Zahl eingeblendet: »Null Menschen sind in den Vereinigten Staaten von Amerika am Coronavirus gestorben. Null.«

Am 28. Februar fachsimpelt der Fernsehtalker Geraldo Rivera: »Die weit tödlichere Bedrohung derzeit ist nicht das Coronavirus, es ist die ordinäre, alte Grippe. Menschen sterben jetzt gerade. Die Grippe ist hier, überall. Keiner ist bisher in den Vereinigten Staaten an dieser Krankheit gestorben, soweit wir wissen.« Am 2. März spielt der TV-Doktor und Liebesberater Drew Pinsky Prophet: »Es ist milder, als wir dachten. Die Sterblichkeitsrate wird fallen.« Am 6. März empfiehlt der Medizinkorrespondent von Fox News, Dr. Marc Siegel: »Das Virus sollte mit der Grippe verglichen werden, weil im schlimmsten, schlimmsten, allerschlimmsten Szenario könnte es wie die Grippe sein.« – »Es ist ein Virus – wie die Grippe. All das Gerede, dass das Coronavirus so viel tödlicher ist, hat nichts mit der Wirklichkeit zu tun«, sekundiert am 7. März Jeanine Pirro, ehemalige Richterin und republikanische Politikerin, in ihrer Fox-Talkshow *Gerechtigkeit mit Richterin Jeanine*.

Am 9. März erklärt Lou Dobbs, Fox-News-Moderator mit Vorliebe für Verschwörungstheorien: »Die nationalen links gerichteten Medien bauschen die Furcht vor dem Coronavirus auf.« Seine Kollegin Laura Ingraham sieht das an diesem Tag genauso: »Die Fakten sind tatsächlich ziemlich beruhigend. Aber man würde das nicht wissen, wenn man sich all das anschaut.« Am 10. März – als Donald Trump gerade versprochen hat, »es wird verschwinden« – stößt die konservative Moderatorin Tomi Lahren ins gleiche Horn: »Der Himmel fällt ein, weil wir ein paar Dutzend Fälle von Coronavirus auf einem Kreuzfahrtschiff haben? Ich sorge mich mehr, dass ich auf eine gebrauchte Drogenspritze trete, als dass ich Coronavirus bekomme. Aber vielleicht sehe ich das nur so.«

Am 13. März ermutigt die Fox-News-Moderatorin Ainsley Earhardt, die gern auch »Deep State«-Verschwörungstheorien verbreitet, die Amerikaner, doch wieder mehr mit Flugzeugen zu fliegen: »Jeder, den ich kenne, der jetzt fliegt, (bemerkt), die Terminals sind ziemlich tot. Und dann die Flugzeuge – erinnert ihr euch an die Zeit, als ihr möglicherweise einen leeren Sitz neben euch hattet und euch ein wenig ausstrecken konntet? So ist das jetzt auf jedem Flug.« Am 15. März empfiehlt der republikanische Kongressabgeordnete Devin Nunes: »Eine Sache, die du tun kannst, wenn du gesund bist, du und deine Familie, ist, einfach rauszugehen in ein lokales Restaurant. Da kommt man leicht rein.« Und am 18. März, am Tag nachdem Donald Trump erstmals signalisiert, dass es doch ernster ist (»Ich habe das schon für eine Pandemie gehalten, lange bevor es Pandemie genannt wurde«), behauptet auch der eifrigste Büchsenspanner von Fox News, Sean Hannity: »Diese Sendung hat das Coronavirus immer ernst genommen.«

Die Wirkung der unsachlichen, faktenfreien und verlogenen Programme, die mit sorgfältigem Journalismus nichts zu tun haben, ist fatal. Nach einer gemeinsamen Studie[47] von Forschern der Universitäten von Stanford, Harvard und New York von April 2020 gibt es »Belege für substanzielle Unterschiede zwischen Republikanern und Demokraten in ihren Überzeugungen bezüglich der strengen Einhaltung und Wichtigkeit von Social Distancing.« In Zusammenarbeit mit Microsoft hatten die Wissenschaftler anonymisierte Ortungsdaten von Mobiltelefonen aus dem ganzen Land ausgewertet und dabei festgestellt, dass die Missachtung des Abstandsgebots und der Ausgangssperren in genau jenen Regionen besonders groß war, die eher konservativ republikanisch geprägt sind. Besonders eindrucksvoll ist die Gegenüberstellung zweier Landkarten von Amerika. Die eine, auf der Gegenden mit geringer Einhaltung des Social Distancing in Rottönen markiert sind, ist fast deckungsgleich mit der Karte, die die republikanischen Hochburgen, vor allem im Landesinneren, bei der Präsidentschaftswahl 2016 ebenfalls in Rot darstellt. Die Ergebnisse bestätigen ähnliche Studien und jene interne Untersuchung, die Mitte März auch schon die Führung der republikanischen Partei veranlasst hatte, die Strategie im Kampf gegen das Virus zu überdenken.

Es ist deshalb kein Zufall, dass alle acht Bundesstaaten, die auch am ersten Aprilwochenende noch keine Geschäfts- und Schulschließungen angeordnet und ihre Bewohner nicht zum Daheimbleiben aufgefordert hatten, von republikanischen Gouverneuren geführt wurden. Die Regierungschefs von Georgia und Florida weigerten sich lange, die Strände an der Atlantikküste zu sperren, sodass Zehntausende von Studenten dort ihre Frühlingsferien feiern und das Virus in andere Teile Amerikas tragen konnten. In manchen Gegenden hatten auch demokratische Gouverneure in den ländlicheren, eher konservativ geprägten Landkreisen massive Probleme, die verhängten Ausgangssperren durchzusetzen, so zum Beispiel John Bel Edwards in Louisiana. Insbesondere einige evangelikale Gemeinden hielten sich nicht an das Versammlungsverbot und hielten Gottesdienste mit mehreren Hundert Teilnehmern ab.

Dabei stieg die Zahl der Todesopfer in Louisiana im März schneller an als in allen anderen Ländern der Welt, einschließlich Italien. Besonders betroffen war New Orleans mit rund einem Drittel der mehr als 700 Todesfälle bis Ostern 2020. Die Jazzmetropole erlitt die Folgen großer Menschenansammlungen in Zeiten von Corona, denn die Menschen hier hatten im Februar Mardi Gras gefeiert, gemeinsam mit Hunderttausenden von Touristen aus aller Welt. Einige brachten offenbar das Virus mit in den Karneval. Trotz Coronameldungen aus aller Welt hatte die Bürgermeisterin von New Orleans, LaToya Cantrell, die Party steigen lassen. Im Nachhinein machte sie die Trump-Regierung mit verantwortlich, weil die Sicherheitsbehörden grünes Licht gegeben hätten. Tatsächlich waren Vertreter von FBI, Heimatschutzbehörde und der staatlichen Gesundheitsaufsicht unmittelbar an den Planungen für das Happening beteiligt gewesen und hatten nur Maßnahmen zum Schutz vor Terroranschlägen empfohlen. Hätte die Regierung in Washington die Bedrohung durch das Virus Mitte Februar ernst genommen, wäre Mardi Gras mit hoher Wahrscheinlichkeit abgesagt worden.

Aber wenn Donald Trump eines nicht mag, dann sind das Schuldzuweisungen – jedenfalls, wenn sie gegen ihn gerichtet sind. Er selbst schiebt immer anderen die Verantwortung für sein eigenes Unvermögen zu. In der Coronakrise waren es zunächst die Demokraten und ihre Versuche, ihn des Amtes zu entheben. Dann waren es die demokratischen Gouverneure, während er gleichzeitig den Regierungschefs seiner eigenen Partei nicht einmal den Rat geben wollte, auch in ihren Bundesstaaten Ausgangssperren und Versammlungsverbote zu verhängen. Als Nächstes zielte Donald Trump dann auf seinen ungeliebten Vorgänger Barack Obama, der die Schuld an den Defiziten beim Nachschub an Schutzkleidung und Beatmungsgeräten trage: »Sie haben uns leere Schränke überlassen«, so der Präsident beim Taskforce-Briefing vom 6. April, »die Schränke waren leer. Sie kennen den Ausdruck ›der Schrank war leer‹, wir haben ein Materiallager übernommen mit einem leeren Schrank.« Trumps Vorwurf bezog sich auf die Strategische Reserve der Vereinigten Staaten, aber der Präsident verschwieg dabei, dass auch in seiner Regierungszeit die teilweise leeren Regale nicht wieder aufgefüllt wurden. Ein Teil der noch vorhandenen Beatmungsgeräte war übrigens defekt, weil die Trump-Administration 2018 die Wartungsverträge nicht verlängert hatte.

Um einmal mehr davon abzulenken, hatte Donald Trump dann am 7. April einen neuen Sündenbock gefunden, die Weltgesundheitsorganisation WHO. Im Taskforce-Briefing – bei 393 874 Fällen, 12 841 Toten – warf er der WHO vor, sie habe viel zu spät vor einer drohenden Pandemie gewarnt: »Sie haben falschgelegen. Sie haben es verpasst. Sie hätten Monate früher warnen können. Sie hätten es wissen können, und sie hätten es wissen sollen. Wahrscheinlich wussten sie es sogar.« Der Präsident der Vereinigten Staaten lieferte auch die passende Begründung: »Sie hatten frühzeitig viele Informationen, aber sie wollten nicht ..., sie schienen sehr chinazentriert zu sein.« Offenbar sah der Mann im Weißen Haus die WHO als verlängerten Arm Chinas bei dem Versuch, Amerika zu schaden. Trump kündigte an, die Finanzhilfen der USA vorerst auf Eis zu legen: »Wir schauen uns das sehr sorgfältig an und werden das Geld für die WHO einfrieren.« Der Präsident drohte in Wirklichkeit an jenem Tag mit einer Kürzung, die er längst in der zweiten Märzwoche in seinem Haushaltsentwurf für das Jahr 2021 vorgesehen hatte. Es war also nicht mehr als ein billiges Ablenkungsmanöver vom eigenen Versagen. Gleichzeitig stimmt es, dass die WHO in den ersten Wochen der Krise erstaunlich zurückhaltend und zahm gegenüber China war, aber bei Weitem nicht so devot wie Donald Trump selbst, der sich ja beim chinesischen Präsidenten Xi am 24. Januar für seine »Transparenz« bedankt und ihn sogar noch am 7. Februar als »stark, klug und machtvoll fokussiert« im Kampf gegen das Virus gelobt hatte. Tatsächlich hatte die WHO, wie bereits dargestellt, am 5. Januar und am 23. Januar eindringlich gewarnt und in ihrem Bericht von Mitte Februar, den amerikanische Experten des CDC mitverfasst hatten, die »sofortige Aktivierung der höchsten Stufe der nationalen Reaktionsmanagementpläne« gefordert. Aber die Trump-Administration hatte keinen »Reaktionsmanagementplan«, der die ganze Regierung und die ganze Gesellschaft mit einbezog. Wer also trägt Verantwortung für all das? Für die weit über 100 000 Todesopfer in den Vereinigten Staaten? Trumps Kritiker sagen, weil er nicht auf seine Berater gehört habe, seien die Zahlen deutlich höher, als sie hätten sein müssen. Der Präsident hatte Angst, dass die Menschen ihn auch verantwortlich machen für den Absturz der Wirtschaft. Über 40 Millionen Arbeitslose, eine Arbeitslosenrate von 15 Prozent. Für den Wahlkampf brauchte er dringend einen Sündenbock. Also gab er vor allem China die Schuld. Bei einer Pressekonferenz am 28. April – Amerika zählte 1 006 137 Fälle, 53 482 Todesopfer – sagte Trump: »Wir sind nicht glücklich mit China. Wir glauben, dass es an der Quelle hätte gestoppt werden können, schnell, dann hätte es sich nicht über die Welt verbreitet.«

Die US-Regierung behauptete, dass die chinesische Führung den inländischen Reiseverkehr aus der Provinz Hubei, in der Wuhan liegt, eingeschränkt, aber vier Millionen Chinesen erlaubt habe, während des Chinesischen Neujahrsfests international zu reisen. Das ist eine glatte Lüge, denn mit der Sperrung Wuhans am 23. Januar wurden auch alle Passagierflüge von dort eingestellt. Aber die Trump-Administration befeuerte die Welle der Empörung gegen China, das – noch einmal – eindeutig den Ausbruch in Wuhan zunächst vertuscht hatte und kritische Ärzte verschwinden ließ. Außenminister Pompeo behauptete, das Virus stamme aus dem staatlichen Forschungslabor in Wuhan. Belege blieb er schuldig. Sicher ist nur, dass der Erreger nicht künstlich erschaffen wurde. Trotzdem schossen die Verschwörungstheorien ins Kraut. China habe Biowaffen entfesselt, um der amerikanischen Wirtschaft zu schaden, so tönten rechte Stimmungsmacher im US-Wahlkampf. Auch Trump setzte auf China als Feindbild und stachelte die Demonstranten gegen die Ausgangssperren im Land noch an. Viele sahen in Ausgangssperren und Geschäftsschließungen Vorboten von Sozialismus und Kommunismus. Per Twitter rief der Präsident dazu auf, Wisconsin, Michigan und Virginia, Bundesstaaten mit demokratischen Gouverneuren, zu »befreien«, und pries einige der schwer bewaffneten Demonstranten als »sehr gute Leute«, mit denen man doch verhandeln solle.

Hinter den Aufrufen zu den Protesten in den Sozialen Medien standen geschlossene Facebook-Gruppen von Waffenrechtsaktivisten, flankiert von glühenden Trump-Fans, die an Verschwörungstheorien glauben. Trump wusste sehr wohl, welche Geister er dabei rief. Weil er auch auf sie – und das ist brandgefährlich – im Kampf um den Machterhalt setzen will. Im Mai 2020 sprach ich mit Stewart Rhodes, dem Anführer jener Miliz namens Oath Keepers, die uns im Oktober 2019 bei Trumps Wahlkampfkundgebung in Dallas begegnet war. Rhodes sah in der Pandemie einen Angriff auf die Vereinigten Staaten und ihren Präsidenten:»Es ist definitiv eine Biowaffe, im Labor erschaffen. Ich weiß nicht, ob es absichtlich oder versehentlich freigesetzt wurde. Aber es ist ein menschengemachtes Virus, das jetzt genutzt wird, um das durchzusetzen, was Bill Gates will, nämlich dass wir alle überwacht werden, zu Impfungen gezwungen werden. Du darfst nicht arbeiten, nicht fliegen, nicht zur Schule gehen, wenn du nicht geimpft bist. Wenn du nicht genehmigt bist, darfst du dein Haus nicht mehr verlassen.« Wenn man ihm so zuhört und dann daran denkt, dass Rhodes in seiner Miliz 30 000 bewaffnete Mitglieder hat, wird einem die Gefahr für den Frieden in Amerika bewusst.»Könnten die Proteste in Gewalt ausarten?«, fragte ich.»Ja, die Gefahr gibt es hier im Land, besonders weil die Menschen erkennen, dass sie entrechtet werden«, so Rhodes,»es gibt bereits einen pulsierenden Krieg zwischen Linken und Rechten, deswegen ist das hier ein Pulverfass.« An dem der Präsident weiter eifrig zündelte.

Wegen Trump überhörten immer mehr Menschen die Warnungen der Wissenschaftler. Die Strände und Geschäfte füllten sich. Als zwei enge Mitarbeiter des Präsidenten positiv getestet wurden, verhängte Trump eine Maskenpflicht im Weißen Haus. Alle hielten sich daran, bis auf einen: Trump. Der Präsident gefährdete andere und sich selbst. Einmal behauptete er sogar, dass er seit Wochen das gefährliche Malariamittel Hydroxychloroquine einnehme. Ein andermal sinnierte er bei einer Pressekonferenz über die abstrusesten Behandlungsmethoden. Vielleicht könne man ja Licht durch die Haut in menschliche Körper hineinstrahlen:»Angenommen, wir treffen den Körper mit einem gewaltigen – ob nun ultravioletten oder sehr starken – Licht, und sie sagten, dass das zwar noch nicht geprüft wurde, aber dass sie es jetzt testen werden.« Trumps medizinische Beraterin, Dr. Deborah Birx, hörte schweigend zu. Und dann noch eine Idee: »Dann gibt es ja diese Desinfektionsmittel, die das Virus in einer Minute ausschalten. Gibt es eine Möglichkeit, etwas zu machen durch eine Injektion, beinahe wie ein Durchreinigen?« Das solle man doch mal testen. Da wehte, man wagt es kaum auszusprechen, ein Hauch von Mengele durch den Briefing-Raum des Weißen Hauses. Ich schreibe das, weil tatsächlich ein Arzt und Trump-Fan in einem Altenheim in Texas bei 39 Covid-19-Patienten das vom Präsidenten im März angepriesene angebliche Wundermittel Hydroxychloroquin injizierte, nur um zu sehen, was passiert. Es war kein klinischer Test. Weil kein Patient starb, fühlte er sich bestätigt, obwohl mittlerweile mehrere Studien belegen, dass das Medikament wegen tödlicher Nebenwirkungen gefährlich ist. Würde also jetzt irgendein Arzt, der seinem Präsidenten treu ergeben ist, seinen Coronapatienten auch Desinfektionsmittel injizieren? Experimente machen wie einst der berüchtigte KZ-Arzt Josef Mengele im Dritten Reich?

Man fragte sich, warum Trumps Beraterin, die Ärztin Deborah Birx, bei der Pressekonferenz nicht ans Mikrofon trat und sagte: »Mit Verlaub, Herr Präsident, Sie sind eine Gefahr für dieses Land, und ich trete hiermit zurück – aus Respekt vor der Wahrheit und meinem Eid, der mich verpflichtet, Menschen vor Schaden zu bewahren.« Angesehene Wissenschaftler machten sich zu Lakaien eines Präsidenten, der gar nicht merkt, was er da anrichtet. Im Gegenteil – Donald Trump war stolz auf sich. Am 13. April 2020 stand er vor den Journalisten im Weißen Haus und führte einen säuberlich montierten Film all seiner großartigen Leistungen vor. An den Stellen mit besonders viel Lobpreis für ihn deutete er mit dem Finger auf den großen Bildschirm, wendete sich zu den Medien, nickte und lächelte. Das sollten sie bitte schön berichten, statt zu behaupten, er habe gezögert und versagt. Aber in dem Video fehlten mehrere Wochen zwischen dem 6. Februar und 2. März. »Was haben Sie im Februar gemacht?«, fragte meine CBS-Kollegin Paula Reid. »Viel, wir geben Ihnen eine Liste«, blaffte der Präsident zurück, »und ein Teil war ja gerade zu sehen.« – »Aber da war doch ein Loch?«, fragte sie. Der Präsident holte Luft und polterte: »Sie wissen, dass Sie ein Fake sind, so wie Ihre Berichterstattung.« Das einzige Fake im Raum war seine Version der

Geschichte, mit der er verschleiern wollte, dass er versagt hatte. Trump selbst hatte vor seiner Zeit als Präsident, am 8. November 2013, einmal getwittert: »Führung: Was immer passiert – du bist verantwortlich. Wenn es nicht passiert – du bist verantwortlich.« Ein Präsident, der immer alles besser wusste; der China mehr glaubte als den eigenen Geheimdiensten; der seinen Experten in den Rücken fiel und den Keil ins Land noch tiefer trieb – sein Präsident ist unverantwortlich.

Der Kampf um die Seele der Nation

»Unser Glaube diktiert, dass wir alle gleichwertig sind in den Augen unseres Schöpfers und deshalb auch in unseren Augen untereinander«, diese Worte von Evan McMullin klingen feierlich und düster zugleich, denn er fährt fort, »wenn wir nicht alle gleich sind, dann wäre keiner von uns frei. Dann wäre unsere Freiheit den Launen von Tyrannen und des Mobs überlassen, die dann entscheiden, wer mehr oder weniger wert ist, wer endlose Privilegien genießt statt angeborene Rechte.«

Unser Team ist zu Besuch beim Widerstand in der republikanischen Partei, gewissermaßen dem »kleinen gallischen Dorf«, das sich gegen den überwältigenden Trumpismus wehrt. Einige Dutzend namhafter Republikaner haben sich im Nationalen Presseklub der amerikanischen Hauptstadt versammelt, um dem aus ihrer Sicht prinzipienlosen Trumpismus einen prinzipientreuen Konservatismus entgegenzusetzen. Evan McMullin ist einer der Organisatoren der Konferenz. Der ehemalige CIA-Agent war bis Juli 2016 der politische Direktor der republikanischen Fraktion im Repräsentantenhaus, bevor er als unabhängiger Präsidentschaftskandidat antrat, um einen Wahlsieg von Donald Trump zu verhindern. Er ist Mitbegründer von »Stand Up Republic« (»Steh auf, Republik«), einer Sammlungsbewegung für Trump-Kritiker im konservativen Spektrum. Die Teilnehmer der Protestveranstaltung, darunter viele ehemalige Unterstützer der Reagan- und der Bush-Regierungen, halten Donald Trump für eine existenzielle Bedrohung für die Seele ihrer Partei und den Bestand der amerikanischen Republik.

Mit dabei ist Bill Kristol, einer der Vordenker der rechtskonservativen Bewegung in den Neunzigerjahren. Er zählte mit dem ehemaligen Verteidigungsminister und späteren Vizepräsidenten Dick Cheney zu den einflussreichsten Mitgliedern des »Project for A New American Century«, das Kriege gegen Schurkenstaaten wie Iran, Irak und Nordkorea propagierte, um Amerikas Vormachtstellung in der Welt für das 21. Jahrhundert zu sichern. Als Mitbegründer des Magazins *The Weekly Standard*, das von dem Medienmogul Rupert Murdoch finanziert wurde, trug Kristol zur Entwicklung einer Vielzahl von rechten Medienplattformen, darunter Zeitungen und Talkradios bei, die als Sprachrohr der republikanischen Partei im Kampf gegen die vermeintlich linksliberalen Massenmedien in Amerika dienen sollten. Auch der rechte Fernsehsender Fox News, ebenfalls ein Projekt des australisch-amerikanischen Milliardärs Murdoch, entstammt den Überzeugungen, die Kristol wesentlich beeinflusst hat. Heute gruselt es ihn vor der wachsenden Demagogie im linken und im rechten politischen Spektrum, die er selbst einst mit befeuert hat. Jetzt steht Kristol vor den Zuhörern im National Press Club und erinnert an die Rede Abraham Lincolns, in der dieser 1838 vor dem Aufstieg eines Despoten gewarnt und alle Amerikaner aufgerufen hatte, Verfassung und Rechtsstaat zu verteidigen. »Dies ist ein ernster Moment, nicht nur, weil wir besonders diesen Präsidenten und seine Tweets nicht mögen«, so Kristol, »es ist ein echter Moment für den Charakter des amerikanischen Systems und für das, was uns › besonders ‹ gemacht hat.« Es ist eine Hommage an den Exzeptionalismus, wie er in den berühmten Worten von der »leuchtenden Stadt« Ronald Reagans zum Ausdruck kam. Die Konservativen Amerikas waren immer von dieser besonderen, herausgehobenen Bedeutung ihrer Nation gegenüber anderen überzeugt und haben auch ihre Außenpolitik danach gestaltet: »Wie viele Male in der Geschichte der Welt hat die mächtigste Nation der Erde nicht einfach für eigene Zwecke, sondern immer wieder – mit mehr oder auch weniger Erfolg – versucht, Menschen dabei zu helfen, ein vergleichbar anständiges Leben, eine anständige Regierung und anständige Chancen zu ermöglichen, mit denen wir hier in Amerika gesegnet sind.«

Zu diesem Ideal passt natürlich nicht eine Politik, die ausschließlich auf den Vorteil Amerikas und vor allem den Vorteil des eigenen Präsidenten bedacht ist. Der Trumpismus, so Kristol, sei ganz anders als der traditionelle amerikanische Konservatismus: »Er instrumentalisiert zwar bestimmte Aspekte der konservativen Bewegung, aber er unterscheidet sich sehr im Ton, im Geist und in der tatsächlichen Politik vom Konservatismus Ronald Reagans. Er hat den amerikanischen Konservatismus auf eine Weise verändert – hoffentlich nicht dauerhaft –, dass dies sehr schlecht ist für Amerika und die Welt.« Der Trump-Gegner vergleicht die Situation mit der in Europa in den Dreißiger- und Vierzigerjahren. Sein Land befinde sich an einer Weggabelung zum Autoritarismus: »Eine zweite Amtszeit von Trump ist gefährlich«, sagt Kristol uns im Interview, »in Bezug auf Amerikas Führungsrolle in der Welt und Amerikas Innenpolitik wäre ein Sieg Trumps schlimm, denn es würde den Trumpismus zementieren.« Evan McMullin pflichtet ihm bei: »Trumpismus ist eine Philosophie, die nur einem Mann dient. Es ist keine wirklich politische Ideologie oder ein Regierungskonzept. Der Trump-Administration geht es nur um Trump: ihn zu ermächtigen, ihn und seine Familie zu bereichern, wie bei jedem aufstrebenden autoritären Regime in der Welt. Aber darin spiegeln sich eben nicht unsere Werte.«

Aber was ist das eigentlich, der Konservatismus der republikanischen Partei, der offenbar im Trump-Wahn untergegangen ist? Es ist der Kern dessen, was die Idee Amerika über Jahrhunderte ausgemacht hat, die Überzeugung, dass jeder Mensch ein großes Potenzial in sich trägt, nach Freiheit, Sicherheit, Wohlstand und Glück strebt. Für dieses Streben soll Politik die Rahmenbedingungen schaffen, Chancen ermöglichen, ohne zu sehr in die individuelle Freiheit des Einzelnen einzugreifen. Im Gegenteil, die Freiheit eines jeden, sich gemäß seiner Einzigartigkeit, gemäß seiner Leidenschaften, seiner Talente und Vorlieben zu entfalten, ist eine Grundvoraussetzung dafür, dass auch das große Ganze, die Gemeinschaft im unmittelbaren Umfeld, die Gesellschaft eines Landes, die Bündnisse auf internationaler Ebene und die gesamte Menschheit vorankommen. Der Fortschritt der Welt ist abhängig vom Grad dieser Freiheiten. Dafür, so Evan McMullin in einer flammenden Rede vor den Abweichlern innerhalb der republikanischen Partei, gebe es einen »Vertrag zwischen den Regierenden und den Regierten, dass alle Menschen gleich sind unter dem Gesetz«.

Genau in diesem Punkt weicht der Trumpismus am weitesten von einem prinzipiengeleiteten Konservatismus ab, weil sich der Präsident und seine willfährigen Helfer in der Regierung und in der republikanischen Partei »über dem Gesetz« stehend wähnen und damit den Vertrag zwischen Regierenden und Regierten brechen. Ein Beispiel: Ohne freie, faire und geheime Wahlen, in denen jede Einmischung von außen, jede Einwirkung und Manipulation durch fremde Mächte ein Angriff auf die amerikanische Demokratie ist, wird die Rechenschaftspflicht des gewählten Anführers gegenüber dem eigentlichen Souverän, dem Volk, unterlaufen. Donald Trump und seine republikanische Partei haben, wie bereits gezeigt, offenbar kein Problem damit, zu einer Einflussnahme durch andere Länder geradezu einzuladen, solange es ihre Wahlchancen erhöht. Es gibt zahlreiche weitere Punkte, in denen Donald Trump in seiner Politik, seinem Verhalten und seiner Rhetorik konservative Grundprinzipien verletzt. Die Herabwürdigung von Menschen, die wirtschaftliche und rechtliche Benachteiligung von Minderheiten, die Missachtung der Gewaltenteilung in der amerikanischen Demokratie und die rücksichtslose Ausbeutung der Natur ohne jedes Verantwortungsgefühl für den Erhalt des Planeten für künftige Generationen widerspricht den Idealen des Konservatismus, dessen Bezeichnung ja vom lateinischen Wort »conservare« – »bewahren« – stammt.

Die beschriebenen Prinzipien richten sich nicht nach nationaler oder ethnischer Herkunft oder den persönlichen, politischen und religiösen Überzeugungen des Einzelnen. Um dies zu gewährleisten, gibt es in den USA das System der »Checks and Balances«, in dem die unterschiedlichen Institutionen und Gruppen des Staates in ihrer jeweiligen Bedeutung unverzichtbar und sich gleichzeitig gegenseitig rechenschaftspflichtig sind. Die Macht ist verteilt zwischen nationaler und bundesstaatlicher Verantwortung, zwischen den drei Gewalten Parlament, Regierung und Gerichten, zwischen politisch Mächtigen und der freien Presse, die ihre Arbeit kritisch begleitet, und zwischen den Bürgern und ihren gewählten Vertretern. Jeder Missbrauch von Macht in diesem fein austarierten System ist ein Angriff auf seine Grundlage, die amerikanische Verfassung. Deshalb ist die Auseinandersetzung mit dem Trumpismus wirklich ein Kampf um den republikanischen Konservatismus und um die Seele Amerikas. Es geht darum, dass demokratische Prinzipien wichtiger sind als eine Partei oder eine Person. Es geht darum, dass politisch Andersdenkende keine Feinde sind, sondern gleichberechtigte Teilnehmer in einem Wettbewerb der Ideen auf der Suche nach echten Lösungen für die Herausforderungen der modernen Welt. Es geht um einen prinzipiengeleiteten Konservatismus zum Wohl aller Menschen.

Aber wie soll das gehen angesichts eines Mannes im Weißen Haus, der nach dem Freispruch im Amtsenthebungsverfahren der wohl mächtigste Präsident der Vereinigten Staaten von Amerika in der jüngeren Geschichte ist? In der Außen- und Innenpolitik handelt er so, als wäre er ein König, ein Alleinherrscher, vor dessen Aufstieg Abraham Lincoln ja selbst einst gewarnt hatte. Die Grand Old Party Lincolns ist so sehr zu einem Kult um eine Person geworden, dass Bill Kristol öffentlich fordert, alle Amerikaner, auch er, müssten ab sofort und bis zur Wahl im November Demokraten sein, um diesen Präsidenten abzuwählen: »Vermutlich nicht für immer, vielleicht nicht mal für einen Tag nach dem 3. November 2020; nicht bei jedem Thema und auch nicht in jeder Form bis dahin«, so schrieb Kristol auf Twitter. »Aber bis auf Weiteres muss man sagen: Wir sind jetzt alle Demokraten.«

»Welchen Rattenschwanz interessiert schon, was Bill Kristol und die anderen Witzfiguren denken«, poltert John Fredericks, als wir ihn nach dem republikanischen Widerstand gegen Donald Trump fragen. Fredericks ist ein Radiomoderator, der mit seiner Talkshow durchs Land reist und deshalb, wie er sagt, bestens wisse, was das amerikanische Volk wirklich wolle. Die Mainstream-Medien verbreiteten ja eh nur Lügen. Wir sind bei der Conservative Political Action Conference (CPAC), der Tagung von konservativen Organisationen, Verbänden und Vereinen, die alljährlich rund 20 000 Menschen nach Washington bringt. Jeder Teilnehmer zahlt eine Gebühr zwischen 300 und 6000 Dollar, je nachdem, wie nah er bei der dreitägigen Konferenz an seine politischen Vorbilder, darunter Kongressabgeordnete und Regierungsmitglieder, herankommen will. Auf den Fluren des Luxushotels vor den Toren der amerikanischen Hauptstadt haben rechte Talkradios und Internetportale von *Breitbart* bis zur *Epoch Times* ihre Stände aufgebaut, ebenjene Propagandamaschine gegen den angeblich linksliberalen Zeitgeist, die Bill Kristol einst mit erschaffen hatte. Viele dieser Plattformen verbreiten zahlreiche Lügen, eingebettet in unbestreitbare Fakten, sodass es schwierig ist, die Falschmeldungen von der wahrhaftigen Berichterstattung zu unterscheiden. In diesen Tagen Ende Februar 2020 beteiligen sie sich vor allem am Versuch der Trump-Administration, die Gefahren durch das Coronavirus herunterzureden. Die sehr ernsten Warnungen der US-Seuchenbehörde CDC werden einfach übergangen, gleichzeitig verbreiten manche Moderatoren auch wilde Verschwörungstheorien.

Trucking the Truth – »die Wahrheit anliefern«, so nennt John Fredericks seine Show, mit der er möglichst viele Menschen für Donald Trump begeistern will. Auch er ist fest davon überzeugt, dass die Mainstream-Medien Lügen verbreiten, um dem Präsidenten zu schaden: »Die lügen, das ist Fakt. Sie erfinden Dinge und verfälschen sie. Sie drucken keine guten Nachrichten oder reden nicht über die guten Dinge, die Präsident Trump macht. Und dann verbreiten sie ein Narrativ, dass Trump einfach schlimm ist.« Ich frage John, wie er denn eigentlich an die Informationen kommt, über die er dann in seiner Radio-Talkshow redet. »Ich suche nach der Wahrheit«, erzählt er voller Stolz. »Ich verbringe eine Woche in Iowa und New Hampshire und South Carolina, rede mit den Wählern und den Kandidaten. So bekommen wir Informationen, die kein anderer hat. Du musst rausgehen und auf die altmodische Weise arbeiten. Die anderen Medien sind eben nur faul. Sie sitzen im Studio, lesen Zeitungen, schauen fern und nehmen dann das Narrativ, das sie da finden.«

Mit dieser Annahme liegt John Fredericks bei der überwältigenden Mehrheit unserer Kollegen bei den großen Fernseh- und Radiosendern und den seriösen Zeitungen und Zeitschriften sicherlich falsch. Ihre Reporter sind im ganzen Land unterwegs, recherchieren sorgfältig und berichten ohne politische Voreingenommenheit. Aber wenn sie dann Andersdenkenden in der republikanischen Partei, wie Bill Kristol oder Evan McMullin, die Gelegenheit geben, ihre Kritik an Donald Trump zu äußern, dann regt das John Fredericks mächtig auf: »Wen kümmert das schon. Die stehen für 1 bis 2 Prozent. Es gibt keine Spaltung. Die sind lächerlich. Die lagen von Beginn an falsch bei Trump, diese verwöhnten

Heulbabys.« Die Republikaner seien jetzt »die Partei Trumps und seiner Politik des ›America First‹«.

Ein paar Meter weiter begegnet uns Sean Spicer, der ehemalige Sprecher des Weißen Hauses. Auch er empfiehlt, die »prinzipientreuen Konservativen« einfach zu ignorieren: »Schaut euch hier um, alles ausverkauft. Die Veranstaltung wird größer und größer. So viel Energie im Raum und Vielfalt. Da müssen wir uns über die keine Sorgen machen. Nein, die haben uns auch beim letzten Mal nicht unterstützt, und wir werden wieder ohne sie erfolgreich sein.« An jeder Ecke beim CPAC-Treffen erinnern Plakate und Schilder an den vermeintlich guten Zweck dieser Zusammenkunft: »America vs. Socialism« steht da, der Schlachtruf für das Wahljahr 2020. Demnach steht die Zukunft des Landes auf dem Spiel, wenn die Demokraten mit linken Kandidaten ihren geliebten Präsidenten aus dem Amt werfen könnten. Tatsächlich tummeln sich auf den Fluren des Hotels ausschließlich Fans von Donald Trump. Sie jubeln ihm zu, es hat fast etwas von Anbetung, als er an diesem Samstag vor der Menge spricht und dabei seine politischen Gegner wieder einmal wüst beschimpft. Senator Mitt Romney, der einzige Republikaner, der im Kongress für eine Amtsenthebung Trumps gestimmt hatte, bezeichnet er als »Abschaum«. Seine Fans lieben ihn dafür.

»Präsident Trump ist ein echter Mann, er hat großartige Arbeit geleistet«, so sagt uns Mike Furey im Brustton der Überzeugung und fügt hinzu, »er ist ein Mensch, und wir machen auch mal Fehler, manchmal sind wir ein wenig rau, aber ich liebe diesen Kerl.« Kein Zweifel, Mike ist ein glühender Anhänger von Donald Trump, und genau deshalb unternimmt er selbst etwas. Mike baut mit an der Mauer zu Mexiko. Mit seinem Bauhelm auf dem Kopf und der grellen Signalweste wirkt er ein wenig deplatziert in diesem Luxushotel. Stolz zeigt uns Mike Fotos von den Mauerabschnitten, die er mit seinen Leuten auf Privatgrundstücken in Texas und New Mexiko errichtet hat. Bisher seien es schon vier Meilen, streng nach den Vorgaben der amerikanischen Grenzschutzbehörde konstruiert und komplett aus Spenden bezahlt, mehr als 30 Millionen Dollar von rund 400 000 Spendern. Dieses Wahljahr sei von allergrößter Bedeutung, weil es gewissermaßen um die Wurst gehe; die Sozialisten wollten den Menschen Benzin, Steaks, Eier und Butter wegnehmen. »Die sind völlig gestört. Sie wollen einfach Geld drucken und mit irgendeinem Super-Start-up schnell reich werden. Die sollten sich selbst erst mal einen Job beschaffen, arbeiten und im wahren Leben ankommen.« Es ist eine tiefe Verachtung für alle, die nicht Donald Trump für den größten Präsidenten aller Zeiten halten, anders als Mike: »Er hat diesem Land Männlichkeit und Vertrauen zurückgebracht. Die Menschen stehen auf und gehen zur Arbeit. Ich bin einer davon, um vier Uhr morgens, sieben Tage die Woche. Die Wirtschaft läuft super.« Dann wird Mike richtig wütend: »Wir haben dieses kleine Problem mit dem Coronavirus-Kram, nur 60 bis 70 Fälle im Land, und schon sind alle in Panik. Das ist nicht die Schuld des Präsidenten. Werdet erwachsen, kotzt euch aus, ihr seid eine Schande, ihr Sozialisten.«

Die Rhetorik des Präsidenten hat offenbar abgefärbt auf seine Anhänger, die seiner Politik unkritisch folgen. Das steht in starkem Kontrast zu Donald Trumps Auftritt bei CPAC vier Jahre zuvor. Damals war er noch ausgepfiffen und ausgebuht worden. Das sei jetzt ganz anders, meint John Fredericks: »Trump und seine Unterstützer haben die republikanische Partei und CPAC übernommen, sie gehören ihm, weil er eine Bewegung repräsentiert und eine Ideologie, die die Menschen verstehen und die effektiv ist.« Fredericks ist überzeugt, dass die Selbstaufgabe der Partei über eine zweite Amtszeit Donald Trumps andauern wird. Erst dann, im Jahr 2024, werde es zur »großen Schlacht« bei den Republikanern kommen. »Wie in *Star Wars* schlägt dann das Imperium zurück. Das Establishment wird versuchen, seine Partei zurückzuerobern, in einer epischen Schlacht.«

Nein, die epische Schlacht findet jetzt schon statt, es ist der Kampf um die Seele Amerikas. Und der Irrsinn, mit dem Trump und seine Anhänger ihn führen, erinnert an die schon erwähnten Worte von Präsident Woodrow Wilson aus dem Jahr 1918: »Hunger erzeugt keine Reform. Er erzeugt Wahnsinn und all die hässliche Wut, die ein geordnetes Leben unmöglich macht.« Und eben dieser Hunger ist in der Amtszeit von Donald Trump nicht geschrumpft, sondern gewachsen – sogar unabhängig von den katastrophalen Folgen der Coronakrise.

Amerikas Bruttoinlandsprodukt ist seit 1980 um 79 Prozent gestiegen – dabei sind das Bevölkerungswachstum und die Inflation mitberücksichtigt. Im gleichen Zeitraum wuchs das Einkommen der unteren Hälfte der arbeitenden Bevölkerung in den USA nach Steuern nur um 40 Prozent. Für die Gruppe der mittleren Einkommen betrug die Steigerung 50 Prozent. Gleichzeitig schoss aber das Einkommen der Reichsten 0,01 Prozent der arbeitenden Bevölkerung um 420 Prozent in die Höhe. Die *New York Times* hat die Folgen dieser Entwicklung in einem Artikel vom 10. April 2020 einmal an konkreten Zahlen anschaulich gemacht.[48] Wenn sich von 1980 bis heute die Verteilung des Bruttoinlandsprodukts auf die Einkommensgruppen nicht wesentlich verändert hätte, also der Anstieg in allen Gruppen parallel verlaufen wäre, dann hätte jeder amerikanische Haushalt der unteren 90 Prozent der Verdienenden heute und in jedem Jahr 12 000 Dollar mehr zur Verfügung. Fragte man die Menschen, die 1980 geboren wurden, ob sie heute, mit 40 Jahren, mehr verdienen als ihre Eltern im gleichen Alter, könnten nur 50 Prozent von ihnen mit »ja« antworten. Zum Vergleich: Von denen, die im Jahr 1940 geboren wurden, konnten im Jahr 1980 insgesamt 92 Prozent sagen, dass sie mehr verdienen als ihre Eltern damals.

Das sieht bei den Reichen Amerikas ganz anders aus. Die oberen 0,1 Prozent in der Einkommensskala besitzen fast 20 Prozent des Privatvermögens in den USA und haben damit so viel wie die unteren 85 Prozent der Amerikaner. Besonders hart ist es für die junge Generation unter 35 Jahren. Der Nettowert ihres gesamten Vermögens heute liegt um 40 Prozent niedriger als für die gleiche Altersgruppe im Jahr 2004. Auch im Vergleich zwischen der weißen und der schwarzen Bevölkerungsgruppe hat sich der Graben vertieft. Während der mittlere Wert des Privatvermögens von Weißen im Jahr 1992 etwa siebenmal so hoch lag wie der von Schwarzen, liegt er heute zehnmal so hoch. Die durchschnittliche Lebenserwartung der Amerikaner ist in den vergangenen zehn Jahren deutlich gefallen, insbesondere bei Menschen aus niedrigen Einkommensgruppen. In den USA liegt der Wert deutlich unter 79 Jahren. Zum Vergleich: In Frankreich und Kanada liegt er bei fast 82 Jahren. Wesentliche Gründe dafür sind ein völlig überteuertes Gesundheitssystem, fehlende Krankenversicherung besonders bei Geringverdienern und die sogenannten »Tode aus Verzweiflung«, wie die *New York Times* schreibt. Die Zahl der Menschen, die sich das

Leben nehmen, an Alkohol- oder Drogensucht sterben, hat sich bei Erwachsenen ohne Hochschulabschluss seit Anfang der Neunzigerjahre verdreifacht. Schrumpfende Einkommen und Existenzängste haben auch Auswirkung auf die sozialen Strukturen. Nur 29 Prozent der Amerikaner mit niedrigem Einkommen sind verheiratet, gegenüber 77 Prozent Verheirateten in den oberen Einkommensgruppen. 23 Prozent der Kinder in den USA wachsen mit nur einem Elternteil im gleichen Haushalt auf. Im Bildungsbereich ist die gute Nachricht, dass in den vergangenen Jahren immer mehr Kinder aus Haushalten mit mittlerem und niedrigem Einkommen eine weiterführende Schule, ein College oder eine Universität besuchen. Aber die Zahl der Hochschulabschlüsse ist nicht im gleichen Maß angestiegen. Das bedeutet, dass viele ihren Abschluss nicht schaffen oder sich nach einiger Zeit die wachsenden Studiengebühren nicht mehr leisten können. Wenn sie abbrechen oder scheitern, müssen sie dennoch ihre Kredite für die teure Ausbildung abzahlen. Da ist es kein Wunder, wenn eine deutliche Mehrheit der Amerikaner – 56 Prozent – der Meinung ist, dass das Land sich in die falsche Richtung bewegt. Nur 37 Prozent sind mit den Perspektiven zufrieden.

Die tiefe ökonomische und damit auch soziale Ungerechtigkeit hat die politische Landschaft der Vereinigten Staaten in den vergangenen Jahren schon massiv beeinflusst und den Aufstieg populistischer Strömungen ermöglicht. Donald Trump ist die logische Folge dieser Entwicklung. Die Coronakrise hat die Lage nun noch einmal dramatisch verschärft, weil sie genau jene in der Gesellschaft am härtesten trifft, die auf mehrere Jobs angewiesen sind, um das Überleben für sich und ihre Familien zu ermöglichen. Das gilt vor allem für Minderheiten in den USA, insbesondere Schwarze und Latinos. Bereits bei einer ersten Auswertung der Zahl der Todesopfer während der Pandemie im April zeigte sich, dass 42 Prozent der rund 13 000 Toten landesweit zu diesem Zeitpunkt Afroamerikaner waren, obwohl sie einen Anteil von nur 21 Prozent der Gesamtbevölkerung ausmachen. Unter den Todesopfern in Louisiana sind 70 Prozent Schwarze bei einem Bevölkerungsanteil von 32 Prozent. In Illinois 41 Prozent der Coronatoten, bei 15 Prozent Anteil an der Bevölkerung. Covid-19 ist der perfekte Sturm für

Schwarze und Latinos, die meist ein niedriges Einkommen und keinen Zugang zu Tests haben. Die Minderheiten sind in den USA besonders in jenen Berufen überrepräsentiert, die in der Coronakrise an vorderster Front standen, also Krankenpfleger, Reinigungskräfte, Busfahrer, Angestellte im Supermarkt. Hinzu kam, dass viele Mitarbeiter im Niedriglohnsektor keine Krankenversicherung haben und wegen möglicher Vorerkrankungen wie Diabetes und Herzleiden sowie wegen Übergewichts aufgrund schlechter Ernährung zu den Risikogruppen zählten – auch das eine Erklärung für die hohe Zahl der Todesopfer. Aber die ärmeren Bevölkerungsgruppen in den USA traf die Pandemie gleicht doppelt. Denn viele verloren ihre Arbeitsplätze.

Aber blenden wir die Pandemie mit weit über 150 000 Toten und ihren Folgen mit einem Totalabsturz der Wirtschaft und Staatsschulden in nie da gewesener Höhe einmal kurz aus, um die Frage zu beantworten, ob Donald Trump auch ohne sie wiedergewählt würde. Als er seinen Wahlkampf im Sommer 2019 formell startete, war ich fest davon überzeugt. Denn er verkaufte den Menschen geschickt, dass er halt noch ein paar Jahre mehr brauchen würde, um Amerika wieder »great« zu machen. Seine Auftaktveranstaltung hatte er mitten ins Feindesland gelegt, Orlando, Florida. Die Stadt der Disney- und sonstiger Vergnügungsparks ist eigentlich eine Hochburg der Demokraten, die Trump eben, wie uns Medien, als »Feinde des Volkes« bezeichnet. Zehntausende jubelten ihm zu, angereist aus den republikanischen Gebieten in Florida und anderen Bundesstaaten. Amerikanische Flaggen, Konfetti und viel Pathos sollten überdecken, dass Trump einer der unpopulärsten Präsidenten aller Zeiten ist, seine Zustimmungsrate lag da nach Umfragen gerade mal bei 44 Prozent. Selbst seine eigenen Meinungsforscher hatten ihm das vertraulich mitgeteilt und es dann doch dummerweise an die Öffentlichkeit durchsickern lassen. Das regte den Mann im Weißen Haus so sehr auf, dass er einige seiner Experten feuern ließ.

Und doch: Nach damaligem Stand würde Donald J. Trump wiedergewählt werden, davon war ich überzeugt. Warum, das mag für Interessierte rund um den Erdball schwer verständlich sein. Doch die harte Wahrheit lautet: Viele Wähler würden ihn gerade deswegen wählen, *weil* er so ist, wie er ist: laut, polternd, unfair, selbstverliebt, arrogant und unanständig. Er lügt, dass sich die Balken biegen, und Regeln lässt er für sich nicht gelten, bestenfalls für alle anderen. Das alles ist weiter gefragt in Amerika, weil vieles – ob mit oder ohne Trump – im Land so ist, dass man schreien möchte. An erster Stelle die Kluft zwischen Arm und Reich, die mittlerweile so groß ist, dass selbst Megawohlhabende wie Ray Dalio, Mitbegründer des Hedgefonds Bridgewater, öffentlich sagen: »Der Kapitalismus ist kaputt.«[49] Man müsse ihn dringend reparieren und dafür sorgen, dass nicht nur ein paar wenige, sondern möglichst viele von ihm profitierten. Deshalb hatten sich zahlreiche Unternehmenslenker großer Konzerne im Sommer 2019 für einen neuen, »verantwortungsvollen Kapitalismus« ausgesprochen. Denn auch ihnen ist bewusst, dass die weitergehende Spaltung der Gesellschaft ein hohes Risiko für die Zukunft der Vereinigten Staaten ist. Selbst einige Senatoren und Abgeordnete der Republikaner teilen diese Ansicht inzwischen und wissen, dass man am Wirtschaftssystem der USA etwas ändern muss, um es gerechter zu machen. Wenn sie weiterhin gewählt werden wollen, müssen auch sie Lösungsansätze präsentieren, wie die Kluft zwischen Reich und Arm überwunden werden kann.

Denn es wird überall nur schlimmer. Bildung ist noch mehr als früher abhängig von der Geldbörse der Eltern und dem Wohlstand im jeweiligen Schulbezirk, denn die Schulen werden aus der Grundsteuer bezahlt. Je reicher die Ortsansässigen, desto besser ausgestattet sind die Bildungseinrichtungen. In vielen Landstrichen kaufen Lehrer von ihrem kärglichen Salär Papier, Stifte und andere Unterrichtsmaterialien für die Kinder, weil viele Familien sich kaum das Notwendigste leisten können. Viele haben zwei bis drei Jobs, denn in den USA gibt es noch nicht einmal zwei Dutzend Landkreise, in denen Menschen mit Mindestlohn in Vollzeit genug verdienen für Unterkunft und Nahrung. Der Aufstieg aus kleinsten Verhältnissen innerhalb einer Generation ist heutzutage fast unmöglich, in zwei Generationen äußerst selten. Schuld daran haben Politiker beider großen Parteien, die in den vergangenen Jahrzehnten wenig bis nichts dagegen unternommen haben. Präsidenten, die es versuchten – Obama und Bush beispielsweise –, sind an einem Kongress gescheitert, der tatsächlich mehr daran interessiert war, großzügige Wahlkampfspender zu bedienen als die eigenen Wähler. Das System ist so kaputt, dass einer wie Trump unvermeidlich war, weil er so anders ist als all die anderen.

Wenn man nun fragt: »Was hat Präsident Trump dazu beigetragen, dass es besser wird?« Dann lautet die Antwort nicht: »Nichts.« Die Steuerreform hat, wie ich dargestellt habe, tatsächlich in gewisser Hinsicht den Boom der US-Wirtschaft befeuert und die Arbeitslosigkeit niedrig gehalten. Doch gleichzeitig hat sie die Reichen noch reicher gemacht. Die »kleinen Leute« hatten, wie erwähnt, zunächst einmal mehr Geld im Portemonnaie. Eigentlich fast nichts, 50 Dollar im Monat, gerade genug, um die Familie einmal ins Schnellrestaurant auszuführen. Aber viele Menschen hatten das Gefühl, dieser Präsident vergisst sie nicht. Es reichte aus, um die Hoffnung zu wecken, dass er noch viel mehr für sie tun würde. Auf dieser Welle wollte Trump reiten, auch wenn er aus den vergangenen zweieinhalb Jahren fast keine nachweisbaren Erfolge und für die Zukunft so gut wie keine Konzepte für eine überzeugende Wirtschafts- und Sozialpolitik hat. Die monströse Staatsverschuldung und die Folgen seiner Handelskriege würden Amerika nicht größer, sondern eher verzweifelter machen. Dennoch hätte Trumps Rechnung aufgehen können, weil er Meister darin ist, allen anderen für sein Versagen die Schuld in die Schuhe zu schieben, allen voran der demokratischen Mehrheit im Repräsentantenhaus. Der Wahlsieg der Opposition im November 2018 war ein Glücksfall für den Präsidenten.

Ins Leere laufen lassen könnten ihn die Demokraten nur, wenn sie eigene, kreative und überzeugende Gegenkonzepte vorlegten, den Wählern erklärten und die erfolgversprechendsten mit Präsidentschaftskandidaten verbänden, hinter denen sich auch konservativere Wähler versammeln könnten. Und was machten die Demokraten im Jahr 2019? Sie hatten 24 Präsidentschaftskandidaten, die sich untereinander stritten wie die Kesselflicker. Von knallhartem Sozialismus bis zu rückwärtsgewandtem Konservatismus – in Louisiana verschärften ausgerechnet Demokraten das Abtreibungsrecht – bot die Partei vor allem ein Bild: das der Uneinigkeit. Für Donald Trump war es ein Vergnügen, mit polarisierenden Äußerungen, präsidentiellen Anordnungen und persönlichen Beleidigungen Keile in die Risse zu treiben. »Divide et impera« – »teile und herrsche« – hieß die Strategie schon im alten

Rom, die dem Spalter nicht selten den Machterhalt sicherte. Die Demokraten bräuchten nicht nur jemanden, der die Lager eint, sondern der vor allem draußen im Land den Menschen glaubwürdig erklären kann, warum die Politik von Donald Trump ihnen schadet und mit welchem Masterplan es besser wird – Vision, Strategie, Maßnahmen, Ressourcen.

Deshalb fanden beim innerparteilichen Wahlkampf der Demokraten besonders die Konzepte von Bernie Sanders und Elizabeth Warren Aufmerksamkeit, die von Präsident Trump allerdings als »sozialistisch« abgestempelt wurden. Elizabeth Warren sagte von sich, sie sei eine glühende Verfechterin des Kapitalismus, aber dieser brauche starke Regeln. Dafür hatte sie sehr konkrete und extreme Pläne – eine drastische Vermögenssteuer, die Aufspaltung von globalen Konzernen, staatliche Aufsicht für Großunternehmen, die Abkehr von fossilen Brennstoffen, eine staatliche Krankenversicherung für alle, eine Ausbildungsoffensive usw. Die Pläne von Elizabeth Warren gingen davon aus, dass die Regierung besser in der Lage ist, Ungerechtigkeiten zu beseitigen, als der freie Kapitalismus.[50] Insgesamt ein sehr dirigistisches System mit starkem Machtzuwachs und Eingriffsmöglichkeiten des Staates, ohne das Privateigentum komplett zu verstaatlichen. Das alles machte es leicht für die Republikaner, allen voran Donald Trump, die Pläne als sozialistisch zu brandmarken.

Tatsächlich hätten einige von Warrens Plänen für mehr Gerechtigkeit in Amerikas Wirtschaftssystem sorgen können, sie machte aber aus meiner Sicht einen großen Fehler: Sie wollte alles auf einmal. Für die Wähler waren die Konzepte so revolutionär, dass viele sich regelrecht überfordert fühlten, sie hatten Angst. Verständlich ist das besonders bei Arbeitern in Produktionsbetrieben, deren Branchen im Zeichen von Digitalisierung und der Entwicklung klimafreundlicher Energien und Produkte keine Zukunft haben. Zwar steigt auch in den USA die Aufmerksamkeit für das Klimathema und die Einsicht, dass durch Investitionen in erneuerbare Energien und die Entwicklung neuer Technologien auch neue Chancen und Möglichkeiten für den Arbeitsmarkt entstehen. Mit der Innovationskraft der USA könnte man sich wieder an die Spitze einer Bewegung setzen. Aber man darf nicht vergessen, dass ganze Bundesstaaten von der Förderung fossiler Brennstoffe abhängig sind. Visionen von E-Mobilität sind all jenen kaum zu vermitteln, deren Arbeitsplätze von der Öl- und Gasförderung abhängen. Elizabeth Warren begegnete diesen Bedenken gegen ihr radikales Gesamtkonzept mit einem umfangreichen Plan für eine Aus- und Fortbildungsoffensive, die Arbeiter in den USA für die Jobs der Zukunft qualifizieren sollte. Gern führte die Senatorin aus Massachusetts Deutschland als Vorbild beim Gesundheits- und Ausbildungssystem und bei der Partizipation der Gewerkschaften in Unternehmen an. Aber sie weckte dabei die falsche Hoffnung, dass ein langsam gewachsenes System von einer Regierung verordnet und quasi über Nacht zum Erfolg geführt werden könnte.

Die Reaktionen der großen Unternehmen fielen auch deshalb gemischt aus. Es gab diejenigen, die zwar keine tiefen staatlichen Eingriffe wünschen, aber Warren dennoch im Grundsatz recht geben und einen »verantwortlichen Kapitalismus« unter Einbeziehung nicht nur der Shareholder, sondern insbesondere der Stakeholder wie Arbeitnehmer, Lieferanten, Kunden, Heimatgemeinde usw. fordern. Ihnen schwebte natürlich eher eine Selbstverpflichtung der Wirtschaft zu moralischem Verhalten vor als eine Unterwerfung unter das strikte Warren-Modell, das eine Charta zum Wohlverhalten von Unternehmen mit einem Jahresumsatz von mehr als einer Milliarde Dollar vorsah. Bei Nichteinhaltung der Vorgaben könnte der Staat den Firmen die Lizenz entziehen. Warrens Plan wurde – bis in höchste Regierungskreise – als links und sozialistisch abgelehnt. Ähnlich sahen es die erbitterten Gegner eines »verantwortlichen Kapitalismus« in der Wirtschaft, darunter Lenker großer Konzerne, die einen ungezügelten Kapitalismus als Motor von Wachstum und Fortschritt gegen jede tiefere Einmischung des Staates verteidigen.

Warum erzähle ich das Ganze? Elizabeth Warren ist ja längst aus dem Rennen ausgeschieden. Aber jetzt steckt Amerika in der größten Depression seit der Weltwirtschaftskrise von 1929: über 40 Millionen Arbeitslose, 15 Prozent Arbeitslosenrate, große Konzerne und eine riesige Anzahl kleiner und mittelständischer Betriebe bankrott, Menschen in verzweifelter Hoffnung auf Arbeit, Nahrung, Krankenversicherung, ein Auskommen im Alter. Es gibt Millionen junger Amerikaner, die es im Wettbewerb mit so vielen anderen, die nach einem Job suchen, noch schwerer haben werden, einen Arbeitsplatz zu finden, eine Existenz zu gründen, eine Zukunft für ihre Familien zu schaffen. Nie brauchte Amerika mehr wirtschaftliche und soziale Gerechtigkeit. Mit mehr als 2500 Milliarden Dollar staatlicher Hilfen haben nicht nur Demokraten, sondern auch Republikaner signalisiert, dass der Staat eine herausragende Rolle spielen muss beim Wiederaufbau der amerikanischen Wirtschaft, aber es kommt darauf an, die richtige Balance zu finden. Amerika kann und darf kein sozialistisch-dirigistisches System werden, aber der ungezügelte Kapitalismus muss ein Ende haben. Es ist die einmalige Chance für einen Kandidaten, der zentristische Positionen mit fast revolutionären Reformen verbindet, und das bringt uns zu einem ganz bestimmten Widersacher Donald Trumps.

Beinah wäre Blut geflossen zwischen Corn Pop und Joe Biden. Der eine hatte eine Rasierklinge mitgebracht, der andere eine Kette. Sie wollten es austragen, weil der eine, Biden, den anderen, Corn Pop, schwer beleidigt hatte. Man kann sich den 77-jährigen Joe Biden, Präsidentschaftskandidat der demokratischen Partei, schwer als kettenschwingenden Streithahn vorstellen. Aber so soll es gewesen sein. Natürlich liegt das Ganze nun schon 58 Jahre zurück, und die Details sind auch in Bidens Erinnerung vielleicht ein wenig dramatischer geraten, als sie es wirklich waren, aber der Kern der Sache stimmt. Als 19-Jähriger arbeitete Biden im öffentlichen Schwimmbad eines Ortsteils von Wilmington, Delaware, in dem in erster Linie Afroamerikaner lebten. Corn Pop, so der Spitzname von William Morris, war der Anführer einer Bande junger Schwarzer, die sich »Die Römer« nannten und in dem Schwimmbad gern ein wenig Unruhe stifteten. Weil Corn Pop auf dem Sprungbrett Faxen machte, nannte Biden ihn einmal »Esther Williams«. Es war der Name einer damals berühmten Schwimmerin, die in Musikfilmen auftrat. Da soll es zu dem Showdown gekommen sein. Bevor aber Blut geflossen wäre, will Biden sich bei Morris entschuldigt haben, so schrieb er 2007 in seiner Autobiografie. Er und Corn Pop wurden Freunde.

Für die saftigen Details gibt es keine Belege, aber zahlreiche Zeitzeugen bestätigen, dass Biden und Corn Pop nach vielen Streitereien wirklich befreundet waren. Warum erzähle ich das? Joe Biden macht Fehler, viele sogar, auch wenn er seinen Wahlkampf wegen Corona weitgehend aus dem Basement seines Hauses macht. Aber anders als sein republikanischer Widersacher ist Biden lernfähig. Er gesteht ein, wenn er etwas falsch gemacht hat, und entschuldigt sich. So war es auch nach seinem dummen Fehltritt am 22. Mai 2020. In der Radio-Talkshow *Breakfast Club* war Biden vom Gastgeber Charlemagne Tha God mit harten Fragen angegangen worden und hatte sich ganz gut geschlagen. Am Ende aber sagte er:»Ich sage Ihnen was, wenn Sie ein Problem haben, herauszufinden, ob Sie für mich oder Trump sind, dann sind Sie nicht schwarz.« Nicht gut. Gar nicht gut, weil er damit eine Hautfarbe mit einer politischen Überzeugung verband und, und, und.

Aber wenige Stunden später entschuldigte Biden sich. Er sei da ein »Klugscheißer« gewesen, viel zu »unbekümmert«, und wolle noch mal klarstellen, dass er die Schwarzen in den USA ernst nehme, ihre Stimmen nicht als selbstverständlich ansehe und um sie kämpfen wolle. Das muss er auch. Nach einer Umfrage vom Mai 2020 hat er unter schwarzen Wählern zwar 81 Prozent Zustimmung, Trump nur 3 Prozent, aber Biden muss alle Anstrengungen unternehmen, damit die Minderheiten in Amerika im November auch wirklich zur Wahlurne gehen. Wenn er weiter ehrlich bleibt, wenn er auch mit seinem Dementi gegen die Vorwürfe von sexuellem Missbrauch aus seiner frühen Zeit als Senator in Washington ehrlich war, wenn er sich glaubhaft für Fehler entschuldigt und aus ihnen lernt, dann unterscheidet er sich so sehr vom derzeitigen Amtsinhaber, dass Biden die Wahl gewinnen kann. Denn seit seinem Sieg bei vielen Vorwahlen, vor allem mit den Stimmen der Schwarzen, hatte er »Joementum« – so nennen sie Bidens Momentum, geboren aus der Hoffnung, den Trumpismus zu besiegen.

Biden ist zwar alt und wirkt auch so, aber er ist der beste Anti-Trump, den die Demokraten zu bieten haben: Anstand, Erfahrung, Sachverstand und Führungsqualitäten, einer, der die Menschen zusammenbringt, statt sie zu spalten. Das aber muss er kombinieren mit einem Schuss Revolution. Am 8. April ging sein letzter innerparteilicher Gegner, Bernie Sanders, mit den Worten aus dem Rennen: »Heute gratuliere ich Joe Biden, einem sehr anständigen Mann, mit dem ich zusammenarbeiten werde, um unsere fortschrittlichen Ideen voranzubringen. Vereint werden wir Donald Trump besiegen, den gefährlichsten Präsidenten der modernen amerikanischen Geschichte.« Biden und Sanders hatten sich im innerparteilichen Wahlkampf nichts geschenkt. Aber der Senator mit seinen sehr linken Positionen weiß genau, dass durch die Coronakrise eine große Chance entstanden ist, seine Konzepte für eine gerechtere Zukunft in Amerika voranzutreiben, solange sie nicht von ihm, sondern von einem versöhnlicheren Kandidaten vertreten werden. Und genau das will Joe Biden, wie er den Anhängern von Sanders im April versprach: »Ich höre euch. Ich weiß, was auf dem Spiel steht. Ich weiß, was wir tun müssen. Unser Ziel und meines als Präsidentschaftskandidat ist, die Partei zu vereinen und dann die Nation.« Die Parteilinke beteiligt sich in den Folgemonaten intensiv am Entwurf des Wahlprogramms. Biden will mit der Wahl seiner Vizepräsidentschaftskandidatin ein klares Signal setzen, an die Frauen, an die Schwarzen und an die progressiven Kräfte innerhalb seiner Partei. Sollte er die Wahl im November gewinnen, muss er ein erfolgreicher Reformpräsident werden. Wenn ihm das nicht gelingt, wäre der Rückfall in den Trumpismus, vielleicht in noch viel schlimmerer Form, unvermeidlich.

Donald Trump will einen Sieg Joe Bidens und eine Rückeroberung des Senats in Washington um jeden Preis verhindern. Am 11. Februar 2020 hatte er noch getwittert: »BEST USA ECONOMY IN HISTORY!« Am 15. Februar schob er hinterher: »Unsere boomende Wirtschaft holt die Amerikaner von der Seitenlinie zurück an die Arbeit mit der höchsten Zuwachsrate seit 30 Jahren.« Aus und vorbei. Wegen der Folgen von Corona müsste der Präsident nun wirklich eine Strategie haben, »to make America great again«. Stattdessen – man mag es kaum glauben – sorgten er und die Republikaner dafür, dass das erste 2-Billionen-Dollar-Hilfspaket des Kongresses den Reichen Vorteile verschaffte, während einfache Bürger und kleine Betriebe wochenlang auf Hilfe warten mussten oder keine bekamen. Auf Seite 203 des 880 Seiten starken Gesetzes findet sich die »Modifizierung der Begrenzung auf Verluste für Steuerzahler außer Konzernen«. Damit wurde für Personen mit einem Jahreseinkommen über 500 000 Dollar die Begrenzung aufgehoben, auf massive Gewinne, auch Börsengewinne, Verluste steuerlich anrechnen zu lassen. Wer eine Million pro Jahr verdient, kann über zehn Jahre Steuervorteile im Wert von 1,6 Millionen Dollar verbuchen. Nutznießer sind die reichsten 1 Prozent der

Amerikaner, für die 137 Milliarden Dollar im Hilfspaket bereitstehen. Profitieren können davon auch die Entwickler großer Immobilienprojekte, also möglicherweise auch Donald Trump und sein Schwiegersohn Jared Kushner.

Allen anderen Menschen versprach der amerikanische Präsident nur, dass es der Wirtschaft 2021 wieder großartig gehen werde, und verbreitete wilde Verschwörungstheorien über China, die Demokraten und den angeblichen »Deep State«, um die Stimmung anzuheizen. Trumps wichtigste Strategie: Er bereitet alles vor, um die Legitimität der Wahl im November anzufechten. Am 24. Mai twitterte er: »Die Vereinigten Staaten dürfen keine Stimmzettel für Briefwahlen haben. Es wird die größte Wahlmanipulation der Geschichte. Die Leute greifen sie sich aus den Briefkästen, drucken Tausende von Fälschungen und ›zwingen‹ die Menschen zu unterschreiben. Die fälschen auch die Namen. Einige Abwesenheitsstimmen sind o. k., wenn notwendig. Sie versuchen, Covid für diesen Betrug zu nutzen!« Die republikanische Partei flankierte das mit einem 20-Millionen-Dollar-Feldzug gegen den angeblichen Versuch der Demokraten, die nächste Präsidentschaftswahl zu »stehlen«. In zahlreichen Bundesstaaten versuchen die Republikaner, Briefwahlmöglichkeiten und Erleichterungen bei der Registrierung zur Wahl auf dem gerichtlichen Klageweg zu stoppen. In einer Werbekampagne wollen sie auf den möglichen Wahlbetrug durch die Demokraten hinweisen. Im November sollen dann 50 000 republikanische Freiwillige die Abläufe in Wahllokalen von 15 wichtigen Bundesstaaten beobachten und dokumentieren. Am 26. Mai legte Trump auf Twitter noch einmal nach, indem er dem Gouverneur von Kalifornien unterstellte, er wolle Briefwahl erleichtern, um die Wahlen zu fälschen: »Es gibt keine Chance (NULL), dass Briefwahlscheine irgendetwas anderes sind als grundsätzlich betrügerisch. Briefkästen werden ausgeraubt, Stimmzettel gefälscht & sogar illegal ausgedruckt & mit gefälschten Unterschriften versehen.«

Da geschah etwas Überraschendes: Twitter versah den Tweet des Präsidenten mit einem Warnhinweis: in blauer Schrift, mit einem Ausrufezeichen und den Worten: »Holen Sie sich die Fakten zu Briefwahl-Stimmzetteln.« Wer auf den Link klickte, wurde zu einem Faktencheck verschiedener Medien zu den Behauptungen des Präsidenten weitergeleitet. Twitter berief sich auf seine neue Regel zur »zivilen Integrität«: »Sie dürfen Twitterdienste nicht zur Manipulation oder Einflussnahme bei Wahlen oder anderen staatsbürgerlichen Prozessen nutzen. Das schließt die Verbreitung von Inhalten ein, die eine Beteiligung an staatsbürgerlichen Prozessen unterdrückt oder Menschen darüber täuscht, wann, wo und wie sie an diesen staatsbürgerlichen Prozessen teilnehmen können.« Trump war empört, drohte kurz danach auf Twitter: »Republikaner denken, dass die Social-Media-Plattformen konservative Stimmen total zum Schweigen bringen. Wir werden sie stark regulieren oder dichtmachen, bevor wir zulassen, dass dies passiert.« Ein seltsamer Vorwurf, hatte doch Twitter über Jahre die hetzerischen Kommentare von Trump und vieler anderer »konservativer Stimmen« kommentarlos verbreitet. Aber der Präsident brauchte die Plattform, um seinen Anhängern unwidersprochen Lügen und alternative Wirklichkeiten kundzutun. Warnhinweise mit Faktencheck könnten seine Wiederwahl behindern. Also unterschrieb Trump am 28. Mai einen Exekutivbefehl gegen Soziale Medien und sprach: »Wir sind heute hier, um die Redefreiheit gegen eine der größten Gefahren zu verteidigen.« Tatsächlich aber kann der Präsident in dieser Frage nichts anordnen, sondern bestenfalls ein Gesetzesverfahren anstoßen. Und was soll dabei herauskommen? Dass die Plattformen Lügen, Hass und Hetze ungeprüft weiterverbreiten dürfen? So war es ja bisher. Dass sie eben das nicht tun dürfen? Dann wären Trump und seine rechten Gefolgsleute ihre Megafone los. Der Vorfall zeigte einen Präsidenten in Panik, der offenbar zu allem bereit war, um im Amt zu bleiben.

Vor diesem Hintergrund wird ein Aspekt wichtig, der die Vereinigten Staaten möglicherweise in eine Staats- und Verfassungskrise stürzen könnte. Ich hatte ja bereits die Möglichkeit dargestellt, dass Donald Trump sich weigern könnte, bei einer knappen Wahlniederlage das Ergebnis anzuerkennen und das Weiße Haus am 20. Januar 2020 zu räumen. Ich halte es zwar für ausgeschlossen, dass die Wahl selbst verschoben oder abgesagt werden könnte, da der Kongress als Einziger über den Wahltermin entscheidet und die demokratische Mehrheit im Repräsentantenhaus auf keinen Fall zustimmen würde. Nach der amerikanischen Verfassung endet auch die Amtszeit Donald Trumps um Punkt 12 Uhr am 20. Januar

2021, es sei denn, er wird wiedergewählt. Aber was, wenn das Wahlergebnis so knapp ist, dass es wie im Jahr 2000 wieder zu einer juristischen Auseinandersetzung vor dem Obersten Gerichtshof kommt? Oder – und das scheint zunächst völlig abwegig – wenn die Wahlfrauen und -männer, die im Dezember formell über den künftigen amerikanischen Präsidenten entscheiden, sich nicht an das eigentliche Wahlergebnis in ihrem Bundesstaat halten? Tatsächlich wird ja durch die Wahl im November nur bestimmt, wie die Mitglieder des Wahlkollegiums, des Electoral College, abstimmen sollten, wenn sie an einem Montag im Dezember 2020 in den Hauptstädten der Bundesstaaten ihr Votum abgeben. Jeder der 50 Bundesstaaten stellt jeweils genauso viele Vertreter, wie er Abgeordnete im Repräsentantenhaus und Senatoren im Senat hat. Hinzu kommen noch die drei Wahlfrauen oder -männer für den District of Columbia, insgesamt sind es dann 538 Delegierte.

Das Wahlmännersystem ist seit vielen Jahren in der Kritik, weil es nicht berücksichtigt, dass ein Kandidat Präsident werden kann, der nicht die Mehrheit der Wählerstimmen hat, sondern nur die Mehrheit im Electoral College, dessen Mitglieder sich danach richten, wer in ihrem jeweiligen Bundesstaat die Nase vorn hatte. So wurde George W. Bush im Jahr 2000 Präsident, obwohl er landesweit eine halbe Million Stimmen weniger bekommen hatte als Al Gore. Hillary Clinton konnte sogar drei Millionen Wählerstimmen mehr vorweisen als Donald Trump. Aber was, wenn diesmal der Gegenkandidat von Trump nicht nur in absoluten Zahlen mehr Stimmen bekäme, sondern auch die Mehrheit der Stimmen für das Electoral College, dann aber ein Teil der für ihn entsendeten Wahlfrauen und -männer doch für Donald Trump stimmen würden?

In 48 Bundesstaaten gilt das »Winner takes all«-Prinzip, nach dem alle Wahlmännerstimmen dem Sieger bei der Präsidentschaftswahl im einzelnen Staat zugeordnet werden. Aber die regionalen Parlamente wählen die jeweiligen Mitglieder des Kollegiums aus. Republikanische Mehrheiten könnten die Regeln verändern und dann Personen entsenden, die sich nicht an das Ergebnis der Wahl halten, weil angeblich massiver Wahlbetrug stattgefunden habe. Eine Reihe von republikanischen Politikern in den Bundesstaaten, in denen sie die Mehrheit in den Parlamenten haben, könnte bereit sein, mit solch vorgeschobenen Gründen eine Niederlage von Donald Trump in einen Sieg zu verwandeln. Es wäre die wohl größte Krise der amerikanischen Demokratie. Klingt alles unmöglich? Tatsächlich könnte das Wahlergebnis so knapp werden, dass schon ein einziger oder nur wenige Abweichler, sogenannte »unfaithful electors«, das Wahlergebnis umkehren könnten. Der Oberste Gerichtshof beschäftigte sich am 13. Mai 2020 mit einem Schreckensszenario: Angenommen, der Herausforderer von Trump gewinnt nicht nur mit einem deutlichen Vorsprung der absoluten Stimmen, sondern erringt auch bei den »electoral votes« einen Vorsprung von 274 zu 264 – das könnte geschehen, wenn er die wichtigen Staaten Pennsylvania, Wisconsin und Arizona gewinnt, Michigan aber verliert. Dann könnte die republikanische Mehrheit in Wisconsin gemäß der jetzt schon gültigen Regel dort wegen angeblichen massiven Wahlbetrugs kurzerhand zehn Republikaner für das Electoral College auswählen und Donald Trump zum Sieg verhelfen.

Genau nach diesem Szenario fragten bei der Anhörung der Vorsitzende Richter John Roberts jr. und sein Kollege Samuel Alito.[51] Auch wenn bestehendes Recht in Wisconsin und im Bund diese Abläufe eher unwahrscheinlich macht, ist im trumpschen Amerika, in dem sich die republikanische Partei dem Amtsinhaber fast willenlos ergeben hat, alles möglich. Im Zweifel würden diese Fragen nach Eintreten des Falles vor dem Supreme Court landen, der dank der von Trump berufenen Richter am Ende ein parteiisches Urteil fällen könnte, auch wenn die Richter des Supreme Courts Anfang Juli im erwähnten Fall einstimmig urteilten, dass Bundesstaaten »unfaithful electors« bestrafen können.

Verfassungsrechtler im ganzen Land, aber auch Anhänger beider politischer Parteien sind besorgt. Sie entwickeln Strategien für den Umgang mit weiteren Schreckensszenarien, die sie Trump und seinen willfährigen Helfern und den Republikanern absolut zutrauen:

- Der Präsident könnte wegen der Coronakrise kurz vor der Wahl in einigen Bundesstaaten den Notstand ausrufen und die Wahllokale schließen lassen.
- Sein Justizminister William Barr könnte in der Endphase des

Wahlkampfes strafrechtliche Ermittlungen gegen den demokratischen Kandidaten Joe Biden öffentlich bekanntgeben.
- Donald Trump könnte nach einer Niederlage eine ordnungsgemäße Übergabe der Regierungsgeschäfte an Joe Biden verweigern.

Eine der Gruppen, die sich mit den Konzepten beschäftigen, hat sich um die Rechtsprofessorin Rosa Brooks an der Georgetown-Universität gebildet, eine andere um Ian Bassin, den Chef von »Protect Democracy«, einem Verband, der sich gegen die Gefahr des Autoritarismus engagiert. An beiden Studienkreisen sind Demokraten und Republikaner beteiligt. Der Sprecher des Trump-Wahlkampfteams macht sich über diese Anstrengungen lustig, offenbar habe man die Wahlniederlage von 2016 immer noch nicht verdaut: »Hillary Clinton (...) und die gesamte demokratische Partei weigerten sich, die Ergebnisse ihrer Wahlen zu akzeptieren, und verbreiteten jahrelang die Verschwörungstheorie einer Zusammenarbeit mit Russland. Jetzt haben Joe Bidens Verbündete echte Verschwörungskomitees gegründet, um dort neue Tricks zu entwickeln, um unsere Demokratie weiter zu untergraben. Sie verschwenden ihre Zeit. Wie Präsident Trump wiederholt gesagt hat: Die Wahl findet am 3. November statt.«

An der Gruppe um Professorin Rosa Brooks beteiligen sich auch die Mitglieder des schon erwähnten innerrepublikanischen Widerstands gegen Donald Trump. Sie wollen verhindern, dass ihre Partei untergeht, weil sie sich der »brüllenden Demagogie« des Präsidenten ergeben habe, so sagt uns Bill Kristol im Interview: »Eine Amtszeit, die kann man durchstehen, sich dann wieder erholen, den Konservatismus reformieren, Amerikas Rolle in der Welt wiederherstellen. Amerika braucht einen gesunden Konservatismus, der entschlossen die Institutionen der liberalen Demokratie und der konstitutionellen Regierung verteidigt, weitgehend freie Märkte, freien Handel, die amerikanische Führungsrolle in der Welt. Amerika ohne gesunden Konservatismus und Liberalismus wird schwächer sein, genau wie Amerika als Weltenführer und der Liberalismus in aller Welt. Also steht hier wirklich viel auf dem Spiel.« So viel, dass der eingefleischte Konservative vom rechten Flügel der republikanischen Partei alles dafür tun will, dass der nächste Präsident der Vereinigten Staaten von Amerika von der demokratischen Partei kommt: »Wenn ein Demagoge einmal gewinnt, dann ist das schlimm«, so Kristol, »aber es ist gefährlich, wenn er zweimal gewinnt.« Und sein Mitstreiter Evan McMullin verspricht: »Wir setzen unseren Kampf fort, egal, was passiert.« Es klingt wie das Pfeifen im Walde, aber sie sind dennoch zuversichtlich, die letzten prinzipientreuen Konservativen in ihrem »kleinen gallischen Dorf«. Der Kampf um die Seele ihrer Partei ist Teil des großen Kampfes um die Seele der Nation.

Epilog

Unser Bild von Amerika ist geprägt von Bildern: die monumentalen Nationalparks und die grandiose Schönheit der Natur, die blinkenden Lichter des New Yorker Broadway und des Strip in Las Vegas, die eindrucksvollen Bauwerke von der Golden Gate Bridge bis zum Lincoln Memorial und die historischen Aufnahmen vom Woodstock-Festival oder vom Freiheitsmarsch Martin Luther Kings. Wir wissen alle auch, wie viele hässliche Seiten Amerika immer hatte und weiter hat, aber sie wurden immer überstrahlt von dem Licht, das von der Stadt auf dem Berg ausging. Eine »große, stolze Stadt«, wie Ronald Reagan einst sagte, »gebaut auf Felsen, stärker als die Ozeane, den Winden ausgesetzt, von Gott gesegnet«. Aber weil das Licht langsam verlöscht, kann es die Dunkelheit nicht mehr überstrahlen.

Der Mann liegt wehrlos am Boden, auf dem Bauch, das Gesicht auf den Asphalt gedrückt, seine Hände mit Handschellen auf den Rücken gefesselt. Ein anderer Mann kniet auf seinem Hals, mit ganzem Gewicht, lässig, die Hand in der Hosentasche. Ein Stöhnen ist zu hören, ein Mensch, der nach Luft ringt. »Bitte, bitte, bitte, ich kann nicht atmen«, röchelt er mehrfach, »lasst mich aufstehen, ich kann nicht atmen«, er ruft nach seiner »Mom«, fleht um sein Leben. Nach 2 Minuten und 53 Sekunden bewegt er sich nicht mehr. Erst knapp 6 Minuten danach hebt der Mann über ihm sein Knie von dem leblosen Körper. Ein Mensch hat einen Menschen getötet, vor Zuschauern, die ihn immer wieder gebeten haben abzulassen. Vor Kollegen, die teilnahmslos dabei zusahen.

Es ist klar, wer hier der Täter ist, auch wenn George Floyd ein paar Minuten vorher wegen einer gefälschten Banknote festgenommen wurde, auch wenn der 46-Jährige kurz Widerstand leistete; aber nachdem sie ihm Handschellen angelegt hatten, war er nur noch Opfer. Ein Schwarzer, getötet von einem Weißen, einem Polizeibeamten. Wie viel Entmenschlichung ist erforderlich für eine solche Tat, Entmenschlichung eines Täters, der offenbar in George Floyd keinen Mit-Menschen sah?

Was da am 25. Mai 2020 im hellen Tageslicht auf offener Straße mitten in Minneapolis geschehen ist, soll ein schrecklicher Einzelfall sein. Aber das ist es nicht. Dass es früher so etwas auch schon gab, gar viel häufiger, ist keine Entschuldigung. Am 13. März töten Polizeibeamte in Louisville, Kentucky, eine 26-jährige Frau in ihrer Wohnung mit acht Schüssen. Die Krankenschwester Breonna Taylor ist unbewaffnet und hat nichts mit dem Fall zu tun, in dem die Polizisten ermitteln. Am 23. Februar erschießen zwei Weiße den 25-jährigen Ahmaud Marquez Arbery in der Nähe von Brunswick, Georgia. Arbery joggt durch das Wohngebiet, unbewaffnet. Die beiden Weißen glauben, dass er für Einbrüche in der Gegend verantwortlich ist, nehmen das Recht in die eigene Hand, wollen ihn festnehmen und erschießen ihn im Handgemenge. Im August 2019 führen zwei Polizeibeamte zu Pferde einen festgenommenen Schwarzen am Seil durch Galveston in Texas. Donald Neely ist geistig behindert, der 43-Jährige ist verbotenerweise über ein Grundstück gelaufen.

Einzelfälle. Aber Belege dafür, dass Amerika erst dann sich selbst gerecht werden und »großartig« sein kann, wenn auch diese Worte Reagans stimmen: »… gefüllt mit Menschen aller Art, die in Harmonie und Frieden leben.« Aber der, der die Großartigkeit verspricht, zerstört sie, indem er spaltet, Menschen gegeneinander aufbringt, wegen ihrer unterschiedlichen politischen Überzeugung, ihres unterschiedlichen Glaubens und ihrer unterschiedlichen Rasse. Donald Trump ist ein Rassist, weil er Rechtsextremisten und Rassisten verharmlost, weil ihm die Weißen und Reichen wichtiger sind als die Schwarzen, Braunen, die Armen. Als in Minneapolis gewaltsame Proteste ausbrechen, gießt der Präsident Öl ins Feuer, beschimpft den Bürgermeister der Stadt per Twitter als »schwachen, radikalen Linken«, droht mit der Nationalgarde und schreibt: »When the looting starts, the shooting starts« – »Wenn das Plündern beginnt, beginnt das Schießen«. Ein Slogan, mit dem im Jahr 1967 der Polizeichef von Miami, Walter Headley, das brutale Vorgehen seiner Beamten gegen Schwarze angekündigt und gerechtfertigt hatte. Trump schwafelt von den »bissigsten Hunden« und »gefährlichsten Waffen«, die der Secret Service gegen die Proteste am Weißen Haus einsetze. Gleiches tat die Polizei 1963 in Birmingham, Alabama, gegen die Bürgerrechtler. Dann lässt der Präsident friedliche Demonstranten mit Gummigeschossen und Reizgas einfach beiseiteräumen, damit er eine Bibel als Requisite und eine Kirche als Kulisse missbrauchen kann. Er spannt Gott für seine Zwecke ein.

George Floyd sterbend am Boden, Donald Trump mit der Bibel, Kinder in Internierungslagern, Leichensäcke und Massengräber, bewaffnete Rechtsextremisten im Parlament, Verzweifelte an Lebensmittelausgaben, hasserfüllte Menschenmengen – das sind die Bilder, die Trumps Amerika prägen. Da kommt mir ein weiteres Bild in den Sinn: Ein kleiner Mann mit Megafon marschiert an der Spitze von acht Männern und einer Frau in einen Buchladen in Washington, in dem der Autor Jonathan Metzl gerade aus seinem Leben erzählt. Die Gruppe baut sich vor dem Publikum auf, ruft rechte Parolen, skandiert: »This land is our land« – »Dieses Land ist unser Land«.

Im Internet ist die Szene zu sehen. Sie spielt sich bei Politics & Prose ab, einem bekannten Buchladen in Washington. »Im ersten Moment herrschte Konfusion«, erinnert sich Metzl, »die Menschen hatten Angst, denn das geschah etwa eine Stunde nach einer Schießerei in einer Synagoge.« Tatsächlich fand an jenem Tag, dem 27. April 2019, der Anschlag auf die Synagoge von Poway in Kalifornien statt, bei dem eine Frau ermordet wurde. Metzls Vater ist ein Überlebender des Holocaust. Im Publikum sitzt ein Mann, der ihm geholfen hatte, vor den Nazis aus Österreich zu fliehen und in die Vereinigten Staaten zu gelangen. Genau davon erzählte der Autor seinen Zuhörern. Es sei die beste Seite Amerikas, wenn es sich um Menschen in Not kümmere, wenn es großzügig und mutig sei. Sein Vater wurde ein sehr erfolgreicher Arzt, gründete eine Familie. Genau das, so sagt Metzl, wollte er vermitteln: »Amerika ist am stärksten, wenn es am offensten und zuversichtlichsten ist, wenn es ein Leuchtturm ist für die Welt und wenn es die Kraft unserer Demokratie signalisiert.«

In diesem Moment platzten die weißen Rassisten herein, grölten ihre Propaganda und marschierten dann unter den Buhrufen und Pfiffen der Zuschauer wieder hinaus, vorweg der Mann mit dem Megafon, Patrick Casey, der Chef des rechtsextremistischen American Identity Movement, das eng mit der identitären Bewegung in Österreich und Deutschland verbandelt ist. Was unterscheidet Donald Trump von diesen Rassisten und Faschisten? Nur sein Amt?

Im Vorwort dieses Buches habe ich ihn noch nicht so genannt, denn in den ersten drei Jahren seiner Amtszeit war der Präsident vor allem der Ermächtiger all derer, die ihrem Rassismus, ihrem weißen Überlegenheitswahn und ihren Gewaltfantasien freien Lauf lassen wollten. Trump hat sie ermutigt, ihnen eine Stimme gegeben, sie hofiert, ins Weiße Haus eingeladen, einem ihrer schlimmsten Hetzer, Rush Limbaugh, sogar die »Medal of Freedom« verliehen. Diese Ehrung bekamen einmal Persönlichkeiten wie Martin Luther King, Rosa Parks und Mutter Teresa. All das diente aber nur dem Zweck, seinen unstillbaren Hunger nach Anerkennung, Huldigung und blinder Gefolgschaft zu befriedigen. Doch im perfekten Sturm von 2020, der Kombination aus Gesundheits-, Wirtschafts- und Identitätskrise, zeigt Donald Trump seine faschistischen Züge, indem er unsere Gesellschaften – offen und subtil – kategorisiert, aufteilt in »wir« und »die«, die Streitkräfte für seine Zwecke einspannt, Verfassungswerte mit Füßen tritt und sich anschickt, mit rechtlichen und machtpolitischen Manövern die Wahl in den USA zu manipulieren. Es geht um Machterhalt um jeden Preis. Ich wähle so deutliche Worte, weil die Motive, die dahinterliegen, in der Geschichte zur Rechtfertigung schlimmster Gewalt dienten. Vor einigen Jahren ging ich durch die Gedenkstätte Konzentrationslager Flossenbürg. Dort in der Oberpfalz waren im KZ und seinen Außenlagern zwischen 1938 und 1945 rund 84 000 Männer und 16 000 Frauen aus über 30 Ländern inhaftiert. Sie mussten im Steinbruch arbeiten, wurden erniedrigt und gequält, Tausende starben einen schrecklichen Tod. Am Eingang zum Gelände, in der Kommandantur, erklärt ein Text, dass im KZ Flossenbürg jene untergebracht wurden, die man als »anders« deklariert hatte – Juden, Sinti und Roma, Kommunisten, Kranke, Asoziale, Ausländer. Heute, rund 80 Jahre später, werden wieder Menschen als »anders« eingestuft – in Deutschland, Europa, in den USA und anderen Ländern der Welt. Und die

Schwelle zur Gewalt ist längst überschritten, wie Anschläge auf Synagogen, Kirchen und Moscheen, aber auch Morde an politisch Andersdenkenden, wie dem hessischen Landrat Walter Lübcke, zeigen.

Donald Trump ist ein Rassist mit faschistischen Zügen, weil er die demokratische Ordnung schleift, die Gewaltenteilung bekämpft, absolute Macht für sich in Anspruch nimmt und sich selbst über das Gesetz stellt. Donald Trump ist eine Gefahr für die Welt, weil er den Autoritarismus der liberalen Demokratie vorzieht, weil er Despoten und Mörder hofiert, unverzichtbare Bündnisse schwächt, die westliche Wertegemeinschaft infrage stellt. Menschenwürde, Religions- und Meinungsfreiheit, Solidarität und Rechtsstaatlichkeit – die Gemeinsamkeit dieser Werte war die Lehre aus der Katastrophe des Zweiten Weltkriegs. Das ist kein romantischer Firlefanz, das sind existenzielle und rechtsverbindliche Verpflichtungen, deren Hüter die Bündnisse sind, die eigens dafür geschaffen wurden – und die Größe Amerikas bemaß sich vor allem an der Fähigkeit seiner Präsidenten, Bündnisse zu schmieden zum Wohl der Welt – die NATO, die UN, die Welthandelsorganisation, die globale Koalition für den Kampf gegen den Klimawandel. Amerika hat einst Deutschland, Europa und die Welt vom Faschismus befreit – wie tragisch und zynisch, wenn ausgerechnet Amerika per Wiederwahl einen rassistischen Anführer mit Hang zum Faschismus ermächtigen würde.

Das ist nicht nur meine Analyse. »Der Präsident hat sich von der Verfassung entfernt«, so der ehemalige US-Außenminister und Generalstabschef Colin Powell, »das ist gefährlich für unsere Demokratie und unser Land.« Trumps ehemaliger Verteidigungsminister und ebenfalls hoch angesehener Ex-General James Mattis: »Niemals hätte ich gedacht, dass Soldaten (...) befohlen wird, die verfassungsmäßigen Rechte ihrer Mitbürger zu verletzen – schon gar nicht für einen bizarren Fototermin für den gewählten Obersten Befehlshaber.« Trump, so Mattis, sei der erste Präsident in seiner Lebenszeit, der nicht einmal vorzutäuschen versuche, die amerikanische Bevölkerung einen zu wollen, »stattdessen versucht er, uns zu spalten«. Und dann zieht der Offizier einen historischen Vergleich zu jenem Moment, der zum Sieg über den Faschismus führte: »Die Anweisungen der Militärbehörden an unsere Truppen vor der Landung in der Normandie erinnerten die Soldaten daran, dass der Nazislogan für unsere Vernichtung ›Teile und herrsche‹ war und unsere amerikanische Antwort darauf ›In der Einigkeit liegt Stärke‹. Wir müssen diese Einigkeit herbeiführen, um diese Krise zu überwinden – zuversichtlich, dass wir besser sind als unsere Politik.«

Als Verteidigungsminister hatte Mattis gemeinsam mit dem damaligen Außenminister Rex Tillerson am 20. Juli 2017 versucht, Donald Trump die Verantwortung zu erläutern, der Amerika als Führungsnation dieser Welt gerecht werden müsse. Er begann seine Präsentation im Lagezentrum des Pentagons mit dem Satz: »Die internationale, auf Regeln basierende Nachkriegsordnung ist das großartigste Geschenk der großartigsten Generation.« Mit »greatest generation« sind die Soldaten gemeint, die Europa befreit hatten. Aber Trump sah in allen Bündnissen, in allen Stützpunkten Amerikas schlechte Deals, die man neu verhandeln und sich teuer bezahlen lassen müsse. Er beschimpfte seine Generäle und seine Minister als »Verlierer«, »Trottel« und »Babys«, bis mitten in seinen Tiraden der Außenminister das Wort ergriff: »Mr. President, Sie liegen falsch, nichts von dem ist wahr«, so Tillerson, »die Männer und Frauen, die die Uniform anlegen, tun das nicht, um bezahlte Söldner zu sein. Nicht dafür gehen sie raus und sterben. Sie tun es, um unsere Freiheit zu verteidigen.« Etwas, zu dem Donald Trump nie den Mut hatte, ein Mann, der sich vor dem Militärdienst drückte mit einem Attest über einen Fersensporn.

Donald Trump ist nicht nur Rassist mit faschistischen Tendenzen, er ist auch ein Feigling, der sich im Bunker des Weißen Hauses versteckte, als die Demonstranten draußen an den Zäunen rüttelten. Trump ist getrieben von blanker Angst davor, dass ihm die Privilegien weggenommen werden, dass er sich nach seiner Amtszeit vor Gericht verantworten muss für seine Taten. Deshalb verbreitet er mit allen Mitteln Angst, um sich an der Macht zu halten. Das Schlimmste darin ist, dass er dabei all jene betrügt, die auch Angst haben. Sie befürchten, dass sich die Welt so verändert, dass sie auf der Strecke bleiben. Hier liegt der Schlüssel zum Verständnis der engen Verbindung zwischen diesem narzisstischen Anführer und seiner treuen Gefolgschaft, darunter vor allem die weiße Arbeiterklasse in Amerika. Weiße Amerikaner haben heute im Vergleich zu früheren Jahrzehnten eine niedrigere Lebenserwartung, höhere Suchtraten, schlechtere Jobs und Berufsaussichten, und sie sehen immer hoffnungsloser in die Zukunft. Deshalb gehen sie Donald Trump auf den Leim, der ihnen einredet, dass »die anderen« an allem die Schuld haben. Dabei werden ihre Probleme nicht von Zuwanderern oder Minderheiten in der Gesellschaft verursacht. Die weiße Arbeiterklasse wird, wie alle anderen Bevölkerungsgruppen, Amerikaner aller Ethnien, betrogen von reichen Weißen und großen Konzernen. Nur wenn sich das ändert, lässt sich die Zerstörung Amerikas noch verhindern. Im Sommer 2020 befindet sich das Land im freien Fall. Die Zahl der Corona-Infektionen schießt in Dutzenden Bundesstaaten in die Höhe. Experten rechnen mit einer Viertelmillion Toten bis zum Wahltermin. Es tobt die Schlacht um eine Maskenpflicht, neue Lockdowns werden verhängt, die Wirtschaft liegt am Boden. Immer wieder werden neue Fälle von Polizeigewalt öffentlich. Und was macht Donald Trump? Er gießt Öl ins Feuer, verteidigt Statuen von Südstaatengenerälen und die Schlachtflagge der Konföderation. Ein Präsident, dem Verräter und ihre Symbole wichtiger sind als die Opfer von Gewalt, Rassismus, Wirtschafts- und Gesundheitskrise. Er hat keinen Plan, seine Umfragewerte sinken, sogar bei weißen Arbeitern, bei Frauen in den Vorstädten, bei den Alten und bei den Evangelikalen. Es gibt viele leere Ränge bei seinen Kundgebungen, Spott und Hohn in den sozialen Netzwerken, seine Auftritte werden wirrer. Trump ist angeschlagen, aber das macht ihn noch gefährlicher.

Es ist noch nicht zu spät, wenn die Wahl ungehindert stattfindet, wenn es einen friedlichen Übergang der Macht gibt, wenn Donald Trump nicht einen Bürgerkrieg entfesselt und wenn der neue Präsident überzeugende Konzepte für ein besseres Amerika nicht nur anbietet, sondern auch umsetzt. Wenn Donald Trump wiedergewählt wird, gibt es dieses Amerika nicht mehr. Wenn aber ein anderer am 20. Januar 2021 vereidigt wird, dann muss er liefern, den Kampf gegen die sozialen, wirtschaftlichen und ethnischen Ungerechtigkeiten anführen, ein Reformpräsident sein, wie einst Franklin Delano Roosevelt mit seinem »New Deal«. Wenn Trumps Nachfolger seine Versprechen nicht einlöst, dann wird das, was danach kommt, vielleicht noch unvorstellbarer und düsterer sein als das, was wir in den vergangenen Jahren erlebt haben.

In diesen Tagen denken viele in Amerika an den Vorabend des amerikanischen Bürgerkriegs und an einen ihrer größten Präsidenten, Abraham Lincoln, weil er bei seiner ersten Antrittsrede am 4. März 1861 in Worte fasste, auf was es ankommen würde, um die Nation zusammenzuhalten: »Wir sind keine Feinde, sondern Freunde. Wir dürfen keine Feinde sein. Auch wenn die Leidenschaft gelitten hat, darf das die Bande der Zuneigung nicht brechen.« Lincoln empfahl, sich an die guten Seiten der Einheit zu erinnern, geleitet von den »better angels of our nature«. Mit den »besseren Engeln unserer Natur« meinte er die Besinnung auf das Gute: menschliche, bürgerliche und patriotische Werte. Sein Appell verhallte, Amerika stürzte in einen blutigen Bürgerkrieg, dessen Wunden bis heute nicht verheilt sind.

Aber die »Better Angels« unserer Zeit setzen alles daran, dass es diesmal besser ausgeht. Jennifer Stepp und Mark Epstein gehören dazu, sie überzeugte Republikanerin, er eingefleischter Demokrat. Kennengelernt haben sie sich bei der Ballettstunde ihrer Kinder, aber miteinander reden wollten sie lange nicht. »Keiner braucht hier Eltern, die am Rand über Politik streiten«, meint Mark, und Jennifer ergänzt: »Wir dachten, dass wir extrem weit auseinanderliegen. Und dann erkannten wir, dass wir viel mehr gemeinsam haben, als wir dachten.« Allein wären sie nicht darauf gekommen, ohne die Hilfe von »Better Angels«, einer Organisation, die Menschen unterschiedlicher politischer Überzeugung zusammenbringen will. 8000 Mitglieder hat der Verein schon, und es werden immer mehr. Jennifer und Mark waren bei einem der Red/Blue-Workshops, benannt nach den Farben für Republikaner und Demokraten – Rot und Blau. Die Regeln der ganztägigen Diskussionsveranstaltungen sind streng: Niemand soll versuchen, den anderen zu bekehren. Diskutiert wird im Respekt voreinander. Nun sind Mark und Jennifer selbst Koordinatoren für »Better Angels«, und unser Team filmt einen Workshop, den die beiden in Gastonia, North Carolina, organisiert haben. Rund zwei Dutzend Menschen unterschiedlicher Altersgruppen, Ethnien und sozialer Schichten sind gekommen. Zuerst geht es um die gegenseitige Wahrnehmung – in getrennten Runden. Als »Waffengegner« und »Babykiller«, also Abtreibungsbefürworter, fühlen sich Demokraten von Republikanern wahrgenommen. Im Nebenraum listen die

Republikaner die demokratischen Klischees von ihnen auf –
»Rechtsextremisten«, »Bibelfans«, »Reiche« usw. Die Ergebnisse
werden in großer Runde besprochen. Im Anschluss diskutieren die
Demokraten unter sich, die Republikaner hören zu. Dann wird
gewechselt.

Zuhören, das ist etwas, so glauben viele hier, was im Zeitalter der
medialen Erregung viel zu kurz kommt. »Wenn du im gleichen
Raum mit jemandem bist«, so sagt Kelly Gilbert, Republikanerin,
»dann ist da eine Höflichkeit. Man kann andere kennenlernen.«
In gemischten Runden werden einzelne Sachfragen diskutiert.
Donald Trump spielt nur am Rande eine Rolle, auch in den folgenden Einzelgesprächen. Zu allem soll jeder seine Meinung haben
können, meint ein Republikaner, aber auch gegenseitigen Respekt
und die Bereitschaft zur Zusammenarbeit. Eine Demokratin
schlägt vor, ein gemeinsames Projekt anzugehen, von dem die
Menschen im Ort etwas haben. »Was wir tun, ist die einzige Hoffnung für das Land, egal, wer Präsident ist«, meint Mark Epstein,
und Jennifer Stepp pflichtet ihm bei: »Ich stimme zu, ich bin sonst
eher Pessimistin. Aber ich glaube nicht, dass es zu spät ist.« Es
funktioniert, so wie sich einst Abraham Lincoln das wohl dachte,
als er von den »better angels« sprach, und wie es sich die Menschen
auf meiner Reise über die »Blue Highways« gewünscht hatten,
Pam, Tray, Kim, Big Tiny, Jacobi und all die anderen.

Am Schluss steht die Hoffnung, wie ich sie in einer magischen
Nacht vor zwölf Jahren erlebt habe. In einer kleinen Kirche inmit-
ten von Washington, D.C., saß ich gemeinsam mit Weggefährten
von Martin Luther King vor kleinen Röhrenfernsehern. Wir ver-
folgten die Wahlberichterstattung der amerikanischen TV-Sender.
Dann kam der Moment, in dem Kings berühmte »I have a dream«-
Rede, die er 1963 vor einer Viertelmillion Menschen am Lincoln
Memorial gehalten hatte, in Erfüllung ging. Amerika hatte einen
Schwarzen zum Präsidenten gewählt. Alle hatten Tränen in den
Augen, als der Pfarrer am Rednerpult einen kleinen Jungen empor-
hob und dieser seinen Traum ins Mikrofon sprach: »Wenn ich
groß bin, werde ich auch Präsident.«

Die Wahl Barack Obamas damals zeigt, dass Amerika schon
weiter war, als es uns heute vorkommt, auch wenn uns diese Magie
jetzt unendlich weit entfernt erscheint angesichts der Zerrissenheit

der amerikanischen Bevölkerung. Ein Teil ist davon überzeugt, dass 2017 der Teufel ins Weiße Haus eingezogen ist, der andere Teil denkt, er sei der größte Präsident aller Zeiten. Alle Träume, auch der von Martin Luther King, scheinen zerstoben, wenn ein Mensch einem anderen Menschen mit dem Knie auf seinem Hals jede Luft zum Atmen nimmt, wenn Gewalt in den Straßen ausbricht, Millionen Menschen arbeitslos sind, Hunderttausende ohne kostenlose Lebensmittelausgaben nicht genug zu essen haben und eine tödliche Pandemie eine tiefe Wunde geschlagen hat in die Seele dieser Nation.

Aber ich habe im Sommer 2020 viele »better angels« getroffen, Menschen, die dieses Land verändern wollen, die in den Straßen von Washington den Drohungen des Präsidenten mit Zusammengehörigkeit, Mut und Empathie begegnet sind, die »Black Lives Matter« auf die Straße schrieben und für »All Lives Matter« kämpften, die im ganzen Land miteinander und füreinander aufstanden – Schwarze, Weiße, Latinos, Menschen aller Ethnien – und die den Glauben nicht verloren haben. Wie unendlich klein wirkt dagegen Donald Trump, der sich selbst für den Allergrößten hält. Nein, es ist nicht zu spät! Wir stehen an einem Wendepunkt der Geschichte, an dem die selbst ernannte »unverzichtbare Nation« sich verzichtbar macht in dieser Welt oder sich besinnt auf das, was dieses Land wirklich großartig machen kann: »Wir halten diese Wahrheiten für selbstverständlich: Dass alle Menschen gleich sind, dass sie von ihrem Schöpfer mit gewissen unveräußerlichen Rechten ausgestattet sind, darunter Leben, Freiheit und die Suche nach Glück.«

Anmerkungen

1 Am 28. Juni 2018 erschoss ein Mann fünf meiner Kolleg/innen der Zeitung *The Capital* in Annapolis, Maryland, weil sie kritisch über ihn berichtet hatten.
2 Vgl. Heat-Moon, William Least: *Blue Highways – A Journey into America*. Boston 1982.
3 Vgl. Institute on Taxation and Economic Policy (Hg.): *Corporate Tax Avoidance in the First Year of the Trump Tax Law*. Washington 2019.
4 Vgl. American Society of Civil Engineers (Hg.): *America's Infrastructure Scores a D+*. Reston 2017.
5 Vgl. Kaplan, Sarah: »Ruined Crops, Salty Soil. How Rising Seas Are Poisoning North Carolina's Farmland«, in: *The Washington Post* vom 1.3.2019.
6 Vgl. https://coast.noaa.gov/states/fast-facts/hurricane-costs.html
7 Vgl. https://www.heartland.org/Center-Energy/Scorecard/index.html
8 Vgl. https://www.pbs.org/wgbh/frontline/article/the-conservative-texas-mayor-leading-the-charge-with-renewable-energy-on-the-green-new-deal/
9 Vgl. Ruiz, Rebecca, Gebeloff, Robert, Eder, Steve u. Protess, Ben: »A Conservative Agenda Unleashed on the Federal Courts«, in: *The New York Times* vom 14.3.2020.
10 Vgl. Rao, Neomi: »Shades of Gray«, in: *Yale Herald* vom 14.10.1994.
11 Vgl. Rao, Neomi: »How the Diversity Game is Played«, in: *The Washington Times* vom 17.7.1994.
12 Vgl. https://www.npr.org/2020/04/17/836671427/coronavirus-likely-to-super-charge-election-year-lawsuits-over-voting-rights
13 Vgl. https://billmoyers.com/story/coronavirus-voting-rights-election-gerry-mandering/
14 Vgl. Rove, Karl: »The GOP Targets State Legislatures«, in: *The Wall Street Journal* vom 4.3.2010.
15 Vgl. https://www.wjtv.com/news/children-of-undocumented-immigrants-arrested-in-mississippi-rely-on-strangers-for-food-and-shelter/
16 Vgl. Pettijohn, Stacie: »Cost Plus 50 Could Damage U.S. Alliances«, in: *The Washington Post* vom 15.3.2019.
17 Vgl. Shear, Michael u. a.: »Strikes on Iran Approved by Trump, Then Abruptly Pulled Back«, in: *The New York Times* vom 20.6.2019.
18 Vgl. https://thehill.com/homenews/administration/466538-diplomats-describe-all-time-low-in-morale-at-state-under-trump

19 Vgl. https://www.consilium.europa.eu/media/23858/141855.pdf
20 Vgl. https://www.consilium.europa.eu/media/40124/final_g20_osaka_leaders_declaration.pdf
21 Vgl. Tribe, Laurence u. Matz, Joshua: *To End a Presidency*. New York 2018.
22 Vgl. https://www.politico.com/magazine/story/2019/09/19/roy-cohn-donald-trump-documentary-228144
23 Vgl. *The Washington Post* (Hg.): *The Mueller Report*. Washington 2019.
24 Den ersten Hinweis auf eine mögliche Verbindung bekam das FBI durch die Regierung eines anderen Landes, die auf die Aktivitäten von Trumps außenpolitischem Berater George Papadopoulos aufmerksam machte. Auf Seite 81 des Mueller-Reports heißt es: »Im späten April 2016 erfuhr Papadopoulos von dem in London ansässigen Professor Joseph Mifsud, unmittelbar nach Mifsuds Rückkehr von einer Reise nach Moskau, dass die russische Regierung ›Schmutz‹ über die Kandidatin Clinton in Form Tausender E-Mails erhalten hatte.« Die entscheidende Frage: Reichte Papadopoulos diese Information an Trumps Wahlkampfmanager weiter? Der Mueller-Report kommt auf Seite 94 zu dem Schluss: »Keine dokumentierten Beweise, und nichts in den E-Mail-Konten und anderen Kommunikationseinrichtungen zeigen, dass Papadopoulos diese Informationen mit dem Wahlkampfteam teilte.« Der außenpolitische Berater, der noch vor der Wahl gefeuert worden war, musste später wegen falscher Angaben gegenüber dem FBI für zwölf Tage ins Gefängnis und kam danach auf Bewährung frei.
25 Der Begriff »Crowdstrike« bezog sich auf eine abstruse Verschwörungstheorie, die längst widerlegt ist, aber in rechten Kreisen, offenbar auch vom Präsidenten, weiterverbreitet wird. Demnach soll die Hackerattacke auf die demokratische Partei im Wahljahr 2016 von den Demokraten selbst vorgetäuscht worden sein, um Russland dafür öffentlich zu beschuldigen und Donald Trump zu diskreditieren. Ausgeführt worden sei die Tat durch die Firma Crowdstrike, die den Angriff auf die Partei ursprünglich entdeckt hatte.
26 Vgl. https://www.congress.gov/116/bills/hres755/BILLS-116hres755enr.pdf
27 Vgl. Post, Jerrold: *Dangerous Charisma. The Political Psychology of Donald Trump and His Followers*. New York 2019.
28 Vgl. https://www.psychiatry.org/newsroom/goldwater-rule
29 Vgl. https://medium.com/@bandyxlee/statement-by-the-world-mental-health-coalition-donald-trump-is-a-danger-to-himself-and-others-e05c0d2b55b4
30 McRaven, William: »Our Republic Is Under Attack From the President«, in: *The New York Times* vom 17.10.2019.
31 Vgl. https://www.usnewsdeserts.com/
32 Vgl. https://nrcolumbus.com/
33 Vgl. https://www.vox.com/2020/1/15/21066935/trump-milwaukee-rally-media-sanitizing-npr
34 Vgl. Sullivan, Margaret: »We Have Entered the Trump Unbound Era – and Journalists Need to Step it up«, in: *The Washington Post* vom 23.2.2020.
35 Vgl. Coppins, McKay: »The Billion-Dollar Disinformation Campaign to Re-elect the President«, in: *The Atlantic* vom 10.2.2020.

36 Vgl. Lazer, David u. a.: » The science of fake news«, in: *Science* vom 9.3.2018.
37 Vgl. https://www.brennancenter.org/our-work/analysis-opinion/new-
evidence-shows-how-russias-election-interference-has-gotten-more
38 Die nun folgenden Kapitel zur Coronakrise basieren auf zahlreichen Quellen,
darunter Zeitungs- und Magazinartikeln in *The Washington Post, The New
York Times, Politico, Vox* und *The Atlantic* sowie intensiven Eigenrecherchen.
Wesentliche Grundlage sind aber auch die Interviews mit den ehemaligen
Ministerinnen für Gesundheit und für Heimatschutz in der Obama-Administration, Kathleen Sebelius und Janet Napolitano, der ehemaligen Direktorin
der amerikanischen Entwicklungshilfebehörde USAID Gayle Smith, dem ehemaligen Direktor der Strategischen Reserve Greg Burel und dem Professor für
Politische Wissenschaften an der George-Mason-University Jack Goldstone.
Die erwähnten Pandemiepläne sind im Internet verfügbar.
39 Vgl. https://www.politico.com/news/2020/03/25/trump-coronavirus-national-
security-council-149285
40 Vgl. Harris, Shane u. a.: » U.S. Intelligence Reports from January and February
Warned about a Likely Pandemic«, in: *The Washington Post* vom 20.3.2020.
41 Das Buch des ehemaligen Sicherheitsberaters John Bolton lieferte im Juni 2020
eine mögliche Erklärung. Demnach hatte Donald Trump am Rande des
G-20-Gipfels in Osaka seinen chinesischen Amtskollegen Xi angefleht, ihm bei
seiner Wiederwahl zu helfen. China sollte möglichst viele landwirtschaftliche
Güter kaufen, um Trump die Stimmen der Farmer zu sichern. Der Präsident
wollte seinen Handelsdeal mit Xi nicht gefährden.
42 Vgl. Lipton, Eric: » The ›Red Dawn‹ Emails: 8 Key Exchanges on the Faltering
Response to the Coronavirus«, in: *The New York Times* vom 11.4.2020.
43 Vgl. https://www.axios.com/exclusive-navarro-deaths-coronavirus-memos-
january-da3fo8fb-dce1–4f69–89b5-ea048f8382a9.html
44 Vgl. https://www.npr.org/2020/03/19/818192535/burr-recording-sparks-
questions-about-private-comments-on-covid-19
45 Vgl. Baker, Peter u. Sullivan, Eileen: » U.S. Virus Plan Anticipates 18-Month
Pandemic and Widespread Shortage«, in: *The New York Times* vom 17.3.2020.
46 Vgl. https://www.newyorker.com/news/letter-from-trumps-washington/the-
trump-oclock-follies
47 Vgl. http://web.stanford.edu/~gentzkow/research/social_distancing.pdf
48 Vgl. Leonhardt, David u. Serkez, Yaryna: » America Will Struggle After Coronavirus. These Charts Show Why«, in: *The New York Times* vom 10.4.2020.
49 Vgl. Rushe, Dominic: » The System is Broken«: the Billionaire Investor who
Fears a Return to the 1930s«, in: *The Guardian* vom 9.2.2020.
50 Vgl. https://www.warren.senate.gov/imo/media/doc/Accountable%20Capita-
lism%20Act%20One-Pager.pdf
51 Vgl. Waldman, Paul: » The Electoral College Is a Ticking Time Bomb for
November«, in: *The Washington Post* vom 13.5.2020.